백두산 변경사회의 삶과 인식

국립 한경대 백두산연구센터 연구 총서 1

백두산 변경사회의 삶과 인식

박정민 | 김준영 | 문상명 | 오병한 | 배성준 | 최형식 | 윤휘탁

| 목차 |

연구 총서를 펴내며

국내 최초의 백두산연구소인 <국립 한경대(韓京大) 백두산연구센터>에서는 백두산 문제의 심각성을 인식하고 백두산 및 그 수계(水系)인 압록강, 두만강 변경사회에 대한 바로알기 차원에서 『백두산 지역 변경사회의 삶과 인식』이라는 연구 총서를 발간하게 되었다. 이 연구 총서는 역사학, 지리학, 문학 등 다양한 분야의 전문가들이 다양한 시각에서 백두산 및 그 수계 변경사회의 삶과 인식을 다룬 결과물이다.

이 연구 총서에서는 백두산 천지를 비롯해 거기에서 발원한 압록강과 두만강을 경계로 형성된 우리의 변경사회에 대한 시대적 인식, 특히 백두산 권역을 중심으로 한 만주 종족(민족) 사회의 구성과 역학 관계, 조선 왕조의 압록강 변경 지역에 대한 인식과 개척, 고지도에 투영된 백두산 인식, 일제 식민당국의 압록강-두만강 변경 지역에 대한 조사와 인식, 통치 이데올로기화 그리고 압록강 지역 변경 도시의 건설과 통치, 압록강과 두만강을 경계로 한 조선과 만주국 변경사회의 교류·갈등·협력 실태, 중국의 두만강 인식과 두만강의 통한 동해 진출 노력, 북한과 중국의 국경 획정과 국경 관리 실태 등을 다루었다.

이 연구 총서의 구성과 내용을 개괄하면 다음과 같다. 박정민의 『여말선초 압록강 중상류 영토의 재검토』에서는 조선 왕조가 압록강 지역을 어떻게 인식하고 그것을 영토로 확보하기 위해 어떻게 개척하고 통치했는지를 분석했다. 조선 왕조 때 설치된 두만강 방면의 6진(鎭)은 여러 가지 어려움 속에서도 폐지한 적이 없었지만, 압록강 방면의 4군(郡)은 세조 때 폐지되었다가 조선 말기에 다시 설치해 운영하는 등 우여곡절이 많았다. 이 글에서는 조선 왕조가 어떻게 4군을 개척해 나갔는지, 왜 조선 왕조가 압록강 유역의 4군을 지켜내기가 어려웠는지, 조선 왕조는 이 지역에 대한 확고한 영토 의식을 가지고 있었는지 등에 대해 문제의식을 제기하였다. 이러한 인식 하에 「고려오도양계도」와 『고려사』 지리지를 중심으로 조선에서 인식한 고려 말의 영토를 확인하고, 이후 4군 개척 이전에 조선에서 압록강 중상류 지역을 영토로 편입해 나가는 과정을 검토함으로써 조선 왕조가 압록강 중상류 지역을 언제부터 어떻게 영토로 편입해 나갔는지를 고찰하였다.

  김준영의 『청대 만주 사회의 형성과 정체성』에서는 만주 사회의 다종족(多種族) 구성과 다원적 정체성 문제를 다루었다. 우리 학계에서는 만주족 하면 여진족의 후예로만 인식하고 그들의 종족적 다양성을 간과하는 경우가 많다. 그러한 인식은 소위 중국학계의 "숙신계 만주 주인론", 즉 "숙신계 민족(숙신-읍루-물길-말갈-여진-만주족으로 이어짐)이 만주 사회의 주인 역할을 해왔다."는 숙신계 민족의 계보화를 무비판적으로 수용하는 결과로 이어질 수 있다. 또한 그것은 중국학계가 주장하는 "장백산=숙신계 민족의 발상지·성산" 논리의 문제점을 밝히는 데도 인식상의 장애물로 작용할 수 있다. 그런데 실제로 청대의 팔기(八旗)는 만주족·몽골족·한인(漢人) 각각의 팔기들로 구성되었으며, 만주 사회 역시 『팔기만주씨족통보(八旗滿洲氏族通譜)』에 나타나듯이, 만주족·몽골족·한인·조선인 등 다양한 종족 출신들로 구성되었다. 이 글에서는 청대의 요동 이주 정책을 비롯해서 만주인의 민간 자료인 『청대만주족가보선집(淸代滿

族家譜選輯)』(上 · 下冊) 등을 바탕으로 만주 사회의 다종족(多種族) 구성과 그들의 정체성에 대해 고찰하였다.

문상명의 『조선의 고지도에 나타난 백두산 인식』은 조선 후기에 유행한 추상적인 세계 지도 <천하도(天下圖)>에 나타난 조선인의 백두산 인식을 다루었다. <천하도>의 짜임새는 지도의 중심에 중심 대륙이 있고, 그 주위를 바다[內海]가 둘러싸고 있다. 다시 그 주위는 육지[外大陸]와 이를 둘러싼 바다[外海]로 이루어져 있다. 내대륙[內大陸]은 중국의 대하천과 오악(五嶽)을 중심으로 표현되었고 내해와 외대륙의 지명은 대부분 『산해경』에 등장한다. 지도마다 약간의 차이는 있지만, 대부분의 <천하도>에는 140여 개의 지명 혹은 명칭이 나타난다. 그런데 <천하도>에서 『산해경』의 지명이나 명칭을 표현한 이유, 어떤 연유로 조선 후기에 <천하도>가 유행했는지, 이를 누가 어떤 목적에서 제작했는지 등은 여전히 명확하게 밝혀지지 않고 있다. 따라서 이 글에서는 백두산이 그려진 <천하도>에 주목하여 <천하도>에 담긴 백두산을 통해 <천하도>의 제작 목적과 의미를 다시 조명하고, 조선 후기의 백두산 인식을 새로운 측면에서 고찰하였다.

오병한의 『러일전쟁 이후 일본의 압록강 변경 도시 조성과 통치』는 러일전쟁 이후부터 1910년대까지 일본이 조성한 안동(지금의 중국 단동)의 신시가지 조성과 통치 실태를 다룬 글이다. 특히 이 글에서는 러일전쟁 이후 일본의 신시가 조성 이전 사하진의 형성 과정과 주요 시가의 명칭을 분석하였다. 또한 시정준비위원회와 신시가조성위원회의 활동을 중심으로 일본의 신시가 조성을 위한 토지 매입 과정과 행정 조직 변화 등을 다루었다. 그리고 1906년 10월 군정이 폐지된 이후 안동거류민단 행정위원회의 신시가 조성 과정과 문제점을 고찰하였다.

배성준의『1910-20년대 조선총독부의 압록강-두만강 지역 조사와 경계 인식』은 1910-20년대 조선총독부가 시행했던 압록강-두만강 유역에 대한 조사, 조선총독부가 실질적인 담당자가 되었던 청국(중국) 및 러시아와의 국경 교섭에 대한 분석을 통하여 조선총독부의 압록강-두만강 경계 및 국경 문제에 대한 인식을 다루었다. 1920년대까지 조선총독부가 수행한 압록강-두만강 유역 조사와 경계 인식은 1930년대 '만주사변' 및 만주국 수립 이후 식민지 조선과 만주국 사이의 경계, 즉 일본제국 내부의 경계로 전환된다.

최현식의『일제가 노래한 압록강과 백두산의 여러 모습』은 1920년대~1945년 패전 때까지 조선과 일본, 만주에서 널리 불렸던 일제의 신민요「압록강절」의 발생과 유행, 그리고 가족 관계를 형성하는「백두산절」을 분석한 글이다. 이 글에서 다룬 두 신민요는 단순히 노래로 불리는 데 그치지 않고, 음반과 서적, 무용, 그림엽서도 등 다양한 방식의 대중 매체로 변용, 발매되어 일본의 식민 통치 이데올로기의 일부를 형성했다. 즉 두 신민요는 장르의 확장성이 컸고, 거기에는 일본 정신의 심화 및 영토 확장에 관련된 제국의 심상(心象) 지리를 내면화하기 위한 파시즘의 예술화가 깊이 관련되어 있었다.

윤휘탁의『조선과 만주국 변경사회의 교류와 통제』에서는 조선과 만주국의 경계를 이룬 압록강-백두산-두만강 변경사회의 교류와 교역, 삶, 이 변경사회에 대한 조선과 만주국 식민당국의 통제와 단속, 갈등, 상호 협력 등을 다루었다. 특히 이 글에서는 식민지 조선에서 발간된『每日申報』,『朝鮮中央日報』,『朝鮮新聞』,『朝鮮日報』,『東亞日報』등의 보도 내용을 바탕으로 그동안 선행연구에서 다루지 못하였던 압록강-백두산-두만강 변연사회에서의 철도·도로의 부설, 원활한 물자 유통을 위한 통관 제도,

세관 설치와 관세 실태, 통행·교역·밀수·통신·화폐 유통·전염병 문제, 국경변경지대 사람들의 유동적인 삶 그리고 조선과 만주국 식민당국의 변경사회에 대한 단속·통제와 협력 활동, 그 과정에서 표출된 갈등 상황 등을 밝혔다.

윤휘탁의 『중국의 동해 진출 노력과 두만강』에서는 길림성 동부 변강(邊疆)의 역사적 변천과 추이, 그에 따른 중국의 두만강 출해권(出海權) 상실, 회복의 역사적 변천과 재(再)상실, 재(再)회복을 위한 노력 그리고 그 과정에 대한 중국의 입장이나 인식, 거시적인 전략을 다루었다. 중국이 두만강을 통해 동해로 나갈 수 있느냐의 여부는 단순히 북·중·러 3국의 국경·무역·교류 등의 차원을 넘어서 동북아시아에서 다양한 이해관계를 지닌 남북한과 미·중·일·러의 국제 관계 및 각국의 위상·역량·전략·국제 물류·경제 발전·관광 산업 등에 커다란 변화를 초래할 수 있는 복잡다기한 지정학적·지경학적(地經學的)인 문제라고 할 수 있다. 더 나아가 이 문제는 만주의 강역(彊域) 및 두만강 유역의 역사적 변천에 대한 우리의 인식을 비롯해 통일 정책, 남북 관계, 통일 이후 한반도와 중국·러시아의 관계 및 이들 국가에 대한 우리의 동북아 전략 수립과 불가분의 관계를 지니고 있다.

윤휘탁의 『북한과 중국의 국경 관리 실태』는 북·중의 국경 관리·이용·통제 실태를 파악하는 작업이 통일 과정이나 통일 후 중국과 새로운 관계를 설정하려고 할 때 중요한 과제임에도 불구하고 이에 관한 정보나 자료를 수집·파악하지 않고 있다는 문제의식을 바탕에 깔고 있다. 이 글은 그동안 기밀 문건으로 취급되어오던 중국의 조약 자료집(『中朝,中蘇,中蒙 有關條約,協定,議定書滙編』(1974.6))과 중국 외교부 당안(檔案)을 이용해 중화인민공화국 건국 초기인 1950~1960년대를 중심으로 북·중 간 국경의 획정·관리·이용·통제에 따른 협조 실태를 파악하였다.

결국 국립 한경대 백두산연구센터에서 발간한 이 연구 총서는 백두산 그 자체를 비롯해서 압록강-백두산-두만강으로 이어지는 한반도와 만주(중국 동북 지역)의 경계 인식, 우리 왕조의 변경사회 개척과 통치 과정, 그 과정에서 형성된 변경사회의 특징, 종족 구성, 구성원들의 삶, 근대 시기 압록강-백두산-두만강 변경사회에 대한 식민지 조선과 만주국의 국경 관리와 상호 협력 관계 등을 이해하는 데 도움을 줄 수 있을 것이다. 또한 이 총서는 향후 북·중 변경사회에 대한 인식의 지평을 넓혀주어 남북관계 개선 및 남북통일, 그 과정에서 야기될 수 있는 중국과의 국경·영토 분쟁을 해결하는 데도 유용한 길잡이가 될 수 있지 않을까 생각된다.

2022년 5월

국립 한경대 백두산연구센터

고려 말~조선 초
압록강 중·상류 영토의 재검토

박정민

I. 머리말

　대한민국 헌법 제3조는 "대한민국의 영토는 한반도와 그 부속도서로 한다."라며 한반도 전체와 부속도서로 영토를 정의한다. 한국사 전개 과정에서 우리의 영토는 국가나 시대마다 달라질 수밖에 없었다. 따라서 헌법을 제정할 당시에 어느 시점의 역사 및 공간을 우리 영토의 범주로 삼을 것인가에 대한 깊은 고민을 하였다. 결국 중국과 러시아가 영토를 확보한 현실적 상황과 함께 직전 왕조인 조선의 영역을 따르는 것으로 구획하였다고 보인다.

　조선이 한반도로 영토를 확정한 것은 세종의 4군 6진 개척과 궤를 같이한다. 고려 말 공민왕의 영토 수복 이후 이산-강계-갑산(갑주)-길주로 이어지는 영토를 확보하였다. 하지만 백두산 좌우를 흐르는 압록강과 두만강 방면을 전부 차지한 것은 아니었고, 끊임없는 노력을 통해 성취하였다. 본격적 영토 확장은 이성계를 빼고 이야기 할 수 없다. 그는 동북면 출신으로 1370년(공민왕 19)에 동녕부를 정벌한 경험 등 영토 확장에 최적화되었다고 할 수 있다. 이성계는 위화도 회군으로 권력을 차지한 뒤 지속적으로 북방 영토를 확대하여 공민왕대 보다 넓은 구간을 확보하였다.[1]

---

1. 송병기, 1973, 「東北·西北界의 收復」, 『한국사』 9, 국사편찬위원회.

북방의 영토 확장 기조는 태종에게도 계승되었고, 그 역시 변경에 불과했던 지역들을 거점화하였을 뿐만 아니라 행정 구역 아래 편입하며 조선의 영토로 만들어 나갔다. 이러한 조선의 영토 정책을 꽃 피운 것은 세종이다. 그는 4군 6진으로 대표되는 것처럼 북방의 점이 지대 혹은 변경에 불과했던 곳들을 거점 지역으로 구축하며 압록강과 두만강을 명실상부한 국경으로 만들었다.

그런데 두만강과 압록강 방면에 대한 영보 확장 방식은 동일하게 바라볼 수 없을 정도로 다르다. 이러한 경향은 1900년대 초반부터 연구를 진행한 쓰다 소키치(津田左右吉)에 의해 잘 나타난다. 그는 고려 말의 영토 확장을 압록강과 두만강 방면으로 나누어 살펴보았고, 조선 건국기에도 마찬가지였다.[2] 영토 확장뿐만 아니라 이 지역과 관련된 여진인과 조선의 정책 역시 큰 틀에서 같지만 세부적으로 다른 양상으로 전개되었다.[3] 따라서 당대의 영토 확장을 살펴보기 위해서는 압록강과 두만강 유역을 분리하여 면밀하게 살펴볼 필요가 있다.

필자는 먼저 압록강 유역을 중심으로 논의를 전개하고자 한다. 두만강 방면은 조선의 6진 개척 이후 여러 어려움은 있었지만 한 번도 폐지한 적이 없었다. 반면 압록강 방면은 4군과 삼수를 설치한 뒤에 세조대 4군을 폐지하였고, 조선 말기에 이르러서야 다시 본격적으로 국가에서 운영하게 되었다. 그렇다면 압록강 유역의 4군은 왜 지키기 어려웠는지 그리고 이것은 일본인 학자들이 주장한 것처럼 방기였는지 아니면 행정구역만 내렸을 뿐 수토군을 파견하며 영토 의식을 가지고 있었는지 등을 살펴볼 필요가 있다고 생각한다.

---

2. 津田左右吉, 1913, 『朝鮮歷史地理』 2, 南滿洲鐵道株式會社.
3. 한성주, 2011, 『조선시대 수직여진인 연구』, 경인문화사; 박정민, 2015, 『조선시대 여진인 내조 연구』, 경인문화사.

이를 살펴보기 위해 조선이 압록강 중상류 지역을 언제부터 어떻게 영토로 편입해 나갔는지 구체적으로 살펴볼 필요가 있다. 그래야만 조선의 4군 개척과 폐지, 그리고 이 지역에 대한 정책과 재개발이라는 통사적 흐름을 이해할 수 있을 것이다. 이는 결과적으로 "대개 압록강·두만강 두 강의 근원은 다 같이 백두산에서 나와 동쪽과 서쪽으로 갈라져 흐르다가 바다로 들어가게 되었으니, 이는 곧 우리나라의 경계입니다."[4]라는 발언처럼 백두산에서 시작되는 조선의 영토관과 연결된다.

여기에서는 조선 건국기 압록강 방면으로 영토를 개척해 나가는 과정을 조선의 4군 개척 이전까지 구체적으로 살펴보고자 한다. 지금까지 쓰다 소키치를 제외하고 이 부분에 대해 구체적으로 살펴본 것은 없었다.[5] 물론 4군의 개척 과정을 살펴보기는 했지만 그 前史로서 강계만호부와 갑산군, 여연군의 설치 등을 간단하게 언급한 정도에 머물렀다.[6] 혹은 양계의 군사제도 혹은 북방 개척과 영토의식을 살펴보는 과정에서 여말선초의 행정 조직을 정리하였다.[7] 하지만 이 시기를 체계적으로 정리했다고 보기에 약간의 아쉬운 점이 보인다. 오히려 국사교과서 등에 나타난 여말선초의 영토는 津田左右吉의 연구에서 크게 다르지 않는 경향까지 발견된다.[8]

따라서 과연 그의 주장을 전적으로 신뢰할 수 있는지 그리고 다른 의견

---

4. 蓋鴨綠豆滿二江之源 竝出於白頭山 東西分流 而入于海 此乃我國之界限也(『정조실록』 권5, 2년 1월 13일 갑술).

5. 津田左右吉, 1913, 「鮮初に於ける鴨綠江上流地方の領土」, 『朝鮮歷史地理』 2, 南滿洲鐵道株式會社.

6. 송병기, 1973, 앞의 책; 방동인, 1994, 「朝鮮初期의 北方 領土開拓; 鴨綠江 方面을 中心으로」, 『관동사학』 5·6(국사편찬위원회 1994, 『한국사』 22, 국사편찬위원회, 재수록).

7. 오종록, 1994, 「조선초기의 국방정책 – 양계의 국방을 중심으로」, 『역사와 현실』 13; 오종록, 2001, 「세종시대 북방 영토 개척」, 『세종문화사대계』 3, 세종대왕기념사업회; 윤훈표, 2005, 「朝鮮前期 北方開拓과 領土意識」, 『한국사연구』 129; 오종록, 2014, 『조선초기 양계의 군사제도와 국방』, 국학자료원.

8. 이 내용은 본문에서 다루겠다.

을 제시할 수 없는지에 대한 검증이 필요하다. 또한, 어느 날 갑자기 조선이 4군을 개척한 것이 아니라 그 이전부터 어떠한 방식으로 압록강 중상류 지역에 대한 영토를 확장해 나가갔는지 면밀하게 검토해야 한다. 이를 위해 「고려오도양계도」와 『고려사』 지리지를 중심으로 조선에서 인식한 고려 말의 영토를 확인하겠다. 이후 4군 개척 이전에 조선에서 압록강 중상류 지역을 영토로 편입해 나가는 과정을 살펴보겠다. 이러한 과정으로 변경이었던 압록강 중상류 지역이 조선의 국경으로 탈바꿈되는 구체적 양상을 확인할 수 있는 중요한 연구가 될 수 있다고 기대한다.

II. 오도양계도(五道兩界圖)로 본 고려 말 압록강 중상류

　지금까지 고려 말 북방 영토에 대해서 일정한 정설이 있었다. 바로 초산-강계-장진-갑주(갑산)-길주로 연결되는 선이다. 이는 공민왕의 영토 수복과 궤를 같이한다. 즉, [그림 1]처럼 중·고등학교 국사교과서에 등장하는 '공민왕의 영토 수복'[9]이 가장 일반적으로 알려진 지도이고, 각종 공무원 시험과 한국사능력검정 등에 자주 등장한다. 하지만 이 영토는 공민왕이 수복한 것이고, 쌍성 수복 당시 고려가 인식한 영유권의 경계는 이판령(마천령)이었다. 즉, 단주(단천) 일대까지라고 할 수 있다. 우왕대와 공양왕대에 이르러서야 단주와 길주에 대한 지배력이 강화되어 1390년(공양왕 2)

[그림 1] 공민왕의 영토 수복

---

9. 국사편찬위원회, 우리역사넷, 이미지자료(공민왕의 영토수복), 2021년 7월 11일 검색.

에 길주, 1391년에 갑주에 만호부가 설치되었다.[10]

기존의 연구는 무비판적으로 [그림 1]과 같이 공민왕대 쌍성총관부를 수복한 영역을 고려 말까지 연속성 있게 바라보고 있다. 실상은 위에서 살펴본 것처럼 쌍성총관부를 수복했을 때보다 영역이 확장되었지만 이러한 사실은 반영되지 않았다. 그렇다면 여기에 대해서 어떠한 근거를 토대로 영토를 획정했을까? 필자는 쓰다 소키치(津田左右吉)의 연구가 기저에 자리잡고 있다고 생각한다. 1913년에 발간한『조선역사지리지(朝鮮歷史地理)』하권에 고려와 조선의 영토를 구현한 지도를 그렸다. [그림 2]와 같이「선초(鮮初)의 동북경도(東北境圖)」의 '고려 말의 북경'을 보면 그는 위원-강계(이남)-장진(이남)-갑주-명천으로 이어지는 선을 제시하였다. 물론 [그림 1] 보다 강계와 장진 아래로 국경선이 지나가고 동쪽으로는 길주보다 북쪽인 명천을 경계로 삼은 것이 차이점이지만 큰 틀에서 비슷하다.

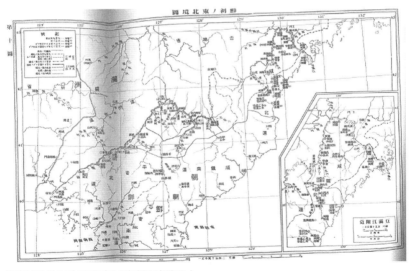

[그림 2] 선초의 동북경도(『朝鮮歷史地理』)

10. 윤경진, 2019, 「고려말 東北面 영토개척과 영토의식: 公嶮鎭 두만강북설의 출현 배경」,『한국문화』88.

조선 정조 이후에 제작된 것으로 추정되는 「고려오도양계도」[11](이하 오도양계도)는 [그림 1]과 [그림 2] 지도와 다른 양상을 보이고 있다. 압록강 방면으로 초산에서 시작하는 게 아니라 그 보다 위인 도을한보(위원) 혹은 만포까지 포함할 수 있는 곳부터 강계를 거쳐 삼수보까지 이어지는 선을 그리고 있다. 즉, 조선 초의 4군 지역을 제외한 곳과 삼수군 일부를 고려의 영토로 상정하고 있는 것이다.[12] 동북면 방면으로는 갑산을 거쳐 길주까지 표기했지만 실상 영역은 명천까지 포함된다. 즉, 기존에 알려진 영역보다 더 넓은 지역을 고려 말의 영토로 인식하고 있다는 사실을 발견할 수 있다.

오도양계도가 후대의 작품이기 때문에 전적으로 신뢰할 수 없다고 하더라도 조선시대 집권층의 영토인식을 파악할 수 있는 좋은 자료라고 생각한다. 그렇다면 오도양계도는 무엇을 근거로 제작되었을까? 일단 이 지

[그림 3] 고려오도양계도의 동계와 북계

---

11. 고려오도양계도는 채색본으로 세로 95.5㎝, 가로 49.5㎝이고, 고려대학교 박물관에 소장하고 있다. 고려시대에 제작된 원본지도는 현재 발견되지 않았지만 조선시대에 제작된 오도양계도 중 하나가 바로 이것이다.(한국민족문화대백과사전, 2021년 7월 11일 검색) 한편, 양성지가 지도의 편찬 작업을 보고하는 내용 가운데 "우리나라의 지도에는 고려의 중엽 이전에는 오도양계도가 있었고, 我朝의 처음에는 이회의 八道圖가 있었으며 …(중략)…"라는 언급이 있다.(『성종실록』 권138, 13년 2월 13일 임자) 이를 보면 이미 고려 중엽 이전부터 오도양계도가 있었다는 사실을 알 수 있다. 그리고 그 저본을 토대로 조선 초부터 이 지도를 작성하여 계승하였다고 생각한다.
12. 〈지도 2〉의 '태종~단종까지 북경'에 가깝다고 할 수 있다.

도에 표기된 지명들을 살펴보면 동그라미 안에 노랑색을 채우고 지명을 기입하였다. 주목할 점은 대부분 지명들은 조선도 있지만 고려의 것도 보인다. 이 지도가 고려 말의 행정체계를 반영하는지 살펴보기 위해 오도양계도와 『고려사』지리지의 동북면 지역을 비교하면 다음 [표 1]과 같다.

[표 1] 고려사 지리지의 동북면 지역 군현 편성

계수관	주현			속군현	오도양계도
	도호부	영군	영현		
東界	安邊都護府 登州			和州 高州 宜州 文州 長州 定州 豫州 德州(8)	安邊(1) 和州 高州 宜州 文州 長州 定州 豫州(7)
				瑞谷縣 汶山縣 衛山縣 翼谷縣 派川縣 鶴浦縣 霜陰縣(7)	瑞谷縣 汶山縣 衛山縣 翼谷縣 派川縣 鶴浦縣 霜陰縣(7)
				元興鎭 寧仁鎭 耀德鎭 長平鎭 龍津鎭 永興鎭 靜邊鎭 雲林鎭 永豐鎭 隘守鎭 鎭溟縣(圓山縣)(11)	元興鎭 寧仁鎭 耀德鎭 長平鎭 龍津鎭 永興鎭 靜邊鎭 雲林鎭 永豐鎭 隘守鎭 鎭溟縣(圓山縣)(11)
	咸州大都督府			英州 雄州 吉州 福州(4)	咸州(1) 端州(福州) (吉州) (洪原) (3)
				公嶮鎭 通泰鎭 平戎鎭 崇寧鎭 眞陽鎭 宣化鎭(6)	-
	北靑州府			(만호부)	북청(주) (1)
	甲州府			(만호부)	갑산. (삼수보) (2)

[표 1]에서 안변도호부는 『고려사』지리지에 화주를 비롯한 8개 주, 서곡현 등 7개 현, 원홍진 등 11개 진이 기재되었다.[13] 오도양계도에는 주, 현,

13. 공양왕때 강릉도로 분리된 금양현, 흡곡현, 고성현, 간성현, 익령현, 삼척현, 울진현은 제외하였다.

진 등의 구분 없이 해당 위치에 구현되었는데 덕주만 누락되었다.[14] 따라서 덕주만 제외한다면 오도양계도의 지명 표기는 『고려사』 지리지와 일치한다는 사실을 알 수 있다.[15]

함주대도호부는 『고려사』 지리지에 영주, 웅주, 길주, 복주, 공험진, 통태진, 평융진, 숭녕진, 진양진, 선화진 등을 포함한다고 기재되어 있다. 이 가운데 함주대도독부는 1369년(공민왕 18)에 목으로 승격하고, 복주는 1382년(우왕 8)에 단주안무사로 고쳤다는 내용, 길주는 1390년(공양왕 2)에 웅길주등처관군민만호부를 설치하고, 영주와 웅주는 길주에 예속하였다는 기록이 있다.[16]

반면 나머지 6진은 예종대 성을 축성하고 돌려준 기록만 기재되어 있다. 따라서 『고려사』 지리지에 실질적으로 고려의 영역이라고 인식 곳은 함주와 길주, 단주이고,[17] 이는 오도양계도에도 잘 구현되어 6진을 그리지 않았다. 참고로 홍원은 따로 지리지에 등장하지 않지만, 함주대도독부의 요해처 중 하나인 대문령이 홍헌(洪獻)에 있다고 하여 당시에도 홍원에 대한 인식은 있었을 가능성이 높고,[18] 이를 오도양계도에 반영한 것이라고 생각한다. 북청주부도 1372년(공민왕 21)에 만호부로 삼았는데, 오도양계도에도 북청(주)라고 기재되었다.

---

14. 덕주는 함경남도 정평군 선덕면 일대에 있었다고 한다(박종기, 2016, 『고려사 지리지 역주』, 한국학중앙연구원, 498쪽). 정평군 일대에 장주, 정주, 예주, 원흥진이 밀집해 있어 누락되었을 가능성도 있다.

15. 『고려사』 지리지에 기재되었다고 해서 고려 말 행정구역을 모두 반영하는 것은 아니다. 예를 들어, 장평진과 요덕진은 1371년(공민왕 20)에 폐지되어 社로 편재되었고, 영흥진과 정변진, 영인진은 1397년(태조 6)에 社로 변경되었다(윤경진, 2015, 「고려후기 東北面의 지방제도 변화」, 『한국문화』 72).

16. 『고려사』 권58, 지리 3 동계 연혁.

17. 그런데 다른 지역은 동그라미 안에 지명이 기재된 반면 길주와 홍원은 그냥 지명만 쓰여 있다.

18. 十八年 陞爲牧 別號咸平. 要害處二 咸關嶺【在府北】大門嶺【在洪獻】.(『고려사』 권58, 지리 3 동계 함주대도독부)

갑주부는 1391년(공양왕 3)에 만호부가 설치되었다.[19] 그런데 『고려사』 지리지에서 특이한 점은 "봉천대(惠山洞에 있다)가 있다."라는 기록이다.[20] 일단 혜산은 현재의 혜산을 의미하는 것으로 양강도 중부 압록강 연안에 위치한다. 봉천대의 위치는 정확히 알 수 없지만 『세종실록』 지리지 갑산 군조에 의하면 "혜산 동쪽 우라한동(牛羅漢洞) 가운데 있다. 큰 바위가 있는데, 사면이 깎아 세운 듯하고, 높이가 30여 丈이다."라고 하여 더 자세한 기록이 기재되었다.[21] 이를 통해 우라한동은 혜산의 동쪽에 있다는 것과 높이가 약 100m 가량 되는 사면을 깎아 세운 듯한 큰 바위에 봉천대가 있다는 사실을 알 수 있다.

『신증동국여지승람』에 의하면 우라한령은 "혜산 동북쪽 70여 리에 있다."고 하고, "오시천, 봉천대, 백덕산(큰 돌이 있는데 사면이 깎은 듯하고 높이가 30여 장이나 된다)"라는 기록이 있다.[22] 『세종실록』 지리지와 큰 틀에서는 같지만 백덕산이라는 새로운 지명이 나오고, 우라한령과 별개로

[그림 4] 해동지도 갑산부의 백덕령　　　[그림 5] 1872년 갑산부 지도의 백덕령

---

19. 오도양계도에는 갑산이라고 기재되어 있는데, 후술하겠지만 갑산은 1413년(태종 13)에 변경된 지명이다.

20. 甲州府本虛川府 久爲女眞所據. 屢經兵火, 無人居. 恭讓王三年, 始稱甲州, 置萬戶府. 有奉天臺【在惠山洞】.(『고려사』 권58, 지리 3 동계 갑주부)

21. 『세종실록』 권155, 함길도 길주목 갑산군.

22. 于羅漢嶺【在惠山東北七十餘里】 …(중략)… 吾時川. 奉天臺. 白德山【有大石四面如削 高三十餘丈】(『신증동국여지승람』 권49, 함경도 갑산도호부)

처리하였다. 일단 이를 통해 오시천과 우라한, 백덕산, 봉천대는 같은 범주로 묶이는 사실을 알 수 있다.

더 정확한 지리 정보를 위해 18세기 중반에 만들어진 해동지도를 보면 혜산에서 오씨천을 지나 북쪽으로 가는 길에 바로 백덕령이 보인다. 1872년 갑산부 지방지도를 보면 운총보에서 동인보로 넘어가는 산을 백덕령봉이라고 한다. 따라서 정확한 위치를 꼽을 수 없지만 혜산에서 오씨천으로 넘어가는 일대의 산줄기 가운데 한 곳이라는 사실을 유추할 수 있다.

이 지명들 가운데 가장 빠른 기록은 1418년(태종 18)에 갑산만호 장온의 죄를 추핵하다가 장온이 갑산의 지경인 우라한에 나가 있었다는 내용이다.[23] 이 내용을 통해 일단 태종 후반기에 조선의 방어하는 경계가 우라한이라는 사실을 알 수 있고, 이 지명은 최소 1418년에 사용되었음을 알 수 있다. 아울러 이러한 지리적 맥락에서 당대 혹은『세종실록』지리지가 만들어지는 시점에 충분히 봉천대도 인식하고 있었을 가능성이 크다. 조선에서 봉천대와 우라한까지 인식할 수 있는 상황이라면 실질적으로 같은 생활권인 혜산 역시 늦어도 1418년 당시에 파악하고 있었을 것이다.

혜산은 갑산에서 허천강을 따라 내려가다가 압록강과 합류하는 부근에 있다. 오도양계도는 혜산의 위치를 기재하지 않았지만 이 지역의 물줄기와 산줄기를 구현하며 고려의 영역으로 그렸다. 그리고 위에서 본 것처럼 혜산 동북쪽 70여 리에 있는 우라한령 일대까지 포함하고 있다. 즉, 오도양계도는 읍치에 갑산이라고 기재하고, 영역은 압록강 중상류인 삼수(신 가을파지)[24]와 혜산, 동북쪽으로 황봉-백사봉-두류산으로 연결되는 산맥까지 포함하는 것으로 구현되었다. 이러한 점을 본다면 이 지도는 갑산

23.『태종실록』권35, 18년 3월 23일 계유.
24. 津田左右吉, 1913, 앞의 책, 359쪽.

부터 혜산에 이르는 지역을 고려 말의 영역으로 포함하고 있다고 할 수 있다. 한 발 더 나아가 1441년(세종 23)에 황보인의 건의로 설치된 삼수보까지 그 영역으로 보았다.[25]

한편, 서북면(북계) 방면을 살펴보기 위하여 오도양계도와 『고려사』 지리지를 비교하면 다음 [표 2]와 같다.

[표 2] 고려사 지리지의 서북면(북계) 지역 군현 편성

계수관	주현			속군현	오도양계도
	도호부	영군	영현		
北界	西京留守官 平壤府			江東縣 江西縣 中和縣 順和縣(4)	平壤(1) 江東 江西 中和 順和 (4)
	安北大都護府寧州			龜州 宣州 龍州 靜州 麟州 義州 朔州 昌州 雲州 延州 博州 嘉州 郭州 鐵州 靈州 孟州 德州 撫州 順州 渭州 泰州 成州 殷州 肅州 慈州(25)	安北(1) 龜州 宣州 龍州 靜州 麟州 義州 朔州 昌州 雲州 延州 博州 嘉州 郭州 鐵州 靈州 孟州 德州 撫州 順州 渭州 泰州 成州 殷州 肅州 慈州(25)
				寧德鎮 威遠鎮 定戎鎮 寧朔鎮 安義鎮 淸塞鎮 平虜鎮 寧遠鎮 朝陽鎮 陽岩鎮 樹德鎮 安戎鎮(12)	寧德 威遠 定戎 寧朔 淸塞(희주) 平虜 寧遠 朝陽 陽岩 樹德 安戎 (11)
				通海縣 永淸縣 咸從縣 龍岡縣 三和縣 三登縣(6)	通海 永淸 咸從 龍岡 三和 三登(6)
				江界府(만호부)	江界
				泥城府(만호부)	(초산군). 都乙漢堡
				隨州	隨州

『고려사』 지리지는 북계를 크게 서경유수관 평양부와 안변도호부 영주

---

25. 『세종실록』 권90, 22년 7월 29일 기사. 실제로 삼수보(신 가을파지) 일대까지 고려 말에 차지했는지 알 수 없지만 다음 장에서 살펴볼 내용에 의하면 그 가능성은 있다고 보인다.

로 구분하였다. 이를 기반으로 서북면(북계) 지역 군현 편성을 표로 작성
하면 [표 2]와 같다. 먼저, 서경유수관은 평양부와 강동현, 강서현, 중화현,
순화현 등 평양 주변의 속현들이 포함되었다.[26] 오도양계도에서는 지명만
쓰여 있지만 5곳이 모두 기재되어 있다.

안북대도호부(영주)에는 귀주를 비롯한 25개 주, 영덕진 등 12개 진, 통
해현 등 6개 현, 강계부, 이성부, 수주 등이 기재되어 있다.[27] 오도양계도
역시 안북이 포함되고, 귀주를 비롯한 25개 주, 통해 등 6개현, 강계부와
수주가 동일하게 그려져 있다. 그런데 여기에는 안의진과 청새진, 이성부
가 누락되었다.

안의진은 평안북도 구성군 천마면 일대로 비정되는데, 안의진은 1261년
(원종 2)에 곽주의 속현이었다가 수주(隨州)가 되었고, 1413년(태종 13)에
수천군으로 이름이 바뀌며 군현의 기능을 사실상 상실하였다.[28] 이러한 영
향 때문인지 『고려사』 지리지에 기재되었지만 오도양계도는 해당 지역이
누락되어 있다.

청새진은 평안북도 희천군 일대로 비정되는데, 『고려사』 지리지에 의
하면 1217년(고종 4)에 거란 군사를 막은 공으로 위주(威州) 방어사로 승
격되었다가 뒤에 오랑캐에게 투항하여 나라를 배신하였다는 이유로 희주
(熙州)로 개칭되고 개주(价州)의 관할을 받게 되었다고 한다.[29] 즉, 고려
말에는 청새진의 명칭 대신 희주라고 불린 것이다. 오도양계도에는 그 위
치에 청새진이라는 이름 대신 동그라미 표기 없이 '熙州'라고 기재되어

---

26. 평양부는 동계와 북계 가운데 유일하게 □안에 기재되어 있다.
27. 『고려사』 지리지의 북계 서문에 의하면 이중 강계부와 이성부, 수주는 중엽 이후에 설치된 부 2
곳과 군 1곳으로 표기하였다.(『고려사』 권58, 지리 3 북계 연혁)
28. 박종기, 2016, 앞의 책, 581~582쪽.
29. 박종기, 2016, 앞의 책, 582~583쪽.

있다. 따라서 실상 청새진은 누락되었다기 보다 희주라는 고려 말의 명칭으로 적혀 있는 것을 보여준다고 할 수 있다.

마지막으로 이성부도 오도양계도에 기재되어 있지 않다. 이성부는 1369년(공민왕 18)에 이성만호부가 설치되었고, 남쪽의 백성들을 모집하여 이주시킨 곳이다. 이곳은 현재의 평안북도 창성군 일대로 비정된다.[30] 이성만호부는 1369년에 강계도호부와 함께 설립되었기 때문에 서북면 방면의 최전선이라고 할 수 있고, 압록강 방면부터 길주까지 연결되는 시작점이라고 할 수 있다. 그런데 오도양계도에서는 다른 곳처럼 노랑색 동그라미 안에 글씨로 기재되어 있지 않고, '초산군(楚山郡)'으로만 표기되어 있다. 이곳은 원래 이산군(理山郡)이었다가 정조의 이름인 이산과 동일하기 때문에 피휘(避諱)하기 위하여 초산으로 변경되었다. 따라서 이성부가 다른 곳처럼 표기되지는 않았지만 초산군으로 대체되어 기재되었다고 생각한다.

한편, 독로강 하류에 '도을한보(都乙漢堡)'가 기재되어 있다. 도을한은 1402년(태종 2)에 가장 먼저 보이는데, 당시 조선은 두목리와 산양회, 도을한, 봉획대 등 각처의 이언을 합하여 한 고을로 삼아 이주(理州,이산)라고 하였다.[31] 즉, 도을한은 아무리 늦어도 1402년경에는 이산의 범위 중 한곳으로 포함되었고, 만호가 지키고 있었던 곳이었다. 이후 도을한은 1444년(세종 25)에 이산군에서 강계부 관할의 위원군으로 변경되었다.[32]

도을한보가 고려 말부터 있던 지명인지 확실하지 않지만, 독로강의 하류에 있는 곳이고 이를 기반으로 강계에 만호부가 설치되었던 만큼 고려

---

30. 박종기, 2016, 앞의 책, 592~593쪽.
31. 『태종실록』 권3, 2년 4월 25일 정축.
32. 『세종실록』 권154, 평안도 강계도호부 위원군.

는 충분히 진보와 같은 군사시설 등을 설치했을 가능성은 농후하다고 생각한다. 그리고 표기되지는 않았지만 산맥 등의 위치를 고려하면 만포가 포함되고 마전령까지 고려 말의 영토로 인식한 것으로 보인다.

지금까지 서술한 점을 보았을 때 오도양계도의 영토의식은 기존에 알려진 것과 달리 강계 이북의 마전령, 삼수 동부와 혜산 일대까지 포함하는 것으로 볼 수 있다. 공교롭게도 공한지로 보이는 곳은 폐사군(자성.우예.여연.무창)과 삼수군 서부 지역의 공간과 거의 일치한다.『고려사』지리지의 내용이 반드시 고려 말의 영토를 반영한다고 할 수 없을지라도 이 책이 만들어지는 당대의 영토 인식을 잘 보여준다고 할 수 있다. 그리고 이를 시각화 한 것이 오도양계도(五道兩界圖)라고 생각한다. 따라서 조선 초에 인식한 고려 말의 영역은 현재 학계에 알려진 것보다 조금은 더 넓은 지역을 포함한다고 할 수 있다.

Ⅲ. 조선 초 압록강 중·상류 지역의 실효지배 범위

    여말선초 압록강 중상류의 영토 확장에서 핵심 지역은 단연 갑산이다. 지금까지 [그림 1]과 [그림 2]처럼 갑산이 압록강까지 연접하지 않았다는 관념이 우세하여 크게 주목하지 않았지만, 세종대 4군과 삼수군의 설치는 모두 갑산의 영역에서 분리된 결과이다. 즉, 조선의 압록강 중상류 지역 개척의 前史로 갑산군의 역할은 매우 중요하다. 갑주(갑산)부는 1391년(공양왕 3)에 만호부가 설치되었는데, 당시 갑주부의 영역이 어디까지인지 정확히 알 수 없지만 압록강 방면에서 가장 북단이라고 할 수 있다. 갑주에 만호부가 설치된 지 얼마 지나지 않은 1393년(태조 2)에 태조는 이지란을 동북면 도안무사로 임명하여 갑주와 공주(경흥)에 성을 쌓게 하였다.[33]

    앞서 본 것처럼 조선이 건국되기 직전 고려의 동북면 최대 영토는 길주까지였다. 그런데 불과 2년 만에 길주에서 두만강 하류의 공주를 영역으로 삼아 성까지 축조한 것이다. 이는 동북면에 강력한 영향력을 보유한 이성계의 조선 건국과 궤를 같이한다. 태조는 조선을 건국한 다음 달에 이방원을 동북면에 보내 4대의 능실에 제사를 지내고 능호(陵號)를 올리게 하였다.[34]

---

33. 『태조실록』 권4, 2년 8월 12일 을유.
34. 『태조실록』 권1, 1년 8월 8일 정사.

정릉(定陵, 함흥), 화릉(和陵, 함주), 의릉(義陵, 함흥), 순릉(純陵, 함주), 지릉(智陵, 원산), 숙릉(淑陵, 문천)은 대부분 함흥 주변에 있지만, 덕릉(德陵)과 안릉(安陵)은 공주에 있었다. 그런데 건국하자마자 태조가 이방원을 이곳에 보냈다는 것은 아직 조선이 행정 치소를 두지는 않았지만 이미 두만강 하류까지 조선의 영향력은 충분히 미치고 있었다고 보인다. 이와 같은 맥락으로 조선은 건국 이듬해 공주에 성까지 쌓을 수 있었던 것이다.

1398년(태조 7)에 태조는 정도전을 동북면도선무순찰사로 파견하여 주부군현의 명칭을 나누게 했다. 이는 동북면을 확실하게 조선의 영토로 편입하기 위한 조치였다. 이때 조정은 정도전의 의견을 수용하여 단주 이북 공주 이남을 길주도라 칭하여 동북면 도순문찰리사에게 다스리게 하였다. 그리고 길주목, 단주, 경성, 경원, 청주, 갑주 등에 관리를 두었다. 그 가운데 갑주에 지사(知事) 1명, 영사 6명, 사령 15명, 일수양반 8명, 군사 장사 2명, 부장사 2명, 사사 2명, 도례 8명, 좌·우익 천호 각각 1명, 백호 4명, 통주 8명 등을 두었다.[35] 이로써 공주와 갑주 등은 명실상부한 조선의 영토라고 할 수 있다.

한편, 갑주는 1413년에 갑산으로 변경되었고, 『조선왕조실록』에도 1414년부터 모두 갑주라는 명칭 대신 갑산으로 바뀌었다. 갑산의 치소는 현재의 갑산시이고 압록강변에 접해 있지 않아서,[36] [그림 1]과 [그림 2]처럼 갑산부터 압록강 사이에 상당한 이격이 있었다. 문제는 이 공간을 『고려사』 지리지와 같이 고려 말부터 진출하여 영토로 인식했는지 아니면 조선 초부터였는지 확인할 필요가 있다.

---

35. 『태조실록』 권13, 7년 2월 3일 경진.
36. 『신증동국여지승람』에 의하면 읍치에서 북쪽으로 혜산진까지 95리라고 한다(권49, 함경도 갑산도호부).

일단 『고려사』 지리지를 제외하고 갑산이 압록강에 접했다는 기록은 없다. 하지만 『조선왕조실록』의 기록을 보면 고려 말이라 특정할 수는 없지만, 여러 기록과 정황들을 통해 그 개연성은 조심스럽게 제시할 수 있다. 1418년(태종 18)에 조선은 이미 혜산 부근의 우라한령을 방어하였다. 이것은 조선이 이 일대를 경계로 인식하고 있었다는 사실을 보여준다. 또한, 1421년(세종 3)에도 함길도 관찰사가 갑산군 혜산석보를 고쳐 쌓자고 한 의견을 세종이 따랐던 기록을 보면 이미 한 번 석보를 쌓았다가 다시 수축해야할 만큼 시간이 상당히 지났음을 의미한다.[37] 그렇다면 혜산은 이전부터 조선 혹은 고려의 영역이 되었을 가능성이 크다.

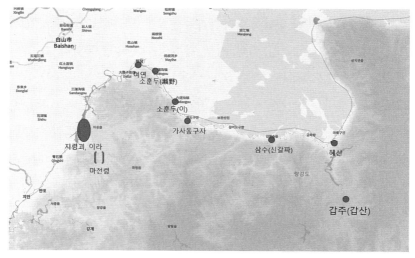

〈그림 6〉 조선 초기 압록강 중상류의 주요 거점(네이버 지도 편집)
※ 소훈두(瀨野)는 瀨野馬熊, 소훈두(이)는 이인영의 설임

[그림 6]에서 보이는 것처럼 갑산에서 서쪽으로 떨어진 가사동이나 소훈두, 여연 등이 늦어도 태종대부터 조선의 영역으로 편입되었다. 이를 고려한다면 갑산으로부터 훨씬 가까운 곳에 있었던 혜산은 고려 말에 충분

---

37. 『세종실록』 권13, 3년 8월 28일 무오.

히 허천강을 따라 내려와 사람들이 거주하고, 영역화 되었을 개연성이 있다.[38] 그 결과 『고려사』 지리지를 작성하는 시점에 혜산 일대까지 충분히 고려의 영역에 포함된다고 인식했을 것이다. 그러므로 봉천대와 혜산이라는 지명이 갑주부조에 기재되었고, 오도양계도에서도 그 영역을 그려 넣은 것이라고 생각한다.

고려 말에도 영역이었는지 알 수 없지만, 1417년(태종 17) 이전에 조선의 영역이 확실했을 것으로 보이는 곳은 가사동보(구자)이다. 1417년에 명의 내관 장신(張信)이 목호리대(睦好里大) 등 6명을 보내 갑산으로부터 4일정에 있는 가사동구자(加(家)舍洞口子)를 들렸다가 갑산군으로 나온다는 보고가 있었다. 태종은 의정부와 육조가 함께 의논하게 하였고, 다음과 같은 계문을 평안도와 함길도에 각각 보내 대응하게 하였다.

(1) 마천(磨遷)에 와서 머물러 있는 張內官이 만일 우마를 교역하는 것과 말의 양료(糧料)를 청구하는 일을 빙자하여 경내에 들어오면, 구자(口子)를 파수하는 사람들이 마땅히 말하기를, '만일 성지(聖旨)가 있고 또 국가의 명령이 있으면 허접(許接)할 수 있지마는 성지가 없는데 허접하는 것은 불가하다.' 하고, 만일 혹시 강제로 들어오면 첨절제사가 사람을 시켜 말하기를, '대인(大人)이 성지가 없이 경계를 넘은 것이 불가하고, 나도 또한 전하의 명령이 없이 사사로이 서로 접대하는 것은 불가하다.'[39]

(1)을 통해 명의 내관도 함부로 조선의 국경에 들어오지 못하고, 일단 사람을 보내 그 의향을 파악했다는 사실을 알 수 있다. 그리고 조선의 경내에 들어오기 위해서는 황제의 문서인 성지(聖旨) 혹은 국가의 명령이

---

38. 혜산의 맞은편은 중국 吉林省 白山市 長白朝鮮族自治縣이다. 이곳은 고구려대부터 사람들이 거주하였고, 발해시대에는 대표적 전탑인 영광탑이 있다. 이처럼 이 일대에서 혜산과 함께 거주하기 용이한 지역이었다고 할 수 있다. 참고로 영광탑은 [그림 4]에서도 遮川塔으로 구현되어 있는데 해동지도를 그리는 시기에도 여전히 위세를 자랑하고 있었음을 알 수 있다.
39. 『태종실록』 권34, 17년 8월 13일 병신.

있어야 하지만 없기 때문에 들어 올 수 없다는 점을 강조하고 있다. 여기에서는 아무리 영락제가 보낸 관리라 하더라도 공식 문서 없이 이들에 대한 접대해 줄 수 없다는 점을 명확히 하고 있다. 또한, 구자를 파수하는 사람들 즉, 조선의 병력이 이곳을 지키고 있었다는 점이다. 한 가지 더 파악할 수 있는 것은 가사동구자는 당시에 갑산첨절제사의 관할이라는 사실이다. 이는 1416년에 소훈두의 서쪽은 여연의 관할이고, 동쪽은 갑산 소속이었다는 점에서도 일치한다.[40]

가사동구자의 정확한 위치는 파악할 수 없지만, 『세종실록』 지리지에는 혜산구자와 함께 가사동구자가 갑산군의 관방 요해로 꼽히고 있다.[41] 같은 책 무창군에도 나오는데, 연대가 보포산-가사동-화구비로 이어진다.[42] 이후 『신증동국여지승람』에는 폐사군조에 실려 있는데 "가사동보. 옛 무창 서쪽에 있다"고 한다.[43] 후대의 자료이기는 하지만 동여도를 보면 무창 서쪽 포도천(蒲萄川)이 압록강에 합류하는 포삼동 지점에 가사동이 있다.[44]

만일 이곳이 당대의 가사동이라면 조선은 늦어도 1417년경에 가사동에 사람이 거주하는 정도를 넘어 군사시설까지 갖추고 있었음을 알 수 있다. 아울러 명의 관리도 사람을 보내 조선의 영토에 들어와도 되는지 의논한 점은 이곳을 조선의 영역으로 인식하고 있었음을 보여주는 중요한 사례라고 할 수 있다.

한편, 4군의 핵심이라고 할 수 있는 여연이 가장 먼저 기록에 나오는 것

---

40. 『세종실록』 권154, 평안도 강계도호부 여연군.
41. 『세종실록』 권155, 함길도 길주목 갑산군.
42. 『세종실록』 권154, 평안도 강계도호부 무창군.
43. 『신증동국여지승람』 권55, 평안도 강계도호부.
44. 갑산 치소에서 가사동구자까지는 약 140Km 떨어져 있어 대략적으로 일치한다고 할 수 있다.

은 1395년(태조 4) 12월에 오랑하(吾郞哈) 수오적개(水吾狄介) 등 4인이 온 것과 동북면 일대에 태조 이성계의 위명이 널리 떨친 것과 관련된 내용이다. 이때 "의주에서 여연에 이르기까지 沿江 천 리에 고을을 설치하고 수령을 두어서 압록강으로 국경을 삼았다."라는 기록이 있다.[45] 이 기록이 사실이라면 조선은 1395년에 의주부터 여연까지 군현을 설치하고, 관원까지 파견한 것이 된다.

[그림 7] 동여도의 가사동(규장각 소장)

이는 윤경진이 지적한 것처럼 『용비어천가』에 나오는 내용과 거의 유사하고, 1446년(세종 28)에 『용비어천가』의 내용을 『태조실록』에 추가하

45. 『태조실록』 권 8, 4년 12월 14일 계묘.

여 넣은 것이다.[46] 따라서 이 내용은 태조대의 경향은 보여줄 가능성은 높지만, 1395년의 상황을 특정할 수는 없다고 생각한다. 다만 세종대 태조의 사적을 추가하는 상황일지라도 당대 조선의 집권층은 여연에 대한 인식을 가지고 있었기 때문에 이러한 기록이 실렸다고 생각한다.[47]

실질적으로 여연이 가장 먼저 나오는 시기는 1416년(태종 16)이다. 즉, "영길도 여안부(汝安府)를 고쳐 여연군으로 만들고, 비로소 지군사를 두었다."는 내용이다.[48] 이듬해 여연군을 평안도로 왕래하는 길이 편하기 때문에 함길도에서 평안도로 소속을 바꾸었다.[49] 아울러 여연군의 유수군정(留戍軍丁) 3백 명을 3番으로 나누어 서로 교대하게 하는 등 군사 체계까지 갖추었다.[50]

여연은 현재의 중강진 일대로 압록강과 연접해있다. 여연이 원래 영길도(함경도) 소속이었다는 것은 갑산에서 혜산을 거쳐 압록강을 따라 이전부터 사람들이 거주하였음을 보여준다. 실제 1417년 윤5월에 갑산군사로 재직 중이던 장온의 비훼 사실 중 하나가 갑산군의 노비를 멋대로 여연에 분속하였다는 내용이었다. 또한, 국가에서 이미 갑산 일읍(一邑)의 토지와 인민을 나누어 양군(兩郡)으로 만들었다는 언급 역시 여연은 원래 함경도 방면에서 분속된 것임을 상징적으로 보여준다.[51]

여안부라는 지명은 이 기사 외에 등장하지 않지만, 여안부라고 불렸다는 것은 1416년 이전에도 행정구역화 되었을 가능성을 보여준다.『세종실

---

46. 윤경진, 2019, 앞의 논문, 149쪽.
47. 윤훈표 역시 이 내용 자체를 믿기 어렵지만 태조때부터 양강을 경계로 삼고자 했고, 여러 정책을 통해 실현하고자 했던 것은 확실하다고 보았다(윤훈표, 2005, 앞의 논문, 70쪽).
48.『태종실록』권32, 16년 7월 25일 갑인.
49.『태종실록』권33, 17년 5월 13일 무술. "갑산에서 여연까지 9일이 넘는 路程"(『세종실록』권64, 16년 6월 1일 병오)이라는 내용을 참고하면 이는 이러한 조치는 합리적인 결정이라고 생각한다.
50.『태종실록』권33, 17년 6월 26일 경술.
51.『태종실록』권33, 17년 윤5월 4일 기미.

록』지리지를 보면 "본래 함길도 갑산군의 여연촌인데 본조 태종 16년 병신에 군과의 거리가 멀기 때문에 소훈두(小薰頭) 이서(以西)를 갈라서 여연으로 삼아 본도에 내속시켰다."라고 한다.[52] 아마 위의 『태종실록』 기록처럼 여안부라는 독립 군현을 여연군으로 만들었다는 것 보다 여기의 내용처럼 갑산군 여연촌이었다가 1416년에 여연군으로 승격되었을 가능성이 크다고 생각한다.

소훈두에 대한 가장 빠른 기록은 1435년(세종 17) 7월에 여진인 20여 명이 침입했다는 내용이다.[53] 하지만 『세종실록』 지리지에서 언급한 것처럼 조선은 이보다 빠른 1416년경부터 소훈두를 파악하고 있었다고 보인다.

그렇다면 여연과 갑주의 경계인 소훈두는 어디일까? 『연려실기술』에 의하면 고(古)여연 훈두보는 여연부의 동쪽 40리에 있다고 한다.[54] 위의 정확한 위치는 여러 학설이 있어 아직 정확히 비정할 수 없지만, 후창군 장흥동[55] 혹은 중강군 상장동[56] 방면으로 보인다. 그렇다면 1416년 이전부터 소훈두 방면을 포함한 압록강 연안에 대한 조선의 실효지배가 이루어지고 있었고, 여연 일대는 여연촌 혹은 여안부라며 행정력까지 미치고 있었을 가능성이 크다. 그리고 이들은 갑산군의 소속이었다가 행정력의 비대 혹은 관할 구역이 너무 넓어서 효율적으로 관리하기 위해 여연을 나누어 군으로 삼은 것이다.

그렇다면 1416년에 여연을 분할하기 이전 갑주의 범위는 어디까지였을까? 태종 초에 갑주의 영역을 잘 보여주는 단서가 있다. 바로 1403년(태종

---

52. 『세종실록』권154, 평안도 강계도호부 여연군. 이는 『신증동국여지승람』에도 동일하게 기재되었다.(권55, 평안도 강계도호부)
53. 『세종실록』권69, 17년 7월 16일 을유.
54. "古閭延薰豆堡 府東四十里"(『연려실기술』권17, 「변어전고」진보)
55. 이인영, 1954, 『한국만주관계사의 연구』, 을유문화사, 192-193쪽.
56. 瀬野馬熊, 1923, 「朝鮮廢四郡考」中, 『東洋學報』13-3, 370-371쪽.

3)에 "갑주 땅인 영괴(寧怪)·이라(伊羅) 등처에 반쯤 탄 쑥재[蒿灰]가 비처럼 내려서, 두께가 한 치나 되었는데, 5일 만에 사라졌다."라는 기사이다.[57] 영괴와 이라의 정확한 위치는 파악할 수 없지만 대략적으로 추정은 가능하다.

영괴는 지령괴(池寧怪)로 1440년에 자성의 서해만호소를 지령괴로 옮겼다는 기록이 있고,[58] 『세종실록』 지리지에도 자성의 대표 구자로 소개되었다.[59] 이라는 후일 자성군 소속의 연대로 동북으로 서해(西海), 서남으로 호둔(好屯)과 연하는 곳이다. 또한, 1442년에 "자성군 지령괴 구자"에 3,090여 척에 이르는 행성을 쌓기도 하였다.[60] 이러한 사실을 보면 지령괴는 자성군에 속하며 압록강 연안의 방어처로 보인다. 이인영은 지령괴구자를 자성군 삼흥면 운봉동으로 보았는데, 여기에 축성의 터가 있기 때문으로 보았다. 호둔 역시 그는 현재의 운봉동으로 보았기 때문에 하나의 권역으로 볼 수 있다고 생각한다.[61]

이라(伊羅)는 서해의 서남쪽에 있었고, 그 서남단에 호둔 봉수가 있었다. 1443년(세종 25)에 지령괴 만호에게 호둔에 성벽을 쌓고 군사를 거느리고 농민을 수호하다가 추수를 마치면 지령괴에 입보하게 하여 겨울을 보내라고 명령한 내용을 보면 이라에서 호둔까지 지령괴의 관할 범위에 들어간다.[62] 아마 태일의 바로 아래 지역까지가 포함된다고 생각한다.

이 기사의 내용이 사실이라면 1403년경에 갑주의 영역에 영괴와 이라가 포함이 된다고 할 수 있다. 그렇다면 앞에서 본 것처럼 두만강변을 따

57. 『태종실록』 권34, 17년 8월 20일 계묘.
58. 『세종실록』 권88, 22년 3월 1일 계묘
59. 서해구자는 1437년 6월에 고산리, 산양회, 청수 구자와 함께 새롭게 설치되고 만호를 두었는데, 서해는 자성에 있다고 한다.(『세종실록』 권77, 19년 6월 14일 임신) 자성에 설치된 서해구자는 3년 후에 지령괴로 옮긴 것이다.
60. 『세종실록』 권95, 24년 3월 10일 신미.
61. 이인영, 1954, 앞의 책, 215-216쪽.
62. 『세종실록』 권100, 25년 4월 14일 기해.

라 혜산, 가사동구자, 소훈두, 여연, 자성의 지녕괴까지 조선의 영역이었을 것으로 보인다. 그리고 이 영역은 모두 갑주의 관할하에 있었다. 따라서 여연군이 분할되기 이전의 갑주는 [그림 6]과 같이 현재의 갑산뿐만 아니라 삼수와 폐사군 지역을 모두 관할하는 형태였을 것으로 보인다.

이러한 사실을 본다면 아무리 늦어도 1416년 이전부터 갑산에서 자성까지 조선의 영토화가 이루어졌음을 의미한다. 따라서 1395년(태조 4)에 "의주에서 여연에 이르기까지 연강(沿江) 천 리에 고을을 설치하고 수령을 두어서 압록강으로 국경을 삼았다."[63]라는 기록은 단순한 수사적 표현이 아니라 당대의 상황을 실제로 반영하는 내용일 가능성이 매우 크다. 물론 지방관을 파견했는지 알 수 없고, 1403년과 8년의 시차가 있어 정확히 1395년에 여연까지 행정력이 미쳤다고 말할 수는 없을지라도, 태조 말 ~ 태종 초년에 충분히 여연에 대한 영역화가 이루어졌다고 생각한다.

지금까지의 논의를 종합하면 조선은 아무리 늦어도 1403년(태종 3)에 성기기는 하지만 압록강을 경계로 하는 국경을 확보할 수 있었다고 보인다.[64] 이후 여연군이 1417년에 분리되면서 소훈두부터 마전령에 이르는 후대의 여연, 우예, 자성이 여연의 소속이 되고, 소훈두 서쪽에 후대의 무창과 삼수는 갑산의 영역이 되었다. 따라서 여연군이 분리되기 이전에 갑산부는 이 모든 지역을 아우르는 광활한 영역을 가진 중요 지점이었다. 그리고 여연은 압록강 중상류의 새로운 거점으로 떠오르며 세종대 압록강 중상류 영토 확장의 초석을 다지게 되었다.

---

63. 『태조실록』 권 8, 4년 12월 14일 계묘.
64. 津田左右吉 역시 "이조에 들어온 후 이 방면의 개척은 어떠한 방식으로 진행되었는지는 역사적으로 명확하게 근거하기 어렵지만 태종조에는 갑주, 강계 두 부의 중간이 압록강 연안에 이르기까지 조선의 영토가 되었다."라며 조선 태종조에는 압록강 중상류 유역이 조선의 영토가 되었다는 점을 명기하였다 (津田左右吉, 1913, 앞의 책, 355쪽). 하지만 그가 지적한 것처럼 명확하게 고증한 것은 아니고 이 일대에 대해서 그가 제시한 사료 가운데 가장 빠른 것은 1416년에 여연군을 분리한 내용이다. 따라서 필자의 연구가 그 이전의 상황을 더 구체적으로 보여줄 수 있다고 생각한다. 아무리 늦어도 1403년(태종 3) 이전부터 조선이 압록강 중상류에 대한 영유권을 확보하고 있었을 가능성을 증명할 수 있다고 보인다.

Ⅳ. 맺음말

　기존 연구는 고려 말의 영토를 초산-강계-장진-갑주(갑산)-길주로 연결되는 선으로 이해하였다. 그리고 본격적으로 4군을 개척하기 이전 압록강 중상류 지역에 대한 구체적인 공간에 대해서 살펴보지 않았다. 하지만 『고려사』지리지와 오도양계도를 통해 이전과 다른 양상을 발견할 수 있다. 즉, 만포, 혜산과 삼수까지의 영역을 포함하는 것이다. 세종대 4군 개척 이전에도 태조와 태종대에 활발하게 압록강 중상류 일대를 차지하였지만, 구체적 양상은 알려지지 않았다. 따라서 이 글은 여말선초 압록강 중상류 방면 영역과 이를 확장해 나가는 과정을 검토하여 그 실상을 밝힌 것이다.

　먼저, 고려 말의 영토가 기존에 알려진 것과 다르다. 『고려사』지리지와 오도양계도에 따르면 당시 영역은 갑산을 넘어 혜산 방면까지 그리며 압록강과 연접하는 것으로 파악하고 있다. 오도양계도는『고려사』지리지를 참고하여 작성한 것으로 파악되는데, 동북면과 서북면을 검토하면 일부 누락된 지명도 보이지만 대부분은 일치한다. 이 지도에 의하면 강계 이북의 마전령, 삼수 동부와 혜산 일대를 포함하고 있다. 이는 기존의 학설보다 넓었다.

가장 핵심이 되는 곳은 고려사 지리지에 기재된 혜산의 봉천대로 이곳은 압록강과 접해있다. 혜산 일대는 갑주에서 95리 정도 떨어져 다소 거리가 있다. 하지만 허천강을 따라 내려간다면 갑주만호부를 설치한 고려 말에도 충분히 혜산 지역까지 진출했을 가능성이 크다. 다른 자료를 통해 늦어도 태종대에 혜산은 방어시설까지 갖추고 있었고, 이보다 훨씬 서쪽으로 떨어진 지역까지 조선의 영역이었다. 그러므로 조선의 집권층은 혜산 일대를 고려 말에 진출했다고 인식한 것이다.

조선 건국 이후에는 압록강 중상류 지역에 대한 실제적 지배가 이루어진 것으로 보인다. 1417년에 명의 내관 장신은 동량북 일대에 왔다가 혜산 서쪽의 가사동구자에 수하를 보내 갑산으로 들어와도 되는지 물었다. 이는 명에서도 압록강 안쪽을 조선의 영역으로 인정하고 함부로 들어오지 못했다는 사실과 함께 조선에서 이 시점에 조선은 가사동에 군사시설인 구자를 건설하여 관할하였음을 알 수 있다.

4군의 핵심 지역인 여연도 1416년에 갑산군 소훈두의 서쪽을 갈라서 여연군으로 분할되었다. 『태종실록』과 『세종실록』 지리지의 내용에서 약간 다른 면이 보이지만, 『세종실록』 지리지와 『신증동국여지승람』에 근거하면 여연촌을 군으로 승격시킨 것으로 보인다. 이러한 정황으로 조선은 이미 1416년 이전 소훈두, 여연 등에 대한 실효 지배를 이루고 있었을 가능성이 매우 크다. 마지막으로 1403년의 영괴와 이라에 대한 기록을 통해서도 당대 갑주는 자성군 운두리 일대까지 포괄했음을 알 수 있다.

이러한 사실들을 통해 조선은 늦어도 태종대에 압록강 중상류 지역의 연안에 가사동, 소훈두, 여연, (지)령괴, 이라 등을 영유하고 있었고, 이는 갑주(갑산)의 소속이었음을 파악할 수 있다. 즉, 조선은 조밀하지는 않지만 압록강을 경계로 하는 국경선을 확보하고 있었다고 할 수 있다.[65] 이러한 맥락으로 갑산의 영역이 넓어졌기 때문에 1417년에 소훈두 서쪽을 여연군으로 분할하였고, 이는 후일 압록강 중상류 영토 확장의 초석이 되었다.

---

65. 이는 방어를 위해 군사적 경계선을 압록강과 두만강으로 확보하려고 한 의식에서 나타난 것으로 실상 그 건너편을 중국 혹은 여진의 영토로 인식한 것은 아니었다(류재춘, 2006, 「15세기 前後 朝鮮의 北邊 兩江地帶 인식과 영토 문제」, 『조선시대사학보』 39, 44쪽). 실제로 당시 압록강 건너편에 건너가서 살거나 농사를 짓는 사례도 상당히 발견된다. 예를 들어, 1433년에 세종은 "혜산과 가사두 구자 밖은 토지가 기름지지만 주민은 7, 8호에 불과하여 만일 적변이 있으면 적의 공격을 받는 처음이므로 그 백성을 깊은 곳으로 옮기는 것은 어떠한가?"라고 물었다. 이때 옮겨서 들이자는 의견, 요해처에 목책을 설치하여 보호하자는 의견, 이들을 옮기면 여진인에게 약한 모습을 보일듯하니 방어하자는 의견 등도 있었다(『세종실록』 권60, 15년 5월 28일 경진). 이와 관련한 논의는 후고를 기약하고자 한다.

청대 만주 사회의
형성과 정체성

김준영

Ⅰ. 머리말

고대 이래 만주지역은 고조선 · 부여 · 고구려 · 발해로 이어지는 한민족(韓民族)의 역사가 태동한 곳이다. 동시에 유목민족과 정주민족이 만나는 접경지이자 중원에 대항하는 국가가 태동하는 지역으로 숙신 · 읍루 · 말갈 · 거란 · 몽골 · 여진 · 만주 등 다양한 민족이 함께 공존하며 상호 경쟁해온 역사 현장이었다. 만주지역에서 발원하여 현재까지 독립된 국가를 유지하고 있는 민족이 한민족(韓民族)과 몽골족뿐이라는 점에서 이곳이 얼마나 치열한 역사 현장이었는지 실감하게 한다. 21세기를 맞이한 현재 만주지역은 다양한 민족이 공존하는 가운데 여전히 갈등과 반목이 지속되고 있다. 지난 2002년 중국이 실시한 '동북공정'은 고구려 · 발해 등 우리 민족의 고대사를 중국사의 일부로 편입하려는 시도였다. 한국의 거센 반발로 2007년 양국 정상이 이 문제를 구두로 합의하여 일단락되는 듯 보였지만, 중국은 '동북공정'에 앞서 1994년 이래 추진해온 '장백산 문화론'을 바탕으로 2010년부터 '장백산문화건설공정'(이하 '백두산공정'으로 통칭)'을 통해 우리 민족의 성산(聖山)인 백두산[66]을 중화민족만의 성산으

---

66. 한 · 중 수교 이전 백두산은 중국과 한국 모두 공식적인 명칭으로 사용하였다. 특히 1962년 조 · 중국경조약 당시 백두산을 공식 지명으로 사용했다는 점은 중국도 백두산을 정식명칭으로 인정하였음을 의미한다. 그러나 한 · 중수교 이후 백두산은 한민족의 성산이라는 논리에 대응하기 위해 중국은 장백산은 만주족의 성산이라는 논리를 선전하였다. 또한 공식적으로 백두산 대신 장백산이라는 명칭으로 통일하여 사용하게 하였다(윤휘탁, 2015, 「중국의 '백두산의 중국화' 전략」, 『동북아역사

로 만들고 있다.[67] 즉 중국의 동북공정은 과거에도 그리고 현재에도 일단 락되지 않았고 여전히 진행 중이었다. 중국이 백두산을 중화민족의 성산 으로 주장하는 논리의 핵심은 숙신계 민족의 백두산 기원론이다. 다시 말 해 백두산은 만주족의 발상지이자 성산이고, 만주족의 선인(先人)인 숙신 계 민족 또한 이곳에서 발원하여 오랜 기간 백두산을 직접 관할했기 때문 에 백두산은 곧 중화민족의 성산이라고 주장한다.[68] 그러나 일반적으로 고 대이래 만주지역에서 발원한 종족(種族)의 발전 과정은 북쪽에서 남쪽으 로 남하는 추세를 보인다. 따라서 중국이 주장하는 숙신계 민족 즉 숙신 · 읍루 · 말갈 · 여진 그리고 만주족으로 이어지는 종족(種族) 모두 백두산 에서 발원했다는 점은 설득력을 얻기 어렵다. 특히 만주족의 경우 건주여 진을 중심으로 여러 종족(種族)을 통합하여 형성되었다. 따라서 청 황실 의 삼선녀 설화를 바탕으로 만들어진 부쿠리 용손의 탄생 설화를 근거로 모든 만주족이 백두산에서 발원하였다는 주장은 재고할 필요가 있다.[69] 그 런데도 일부 학자들은 여전히 만주족 구성의 종족(種族)적 다양성을 외면

논총』 48, 205-206쪽). 따라서 본고에서는 백두산, 장백산 등으로 각기 사용하는 명칭을 본래 고유 명칭인 백두산으로 통일하여 사용한다. 다만 '장백산문화론', '장백산문화건설공정'과 같은 중국의 사업 명칭은 고유 표기대로 사용한다.

67. 윤휘탁, 2018, 「중국의 '백두산공정'-'長白山文化建設工程'에 관한 試論」, 『중국근현대사연구』 78, 87쪽.

68. 윤휘탁, 2007, 「中國의 東北 文化疆域 認識 考察-"長白山文化論"을 중심으로」, 『중국학보』 55, 302쪽.

69. 만주족의 발상지에 대해 중국 학계에도 다양한 학설이 제기되었다. 다만 중국학계의 만주족 발 상지 논쟁은 대부분 <삼선녀> 설화에서 만주족의 발상지로 인식된 불후리 호수의 위치에 대한 논 쟁이었다. 여기에 대해 劉大誌는 「滿族族源神話與"滿洲"族稱」(『黑龍江民族叢刊』 96, 2007)에 서 불후리 호수의 위치에 대한 학계의 장백산설, 경백호설, 흑룡강 중류 강동64둔설을 반박하고 흑룡강 중하류설이 가장 유력함을 주장하였다. 그 이유는 흑룡강 중하류지역이 바로 후르카인들 이 거주했던 구역으로 흑룡강과 송화강이 교차하는 지역에서 후르카인들이 청조에 투항했을 것으 로 보았기 때문이다. 따라서 劉大誌는 불후리 호수의 위치를 박륜호(博隆湖, 러시아의 아무르스 크 Amursk에서 서남 40km 인근)라고 하였다. 국내에서는 청 황실의 삼선녀 설화에서 불후리 호수 의 지리적 위치가 백두산 인근이 아니라는 점에서 동의하지만, 불후리 호수의 위치를 흑룡강 중하 류가 아닌 중류지역 즉 청대 흑룡강성(黑龍江城, 지금의 黑河市) 남쪽 지금 러시아 블라고베센스크 (Blagoveshchensk) 인근이라고 하였다(이훈, 2014, 「청초기 장백산 탐사와 황제권」, 『東洋史學研 究』 126 참고). 이 밖에 만주족의 발상지를 청 황실의 <삼선녀> 설화에 기초한 불후리 호수 위치에 서 찾는 것은 옳지 않고 만주족이 多種族 공동체로 구성되었다는 점에서 동북전역이 만주족의 발상 지라고 보는 것이 옳다는 주장도 전개되었다(盧偉 · 張克, 2014, 「也說滿族起源問題」, 『黑龍江民族 叢刊』 142 참고).

하고 만주족과 숙신계 민족의 연관성만을 강조하는 논리를 펼치고 있다.[70] 따라서 백두산을 둘러싼 중국의 역사 왜곡 문제에 대응하는 논리적 기반을 만들기 위해 그들이 백두산과 중화민족 간의 핵심 연결고리로 생각하는 만주족의 형성과정에 대한 연구가 필요하다. 만주족은 팔기의 구성에서 보이는 만주 · 몽고 · 한군기와 『팔기만주씨족통보(八旗滿洲氏族通譜)』에 포함된 만주 · 몽골 · 한인(漢人) · 조선인 이외에 다양한 종족 출신의 사람들이 포함된다. 그럼에도 우리는 만주족 하면 여진족의 후예로만 인식하고 그들의 종족(種族)적 다양성을 간과하는 경우가 많다. 이러한 인식은 만주족의 발상지로 알려진 만주지역에 거주하는 만주인에게 더욱 두드러진다. 따라서 본고는 청대 만주지역 만주 사회 구성 과정의 외부적 요인인 청조의 이주 정책과 만주인 스스로 자신들의 근원에 대한 인식을 결합하여 만주지역 만주 사회의 다종족(多種族) 구성과 정체성에 대해 살펴보고자 한다. 만주인의 다종족(多種族) 구성을 가능하게 했던 외부적 요인은 만주인의 입관(入關)과 그 이후 변동 상황, 관내(關內) 기인(旗人)의 요동 이주, 변경 소수민족의 이주와 입기(入旗) 그리고 관내(關內) 한인(漢人)의 요동 이주와 입기(入旗) 등이다. 아울러 중국청사편찬위원회에서 출간한 『淸代滿族家譜選輯上 · 下冊』(이하『選輯』)을 참고해 만주 사회의 구성 중 신 · 구만주에 따른 정체성 차이를 분석하였다..[71]

---

70. 중국에서 만주족을 숙신계 민족으로 계보화 하는 한편 이들이 모두 장백산에서 발원하였다고 주장하는 학자들은 다음과 같다. 郝慶雲, 2003,「肅愼族系長白山觀念透析」,『中國邊疆史地研究』 4; 張傑, 2006,「滿族先民與長白山的早期開發」,『滿族硏究』 3; 張生生, 2019,「論滿族與長白山」, 『滿語硏究』 69; 汪亭存, 2009,「滿族長白山崇拜論析」,『民族文學硏究』 4.

71. 何曉芳主編, 2016,『淸代滿族家譜選輯』上 · 下冊 , 國家淸史編纂委員會 · 文獻叢刊, 遼寧民族出版社: "『選輯』은 만주 · 몽고 · 한군기에 속한 80여 부의 족보가 수록되어있어 다양한 種族 출신의 만주인과 그들의 정체성을 엿볼 수 있다.

II. 만주 토착사회의 다종족(多種族) 구성과 정체성

　16세기 말 동북아 형세는 건주여진(建州女眞)을 중심으로 새롭게 재편되기 시작하였다. 누르하치는 건주 8부를 통합한 후 하다부(hada aiman, 哈達部)를 시작으로 해서(海西)여진과 일부 야인(野人)여진을 통합하여 건주여진을 중심으로 하는 만주공동체를 형성하였다. 이후 만주공동체가 팽창하여 누르하치는 여진계(女眞系)[72]뿐만 아니라 만주에 거주했던 한인(漢人), 몽골인(蒙古人), 조선인(朝鮮人) 등 다양한 집단의 사람들을 팔기에 포함시켜 공동체의 일원으로 삼았다.[73] 만주공동체의 확장 및 다종족(多種族) 구성은 홍타이지 시기에 더욱 가속화되었다. 천총(天聰) 원년(1627) 홍타이지는 조선과의 두 차례 전쟁에서 승리하였고 이 과정에서 많은 조선인이 만주공동체에 포함되었다. 천총 5년(1631) 후금이 명과 대릉하(大淩河) 전쟁에서 승리하여 요동지역 한인(漢人)을 포섭할 수 있는 기회를 얻게 되었다. 또한 천총 9년(1635) 몽골의 마지막 대칸인 린단칸(林丹汗)의 아들 에제이칸(額哲汗)이 후금에 투항해와 만주공동체에서 몽골인의 비중 또한 증가하게 되었다. 이상 만주공동체의 영토 확장에 따른 공동체 내부

---

72. 본문의 '여진계(女眞系)'는 명(明)에 의해 건주(建州)·해서(海西)·야인여진(野人女眞)으로 지칭되었던 부족들을 의미한다.
73. 누르하치의 여진사회 통합과 만주 다종족(多種族) 공동체의 형성은 다음의 연구 참고. 김준영, 2020, 「清代 滿洲 多種族 공동체의 형성과 정체성: 만주 족보의 族源기록을 중심으로」, 『역사와담론』 96.

종족(種族) 구성의 다변화는 기존의 여진이 아닌 다종족(多種族)화 된 공동체를 대표하는 새로운 정체성을 공표하는 데 이르게 된다.

> 우리 구룬의 이름은 본래 만주, 하다, 여허, 호이파이다. 그것을 무지한 사람들이 주션이라고 부른다. 주션은 시버의 초오 머르건(Coo mergen, 超墨爾根)의 일족이다. 그들과 우리가 어떤 관계가 있는가? 이후 모든 이들은 우리 구룬을 본래 명칭인 만주라고 부르라. 주션이라 부르면 벌을 줄 것이다.[74]

홍타이지는 유지에서 자신들은 주션과 관계가 없기 때문에 앞으로 주션으로 부르는 것을 금지하고 본래 구룬(gurun, 固倫) 의 명칭인 '만주(滿洲)'라는 이름으로 자신들을 지칭하도록 하였다. 만주어 구룬은 국가, 부족, 조대(朝代), 사람(사람들), 백성 등의 뜻으로 번역된다.[75] 이상 구룬의 의미에서 보이는 공통점은 모두 크고 작은 규모의 집단을 지칭한다는 점이다. 즉 본래 작은 집단을 의미하던 구룬이 여진 사회의 발전 과정에 따라 그 의미가 확장된 것으로 볼 수 있다. 만주어 구룬은 여러 가지 의미로 해석되기 때문에 본 유지에서 구룬이 지칭하는 집단 의미에 대해서 학계에 여러 가지 해석이 존재한다. 가령 딩이좡(定宜莊)은 구룬의 의미를 나라(國)로 번역하여, '만주'는 국호이고 청(淸)은 조대(朝代)의 명칭으로 해석하였다. 이에 반해 쟈오즈챵(趙誌強)은 구룬을 '사람'이라고 번역하였다. 그 이유는 홍타이지가 주션을 만주로 바꾼 것은 국호를 바꾼 것이 아닌 자신들을 지칭하는 종족(種族) 명칭을 바꾼 것이라고 보았기 때문이다.[76] 구룬의 의미에 대한 논쟁은 차치하고 홍타이지가 '만주'라는 새로운 이름을 전면에 내세운 이유를 살펴보면 두 가지로 정리할 수 있다. 먼저

---

74. 이훈, 2018, 『만주족 이야기』, 너머북스, 152쪽.

75. 趙誌強, 2019, 「滿洲族稱源自部落名稱――基於「滿文原檔」的考察」, 『紀念鄭天挺先生誕辰120周年暨第五屆明清史國際學術討論會會議』, 南開大學; 長山, 2011, 「論滿語gurun」, 『滿族研究』2.

76. 定宜莊, 2016, 「淸末民初的'滿洲', '旗族'和'滿族'」, 『淸華大學學報』2; 趙誌強, 2019, 앞의 논문, 137-140쪽.

기존 주션(jušen 女眞)이라는 종족 명칭과 금(金)이 다양한 족원(族源)을 지닌 새로운 공동체를 대표는 명칭으로는 부족했다고 인식했기 때문이다. 다음으로는 홍타이지 시기에 이르면 '만주부'가 명실상부한 가장 강력한 집단으로 부상했기 때문이다.[77]

1. 구(舊)만주인의 다종족 구성과 정체성

만주공동체 구성의 첫 번째 변곡점은 바로 청조의 수도 이전과 이에 따른 팔기(八旗)의 관내(關內) 이주이다. 순치 원년(1644) 당시 섭정왕 도르곤은 오삼계와 함께 산해관을 넘어 북경을 점령하였다. 곧이어 도르곤은 북경으로의 천도 계획을 공포하여 본격적인 중원통치의 포부를 드러내었다. 심양에서 북경으로 천도가 이루어지면서 청조는 순치원년부터 황제 호위와 내륙 안정이라는 명분으로 관외(關外) 만주인을 계속해서 관내(關內)로 이주시키고 일부만 변경 방위를 위해 만주지역에 남겨두었다. 당시 관외(關外) 동북지역에 남아있던 만주인의 수를 통계 내기 어렵지만, 순치16년(1659) 이곳에 남아있던 팔기 좌령 및 병액을 통해 만주인의 관내(關內) 이주 현황을 짐작할 수 있다.

[표 1]의 내용을 보면 순치 16년 만주지역 팔기 주방에 33개의 팔기 좌령이 남아있었고 갑병(甲兵)의 수는 약 1534명에 불과하였다. 이는 당시 대다수의 만주인이 청조의 이주 정책에 따라 관내(關內)로 이주하였음을 보여준다. 수도 이전이라는 국가 정책에 의한 팔기(八旗)의 대규모 이주는 만주종족(宗族)의 분화를 야기하였다. 일차적으로 관내외(關內·外)

---

77. 홍타이지가 만주라는 명칭을 공식화하기 전 만주라는 명칭이 존재했는가의 여부에 대해 자오 지챵(趙誌强)은 무권점 만문당안인 『만문원당(滿文原檔)』에서 누르하치 시기 작성된 당안 중 '만주 (manju)'라는 글자가 직접적으로 쓰인 것이 13번 등장한 것으로 보아 만주라는 명칭이 홍타이지 이 전부터 존재한다고 하였다.. 여기서 '만주'의 의미는 누르하치의 부족 명칭을 의미한다. 가령 천명 (天命) 6年八月 누르하치는 몽골인 재살(齋薩)에게 "bi manju gurun jaisai si monggo gurun(나는 만주인이고 너는 몽골인이다.)"라고 말하였다(趙誌强, 앞의 논문, 134쪽).

로 분화되었고 이차적으로는 관내에서의 종족분화와 관외에서의 종족분화 현상이 일어났다. 본고에서는 관내(關內)로 이주하지 않고 만주에 남아있던 만주인을 '토착 구만주인(土著 舊滿洲人)'으로 명명하여 구분하였다. 여기서 '토착 만주인'을 신·구만주로 구분한 이유는 신·구만주의 구분이 그들의 만주 정체성, 만주 사회 내부에서의 신분질서 등에서 중요한 요인이었기 때문이다.

[표 1] 순치(順治) 16년 만주지역 팔기주방(八旗駐防)의 병액(兵額) 상황[78]

城名	盛京	興京	蓋平	牛莊	鳳凰城	廣寧	寧古塔	總計
佐領	16	2	2	2	2	1	8	33
甲兵	748	50	96	32	150	28	430	1534

만주공동체는 다양한 족원(族源)을 출신의 사람들로 구성되었고, 내부적으로 계층이 형성되었다. 만주공동체의 계층 구분은 시간이 지날수록 세분화되었고 그 기준은 팔기 호적인 기적(旗籍)의 종류[79], 팔기의 기색(旗色)[80] 그리고 팔기에 편재된 시기에 따른 신·구만주 구분이다. 만주공동체의 계층 구분에서 기적(旗籍)과 기색(旗色)은 개인의 공적(功績)여부에 따라 제한적이지만 일부 변동이 가능했다.[81] 그러나 신 · 구만주의 구분은 만주 사회에서 관념적인 구분이었지만 대대로 세습되어 고정된 계층

---

78. 李林 · 湯建中編, 1990, 『北鎮滿族史』, 沈陽:遼沈書社, 44쪽.

79. 기적(旗籍)은 팔기에 등재된 호구(戶口)의 종류로 일반기인 신분인 정신(正身), 영호기인(另戶旗人)과 피지배계층인 개호(開戶), 호하인(戶下人), 영기당안인(另記檔案人) 등으로 구분된다(傅克東, 1983, 「八旗戶籍制度初探」, 『民族研究』 6 참조).

80. 팔기는 정황 양황 정백기로 구성되는 상삼기와 나머지 하오기로 구성된다. 상삼기에 소속된 기인은 하오기에 소속된 기인들보다 얻을 수 있는 官缺이 많았고 또 같은 관직이라도 하오기 출신보다 요직을 맡을 수 있었다. 가령 侍衛는 상삼기 소속 기인들만 얻을 수 있는 관결이었다. 특히 어전시위(御前侍衛)는 황제를 근거리에서 보필하는 요직으로 청대 대신 중 어전시위 출신인 자가 많았다. 호군영(護軍營)과 같이 상삼기와 하오기 출신 모두 얻을 수 있는 관결이라도 상삼기 호군이 자금성 수위를 맡고, 하오기 호군은 종실왕공의 王府 수위를 맡게 하는 등의 방식으로 차등을 두었다. 건륭 23년(1758) 이후 모든 호군이 자금성 호위의 임무를 맡았지만 상삼기 출신은 황제와 가까운 자금성 안쪽의 호위를 맡고, 하오기 출신은 자금성 바깥쪽 호위를 맡게 하는 등 여전히 두 집단 간에 차이는 사라지지 않았다(杜家驥, 2015, 『淸代八旗官制与行政』, 中國社会科学出版社, 55쪽 참조).

81. 만주인의 계층 이동이 자유롭게 이루어지는 것은 아니었지만 일부 공적을 세운 만주인들은 제한적인 계층 이동이 가능하였다. 가령 호하인(戶下人)은 공적을 통해 개호(開戶)가 되거나 영호(另戶)

을 바꿀 수 없었다. 따라서 신·구만주의 구분을 만주 사회에서 중요한 계층 구분 기준으로 볼 수 있다.[82]

청조 통치자는 관직 임용 기회 및 세습직 분배 등에서 구만주(舊滿洲)인에 대한 우대 정책을 시행하였다. 구만주인은 자신들의 신분 지위를 드러내기 위해 족보 서문(序文)에 '종용입관(從龍入關, 혹은 수용입관隨龍入關)', '종족(宗族)의 백두산 발상지설'과 같은 족원(族源) 기록 작성하였다. 즉 이상 족원 기록은 구만주인의 집단 기억이자 자신들의 정체성을 나타내는 방법이었다. 이 중 '백두산 기원설'은 청 황실이 실제 자신들의 발상지가 아니지만 백두산을 발상지로 만든 것과 상당부분 유사하다. 가령 『나라씨종족(那拉氏宗族)』의 족원 기록을 살펴보면, "나라씨의 본적은 장백산이고 그 지명은 호이파이다."라고 기록하였다.[83] 호이파(hoifa, 輝發)는 해서여진의 4부 중 하나로 그 위치는 대략 지금의 길림성(吉林省) 휘남현(輝南縣) 인근이다. 즉 본 종족(宗族)은 장백산에서 약 150㎞ 떨어진 호이파 지역을 마치 하나의 장소처럼 표현한 것이다. 이 밖에 『엽혁나라씨족보(葉赫那拉氏族譜)』의 족원에는 "시조 개길공 이래 대대로 여허 인근 장백산 근처에서 살았다."라고 기록하였다.[84] 본 종족(宗族)은 여허 인근의 장백산에서 대대로 거주하였다고 기술하였지만, 여허는 장백산에서 약 340㎞ 떨어진 지금의 길림성(吉林省) 이숙현(梨樹縣) 인근이다. 이처럼 만주 종족(宗族)의 '백두산 기원설'은 허구적인 측면이 농후하지만

의 대우를 받을 수 있었다. 또한 대기(擡旗)를 통해 하오기에서 상삼기 혹은 포의기에서 만주(滿洲) 니루(牛錄)로 옮겨 신분이 상승하였다.

82. 만주 사회에서 신·구만주의 구분은 형성초기부터 존재 하였다. 가령 홍타이지시기 구만주는 누르하치시기 팔기에 입기한 사람들을 지칭하였고, 그 이후 팔기에 입기한 자는 신만주로 지칭하였다. 청조 입관 후에는 신·구만주의 구분이 입관을 기준으로 그 이전은 구만주, 그 이후는 신만주로 구분 하였다. 본고에서 언급하는 신·구만주의 고정된 계층구분의 관념은 입관시기를 전후로 구분하는 신·구만주의 구분을 의미한다.

83. 『北京圖書館藏家譜叢刊·民族卷』第37冊, 「那拉氏宗族」, 北京圖書館出版社, 2003, 561-660쪽.

84. 『北京圖書館藏家譜叢刊·民族卷』第37冊, 「葉赫那拉氏族譜」, 北京圖書館出版社, 2003, 1-232쪽.

이러한 서술역시 청 황실의 발상지 인식을 따른 것이라 할 수 있다.

한편 '종용입관'은 사실에 기반한 것으로 만주종족(宗族)은 족원 기록에 이를 상세히 기록 하였다. 앞서 언급한 것처럼 순치 원년(1644) 청조가 성경에서 북경으로 수도를 이전한 이후 계속해서 황제 호위와 내륙 안정의 명분으로 팔기(八旗)를 관내로 이주시켰다. 이에 [표 1]에서 보듯 만주에는 일부 좌령과 병액만 남아있었다. 즉 대다수 구만주인이 청 황실과 함께 관내로 이주한 경험이 있었기 때문에 구만주인의 족원 기록 중 '종용입관'에 대한 기억이 가장 대표적인 집단기억으로 남게되었다.

다음은 『선집(選輯)』에 수록된 만주족보 중 구만주인의 정체성이 보이는 만주 토착 구만주인의 사례이다.

[표 2] 만주 토착 구만주 사례

序	族譜名	原居地	移居地	移居時期	族源
1	『京都吉林寧古塔三姓等處鑲黃旗陳滿洲關姓宗譜書』	三音訥殷	寧古塔等	順治年間	女真系
2	『馬氏宗譜』	盛京	烏拉	順治年間	女真系
3	『唐族譜書』	長白山	鳳凰城		女真系
4	『交羅哈拉佟趙全書』	牙爾虎	赫圖阿拉等	天命年間	女真系
5	『福陵覺爾察氏譜書』	長白山	盛京	順治元年	女真系
6	『沈氏家譜』	遼陽	盛京	順治年間	漢人
7	『正藍旗蒙古孔臥洛特氏宗譜』	黑龍江	長白山	天命年間	蒙古

이상 [표 2]의 1-5번 사례에서 보이는 공통된 특징은 종족(宗族)의 족원(族源)이 과거 여진계로 분류된 부족 출신이라는 점이다. 물론 이상 사례만으로 만주 토착 구만주인들의 종족(種族) 구성을 단정할 수는 없다. 그러나 이상 [표 2]의 사례를 통해 만주 토착 구만주 중 여진계(女眞系) 출신이 가장 큰 비중을 차지했을 것으로 짐작된다. 만주 토착 구만주인의 거주 현황을 살펴보면, 앞서 언급한 만주종족(宗族) 분화의 1·2차 요인에 따라 관내·외(關內·外) 혹은 만주지역에서의 분화였다. 예를 들면 사례 1의 관씨(關氏) 종족(宗族)은 순치 연간 너연(訥殷) 지역에서 닝구타 주방(寧古塔駐防)으로 파견된 후, 팔기 재배치 및 종족 내부의 자연적 분화로 본족은 북경, 길림, 이란현(ilan hala, 依蘭縣), 복건 등으로 분화되었다.[85] 사례 2의 마씨(馬氏) 종족(宗族)은 순치 원년 성경에서 울라(烏拉, 지금의 吉林市 서북 인근)지역으로 파견되었다.[86] 사례 3의 타타라씨(他她拉氏, 혹은他塔喇氏) 종족(宗族)은 본래 백두산 인근에 거주하다 국초에 성경으로 이주하였다. 이후 6대손 고파달(古巴達)이 봉황성(鳳凰城)으로 파견되어 종족(宗族)이 분화되었다.[87] 사례 4의 교라씨(交羅氏) 종족(宗族) 분화는 만주공동체 형성 초기의 이동 과정을 엿볼 수 있다. 본족의 족장 호리하(胡里哈)는 누르하치에게 투항하였는데 누르하치가 허투알라(hetu ala, 赫圖阿拉)에서 요양으로 천도하자 호리하는 족인을 이끌고 아이호(牙爾虎, 혹은 薩爾滸 지금의 遼寧 撫順지역)에서 허투알라로 이주 하였다. 당시 호리하의 형 와극선(瓦克善)은 건강 문제로 허투알라에 남아 그의 지파는 허투알라와 아이호로 분화되었다. 이후 호리하 지파는 허투알라에서 성경을 거쳐 북경으로 이주하였다. 정리하면, 본족은 만

---

85. 何曉芳主編, 『選輯』上冊, 13쪽.
86. 何曉芳主編, 위의 책, 159쪽.
87. 何曉芳主編, 위의 책, 279쪽.

주에 남은 와극선 지파와, 관내로 이주한 지파로 구분된다.[88] 사례5의 복릉(福陵) 각이차씨(覺爾察氏)는 본래 백두산 인근에 거주하다 순치 원년(1644) 복릉 수위의 임무를 맡은 장자와 차남지파가 복릉에 남았다. 그리고 나머지 지파는 황제를 따라 북경으로 이주하였다.[89]

한편 명대(明代) 이래 만주지역에는 한인(漢人)들이 거주하고 있었다. 이들이 거주하는 지역은 주로 명대(明代) 위소(衛所)가 설치되어 있는 지역이었다. 청조의 확장에 따라 이곳의 한인도 만주공동체에 포함되었다. 가령 사례 6의 심씨(瀋氏) 종족(宗族)은 대대로 요양(遼陽)에 거주하였다. 이들은 홍타이지에게 투항한 후 팔기에 입기(入旗) 하였다. 본족도 앞선 종족의 사례와 마찬가지로 순치 원년 청조가 입관할 때 북경과 성경으로 종족(宗族)이 분화되었다. 이때 성경에 남은 지파는 양황기한군(鑲黃旗漢軍)의 황장(黃莊)을 관리하는 장두(莊頭)직을 세습하였다.[90] 본족은 정신기인(正身旗人) 출신이 아닌 장두(莊頭)직을 맡는 하층 기인이다. 그럼에도 본족을 구만주로 본 이유는 신·구만주의 구분이 종족(種族)이 아닌, 팔기에 입기 한 시기를 기준으로 하였기 때문이다. 또 장두(莊頭)기인도 내부적으로 신·구만주 간에 만주정체성의 차이가 존재하였기 때문이다.[91] 다음으로 사례7의 공와락특씨(孔臥洛特氏) 종족은 몽골족 출신이지만 스스로 황제(黃帝)의 후손이라고 주장하였다. 본족의 성씨는 금천씨

88. 何曉芳主編, 위의 책, 344쪽.

89. 何曉芳主編, 『選輯』下冊, 744쪽.

90. 何曉芳主編, 위의 책, 1197쪽.

91. 구만주 장두(莊頭)와 입관 후 청조에 투충(投充)한 장두는 모두 정신기인이 아닌 피지배계층이다. 그러나 이들 사이에는 계층적 차등은 물론 만주정체성에도 차이가 있었다. 가령 신만주(新滿洲) 장두(莊頭) 기인의 후손보다 구만주(舊滿洲 장두(莊頭) 기인의 후손이 조상들에 대한 기억에서 더 분명한 만주정체성을 보였다. 장두(莊頭) 기인의 계층 구분 및 신(新)·구(舊)만주(滿洲) 장두(莊頭) 기인의 만주정체성 차이는 邱源媛의『找尋京郊旗人社會－口述文獻雙重視角下的城市邊緣群體』(北京:北京出版社, 2014)참고; 이밖에 개호(開戶)기인 사이에도 신·구만주간에 차등이 있었다. 가령 개호 중 구만주에 해당하는 사람들은 영기당안인(另記檔案人)으로 분류되어 팔기의 홍백사(紅白事) 은상은(恩賞銀)의 지급대상에 포함되었다. 그러나 신만주 개호는 지급대상에 포함되지 못하였다(檔號:04-02-002-000191-0031, 無題, 蒙古正藍旗都統 莽鵠立, 雍正朝, 中國第一歷史檔案館 참조).

(金天氏)였다가 元代에는 액노특씨(額魯特氏) 그리고 명대에는 공와락특씨로 변경하였다. 본족의 족원(族源) 기록을 보면, 明代 흑룡강을 따라 동족으로 이주하다 백두산 부근에 이르러 정주하였다고 기록하였다. 이후 누르하치에게 투항하였고 홍타이지 시기 몽골기(蒙古旗)에 편재되었다고 기록하였다. 이처럼 본족은 족보에서 본래 족원(族源)이 몽골인이라고 기록하였지만, 동시에 오랜 기간 백두산 부근에서 거주하였고 일찍이 누르하치에게 투항하여 팔기에 입기 한 구만주임을 강조하여 다원적(多元的) 정체성을 보여준다.

2. 신(新)만주인의 다종족 구성과 정체성

만주지역 토착 만주인은 구만주인 이외에 입관 후 팔기에 입기(入旗)한 신만주도 존재하였다. 다음은 『선집(選輯)』에 수록된 만주 족보 중 토착 신만주에 해당하는 사례이다.

[표 3] 만주 토착 신만주인 사례

序	族譜名	原居地	移居地	移居時期	族源
1	『烏拉氏族譜--盛京鑲藍旗西昂邦牛錄下烏扎拉氏族譜』	黑龍江伊克塞	盛京	康熙4年	女真系
2	『瓜爾佳氏家世錄--伯都訥錫伯人奉派遼陽駐防』	未詳	遼陽駐防	順治8年	錫伯人
3	『吳西勒氏譜書』	巴爾虎	盛京等	康熙21年	蒙古人
4	『常氏宗譜』	遼陽	烏拉	順治年間	漢人

『선집(選輯)』에 수록된 족보 가운데 토착 신만주에 해당하는 사례의 종족(種族) 구성은 여진계(女真系), 몽골, 한인(漢人) 그리고 시버인(錫伯人)까지 매우 다양하다. 물론 신만주의 범주에 대해 학계에서 후르카부(呼爾哈部 혹은 虎爾哈部) 출신으로 한정하는 견해[92]와 고아라(庫雅喇), 달간이(達斡爾), 색륜(索倫), 파이호(巴爾虎), 시버(錫伯), 악륜춘부(鄂倫春部) 등 종족(種族) 명칭을 딴 니루로 편제된 종족(種族)까지 포함하는 견해 등 다양하다.[93] 그러나 기존 학계의 견해는 신만주를 만주지역 소수민족으로 한정한다. 본고는 신만주의 범주를 만주지역 소수민족에 한정하지 않았다. 이는 앞서 언급한 것처럼 만주공동체의 신·구만주 구분이 종족(種族) 출신에 따른 구분이 아닌, 팔기에 입기(入旗)한 시기가 주된 기준이기 때문이다. 가령 천명(天命) 3년(1618) 후르카 추장 납객답(納喀答)이 부족민 100호를 이끌고 누르하치에 투항하여 구만주인이 되었다.[94] 그러나 순치 13(1656)년 이후 닝구타로 이주, 강희 13년(1674) 40개 니루로 편성된 후르카인은 신만주로 구분된다.[95] 즉 같은 후르카인도 언제 팔기에 입기했는지에 따라 신·구만주로 구분된 것이다. 따라서 본고는 신·구만주의 구분을 만주지역 소수민족에 국한시키지 않았다.

사례 1의 오찰랍씨(烏扎拉氏) 종족(宗族)은 본래 흑룡강 유역에서 발원하였다. 그 후 강희 4년(1665)년 속륵필한(束勒必罕)이 동족 10여 명

---

92. 劉小萌, 1987, 「關於淸代'新滿洲'的幾個問題」, 『滿族硏究』 3; 孫明, 2018, 「康熙時期新滿洲駐防佐領編立新探」, 『社會科學戰線』 2.

93. 강희(康熙) 9년(1670)에서 옹정(雍正) 12년(1743)까지 청조가 고아라(庫雅喇), 달간이(達斡爾), 색륜(索倫), 파이호(巴爾虎), 시버(錫伯), 악륜춘부(鄂倫春部)의 사람들을 각각 독립된 니루로 편성하였다. 이는 후르카인을 기존 팔기의 니루에 편성한 것과는 편재 방식이 다르지만, 독립된 니루로 편성된 소수민족 역시 입기(入旗)하여 만주공동체를 함께 구성하였기 때문에 신만주로 포함했다(孫明, 앞의 논문, 166쪽 참조).

94. 『淸太祖實錄』 卷 5, 天命三年十月十一日.

95. 『淸聖祖實錄』 卷 50 , 康熙十三年十一月三十日:鎭守寧古塔將軍 巴海, 率松阿里吳喇, 諾羅河, 吳蘇路烏喇, 木倫居住之墨爾折勒氏新滿洲佐領四十員, 並佐領下人等, 入覲行禮. 上命. 射賜茶酒. 일본학자 마츠우라 시게루(松浦茂)는 「康熙前半におけるクヤラ·新滿洲佐領の移住」(『東洋史硏究』 48, 1990, 724-726쪽)에서 『淸代譜諜檔案』자료를 이용해 강희13년 새롭게 편성된 니루의 묵이철륵(墨爾哲勒), 탁과라(托科羅) 등의 성씨가 후르카 출신 사람들임을 밝혔다(孫明, 앞의 논문, 167쪽 참고).

을 이끌고 청조에 투항하여 성경 만주양람기에 소속되었다.[96] 『팔기만주
씨족통보(八旗滿洲氏族通譜)』(이하『통보(通譜)』) 기록에 의하면 오찰
랍씨는 만주 성씨의 하나로 "울라(烏喇, 지금의 길림시 서북방면), 살합이
찰(薩哈爾察, 흑룡강 중류 유역) 및 기타 흑룡강(黑龍江) 유역에서 거주
했다."라고 기록되어있다.[97] 물론 본족이 사례 2의 과얼차씨(瓜爾佳氏)사
례처럼 청조에 귀의한 후 만주 성씨를 사용했을 가능성도 있다. 그러나 사
료의 한계로 본족의 족원(族源)을 『통보』에 근거해 여진계(女真系)로 구
분하였다. 사례 2의 과얼차씨(瓜爾佳氏) 종족은 순치 8년(1651) 만주정백
기에 편재되어 요양주방으로 파견되었다.[98] 본족은 족보 명칭, 종족의 세
계표 및 족원 기록에서 만주 성씨와 이름을 사용하는 것을 통해 만주정체
성을 드러내었다. 이와 동시에 본래 족원인 시버족의 정체성을 족보에 명
시하여 본래 정체성 또한 강조하는 모습을 보인다. 이는 신만주인에게 나
타나는 다중 정체성의 대표적인 사례로 볼 수 있다. 사례 3의 오서륵씨(吳
西勒氏) 종족(宗族)은 巴爾虎 몽골 출신으로 강희 21년(1682) 巴爾虎몽
골 12,000여 명이 청조에 투항하여 니루로 편성될 때 함께 입기(入旗) 하
였다. 당시 파이호(巴爾虎) 몽골은 10개의 니루로 편성되었다. 그 중 3개
니루는 성경장군이 관할하였고 나머지 7개 니루는 요양, 봉황성 등 7개 주
방으로 분산되었다. 이때 본족의 시천조인 안달력은 봉황성으로 파견되어
파이호기의 좌령이 되었다.[99] 사례 4의 상씨(常氏) 족보는 시천조 안남왕
(南安王) 상랑(常朗)이 명나라 개국공신 개평왕(開平王) 상우춘(常遇春)
의 9대손이라 하였다. 상우춘 명 말기 작위를 버리고 요양으로 이주한 후
은둔하여 만주지역에서 생활하였다. 청초 그의 후손인 상방국(常邦國) 등

---

96. 何曉芳主編, 『選輯』 上冊, 532쪽.
97. 『八旗滿洲氏族通譜』 卷 30, 沈陽: 遼沈書社, 1989, 385쪽.
98. 何曉芳主編, 『選輯』 下冊, 852쪽.
99. 何曉芳主編, 위의 책, 862쪽.

이 울라(烏拉)로 이주하여 토착민과 교역을 하였다. 이후 순치제의 명에 의해 한군정백기에 편재되어 만주공동체의 일원이 되었다.[100] 이처럼 본족은 일찍이 명(明) 말기 만주지역으로 이주한 한인(漢人)이다. 이들은 오랜 기간 만주인과 공존하면서 점차 만주화 되는 모습을 보였다. 가령 팔기에 입기(入旗) 한 상방국(常邦國) 등 5대손부터 만주어 이름이 보이기 시작한다는 점에서 일찍이 만주화가 되었고, 본족이 울라(烏拉)에서 팔기에 입기한 사실은 어쩌면 만주화 된 한인(漢人)의 자연스러운 선택으로 생각된다. 이상 만주 토착민의 사례 중 2-3번 사례가 보여주듯 청조는 입관 후에도 여전히 다양한 종족(種族) 출신의 사람을 만주공동체의 일원으로 받아들여 만주인의 구성을 확대하였다.

---

100. 何曉芳主編, 위의 책, 1301쪽.

Ⅲ. 관내(關內) 만주인의
이주와 정체성

1. 관내(關內) 만주인의 이주 요인

이상 [표 1]에서 순치 16년(1659) 만주지역 주방에 남아있는 좌령 현황 자료 이외에 순치 18년(1661) 봉천부 부윤 장상현(張尙賢)의 보고를 통해 입관 초 만주지역 공동화 현상을 엿볼 수 있다. 장상현은 만주에서 봉천 (奉天), 요양(遼陽), 해성(海城)만 부현(府縣)의 규모를 유지하고 나머지 지역은 대부분 사람이 남아있지 않는다고 하였다. 또한 하서지역(요서지 역)도 대부분 황폐해져 영원(寧遠), 금주(錦州), 광녕(廣寧)에만 일부 사 람들이 모여 있고 나머지 지역은 토지만 있고 사람은 없는 지경이라고 하 였다.[101] 이는 청조 입관 17년 만에 흑룡강 등 변경지역이 아닌, 청조의 정 치적 중심지인 북경과 비교적 가까운 요서 및 요동 지역까지 공동화 현상 이 심각해졌음을 의미한다. 만주인의 대규모 이주가 초래한 만주지역 공 동화 현상은 시베리아에서 점차 남하하던 러시아인에게 흑룡강 유역 이 남으로 진출할 기회가 되었다. 순치 7년(1650) 러시아는 이미 흑룡강 상류 유역까지 진출하였고 그로 인해 순치 연간 이미 약 4차례 이상 직접적인

101.『淸聖祖實錄』卷 2, 順治十八年五月九日, 北京: 中華書局, 1985, 64-65쪽.

충돌이 발생하였다.[102]

    청조는 만주지역의 공동화와 변경의 치안 문제를 해결하기 위해 순치 10년(1653) '요동초민개간령(遼東招民開墾令)'을 시행하였다. 이는 명말 ~청초 전란을 피해 만주지역을 떠났던 한인을 회귀시켜 이곳을 개발하기 위한 정책이다. 청조는 만주를 떠난 한인들의 이주를 장려하기 위해 이주민에게 토지 분배 및 황무지 개간권을 부여하였다. 한편 러시아와 인접한 변경지역의 소수민족은 닝구타(ningguta 寧古塔)지역으로 이주시켜 팔기에 입기(入旗) 시켰다.[103] 즉 청조는 변경지역의 부족한 인구를 보충하기 위한 방법으로 이민자를 신만주로 만드는 정책을 시행한 것이다. 청조가 만주지역 공동화 문제를 해결하기 위해 시행한 '요동초민개간령(遼東招民開墾令)'과 변경 소수민족의 신만주화 정책은 장기적인 측면에서 인구 부족이라는 근본적인 문제를 해결하는 데 유효한 정책이다. 다만 러시아의 남하로 고조된 변경 문제를 빠르게 해결하기에는 부족하였다. 왜냐하면 변경에서 팔기에 입기한 신만주인은 즉시 전력으로 사용할 수 있는 자원이 아니었기 때문이다. 다음 『닝구타기략(寧古塔紀略)』에서 신만주를 묘사한 기록을 보면 그 이유가 더 명확해진다.

---

102. 『淸世祖實錄』卷 68, 順治九年九月十七日, 北京: 中華書局, 1985, 537쪽; 『淸世祖實錄』卷 119, 順治十五年七月十五日, 932쪽; 『淸世祖實錄』卷 124, 順治十六年三月十日, 959쪽; 『淸世祖實錄』卷 138, 順治十七年七月二十四日, 1068쪽.

103. 檔號: 03-0171-0224-003, 奏報鑲藍旗滿洲旗佐領阿納泰之家譜折, 寧古塔將軍吉黨阿, 乾隆五年三月七日, 中國第一歷史檔案館.
wesimburengge. ningguta i jergi babe tuwakiyara jiyanggiyūn amban gidangga sei gingguleme wesimburengge. jalan halame bošoro nirui da sekiyen be giyapu arafi tuwabume wesimbure jalin, amban meni ba i kubuhe šanggiyan i cooha de genehe ice manju nirui janggin fada i ahūn boxokū udaca i alibuha bade: mini unggu mafa julanta daci gašan i da bihe, usuri be i niyalma, kidumu hala mukūn falga, ahūta, deota, juse emu ba i uheri emu tanggū orin sunja haha be gaifi, seke alban jafame, ejen be baime ningguta i bade ibeme jifi tehe manggi, elhe taifin i juwan ilaci aniya fukjin niru banjibure de, mini unggu mafa julanta be gašan i da ci niru bošobuha.
(상주한 것. 닝구타장군 大臣 기당아(gidangga, 吉黨阿)등이 삼가 상주하여 말하였습니다. 세습좌령은 본래 근원을 족보에 기재한 후 아뢰어야 합니다. 따라서 신들 휘하의 양백기에서 출정했었던 신만주 니루의 장경 파다(fada, 法打)의 형 영최(領催) 우다차(udaca, 吳打嚓)가 보고해온 것에 의하면 다음과 같습니다. "저의 증조부 주란타(julanta, 朱蘭塔)는 원래 가산(향촌)의 수령이었습니다. 우수리(鳥蘇里) 지역의 사람, 키두무(kidumu)성씨의 종족(宗族), 형 동생 아이들 등 한 지역 사람 총 125丁을 데려온 후 초피(貂皮)를 공물로 바치고 (황제에게) 간청하여 닝구타로 이주해왔습니다. 강희 13년 니루가 만들어졌을 때 저희의 증조 주란타가 가산의 수장(村長)에서 니루를 통솔하게 되었습니다.")

신만주는 관직과 작위를 내려도 귀한지 모른다……, 훗날 경성에서 본 자(신만주)는 옛날과 아주 달랐다. 엄숙하고 위엄이 있는 것이 예의 바른 말투로 또한 거의 만주·한인과 차이가 없었다.[104]

이상 『닝구타기략(寧古塔紀略)』에서 "경성에서 본 신만주는 닝구타에서 만난 신만주와 달리 만주·한인과 문화적으로 차이가 거의 없다."라고 한 기록에서 보듯 강희 후기 한인(漢人)의 시각에도 이들간의 차이가 분명했음을 알 수 있다. 다시 말해 신만주는 만주공동체의 구성원뿐만 아니라 제3자의 시각에서도 이질성이 두드러진 집단이었다. 따라서 이들은 곧바로 만주인과 융화될 수 없었고 교육을 거쳐 만주화가 필요한 집단이었다.[105] 그렇다면 청조가 당시 즉시 전력인 관내(關內) 팔기를 변경에 파견하지 않은 이유가 무엇인지 의문이 남게 된다. 본고는 족보에서 나타난 관내 팔기의 만주 이주시기에서 그 원인을 찾고자 한다.

2. 만주로 이주한 관내 팔기의 종족(種族) 및 계층 구성

족보는 한 집안의 가사(家史)를 기록한 자료이지만 이러한 사례가 축적되면, 집단의 변화를 가능할 수 있다. 예를 들면 구만주인의 족원 기록에서 보이는 "종용입관(從龍入關, 혹은 수용입관隨龍入關)"은 청조 초기 만주인의 대규모 이동 추이를 나타낸다. 이밖에 만주족 족보에 보이는 또 하나의 대세적 이동은 관내 신구만주의 만주 이주이다.

---

104. 新滿洲賜以官爵, 亦不知貴……. 後, 近於都中見之, 大非昔比, 儼然是禮貌言談, 亦幾於滿, 漢無異矣. (淸)吳振臣, 『寧古塔紀略』, 楊賓等撰, 1985, 『龍江三紀』, 黑龍江人民出版社에 수록(陳鵬, 2017, 「淸代'新滿洲'融入'滿洲共同體'途徑探研」, 『西南民族大學學報』 10, 28쪽 참조).

105. 신만주인이 입기 하여 만주인이 되는 과정은 다음과 같다. 신만주가 된 자를 닝구타로 이주 시켜 일정 기간 청어(淸語)와 팔기의 군사훈련을 받게 하였다. 이후 신만주인이 닝구타에서 훈련을 마치면 성경으로 이주할 수 있게 되었다. 성경으로 이주한 신만주인은 일정 기간 성내에 거주하면서 도시 생활에 적응할 수 있게 하였다. 도시 생활에 적응한 신만주인 중 일부는 관내로 이주가 가능하였고, 또 정식으로 관직을 얻을 수 있었다(王鐘翰, 1987, 「關於滿族形成中的幾個問題」, 『社會科學戰線』 1, 135쪽; 陳鵬, 앞의 논문, 쪽28 참조).

[표 4] 관내 신·구만주의 만주 이주 현황

序	族譜名	原居地	移居地	移居時期	階層(族源)
1	『瓜爾佳氏宗譜書』	北京	鳳凰城駐防	康熙26年	舊滿洲
2	『瓜爾佳氏宗譜書一歲次甲子年制』	北京	熊嶽城駐防		舊滿洲
3	『關氏家族世系譜』	北京	岫巖駐防	康熙24年	舊滿洲
4	『關氏宗族支派譜』	北京	金州(大連)	康熙26年	舊滿洲
5	『赫舍哩氏宗譜書』	北京	鳳凰城駐防	康熙26年	舊滿洲
6	『趙氏宗譜』	北京	復州城	康熙26年	舊滿洲
7	『趙府宗譜一鳳城』	順天府	復州城	康熙26年	舊滿洲
8	『那氏族譜』	关内	鳳凰城駐防	康熙年間	舊滿洲
9	『那姓家譜』	北京	盛京		舊滿洲
10	『汪氏宗族譜書一籍地岫巖縣哨子河』	北京	岫巖駐防	康熙26年	舊滿洲
11	『完顏氏譜書一汪氏譜書』	順天府三河縣	鳳凰城駐防	康熙26年	舊滿洲
12	『鑲黃旗佛滿洲哲金佐領下王氏谱书』	關內	岫巖駐防		舊滿洲
13	『牛莊薩克達氏族譜一薩克達(里)氏』	北京	牛莊	順治年间	舊滿洲
14	『白氏源流族譜』	關內	岫巖駐防	康熙26年	舊滿洲
15	『索綽羅氏譜書』	北京	盛京	康熙3年	舊滿洲
16	『薩嘛喇氏族譜』	關內	鳳凰城駐防	康熙26年	舊滿洲
17	『姜爾佳氏族譜』	關內	盛京	康熙26年	舊滿洲(漢人)
18	『洪氏譜書』	北京	岫巖駐防	康熙26年	舊滿洲(漢人)
19	『卡克他氏譜書』	關內	鳳凰城駐防	康熙26年	舊滿洲(蒙古)
20	『陳氏譜書』	關內	鳳凰城駐防	康熙26年	舊滿洲(蒙古)

21	『錦州料理莊糧事務衙門陳莊頭家譜』	關內	大淩河	康熙 26年	舊満洲
22	『文佳氏譜書』	北京	鳳凰城駐防		新満洲(朝鮮)
23	『吉林成氏家譜－正黄旗漢軍吉林成氏家譜』	山西 太原	烏拉	康熙 24年	新満洲(漢人)
24	『楊氏譜書－遼寧』	北京	盛京	康熙 26年	新満洲(漢人)
25	『趙氏族譜』	山東登州府	盛京		新満洲(漢人)

　이상 [표 4]에 나열된 25가지 족보는『선집(選輯)』에 수록된 80부의 만주족보 중 관내(關內)에서 만주로 이주한 사례이다. 이 사례는『선집(選輯)』에 수록된 족보의 약 31%를 점유한다. 즉 관내 팔기의 만주 이주는 만주 토착 신·구만주, 만주지역으로 이주한 후 팔기에 입기(入旗)한 한인(漢人) 보다 큰 비중을 차지한다. 따라서 청대 만주지역 만주 사회인 구성에서 입관 후 관내(關內)에서 돌아온 만주인이 상당한 비중을 차지했을 것으로 보인다. 이상 [표 4]의 만주지역으로 이주한 시기가 명시된 20개 종족 중 한 가지 사례를 제외하면 모두 강희 연간에 이주하였다. 이중 강희 24-26년에 이주한 사례가 18가지로 절대 다수를 차지한다.[106] 즉 청조는 만주 공동화 및 변경 문제에서 관내 만주인을 배제한 것이 아니라 삼번의 난으로 만주인(팔기)을 파견할 여력이 없었다는 것을 알 수 있다.

　한편 만주로 이주한 집단의 계층 구성을 살펴보면, 이상 25가지 사례 중 18가지 사례가 구만주 출신이었다. 이중 사례 17, 18의 족원은 한인(漢人)이었고 사례 19, 20은 몽골인 출신이다. 즉 사례 17에서 20은 구만주인의 다원적(多元的) 특징을 보여준다. 사례 17의 강이가씨(姜爾佳氏) 종족(宗族)은 시천조인 강우공(姜佑恭)이 누르하치에 투항한 후 만주정황

---

106. 이상 표 4의 20가지 사례 중 강희연간에 이주한 사례가 총 20가지이다. 세부적으로 강희 26년이 16가지, 강희 24년 2가지, 그리고 강희연간, 강희 3년이 각 1가지 사례이다. 즉 강희 24~26년이 18가지 사례로 절대다수를 차지하고 있다. 따라서 관내에서 관외로 이주한 신·구만주는 대부분 삼번의 난이 종식된 이후에 이주한 것으로 볼 수 있다.

기에 소속되었다. 입관 후 강희 26년에 족인의 일부가 관내에서 성경으로 파견되었다.[107] 사례 18의 홍씨(洪氏) 종족(宗族)은 북경의 만주정람기 길창(吉昌)니루 소속이었다. 강희 26년 수암주방(岫巖駐防)으로 파견된 후 토지 개간 등의 임무를 맡았다. 사례 19의 가극타씨(卡克他氏) 종족(宗族)은 몽골인 출신의 구만주인이다. 강희 26년 도미(圖美), 도나(圖奈) 지파의 족인이 봉황성주방(鳳凰城駐防)으로 파견되어 몽골양백기 관보(官保)니루에 소속되었다.[108] 사례 20의 진씨(陳氏) 종족(宗族) 또한 몽골인 출신으로 본래 옹우특부(翁牛特部) 출신이었다. 입관 후 강희 26년 봉황성주방으로 파견되어 몽고정백기 서몽아(西蒙阿)좌령에 소속되었다.[109]

[표 4] 사례 22에서 25의 종족(宗族)은 입관 후 입기(入旗) 한 신만주(新滿洲)인의 사례이다. 그 중 사례 22의 종족은 입관 후 입기 한 조선인의 사례이다. 사례 23-25는 입관 후 관내에서 입기 한 한인(漢人)으로 다양한 종족(種族) 출신의 사람들이 만주지역으로 이주하였음을 알 수 있다. 사례 22의 문가씨(文佳氏) 종족은 순치 연간 시천조 문서(文瑞)가 국경을 넘어 청조에 투항하여 만주양백기에 소속되었다. 입관 후 문서와 그의 장남 열십밀(噎什密), 차남 보십밀(寶什密)은 봉황성주방으로 파견되었고, 삼남 파십밀(波什密)은 북경에 남아 종족이 관내·외로 분화되었다.[110] 사례 23의 성씨(成氏) 종족은 본래 산서(山西) 태원(太原) 출신으로 명대 하남(河南)으로 이주하였다. 입관 후 본족은 북경으로 이주하여 한군기(漢軍旗)에 소속되었고 강희 24년 울라(烏拉)에 파견되었다.[111] 사례 24의 양씨(楊氏) 종족은 본래 산동 출신이었다. 삼번의 난이 일어났을 때

107. 何曉芳主編, 위의 책, 778쪽.
108. 何曉芳主編, 위의 책, 855쪽.
109. 何曉芳主編, 위의 책, 879쪽.
110. 何曉芳主編, 위의 책, 912쪽.
111. 何曉芳主編, 위의 책, 1052쪽.

청조는 산동에서 민병(民兵)을 모집하였다. 이때 본족은 군공을 세워 팔기에 입기(入旗)한 후 북경으로 이주 하였다. 강희 26년 본족은 성경(盛京)으로 파견되어 주로 군마(軍馬)를 관리하는 임무를 맡았다.[112] 마지막 사례 25의 조씨(趙氏) 종족은 산동(山東) 등주부(登州府) 내양현(萊陽縣) 출신이다. 본족 역시 삼번의 난 때 군공을 세워 팔기에 입기 하였다. 이후 본족의 국녕(國寧) 지파는 성경으로 파견되어 양백기에 소속되었다.[113]

---

112. 何曉芳主編, 위의 책, 1208쪽.
113. 何曉芳主編, 위의 책, 1267쪽.

IV. 한인(漢人)의 만주 이주와 정체성

1. 청조의 '요동 초민(招民) 정책' 시행과 한인 이주

청조는 관내(關內) 신·구만주인을 만주지역으로 이주시키는 정책에 앞서 일찍이 순치 6년부터 관내 한인(漢人)을 이주시키는 정책을 시행하였다.

유지를 내려 말하길: 관외 요동인들 중 이전에 입관하여 각 성에 거주하고 있는 자들은 조상의 무덤과 고향에서 멀리 떨어진 것이 오래되었다. 이를 아주 가엾게 생각한다. 생각을 밝혀 분명히 알리고자 한다. 무릇 요동인들은 각자 관적과 성명을 작성하여 호부에 보내고 그것이 수령되기를 기다려라. 만주기에 입기 하고자 하는 자가 있으면 즉시 팔기에 입기시킨다. 친척이 있는 곳에서 거주하기를 원하는 자가 있으면 친척에게 갈 수 있도록 허락해 준다. 문리에 밝고 문관의 임무를 감당할 자가 있으면 예부에 보내 선발 시험을 볼 수 있도록 허락한다. 본질이 선하고 활쏘기와 말타기에 능하여 장교가 될 만 한 자가 있으면, 병부에 보내 시험하여 쓰일 수 있도록 허락한다. 건장한 인재가 군에 들어오기를 원하면 양식과 급여를 지급하는데 만주인의 규정에 따라 똑같이 부양한다.[114]

---

114. 『淸世祖實錄』卷 42, 順治六年正月二十日, 北京: 中華書局, 1985, 338쪽. 諭曰 : "關外遼人, 有先年入關在各省居住者, 離墳墓, 別鄉井, 歷年已久, 殊可憫念. 著出示曉諭. 凡系遼人各寫籍貫姓名, 赴戶部投遞, 聽候察收, 有願入滿洲旗內者, 即入旗內. 欲依親戚居處者, 聽歸親戚內, 有通曉文理, 堪任民牧者, 準送禮部考選, 有素善騎射, 堪為將領者, 準送兵部試用. 有人材壯健, 愿人入行伍者, 給與糧餉, 照滿洲一例恩養."

이상 순치 6년 반포된 유지에서 청조는 관내 한인들의 요동 이주를 적극 장려하기 위해 이주 후 원하는 곳에 거주지 할 수 있는 자유, 문관 및 무관으로의 관직 임용 기회, 그리고 팔기에 입기(入旗)할 수 있는 기회 등을 제시하였다. 이후 황제의 유지에 따라 관내 한인의 요동 초민(遼東招民)정책 시행 중 발생할 수 있는 문제점에 대한 논의를 거쳐 순치 10년 '요동초민개간조례(遼東招民開墾條例)'를 정식으로 반포하였다.[115]

만약 민인 100명을 모집하면, 문인은 지현(知縣)에 무인은 수비(守備)에 임명한다. 100명 이하 60명 이상 모집하면, 문인은 州同, 州判에 무인은 千總에 임명한다. 50명 이하 모집하면, 문인은 縣丞, 主簿에 무인은 百總에 임명한다. 만약 이보다 더 많은 수를 모집하면, 100명마다 I급을 추가한다. 모집한 민인의 이름, 명수 등을 자세히 적이 호부에 보고한 후 산해관에서 출관하는 것을 허락받으면, 요동의 지부, 지현의 관아로 가져가서 문서를 잘라 관인을 받고, 이부와 병부에 가서 그에 상응하는 관직을 선택한다.[116]

이상 순치 10년 반포한 '요동초민개간조례(遼東招民開墾條例)'는 순치 6년 유지의 내용이 구체화 되어 모집해온 이주민의 숫자에 따라 얻을 수 있는 관급이 정해졌다. 이러한 특혜가 가능했던 요인은 관내 한인이 이

---

115. 순치 10년 호부상서 처커(ceke, 車克)는 상주문에서 황제의 유지를 따라 관내(關內) 한인(漢人)의 요동초민(遼東招民)정책을 시행할 경우 발생할 수 있는 문제점에 대해 언급하였다. 가령 관내(關內) 한인(漢人)의 거주 상황에 따라 척박한 지역에 거주하는 한인들은 비옥한 요동으로 적극적으로 이주하고자 할 것이나 이는 관내 한인이 거주하고 있는 지역의 공동화를 초래할 것이라 지적하였다. 또한 관내 한인 중 이미 비옥한 지역에 사는 자들은 본 정책에 호응하지 않을 확률이 높다고 우려하였다. (檔號:02-02-006-000399-0042, 題為遼東田地肥沃請派官民耕種事, 戶部尚書 車克, 順治十年九月初三日, 中國第一歷史檔案館 참고: boigon i jurgan i aliha amban ceke sei gingguleme wesimburengge…, meni jurgan hese be gingguleme dahafi, tuwaci liyoodung ni ba na sain usin huweki ofi, hafan irgen be acara be tuwame tebunerengge giyan be kimcime gisureci ememu ba ehe muke noho bai irgen yooni geneki serengge bici fu jeo hiyan i ba untuhun ombi. ba na sain i bai irgen ini babe narame generakū oci inu manga. 번역: 호부상서 車克 등이 삼가 상주하여 말하였습니다…저희 호부에서는 유지를 삼가 따라서 살펴보았는데 요동의 지세가 좋아 토지가 비옥하기 때문에 관민을 헤아려서 안착시키는 일을 논의하였습니다. 몇몇 지역에서 수질이 나쁜 곳의 사람들이 모두 떠나겠다고 하면, 부 주 현은 텅 비게 됩니다. 지세가 좋은 곳의 백성은 그들의 지역에 미련이 있어 가지 않게 되면 이 또한 어렵습니다.)

116. 檔號:02-01-02-1829-003, 為招民赴遼東開墾事, 吏部尚書朱馬喇, 順治十年九月十七日, 中國第一歷史檔案館: 若招民一百名者, 文授知縣, 武授守備, 百名以下六十名以上者, 文授州同、州判, 武授千總, 五十名以下者, 文授縣丞、主簿, 武授百總, 若數外多招者, 每一百名加一級, 將所招人民詳開姓名人數冊報戶部, 準出山海關, 領赴遼東知府, 知縣處, 文割去印信實收, 赴吏兵二部, 即選與應得官職.

주할 곳은 새로운 행정구역이 만들어지는 곳이기 때문에 이주민을 관리할 관리자로 이주민을 이끌고 온 자가 적합하다고 판단했기 때문이다. 가령 청조는 요동초민개간조례를 반포한 이후 순치 10년 요양부(遼陽府)를 시작으로 강희 5년까지 요동지역에 2府(奉天, 錦州), 2州(遼陽, 寧遠), 7縣(海城, 承德, 蓋平, 開原, 鐵嶺, 廣寧縣, 錦縣)을 설립하였고 초기 부·주·현의 민인은 모두 요동초민정책에 따라 이주해온 이주민들이었다.[117] 청조의 요동초민정책의 영향을 살펴보기 위해 새롭게 증설된 봉천(奉天)·금주부(錦州府)의 인구변화 추이를 살펴보면 다음과 같다.

[표 5] 봉천(奉天)·금주부(錦州府) 한인(漢人) 이주 및 인구 현황[118]

年度	原人丁數 (本地增加)	이주 人丁數	총 人丁數	추산 인구 주2)	이주 인구 비중 주3)
순치18년 (1661)		5557	5557	22,228명	100%
강희3년 (1664)	5,557	4773	10,330	41,320명	46%
강희7년주1) (1668)	10,330(2,106)	4207	16.643	66,572명	25%
강희12년 (1673)	16,643(7,236)	1844	25,723	102,892명	7.1%
강희15년 (1676)	25,723(287)	703	26,713	106,852명	2.6%
강희20년 (1681)	26,713(953)	1047	28,724	114,896명	3.6%

117.『盛京通志』卷 17,「戶口志」, 京都大學圖書館所藏, 康熙二十三年刻本, p2: 順治十年十月初設遼陽府, 遼陽, 海城二縣, 其錦州, 寧遠, 廣寧, 沙後四城, 尚屬佐領所轄. 順治十五年五月於盛京設奉天府. 康熙元年錦州改為縣. 康熙三年奉天府添設承德, 蓋平, 開原, 鐵嶺四縣, 遼陽縣改為州, 廣寧改為府, 添設廣寧縣, 寧遠州. (康熙)五年廣寧府改為錦州府, 而錦縣, 寧遠州, 廣寧縣屬焉. 州縣新設戶無舊籍丁, 鮮原額俱係招民.

118.『盛京通志』卷 17,「戶口志」, 京都大學圖書館所藏, 康熙二十三年刻本.

* 강희 7년 조사부터는 봉천부(奉天府)와 금주부(錦州府)에 속한 9개 주현(州縣)[119]을 통합한 인구 통계이다.

* 매 정(丁)당 4인 가족으로 추산

* 총 인정 수(人丁數)에서 새로 이주한 인정(人丁)이 차지하는 비중

이상 [표 5]의 인구 통계를 살펴보면 주현(州縣) 설립 후 첫 조사였던 순치 18년에 봉천부(奉天府)로 이주해온 한인(漢人)의 수는 5557丁이다. 즉 약 2만 명의 한인이 이주해온 것으로 추산된다. 강희 3년에는 4773丁이 이주해와 총인구가 10330丁으로 약 4만 명으로 추산된다. 강희 7년에는 4207丁이 이주해와 총 16643丁으로 약 6만6천 명으로 증가하였다. 이처럼 순치 10년 요동초민개간조례를 반포한 후 새롭게 증설 된 행정구역 내 한인의 수는 지속 증가하여 약 30년만인 강희 20년에 2만8천여정(餘丁)으로 추산인구는 약 11만 명이다. 한편 이러한 인구 증가 추세 이면에 전체 인정(人丁)에서 봉천·금주부로 이주한 인정(人丁)의 비중을 살펴보면, 강희 7년 조사를 기점으로 그 이후에는 급격히 감소하는 모습을 보인다. 이는 강희 6년 요동초민정책 폐지의 영향이라고 볼 수 있다.[120] 요동초민정책의 폐지와 그에 따른 이주민 비중감소는 청조의 요동초민 정책이 실패한 것으로 볼 수 있다. 그러나 이것만으로 요동초민정책을 실패로 단정하기에는 성급한 판단이다. 그 이유는 요동 지역에 개간된 토지 규모에 관한 기록을 살펴볼 때 실제 관내에서 요동으로 이주한 한인의 수는 이것보다 훨씬 큰 규모였을 것으로 보이기 때문이다. 먼저 『성경통지(盛京通志)』기록에 의하면 청조는 입관 이후부터 강희 23년까지(1684) 요동 지역에 약 126개의 관장(官莊)을 조성하였다.[121] 이와 더불어 이곳에는 일반 기인에게 분배한 기지(旗地)도 있었다.

---

119. 遼陽州, 海城縣, 錦縣, 鐵嶺縣, 開原, 寧遠州, 廣寧縣, 承德縣, 蓋平縣.
120. 『淸聖祖實錄』卷 23 ,康熙六年七月五日, 北京: 中華書局, 1985, 314쪽.
121. 『盛京通志』卷 18,「田賦志」, 京都大學圖書館所藏, 康熙二十三年刻本, 12-15쪽.

본조의 규정에 따르면 매 정(丁)에게 토지 5일(日)을 분배하였다. 인정(人丁)이 추가되면 보고해온 내용에 따라 개간을 허락하였다. 산해관 밖 봉천부 직할지와 황장(皇莊)을 제외하고 모두 44만2997日의 토지가 있다. 전토는 일반적으로 무(畝)로 계산하는데 봉천은 일(日)로 계산한다. 따라서 주현에서 무(畝)로 조사하여 징수하는 것 이외에 모두 일(日)로 논한다. 이는 그 지역의 사정에 맞는 것이다. 매 일일(一日)은 5~6무(畝)에 해당한다.[122]

이상 『성경통지(盛京通志)』 기록에 의하면 강희 22년까지 파악된 기지(旗地)의 규모가 약 44만2997日이다. 당시 규정에 따라 1日을 5畝로 환산하면, 약 2백21만5천畝에 달하는 규모였다. 이 토지를 사료에 기재된 규정에 따라 매 정(丁)에게 5日씩 분배하면 약 9만 정(丁)의 인구가 필요하게 된다. 앞서 [표 5]에 제시된 강희 20년까지 인구통계를 보면 당시 요동 지역에 약 2만8천정(丁)에 불과했다. 다시 말해 관내에서 이주해온 한인만으로는 방대한 기지(旗地)의 경작을 감내하기 어려웠다. 물론 당시 입관하지 않고 동북에 남았던 토착 구만주 중 일부가 기지(旗地) 경작을 담당하였다. 그러나 앞서 언급한 것처럼 대다수 만주인은 관내로 이주하였기 때문에 그 수가 많지 않았다. 또 변경에서 팔기에 입기한 토착 신만주 역시 주로 동북 변경지역에서 거주하였다는 점에서 방대한 요동 지역 기지(旗地)를 경작한 집단으로 보기 어렵다. 관내 신·구만주는 만주지역으로 이주한 후 주로 기지(旗地) 경작에 참여하게 되는 집단이다. 그러나 이들이 이주해 오는 시기가 삼번의 난 이후인 강희 24~26년 사이이로 시기적으로 맞지 않다. 따라서 관내 신·구만주의 만주 이주 전 관외(關外) 기지(旗地) 경작을 담당했을 것으로 보이는 집단은 요동 초민정책에 따라 관

---

122. 위의 책, 16쪽: 本朝定例每丁給地五日, 其人丁增添照所具呈準其開墾. 山海關外, 除奉天所屬地方, 再皇莊地外, 共計四十四萬二千九百九十七日. 按田皆計畝, 奉天計日, 故自州縣稽畝征賦外, 他皆以日論, 因地宜也. 一日可五六畝.

외(關外)로 이주한 후 팔기에 입기한 한인이다.

2. 한인 이주민의 팔기(八旗) 입기와 그 특징

순치 6년 유지에서 "관내 요인(遼人) 중 이주 후 팔기에 입기 하는 것을 원하는 자가 있으면 그것을 허락한다."고 하였다. 따라서 봉천(奉天) ·금주부(錦州府)에 속한 부 · 주 · 현으로 이주한 후 민적(民籍)에 등록한 한인 이외에 순치제의 유지에 따라 이주 후 일부 한인들은 팔기에 입적하여 만주인이 되었다. 다음은 실제 팔기에 입적한 한인의 사례이다.

[표 6] 이주 후 팔기에 입기한 관내 한인 사례

序	族譜名	原居地	移居地	移居時期	旗属
1	『盧氏家譜』	山東濟南	鳳凰城	順治 8年	漢軍鑲黃旗
2	『裕親王府世襲莊頭劉氏宗譜』	山東	遼東		裕親王府
3	『楊氏譜書－吉林』	山東登州府萊陽縣	吉林永吉	康熙21年	漢軍鑲黃旗
4	『金府宗族譜書』	山東登州府昌邑縣	吉林東關	雍正 2年	漢軍正白旗
5	『金府宗譜』	關內	盛京	康熙年間	內務府漢軍鑲黃旗
6	『苗氏譜書』	山東登州府黃縣	奉天	順治年間	內務府漢軍鑲黃旗
7	『賈氏譜書』	山東登州府萊陽縣	奉天	順治10年	漢軍鑲紅旗
8	『寧古塔地方正黃旗朱姓全譜』	江西	寧古塔	康熙元年	正黃旗

이상 [표 6]은 『선집(選輯)』에서 관내 한인이 만주지역으로 이주한 후 팔기에 입기(入旗)한 사례이다. 이상 8가지 사례를 통해 팔기에 입기(入

旗)한 한인의 공통된 특징을 발견할 수 있다. 먼저 사례 1의 노씨(盧氏) 종족(宗族)은 본래 산동 제남 출신으로 순치 6년 요동초민정책에 따라 순치 8년 요동 지역으로 이주하였다. 본족은 이주 후 한군정황기에 소속되었고 주로 봉황성 지역 토지 개간의 임무를 맡았다.[123]

다음으로 사례 7의 가씨(賈氏) 종족(宗族)은 본래 산동(山東) 등주부(登州府) 래양현(萊陽縣) 출신이었다. 이들은 순치 10년 '요동초민개간령(遼東招民開墾令)'에 따라 요동으로 이주하였다고 기록하였다. 본족의 성씨는 본래 주씨(周氏)였다. 그러나 요동으로 이주한 차남과 삼남 지파가 성을 가씨로 바꿔 산동에 남은 장남 지파와 성씨가 다르게 되었다. 즉 본족은 종족 분화 과정에서 거주 지역뿐만 아니라 성씨도 다르게 된 것이다. 요동으로 이주한 차남과 삼남지파는 요동 이주 초기에는 순승군왕부(順承郡王府) 소속으로 개간에 참여하였다. 이후 강희 원년 봉천으로 이주하여 한군양황기에 소속되었다.[124]

사례 8의 주씨(朱氏) 종족(宗族)은 본래 주원장의 후손으로 시천조 주의옹(朱議翁)은 주원장의 아들 영헌왕(寧獻王) 주권(朱權)의 10대손이다. 명(明)이 멸망하고 청(清)이 북경을 점령하자 주의옹이 강남에서 거병하였다. 그러나 순치 15년 주의옹은 남창(南昌)에서 청조에 투항하였다. '요동초민개간령(遼東招民開墾令)'이 반포된 후 본족은 강서(江西)에서 요동으로 이주를 요청하였다. 강희 원년 본족은 조정의 윤허를 받아 닝구타로 이주하였고 주의옹의 8대손인 주덕성(朱德成) 때 닝구타 정황기에 소속되었다.[125]

---

123. 何曉芳主編, 『選輯』下冊, 933쪽.
124. 何曉芳主編, 위의 책, 1298쪽.
125. 何曉芳主編, 위의 책, 1309쪽.

이상 [표 6]의 8가지 사례의 공통점은 관내 한인이 요동으로 이주한 후 토지를 하사받거나 개간 임무를 맡았다는 점이다. 또한 출신지가 정확하지 않은 사례 5를 제외하고 사례 1부터 7까지 모두 산동 출신의 이주민이었다. 그 중 등주부(登州府) 출신이 가장 많았다. 이는 단순한 우연이 아닌, 순치 연간 발생한 산동지역의 수해, 요동과의 지리적 인접성 등이 복합적으로 작용한 결과이다. 당시 등주부의 지방지와 실록 기록에 의하면, 순치 7년에서 10년까지 등주부의 관할인 래양(萊陽), 문등(文登), 봉래현(蓬萊縣)에 연이은 폭우로 홍수가 발생하여 백성들은 심각한 기근에 빠졌다고 하였다.[126] 결국 연이은 수해로 생계가 어려워진 백성들은 거주지를 이탈하여 떠도는 유민(流民)이 되어 사회적 위기가 고조되었다.

청조는 수해를 입은 백성들의 세금을 면제해주고 지방 관리들에게 유민을 안착시키도록 하였고, 관리를 파견해 유민에게 은자를 지급하는 구제방안도 시행하였다.[127] 또한 청 조정은 유민이 된 산동 백성의 구제 방법으로 순치 8년 등주부를 시작으로 산동 유민의 요동 이주 정책을 시행하였다.[128] 따라서 이상 [표 6]에서 산동 출신 민인이 많았던 것은 이상 요인에 기인하였다. 아울러 두 지역 간의 지리적 인접성 또한 요동에 산동출신 이민자가 많게 된 이유이다.

요양부 지부 장상현이 상주하여 말합니다. 요동의 옛 백성 중에 등주와 인근 섬에 거주하는 사람들이 아주 많습니다. 신이 (이들에게) 유지를 알려 모집해

---

126. 『增修登州府志』 卷23, 「水旱豊饑」, 『中國地方誌集成‧山東府縣誌輯48』, 南京: 鳳凰出版社, 2008, 226쪽(光緒7年刻本): (順治)七年秋, 萊陽、文登大雨, 水漲禾稼盡淹饑餓, 八年春萊陽饑, 十年六月蓬萊雨四十餘日; 『淸世祖實錄』 卷 59, 順治八年八月六日, 北京: 中華書局, 1985, 464쪽: 刑科給事中趙進美奏言: "山東洪水肆虐, 民不堪命, 查蠲恤舊例, 必經勘明災傷, 分數部行之."

127. 『淸世祖實錄』卷81, 順治十一年二月十二日, 北京: 中華書局, 1985, 636쪽: 工科左給事中魏裔介奏言: "連歲水災頻仍, 直隸、河北、山東饑民逃亡甚眾, 請敕督撫嚴飭有司, 凡流民所至, 不行收恤者, 題參斥革, 若能設法撫綏, 即分別多寡, 準以優等保薦, 並乞大沛鴻恩發銀數萬兩, 遣滿漢賢能官員, 沿途接濟務, 使流民得所……"得旨, 饑荒流徙, 民不聊生, 朕深切憫念, 其賑濟安插, 勸懲鼓舞事宜, 俱屬急務, 著所司速議以聞.

128. 楊永旭, 「以滿族家譜為例探討滿族重要組成部分－漢軍旗人」, 『吉林省敎育學院學報』12, 2009, 38쪽.

왔습니다. 광록, 장산 등 섬에서 700여 명이 모두 원적지인 금주위로 돌아갔습니다. 다만 금주의 땅이 황량하고 사람이 드물어 만약 임의로 개간하는 것을 허락하여 인구가 점차 늘면, 현을 설립해 통치하는 것이 가능해집니다.[129]

이상 요양부 지부 장상현의 보고를 통해 명말 청초 전란을 피해 이주하였던 옛 요동 출신의 사람 중 상당수가 산동 등주부와 인근 장산도 등의 섬으로 이주하였음을 알 수 있다. 따라서 이들이 순치제의 요동초민정책에 호응하여 고향인 요동으로 돌아가 새로 설립된 주·현의 관민(官民)이 되었고 일부는 팔기에 입적하여 만주공동체의 일원이 되었다.

129. 『清世祖實錄』卷93, 順治十二年九月六日, 北京: 中華書局, 1985, 732쪽: 遼陽府知府張尚賢奏言: "遼東舊民, 寄居登州海島者甚眾, 臣示諭招來, 隨有廣鹿, 長山等島民丁家口七百余名, 俱回金州衛原籍, 但金州地荒人稀, 倘準其任意開墾, 則生聚漸多, 亦可立縣治."

Ⅴ. 맺음말

본고는 동북 만주인의 구성을 이주 시기와 팔기에 입적한 시기에 따라 만주 토착(土著) 신·구만주, 관내(關內) 신·구만주, 관내(關內) 한인(漢人) 출신으로 구분하였다. 이상 동북 만주인의 구성 과정 및 다원적(多元的) 정체성을 통해 동북 만주인의 특징을 다음 세 가지로 정리하였다.

첫 번째 만주지역 만주 사회는 시종일관 다양한 종족(種族)이 융합된 다종족(多種族) 공동체였다. 일각에선 만주지역을 만주인의 발상지로 보고 한문화의 영향이 억제되어 만주인의 구습과 정체성이 보호된 곳으로 인식한다. 그러나 청조 통치자는 입관 초기인 순치 6년부터 이미 관내 한인의 초민정책을 시행하였고 이중 일부는 만주인이 되어 현재까지 만주족(滿洲族)으로 남아있다.

두 번째 신만주로 유입된 만주 변경지역 소수민족은 만주화가 필요한 집단이었다. 변경에서 입기(入旗)하여 신만주가 된 여러 소수민족은 청어(淸語)와 기사(騎射)와 같은 만주정체성을 유지하기 위해 수혈된 집단이 아니었다. 이들은 기존 만주인과 오랜 기간 다른 거주환경과 문화 속에서 생활하였기 때문에 오히려 팔기사회에 적응하기 위해 여러 단계의 교육 및 적응 과정이 필요하였다.

마지막 만주지역의 만주인은 직접 생산 활동에 참여하였다. 그로 인해 환경적으로 만·한 간의 교류가 더욱 용이하였다. 가령 관내(關內) 만주인은 만주로 이주한 후 대부분 기지(旗地), 장원(莊園) 등의 토지를 경작하거나 황무지를 개간하는 역할을 담당하였다. 즉 이곳의 거주환경은 생산 활동과 유리되었던 관내 만주인들과 달리 직접 생산 활동에 종사할 수 있었다. 따라서 이곳의 만주인은 농업생산에 참여하는 과정에서 주변 한인과 빈번한 접촉이 일어났다. 또한 거주 환경적인 측면에서도 만주지역의 팔기주방은 관내(關內) 주방과 달리 만성(滿城)과 같은 물리적 장벽을 두지 않았다. 따라서 만·한간의 자연스러운 인적교류가 가능하였는데 만주족보 세시에 보이는 빈번한 통혼의 흔적이 이러한 사실을 뒷받침 한다.

조선의 고지도에 나타난 백두산 인식

문상명

Ⅰ. 머리말

《천하도》는 조선후기에 유행한 추상적인 세계지도이다. 이는 주로 당시 간행된 《천하도》·《감여도》·《천하지도》·《축벽도》·《조선팔도지형》 등 지도책의 첫머리나 마지막에 수록되어 있다. 대부분 〈천하도〉라고 지칭했지만, 〈천하총도〉·〈태극도〉·〈감여도〉라고도 했다. 둥근 원 안에 내해(內海), 외해(外海), 내륙을 그려서 '원형천하도(圓形天下圖)'라고도 부르며 '하늘은 둥글고 땅은 네모지다'라는 동양의 '천원지방(天圓地方)' 사상이 잘 드러난 것이라 해석하기도 한다.[130]

지도에 등장하는 3분의 2 이상의 지명이 중국 고대의 지리서 『산해경(山海經)』[131]에 수록된 지명이다. 그런데 이는 중국이나[132] 일본에서는 발견되지 않고 조선에만 유일하게 독특한 형태의 천하도가 전해 내려오고 있다. 이에 관한 연구는 오래되었지만, 연구자가 적고 명확하게 밝혀지지 않은 부분이 많아 그 유래와 의미, 해석 등에 다양한 추측과 주장이 있다.

---

130. 양보경, 2009, 「상징경관으로서의 고지도 연구」, 『문화역사지리』 21(1), 96-97쪽.

131. 작자에 관해서는 하나라 우왕 또는 伯益이라는 설과 BC 4세기 전국시대 후의 저작이라는 설이 대립하고 있다. 본래는 23권이었으나 前漢 말기에 劉歆이 校定한 18편만 오늘에 전하고 있다. 특히 〈오장산경〉에는 천하의 명산을 산맥을 따라 기술하고 산과 산의 거리, 산물 등을 적었으며 寶玉·銅鐵·약초 등의 산물이 기술되어 있다(두산백과).

132. Hirosi Nakamura, 1947, "Old Chinese world maps preserved by Koreans", Imago Mundi 4, pp.3-22.

〈천하도〉는 일제시기 경성제국대학 교수로 재직했던 나카무라(中村拓, 1891~1974)[133]에 의해 처음으로 연구되었다. 그는 '한국인의 문화적 소양'을 경시하는 학자였는데 〈천하도〉 또한 그러한 시각에서 해석하였다. 그는 조선인은 독립적인 문화 해석 능력이 없어 독자적으로 〈천하도〉를 제작할 수 없었다며, 이는 한나라 시기 이전에 중국에서 제작된 것을 16세기 이후 인쇄술의 발달로 조선에 보급된 것이며,[134] 내용 또한 불교의 영향을 받아《사해화이총도(四海華夷總圖)》에서 유래한 것이라 주장했다.[135] 해방 이후 한국의 신학자이자 고고학자인 金良善이 국내 학자로는 처음으로 이를 연구하였다. 그는 중국 전국시대의 추연(鄒衍, BC 305~240)의 세계관과 〈천하도〉의 내용이 일치한다며, 위백규(魏伯珪, 1727-1798)가 지은 일종의 백과사전인 『환영지(寰瀛誌)』를 인용하여 고려시대에 전해진 〈천하도〉가 조선시기에 와서 필사한 것이라 하였다. 하지만 그는 〈천하도〉 중에 17세기 이전의 것으로 확정할 수 있는 지도는 없다고 강조했다.[136]

일본인 학자 운노[海野一降]는 〈천하도〉 제작의 시기에 대해 김양선과 비슷한 의견을 피력하며 17세기 정도에 제작된 것으로 추정하고, 마테오리치의 《곤여만국전도(坤與萬國全圖)》 유형의 서구식 단원형 세계지도의 영향을 받아 원형의 윤곽이 그려진 것이라 주장하는 한편 지도의 내용은 도교사상의 영향을 받았다고 언급했다.[137] 이찬은 나카무라의 불교적 영향, 운노의 서양지도의 영향과는 거리가 멀다며 김양선이 주장한 추연의 세계관을 지지하며, 17세기 이후에 제작되었을 것이라 했다.[138] 미국

---

133. 의학자이자 지도학자이다. 1929년 조선의 경성 제국 대학 강사로 부임했다가 1931년 의료화학부 교수로 취임, 1933~1934년 문부성 재외 연구원으로 재직했다.
134. 배우성, 2000, 「서구식 세계지도의 조선적 해석〈천하도〉」, 『한국과학사학회지』 22(1), 52쪽.
135. Gari Ledyard, 1996, 「천하도의 유래에 대하여」, 『문화역사지리』 (7), 23쪽.
136. 《梅山國學散稿》, 崇田大學校 博物館, 1972, 253~280쪽.
137. 海野一降, 1981, 「李朝朝鮮における地圖と道教」, 『東方宗教』 (57), 29-30쪽.
138. 李燦, 1989, 「朝鮮時代의 地圖冊」, 『한국측지학회지』 7(2), 74-75쪽.

의 한국학 연구자인 Gari Ledyard는 《혼일강리역대국도지도(混一疆理歷代國都地圖)》 계통의 지도에서 유래되었을 가능성을 주장했다.[139] 배우성은 선행 연구들이 〈천하도〉의 윤곽과 유래에 치우쳐 있음을 비판하고 운노의 견해를 지지하며 조선후기의 문화, 사상, 세계관과의 관계를 연구하고자 했다. 그는 조선후기 지식인들이 동양 고전의 단어를 통해 서구식 세계지도를 이해하고 표현한 것이라며 단원형 세계지도의 변용이라 주장했다.[140] 오상학은 기존의 연구를 모아 처음으로 〈천하도〉만을 주제로 책을 펴냈는데, 천하도의 제작 시기는 이찬의 견해를 따르면서도 기원에 대해서는 운노와 배우성의 주장을 받아들였다. 그는 서구식 세계지도의 영향이라는 부분에 어느 정도 동의하지만, 서구식 세계지도를 원형 천하도 제작에 활용했다는 것은 부정하며 〈천하도〉에는 새로운 세계상이 담겨있다고 지적했다.[141]

〈천하도〉의 형태는 지도의 중심에 대륙[中心大陸]이 있고, 그 주위를 바다[內海]가 둘러싸고 있다. 다시 그 주위는 육지[外大陸]와 이를 둘러싼 바다[外海]로 이루어져 있다. 내대륙에는 중국의 대하천과 오악을 중심으로 표현되어 있고 내해와 외대륙의 지명은 『산해경』에 등장하는 지명이 대부분이다. 지도마다 약간의 차이는 있지만, 대부분의 〈천하도〉에는 140여 개의 지명 혹은 명칭이 나타난다. 나카무라는 〈천하도〉의 기본 지명이 143개이며 『산해경』에 등장하는 103개의 국가명 가운데 89개(72%)의 국가가 〈천하도〉에 표기되어 있다고 분석했다.[142] 지도의 이러한 특성에 그 형태와 『산해경』에 수록된 지명, 중국 지명을 서로 비교하는 연구가 이루어졌는데, 그 유래와 내용에 대해서는 연구자마다 각기 다른 주

139. Gari Ledyard, 1996, 위의 논문, 25쪽.
140. 배우성, 2000, 앞의 논문, 51-79쪽.
141. 오상학, 2015, 『천하도, 조선의 코스모그래피』, 문학동네.
142. Gari Ledyard, 1996, 위의 논문, 23쪽.

장을 펴고 있다. 지도를 설명해주는 문헌이 없다 보니 다른 연구자의 주장을 검증하고 반박하는 연구 논문이 대부분이다.

그런데도 〈천하도〉에 『산해경』의 지명이나 명칭을 표현한 이유, 어떤 연유로 조선후기에 〈천하도〉가 유행했는지, 이를 누가 어떤 목적에서 제작했는지 등은 여전히 명확하게 밝혀지지 않고 있다. 〈천하도〉는 전해지는 지도의 수가 적지 않고, 지도마다 약간의 차이가 있는데 이를 비교 분석한 연구는 없다. 이에 본 연구는 백두산이 그려진 〈천하도〉에 주목하고자 한다. 조선후기 거의 모든 지도에는 백두산이 한반도의 상징으로 부각되어 등장하는데, 〈천하도〉의 초기 본에는 백두산이 없지만 늦은 시기에 제작된 〈천하도〉에는 백두산이 나타난다. 〈천하도〉에 담긴 백두산을 통해 〈천하도〉의 제작 목적과 의미를 다시 조명하고, 조선 후기 백두산 인식을 새로운 측면에서 밝혀보고자 한다.

II. 고지도의 형식과 내용

　고지도 중 하나인 〈천하도〉는 조선후기에 비교적 민간에 널리 보급된 지도첩에 수록되었다. 원형의 형태와 외해와 내해로 둘러싸인 대륙의 형상은 중세 유럽에 유행했던 T-O지도 등과 같이 원형(圓形)의 세계를 바다 위에 떠 있는 것으로 표현한 점이 유사하지만, 내용이 전혀 다르며 이웃한 일본과 중국에서 찾아볼 수 없는 독특한 형태를 보인다.[143] 필사본, 목판본 등 제작의 형태는 차이가 있으나 그 내용의 구성은 정형화되어 있다.[144]

　〈천하도〉의 기원을 조선 초기까지 소급하기도 하지만 대개 17세기 이후에 제작된 것으로 보는 시각이 우세하다.[145] 〈천하도〉에는 해안선이나 하천과 산지 등 자연 지형이나 국가와 도시 등 실재하는 인문지리적 요소들이 정확하게 묘사되어 있지 않다. 둥근 원형을 세계[天下]라 가정하고 안쪽과 바깥쪽의 바다를 설정하였으며 그사이에 환상대륙(環狀大陸)이 있다.

　이찬은 18세기 말~19세기 초의 것으로 추정되는 목판본 〈천하도〉의 명칭 114개를 분석했다. 각각의 명칭은 국가 89개국, 산 39곳, 하천 5곳, 소

---

143. 문상명, 2012, 「고지도에 나타난 백두산 및 백두산 동북부 하천」, 성신여대박사학위논문.
144. 양보경, 2009, 앞의 논문, 97쪽.
145. 이찬, 1991, 한국의 고지도, 범우사, 344쪽.

택(沼澤) 5곳, 수목(樹木) 3개, 기타 3개 등이다. 국가 명칭은 중심대륙과 내해, 환상대륙에 분포하는데 중심대륙에는 중국을 중앙에 배치하고 조선을 동쪽에, 서쪽에는 번호 12국과 서역제국, 肅愼과 같은 북방의 여러 나라가 있다. 또한 황하(黃河)·강수(江水)·적수(赤水)·흑수(黑水)·양수(洋水) 등 중국의 큰 하천과 황하에서 발원하는 곤륜산(崑崙山)을 중심으로 항산(恒山)·화산(華山)·태산(泰山)·형산(衡山)·숭산(嵩山) 등 5악을 표현하였다. 내해에는 『산해경』에 등장하는 국가들로 가득 차 있는데, 눈이 하나인 사람이 사는 일목국(一目國), 팔이 긴 사람들의 장비국(長臂國), 작은 사람들의 나라인 소인국(小人國) 등 전체 지명의 3분의 2 이상을 차지한다.

이에 대해서는 여러 의견이 있을 수 있지만, 진시황과 한 무제가 불로장생의 명약을 구하기 위하여 동남동녀 수천 명을 보냈다고 전해지는 만큼 당시 중국의 세계관이 드러난 것이라 할 수 있다. 토테미즘이나 신화학적 요소 등 비현실적으로 보이는 부분들이 『산해경』에서 다루는 공간에 대한 상징으로 보는 견해도 있다. 즉, 여러 씨족·종족·족군·지역에 대한 일종의 상징이었을 가능성이 높기 때문에 자료로서 가치가 있다는 것이다.[146] 현재 이러한 나라 이름을 가진 나라가 지금 어딘지는 확인할 수 없지만, 중국 당송 시기에 중동의 여러 나라를 대식국(大食國)[147]이라 한 것에 유추하면 존재했던 나라의 이름일 가능성이 크다. 불로초를 구하러 한반도까지 왔다는 얘기가 전해온다면 발해만 동쪽 삼신산[蓬萊山·方丈山·瀛洲山]도 나름대로 의미가 있을 것이다. 다만, 17세기에 세계지도가

---

146. 오강원, 2011, 「歷史와 考古學的 측면에서 본 『山海經』 [海內西經] 貊國의 實體」, 『동아시아 문화연구』 49, 29쪽.
147. 대식국은 한때 중동지방에서 유럽까지 세력을 뻗쳤던 사라센제국을 말한다고 하는데, 대식의 중국어 음역 'Tashi'가 아랍어나 페르시아어로 무역상의 뜻을 가진 'Taijr'에서 유래했다는 설, 650년 이후 아라비아군이 중국의 서부 변방에서 급속하게 영토를 확장해나가자 이를 군사 야욕이라 규정한 중국인들이 아라비아를 '영토의 탐욕자'라는 의미에서 그렇게 불렀다는 설 등이 있다.

조선에 전해졌음에도 불구하고 굳이 중국 고대의 지리서인 『산해경』의
지명을 사용했는지는 의문이다.

[표 1] 〈천하도〉의 명칭 구성

	중심대륙	내해	환상대륙	외해	총(개)
국명	15	45	29		89
산명	8	11	18	2	39
하천명	5				5
소택	1		4		5
수목			3		3

※ 이찬의 글을 필자가 표로 재구성함.

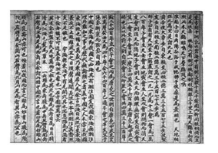

[그림 1] 〈천하도〉와 주기

[그림 2] 〈천하도〉의 『산해경』 묘사 부분

외해의 동쪽 끝과 서쪽 끝에 『산해경』에 등장하는 신화적인 내용이 묘사되어 있다. 『산해경』에 등장하는 "동쪽 끝 탕곡(湯谷)[해가 돋는 곳]에 부상(扶桑) 나무가 있다. 10일간 햇빛을 받는데 9일은 하지(下枝)에 받고 1일은 상지(上枝)에 받는다(해외동경).", "서쪽에 왕모산(王母山)이 있어… 봉황의 알을 먹고, 감로(甘露)를 마시고(대황동경)"라는 내용이 지도에 묘사되어 있다.

[그림 1]은 영남대학교 박물관에 소장된 〈천하도〉이다. 이 지도에는 주기가 있어 지도의 내용을 더욱 명확히 설명해주고 있다.[148] 지도의 동쪽에는 파산(波山) 위에 부상(扶桑), 일월출(日月出) 이란 표기와 함께 나무가 있고, 서쪽에는 방산(方山)에 반격송(盤格松) 위에 봉황이 있으며 日月入이라 표기되어 있다. 동쪽 부상이라는 나무에서 해와 달이 뜨고, 서쪽 반

---

148. 東方朔 十洲記에 이르기를. "푸른 바닷속에 나무가 있는데 길이가 수천 장이고 둘레는 1천여 圍가 된다. 줄기는 2개인데, 같은 뿌리에서 나와 서로 의지하는 듯 서 있는데 이것이 扶桑이다. 桃都山에 나무가 있는데 桃都樹라고 한다. 가지의 서로 거리가 3,000리나 뻗어있다. 그 위에는 天鶴이 있고 해가 처음 나와서 이 나무를 비추면 천학이 처음으로 울고 온 세상의 닭들이 따라서 운다"라고 했다. 淮南子가 말하기를 "해는 陽谷에서 나와서 咸池에서 목욕하고 부상에서 털어내는데 이것이 새벽[晨明]이다. 하늘과 땅의 서로 거리는 9만 리인데 이것을 九天이라고 한다. 황제가 大章·太章에게 동쪽 끝에서 서쪽 끝까지 걷게 했는데, 2억 33,575보이다. 수해(豎亥)를 시켜 북쪽 끝에서부터 남쪽 끝까지 걷게 했는데 2억 33,575보였다"라고 했다. 邵子가 말하기를. "天地가 처음 생긴 이래로 다할 때까지를 一元이라 한다. 일원에는 12會, 12가지 띠가 있으며, 1회당 1만 8백 년씩이다. 子會 때에는 하늘이 생기고, 丑會 때에 땅이 생기며, 寅會 때에 사람이 생기고 戌會 때에 이르러서는 만물이 닫히고 하늘이 사라지며, 亥會 때는 하늘도 사라지고 땅도 사라진다. 그러다가 子會가 되면 또다시 하늘이 생기면서 끝없이 순환한다. 인회의 기수[箕] 1회에서부터 오회의 성수[星] 1도까지는 45,600리이라고 하는데 바로 唐의 요임금이 일어난 甲辰년이라고 한다. 이것을 계산하면 인회에서 묘회, 진회, 사회까지는 총 43,200년이고 나머지는 2,400년이다. 바로 오회 안에서 일어난 것이 바로 당의 요 임금의 세상인 것이다. 따라서 당의 요 임금의 갑진년부터 명나라 만력 계축년까지는 또 4,000으로 총 6,400년이 된다. 이미 오회의 절반을 지났으니 당연히 陽氣는 점차 약해지고 陰氣는 저절로 오를 것이다. 중국의 동쪽 바다는 바로 우리나라의 서쪽 바다이다. 그곳에는 본래 밀물과 썰물이 있다. 그러나 우리나라의 동쪽 바다에는 밀물과 썰물이 없다. 이는 이치 밖의 것으로 알기 어렵다. 역사상 이에 대해 따진 자가 없었던 것은 중국 사람으로 일찍이 우리나라의 동쪽 바다를 보지 못했기 때문이다. 楊萬世라는 사람은 바로 동쪽 나라에 사는 사람인데 나에게 이야기하기를, "북쪽의 바다는 북쪽에서 흘러내려 동쪽 바다에 이르는데 밤낮없이 그치지 않는다. 때문에 비록 바람이 고요한 날이지만 파도 소리가 멀리까지 들린다. 길게 흐르고 물에 밀물과 현상이 없는 것은 형세에 따라 그러한 것이니 조금도 괴상하지 않다"라고 했다. 宇海縣 동쪽 바다 가운데에 尾閭穴이 있다. 그곳은 물결이 급하고 푹 파여서 크게 소용돌이치는 곳이 10여 곳인데, 배가 가까이 가지 못한다. 대개 동해의 물이 새어 나가는 곳이다. 돌 하나가 있는데 사방이 4만 리나 된다고 한다. 『異逃記』에 이르기를, "盤古氏는 온 세상 만물의 조상이다. 그가 죽자 머리는 오악이 되고, 눈은 해와 달이 되고, 기름은 강과 바다가 되고, 모발은 풀과 나무가 되었다"라고 했다. 일설에는 "머리는 동악이 되고, 배는 중악이 되고, 왼쪽 어깨는 남악이 되고 오른쪽 어깨는 북악이 되었다"라고 한다. 내가 생각하기에 이는 특별히 중국을 이야기한 것이다. 만약 다리를 백두산으로 하고 머리를 곤륜산으로 하는 것도 가능할 것이다. 내 생각에 만약 우리나라로 말한다면, 머리는 묘향산으로 하고, 배는 두타산으로, 왼쪽 어깨는 금강산으로, 오른쪽 어깨는 구월산으로, 다리는 지리산으로 하는 것이 또한 마땅할 것이다.

격송에 해와 달이 진다는 의미로『산해경』의 내용과 일치한다. 특히 나무 위의 봉황에 대한 묘사가 생생해서 회화성이 느껴지기도 한다.

　지도의 내용이 대체로『산해경』을 따르고 있으며 중심대륙에는 중국의 산과 하천 지명이 대부분이기 때문에 〈천하도〉가 중국의 것을 모본으로 했다는 나카무라의 주장은 일면 타당하다. 그렇지만 〈천하도〉가 중국을 비롯한 주변국에서는 발견되지 않고 우리나라에서만 존재하는 독특한 지도라면, 조선후기 소중화 의식에서 기인하고 서구지도의 영향을 받았다는 주장도 일리가 있을 것이다(운노,1981; 배우성,2000). 다만 〈천하도〉가 도교사상의 영향을 받았다는 운노의 해석은 적절하지 못하다. 〈천하도〉가『산해경』을 담고 있기 때문이다. 즉『산해경』자체가 당시 중국에서 유행하였던 도교 사상을 기반으로 저술된 책이며, 〈천하도〉는『산해경』의 내용을 이미지로 표현했기 때문에 도교사상의 영향을 받아 이를 표현했다기보다는 자연스럽게 드러났다고 보는 것이 합당하다. 게다가『산해경』은 도교사상 뿐만 아니라 실재하는 지리지식과 흥미를 끄는 기괴한 이야기들도 많이 포함하기 때문이다.

Ⅲ. 우리나라 고지도의
백두산과 천지

1. 백두산과 천지의 명칭

조선후기 실학자들은 『산해경』을 인용하여 지리적 고증을 시도했다. 홍
대용·정약용 등이 대표적이며, 단연 백두산은 가장 중요한 지리 대상이
었다. 백두산은 동북아의 큰 산이며 우리 민족의 성산임과 동시에 여진족
의 발상지이기도 하다. 백두산은 상징성만큼이나 예로부터 다양한 이름
으로 불렸다. 조선 후기 실학자 한치윤(1765~1814)은 자신의 저서 『해동역
사(海東歷史)』 「지리고(地理考)」에 백두산을 불함산(不咸山), 개마대산
(蓋馬大山), 도태산(徒太山), 태백산(太白山) 등으로 명명하였으며,[149] 정
약용은 장백(長白), 백산(白山), 백두(白頭), 가이민상견(歌爾民商堅) 등
의 명칭을 더하여 여덟 가지로 『대동수경(大東水經)』에 정리하였다.[150] 최
남선이 1946년에 저술한 『조선상식(朝鮮常識)』에 따르면, 중국 금나라
이래로 장백산이라 호칭했지만, 한반도에서는 오로지 백두산으로 불렸다
고 언급했다.[151] 그뿐만 아니라 그는 한국 고대문화의 세계사적 위치를 밝

---

149. 韓致奫, 『海東歷史』 속집 13 「지리고」 13 산수 1: 조법종, 2010, 『백두산과 장백산, 그리고 만
주, 백두산 현재와 미래를 말한다』, 재인용.
150. 정약용(丁若鏞), 『대동수경 大東水經』, 其一, 淥水一.
151. 이강원, 2010, 「白頭山, 天池地名에 대한 일고찰: 韓,中 지명표기를 중심으로」, 『지리학연구』
44(2), 129-141쪽.

히려 1925년에 '불함문화론(不咸文化論)'을 제시하기도 하였다. 이에 따르면 '불함'은 '붉, 광명, 하늘, 천신(天神), 태양, 백(白)' 등을 뜻하며 백두산을 지칭하는 태백(太白)은 '신(神)의 산(山)'을 의미한다고 했다. 그렇다면 백두산 명칭 가운데 오래전부터 불려온 '불함(不咸)'은 『산해경』뿐만 아니라 우리나라 고지도에도 등장한다는 데 나름의 의미가 있다고 본다. 영남대학교 박물관 소장 〈천하도〉의 주기를 살펴보면, 동방삭(東方朔)의 『십주기(十洲記)』, 『회남자(淮南子)』 등의 내용을 인용하여 우주의 이치와 중국 왕조의 시간을 설명하고, 우리나라의 자연지리에 대한 생각을 담고 있다. 이 가운데 "일설에는 머리는 동악이되고, 배는 중악이되고, 왼쪽 어깨는 남악이되고 오른쪽 어깨는 북악이 되고, 다리는 서악이되었다고 한다. 내가 생각하기에 이는 특별히 중국을 이야기한 것이다. 만약 다리를 백두산으로 하고 머리를 곤륜산으로하는 것도 가능할 것이다."라는 내용을 통해 동북아 전체에서 백두산을 바라보았으며, 단순히 우리나라만의 산으로 국한하지 않았다는 것을 알 수 있다. 백두산에 대한 인식의 크기와 의미를 가름할 수 있다.

〈지도〉 중 〈중국도〉

〈조선지도 부 팔도천하지도〉 중 〈함경도〉

〈청구도〉

〈각국도〉 중 〈천하전도〉

〈관서관북도〉 중 〈관서관북도〉

[그림 3] 고지도에 나타나는 다양한 백두산 명칭 표기

문상명은 처음으로 고지도 160점을 통해 백두산의 명칭을 분석했다. 그는 분석 대상 고지도 가운데 '백두(白頭)'를 포함한 '백두산(白頭山)' 명칭이 129점으로 가장 많았고, '장백산(長白山)' 표기는 17점, '백산(白山)'과 '태백산(太白山)'은 각각 1점으로 나타났다고 했다. 이와 함께 '백두산청여도장백산(白頭山淸輿圖長白山)', '백두산피운장백산(白頭山彼云長白山)', '백두장백(白頭長白)', '백두피명장백산(白頭山彼名長白山)' 등 백두산과 장백산을 동시에 표기한 것도 6점에 있었다고 한다. 그 외에 백두산의 명칭 표기가 없는 지도가 5점이 있다([표 3, 4], 문상명 논문 인용).[152] 단연 백두산 명칭이 우세하게 나타났지만, 태백산(太白山) · 백산(白山) · 불함산(不咸山) · 장백산(長白山) 등의 이칭도 나타났다.

[표 2] 고지도에 나타난 백두산의 명칭

백두산 명칭		지도 수(점)	
백두산	白頭	129	1
	白頭山		128
백두산과 장백산	白頭山 淸輿圖長白山	6	1
	白頭山 彼云 長白山		2
	白頭山 彼名 長白山		1
	白頭 長白		1
	白頭山 長白山		1
백두산, 장백산 두 개의 산 표기		6	
장백산(長白山)		17	
백산(白山)		1	
태백산(太白山)		1	
명칭 표기가 없는 경우		5	
총		160	

[표 1] 고지도에 나타난 천지의 명칭

천지 표기		지도 수(점)	
대택 (大澤)	大澤	30	25
	大澤 周面八十里		2
	大澤 周八十里		1
	大澤周万里		1
	大澤周万千里		1
대지 (大池)	大池	31	27
	大池 周八十里		4
지 (池)	池	4	2
	周八十里 池		1
	周四十里 池		1
달문담 (達門潭)	達門潭	2	1
	達門潭 周面八十里		1
천상근(天上近)		2	
주팔십리(周八十里)		2	
주사십리(周四十里)		1	
명칭 표기가 없는 경우		88	
총		160	

[그림 4] 백두산과 천지의 명칭표기
※ 문상명의 글을 필자가 표로 재구성함.

---
152. 문상명, 2012, 앞의 논문, 39-40쪽.

우리나라의 고지도에 백두산 명칭이 다양하게 나타나는 것과 같이 백두산 정상의 화산호(이하 일반적 기술에서는 '천지'라 지칭)에 대한 표현도 다양하다. 현재 우리나라에서는 일반적으로 '천지(天池)'라 명명하는데 〈한국민족문화대백과사전〉에는 '용왕담(龍王潭)'과 '대지(大池)'라는 이칭도 있다고 기술하고 있다.[153]

그런데 우리나라의 고지도에는 '천지(天池)'라는 명칭이 등장하지 않는다. 그보다는 '대지(大池)'와 '대택(大澤)'이라고 표시된 지도가 각각 31점과 30점이 있다. 이외도 '지(池)' 4점, '천상근(天上近)' 2점, '달문담(達門潭)'이 2점 있다. 명칭 표기가 없는 경우가 가장 많은 88점이다. 조선 전기에는 주로 '지(池)'라고 했는데 '대지(大池)'로 바뀌었고 조선 후기에 이르러서는 '대택(大澤)'을 우세하게 사용하였다. 고지도는 당시 사람들의 인식과 사회상을 반영하기 때문에 이와 같은 명칭의 변화에는 이유가 있다. 『대명일통지』나 『만주원류고』, 『청태조실록』 등 문헌에는 천지의 둘레를 '주팔십리(周八十里)'라 기록하고 있는데, 지도에도 '대지(大池)'나 '대택(大澤)' 등의 표기와 함께 '주팔십리(周八十里)' 또는 '주사십리(周四十里)'[154] 등의 주기가 있다. 지도에 백두산 천지의 정보를 기록한 것으로 보아, 그에 대한 정보를 인지하고 지도에 표현했음을 알 수 있다.

그런데 '천지' 명칭은 이의철(李宜哲)의 『백두산기(白頭山記)』(1751), 성해응의 『백두산기(白頭山記)』, 서명응(徐命膺)의 『유백두산기(遊白頭山記)』(1766) 등의 백두산 답사기행문에 언급되어 있다.[155] 1908년 청의 관리인 유건봉(劉建封)도 천지라 명명했고, ≪중외일보≫ 1928년 1월 1일

---

153. 백두산(2,744m) 정상에 있는 칼데라호. 둘레는 약 13㎞, 면적은 약 9.2㎢이고, 수면은 해발 2,155m이며 최심부의 깊이는 312m에 달한다(출처: 한국민족문화대백과사전).
154. 이는 '周八十里'의 오기인 것으로 보인다.
155. 이강원, 2010, 위의 논문, 135쪽.

자 기사에는 '용자(龍字)든 명승고적(名勝古蹟)(其1), 백두산(白頭山) 용
왕담(龍王潭, 一名 天池)'이라 기술되어 있다. 안재홍(安在鴻) 역시 1931
년 백두산 답사 후 출판한 『백두산등척기(白頭山登陟記)』에도 '천지'라
고 하였다.[156] 이를 통해서 '천지(天池)'라는 명칭은 일제시기 민족주의적
담론에서 상징적으로 활용되었으며, 점차 정착되어 지금까지 일반적으로
사용하는 명칭이 되었다는 것을 알 수 있다.[157]

2. 백두산과 태백산

[그림 5]《지도(地圖)》중〈함경도(咸鏡道)〉[158]의 백두산은 다른 고지도
에서와 달리 독특한 형태를 하고 있다. 백두산 정상에는 얼핏 보면 야자수
처럼 보이는 '천년단목(千年檀木)'이라는 나무와 '대택(大澤)'이 있다. '천
년단목(千年檀木)'은 단군 신화의 신단수(神檀(壇)樹)이다. 이 나무는 이
땅의 가장 중심이 되는 장소이면서 가장 성스러운 곳에서 하늘과 땅을 연
결해 주고 우주 공간을 분할하며 질서화하는 우주목이다.[159] 단군학 연구
자 윤명철은 '단(檀)'과 '태백산(太白山)'에 대해 다음과 같이 정리한 바
있다. 그에 따르면, 단군(檀君)은 단국(檀國)의 수장으로서 단목(檀木) 아
래로 내려왔기 때문에 붙여진 이름으로 '단(檀)'은 나무이며 동시에 나라
의 이름이고 사람의 이름이라 했다. 그는 '단(檀)'은 연자해의(演字解義)
에 따라 박달나무가 되는데, 이는 신단수의 수종(樹種)일 가능성도 배제
할 수는 없으나, 전통과 민속상 박달나무가 신단수의 역할을 했다는 흔적

---

156. 문상명, 2012, 앞의 논문, 58-68쪽.
157. 문상명, 2012, 앞의 논문, 66-68쪽.
158.《地圖》중〈咸鏡道〉서13187, 19세기, 채색필사본.
159. 金烈圭, 1980,「신화학적 측면에서 본 한국사상의 원류」,『민족문화의 원류』, 정신문화연구원,
45쪽.

은 보이지 않는다고 한다. 따라서 '단(檀)'의 '박달(朴達)나무'로 발음, 또는 표기되는 다른 낱말의 의미에서 찾아야 한다고 했다. 최남선은 불함문화론에서 박달의 '박'은 '붉', 즉 광명을 의미하는 것으로 '단국(檀國)'은 '붉', 즉 밝음을 의미한다고 밝힌 바 있다. 송나라 손목이 편찬한『계림유사(鷄林類事)』에서는 '단배달(檀倍達) 국나라(國那羅) 군임검(君任儉)'이라고 하였는데, 단(檀)은 배달(倍達 또는 白達)로 표기하고 단(檀)과 이를 표기하는 다른 문자인 '박달(朴達)·배달(倍達)·백달(白達)'이 의미상 통하지 않기 때문에 음을 빌려 쓴 것이라고 한다. 윤명철은 '박(朴)'과 '배(倍)'는 모두 '달(達)'과 합쳐져 '단(檀)'과 같은 의미인지에 주목하였다.『와유록(臥遊錄)』의 기록과 태백산(太白山)에 대한 설명을 비교해 보면 박달(朴達)·배달(倍達)은 태백산(太白山)의 또 다른 명칭이며 '朴=倍=白'이라는 등식이 성립하고, '달(達)'은 산을 의미한다고 주장하였다.[160]

또한 단군신화의 '삼위태백(三危太伯)'에 관하여 태백(太伯)이란 공간은 환웅(桓雄)의 하강과 신시건국(神市建國)이라는 인간 역사의 시원적 공간이라며, 태백산을 우리민족에게 시원적 숭배의 공간인 백두산으로 확신하고,『위서』「물길전」의 '도태산(徒太山)'이 '태백산(太白山)'을 일컫는다고 언급했다. 상술했지만, 한치윤은 도태산을 백두산의 이칭이라 밝히기도 했으며, 태백의 '백(白)'은 '백(伯)'과 같은 것으로 의미상 차이가 없다. 우리말로 해석하면 '한·붉·뫼' 등으로 해석된다.[161] 최남선의 '불함'은 이 '붉'에서 나온 것으로 결국, '朴=倍=白'의 음은 '붉=太伯=太白=白'이라는 뜻의 등식이 성립된다.

한편, 중국 학자 찌앙삐뽀[张碧波, 장벽보]는 백두산과 그 지역의 문화

160. 윤명철. 1988.「壇君神話에 對한 構造的 分析 : 神話素 分析을 中心으로」.『한국사상사학』. 186-189쪽.
161. 윤명철, 위의 논문. 142-148쪽.

가 고대 이래 중화민족의 소유였다는 것을 주장하며, 태백산을 묘향산이라 규정하였다. 그는 단군신화가 탄생한 곳이 묘향산이기 때문에 이를 태백산으로 규정, 중국에서 지칭하는 백두산(장백산)과는 무관하다는 주장이다.[162] 이와 같은 중국학자의 주장은 백두산이 중국 만주족(여진족)의 성산이라는 것을 강조하기 위함이며, 동시에 백두산이 우리민족의 시원적 공간이라는 것을 부정하는 것이기도 하다. [그림 3]의 백두산의 명칭 가운데 '태백산(太白山), 백산(白山), 불함산(不咸山)'은 태백산이 백두산이라는 윤명철의 주장과 같은 맥락을 보여주며, [그림 5] 백두산의 천년단목 역시 단군신화의 태백산과 신단수를 표현한 것이다. 옛사람들이 백두산을 단군신화의 태백산으로 인식하고 신단수를 지도에 표현했다는 것을 부정하기는 어렵다.

[그림 5]《지도》중〈함경도〉

---

162. 张碧波, 2002, 「长白山与太伯山考论」, 『满语研究』. [此文是与韩国学者金得的《白头山与北方疆界－－－鸭绿江图们江不是我们的国境》一文的论辨. 论文集中对长白山名称来源 与东北诸民族关系－－东北诸族的圣山、兴王之地、发祥地以及檀君神话中的太伯山－－－妙香山作了历史的考察 证明长白山及其区域文化自古以来就属于中华民族所有 朝鲜半岛的民族从来就与长白山无有关涉. 半岛上的太伯山－－－妙香山是产生檀君神话的地方 与长白山无关 文章还就疆域的界定 民族的归属以及文化圈诸问题作了历史的考察]

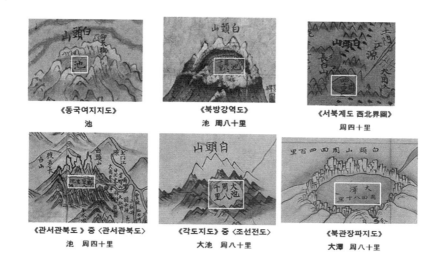

[그림 6] 백두산 산정 호수의 명칭 표기

백두산에 제당을 설치하고 제사를 지낸 것은 민족의 성산으로서 백두 산의 위상을 다시 한번 보여준다. 조선후기 문신 정원용(鄭元容)은 함경 도 북부지역의 연혁·유적·풍속 등을 『북행수록(北行隨錄)』3권에 담 았는데, 이 가운데 권 1 「북략의의(北略擬議)」의 〈산천(山川)〉해로부(海 路附)는 백두산에 대한 기술로 시작한다. 백두산은 무산부 서쪽 305리, 갑산부 북쪽 300리에 있으며 그 정상에 대택이 있고 영조 정해년(丁亥 年)에 갑산(甲山) 망덕산(望德山)에 단을 설치하도록 명하여 망제(望祭) 를 지냈다는 기록이다.[163] [그림 7]은 1872년에 국가의 주도로 만든 《1872 지방도》 가운데 〈갑산〉 지도인데, 갑산 운총보 북쪽 망덕산에 백두산 제 당이 설치된 것을 확인할 수 있다.

163. 「北略擬議」上. 〈山川〉【海路附】白頭山 在茂山府西三百五里 甲山府北三百三十里 山凡三層 其頂有大澤 名達門池 西流爲鴨綠江 北流爲蘇下江 或云黑龍江 或云火刺江 東流爲豆滿江 英宗丁 亥 命設壇於甲山望德山 以望祭.; 이 기록은 『영조실록』111권, 영조 44년 7월 14일 己亥 1번째기 사에도 나타난다[至於望山坪, 介雲寵·惠山二十里之間, 一望荒野, 未有人居, 孤立祭閣, 有非慎重 之道。 若綠礬峙, 則斗絶高峻, 雖如道臣所見, 然據黔川之咽喉, 爲雲寵之前山, 人烟絡續相望, 又 自綠礬橫出一峰, 高可尋仞, 與白頭對峙, 雖謂之天施地設, 爲望祭準備可也。 今若卽此綠礬橫出之 峰, 而上設壇壝, 下建神室齋廳, 仍令雲寵萬戶守之, 則其於崇報之典, 亦庶幾乎情文咸備矣。 伏乞 分付禮曹, 商確便否, 以爲萬代不刊之章焉].

Ⅳ. 고지도의
백두산과 대택(大澤)

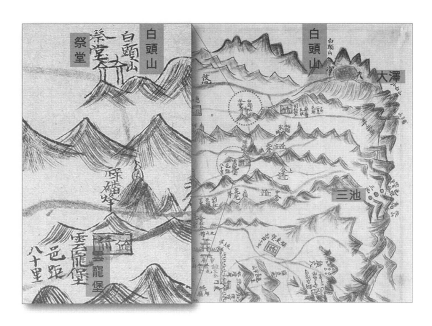

[그림 7]《1872 지방도》〈갑산〉부분 일부와 확대도

조선후기 고지도에 표현된 백두산의 특성은 '백두산(白頭山), 태백산
(太白山), 백산(白山), 불함산(不咸山)' 등의 산 이름과 '천년단목(千年檀
木)', '대지(大池)'나 '대택(大澤)' 등의 명칭이 나타나는 것이다. 상상의
세계지도로 알려졌던 〈천하도〉 가운데 일부 지도에는 백두산이 나타나는
데, 기존의 연구에서는 이를 주목하지 않았다. 현존하는 〈천하도〉는 목판

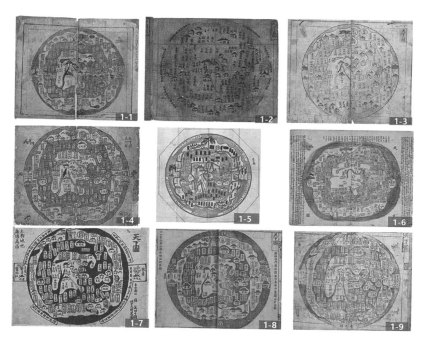

[그림 8] 천하도의 유형 1

본만 하더라도 10여 종이 넘고, 필사본까지 합치면 현존하는 단일지도로는 가장 많다. 〈천하도〉는 형식과 내용 구성이 정형화되어 있지만,([그림 11]) 약간의 차이점이 있다. 이 가운데 필자는 대학이나 박물관 등에 소장되어 있어 비교적 수집이 쉬운 〈천하도〉 12점을 '백두산'의 유무만을 기준으로 다음과 같이 세 가지로 유형화했다.

첫 번째 유형(이하, 유형 1)[164]의 〈천하도〉는 가장 많이 나타나는 형태이다. 그동안 연구자들은 [유형 1]만을 모델로 〈천하도〉를 연구하여 이의 형식과 내용을 정형화해왔다. 그 내용은 2장에서 상술한 바와 같다. [유형 1]

---

164. 1-1.《지도》중 〈천하도〉, 서울역사박물관 소장.; 1-2.《천하도》중 〈천하도〉, 성신여자대학교 박물관소장; 1-3.《천하지도》중〈천하도〉, 서울역사박물관 소장; 1-4.《감여도》중 〈천하도〉, 서울역사박물관 소장; 1-5.《천하도》중 〈천하도〉, 영남대학교박물관 소장; 1-6.《조선지도 병 팔도천하지도》중 〈천하총도〉, 중앙도서관소장; 1-7.《지도서》중 〈천하도〉, 서울역사박물관 소장; 1-8,《동국여지도》중 〈천하도〉, 서울대규장각한국학연구원 소장; 1-9《지도》중 〈천하도〉, 서울역사박물관 소장.

의 지도가 가장 많은 이유는 특히 목판으로 지도를 인쇄하였으며, 가장 일
반적인 〈천하도〉라는 것을 의미하기도 한다. [그림 8] [유형 1]의 '1-7, 1-8,
1-9'는 목판본 지도이다.

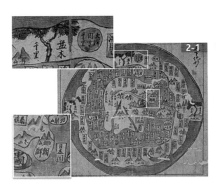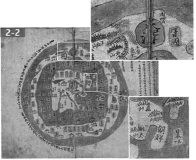

[그림 9] 천하도의 유형 2

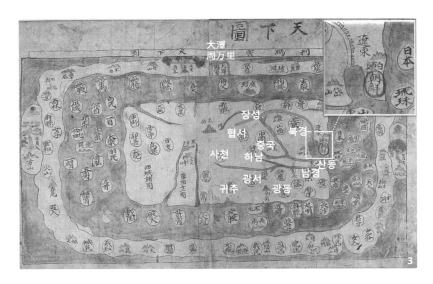

[그림 10] 천하도의 유형 3

　두 번째 유형(이하, 유형 2)[165]은 [유형 1]과 약간의 차이가 있다. [유형 1]

165. 2-1.《조선팔도지도》중 〈천하지도〉, 서울대규장각한국학연구원 소장: 2-2.《지도》중 〈천하
도〉, 서울역사박물관 소장.

북쪽 중앙의 '대택(大澤) 주만리(周万里)'라는 부분이 [유형 2]에는 '대택
(大澤) 주방천리(周方千里)' 또는 '대택(大澤) 주사백리(周四百里)'라고
표기되어 있으며, 조선이라 표기된 한반도의 북쪽에 백두산이 묘사되어 있
다.([그림 9]) 세 번째 유형(이하 유형 3)[166]은 북쪽 중앙의 호수가 '대택(大
澤) 주만리(周万里)'로 표기되어 있고 조선 부분에는 [유형 2]와 같이 백두
산이 그려져 있다. 그런데 [유형 3]의 특징은 중심대륙이다. 이전 〈천하도〉
와 달리 만리장성과 북경을 비롯한 중국 각 지역의 명칭이 사실 그대로 적
혀있어서 실재 지리인식을 담고 있는 지도에 가깝다. 위의 [유형 1]과 [유형
2, 3]을 구분하는 기준은 백두산으로, 그동안 〈천하도〉 연구의 대상이 되어
왔던 [유형 1]에는 백두산이 없지만 [유형 2, 3]에는 백두산이 나타난다.

[유형 2, 3]은 [유형 1]에 비해 늦은 시기에 제작된 것으로 보이며, 기존
의 〈천하도〉에 백두산을 추가한 의도가 있다. 이에 지도상의 '대택(大澤)'
의 의미를 먼저 살펴보고자 한다.

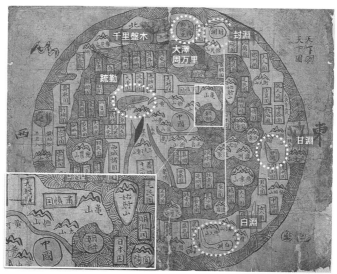

[그림 11]《감여도》중 〈천하도〉(서울역사박물관소장) 유형 1

---

166. 3.《축벽도》중 〈천하도〉, 성신여자대학교박물관소장.

유형에 따라 백두산의 유무는 달라지지만, 북쪽 중앙의 '대택(大澤)'
과 '천리반목(千里盤木)'이라는 나무, 불백산(不白山), 주산(舟山), 장니
산(章尼山) 등의 명칭은 공통적으로 등장한다. 3장에서 상술했듯이 '대택
(大澤)'은 조선시기 지도에 가장 많이 나타나는 천지의 명칭으로, 일제시
기 이후 천지라는 명칭이 정착되기 이전까지 백두산 산정 화산호의 명칭
은 '대택(大澤)' 또는 '대지(大池)'가 일반적이었다.

이찬은 북쪽의 대택(大澤)과 남쪽의 백연(白淵)에 대하여 극지방의 얼
음에 덮힌 호수이거나 북극해(北極海)라고 설명한 바 있으며, 현재까지
대부분의 학자들은 이 해석에 대해 이견을 보이지 않고 있다.[167] 다만 오상
학은 〈천하도〉에 등장하는 지명을 자세히 해석하며, 대택(大澤)은 『산해
경(山海經)』의 「대황북경(大荒北經)」과 「대황서경(大荒西經)」에 등장하
는데, 방위로 볼 때 「대황서경」의 大澤은 잘못 들어간 것이라 덧붙였다.[168]
그런데, 필자가 확인해 본 『산해경』의 大澤은 「대황북경」에 [有大澤方千
里 , 羣鳥所解][169], 「海內西經」에 [大澤方百里 , 羣鳥所生及所解 , 在鴈
門北][170]로 기록되어 있다. 오상학이 설명한 「대황서경」은 오류이다. 어쨌
든 『산해경』에는 두 개의 대택(大澤 넓은 호수)이 등장하는데 방위상으로
는 북쪽에 둘레가 천리인 대택(大澤)이, 서쪽에는 둘레가 백리인 대택(大
澤)이 각각 하나씩 있고 '새들이 깃털을 가는 곳이다'라는 공통점이 있다.

동진(東晉) 때 곽박(郭璞)이 처음으로 『산해경』에 주를 달은 이래로 청
대 학의행(郝懿行)의 주석서인 『산해경전소(山海經箋疏)』가 가장 정확

---

167. 이찬, 1989, 앞의 논문, 74쪽.
168. 오상학, 2015, 앞의 책, 142쪽.
169. 대택은 넓이가 1천리이고, 모든 새들이 깃털을 가는 곳이다.
170. 대택은 넓이가 100리(里)이며, 모든 새들이 태어나고 깃털을 가는 곳이다. 안문산(鴈門山)의 북쪽에
있다.

하다는 높은 평가를 받고 있다.[171] 곽박은 목천자전(穆天子傳)을 인용하며, 대택(大澤)에 대하여 "순임금의 처 등비 씨가 소명과 촉광을 낳고 황하 대택(大澤)에 거처하며, 두 여자의 신령함은 능히 대택(大澤) 사방 백리를 비추었다"라고 기술한 바 있다.[172] 학의행은 대택(大澤)을 사막의 땅 한해(翰海)라고도 하며, 군조들이 모이는 연못[大澤]은 두 곳으로 한 곳은 백리이고 다른 한 곳은 천 리라 해석하였다.[173] 이를 통해 볼 때, 『산해경』의 '대택(大澤)'이라는 단어는 일반명사로 넓은 호수 혹은 연못을 의미한다. 이에 오상학이 지적한 「대황서경(실제로 해내서경)」의 대택(大澤)에 대한 기술은 잘못된 것이 아니라 또 다른 큰 호수에 대한 기술인 것이다.

먼저, 대택(大澤)이 백연(白淵)과 대응되는 북극해(北極海)라는 이찬의 해석은 명칭과 위치상으로 볼 때 白淵과 대응되는 것은 봉연(封淵)으로 보는 것이 더 합당하다([그림 11]). 다만 대택(大澤)이 『산해경』에 등장하는 대택(大澤)과 동일한 것인지가 문제이다. [그림 9]의 2-1 '주방천리(周方千里)'는 『산해경』 「대황북경」에서 기술한 대택(大澤)에 대한 기술과 같고, [그림 11]의 '주만리(周万里)'는 약간의 차이가 있다. 그런데, 곽박과 학의행의 해석에 의하면, 두 개의 대택(大澤)은 황하와 사막에 위치하는 것으로 되어 있기에 〈천하도〉 북쪽 중심과 위치상 맞지 않다. 때문에 〈천하도〉의 대택(大澤)을 『산해경』 「대황북경」의 대택(大澤)이라 단정하기는 어렵지만, 『산해경』에서 흔히 큰 호수를 지칭하는 일반명사로 해석할 수 있다.

---

171. 이정하, 2018, 「학의행(郝懿行)의 『산해경전소(山海經箋疏)』 연구」, 이화여자대학교 대학원.

172. 郭注穆天子傳所引乃大荒北經方千里之大澤。 至於此處大澤，實海內北經所記「舜妻登比氏，生宵明燭光，處河大澤，二女之靈，能照此所方百里」之百里大澤，位在北方，或即今河套附近之地。 又此節文字(連同以下二節)，亦應在海內北經「宵明燭光」節之前，始與方位地望大致相符。

173. 郝懿行云：「大荒北經作『大澤方千里』，郭注穆天子傳(卷三『碩鳥解羽』一一珂)引此經亦云：『大澤方千里，群鳥之所生及所解。』是百當為千矣。 然郭注(穆天子傳卷四『至于西北大曠原』一一珂)又引此經云：『群鳥所集澤有兩處：一方百里，一方千里。』是又以為非一地，所未詳也.

〈천하도〉의 대택(大澤) 옆에는 '천리반목(千里盤木)'이라는 나무가 있다. 오상학은 매카이(A.L.MAckay)의 주장을 언급하며 동북아시아의 샤머니즘에서 말하는 우주목, 신선 사상을 반영한다고 주장하였다.[174] 건축학자 최종현은 이와 같은 견해를 가지고 〈천하도〉 동쪽의 부상목(扶桑木), 서쪽의 반격송(盤格松)과 더불어 북쪽 상단 천리반송(千里盤松)은 하늘과 소통하는 우주목, 우주의 중심이라 설명하며 옛 사람들의 사고방식을 반영하는 것이라 덧붙였다.[175] 〈천하도〉의 동쪽과 서쪽에 있는 부상(扶桑)과 반격송(盤格松)은 『산해경』의 내용을 반영하였지만, 북쪽 중앙의 천리반송(千里盤松)은 샤머니즘의 신선 사상을 표현한 것으로 볼 수 있다.

[그림 6] 《지도》 중 〈함경도〉에는 백두산의 '대택'과 '천년단목(千年檀(壇)木)'은 〈천하도〉의 '대택'과 '천리반송'과 대응된다. 북방계의 샤머니즘을 반영하며 우주목의 상징을 표현하고 있다. 또한 반송(盤松)의 盤(반)과 단목(壇木)의 壇(단)은 '반'과 '단'으로 음가가 비슷하며, '밑받침·대·자리·제단' 등의 비슷한 의미를 지닌다.

한편 3장에서 백두산의 천지 명칭은 조선전기에는 대지(大池)라는 명칭이, 점차 조선후기로 갈수

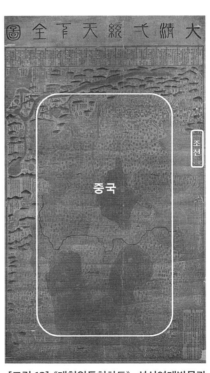

[그림 12] 《대청일통천하도》, 성신여대박물관

174. 오상학, 2015, 앞의 책, 145쪽.
175. 최종현, 2013, 『나무와 풍경으로 본 옛 건축 정신』, 현실문화, 106쪽.

록 대택(大澤)이라는 명칭이 다수 나타난다고 상술했다. 사전적 의미에서 '지(池)'는 '천지통수(穿地通水)'라 하여 땅을 파서 물이 통하게 만든 곳으로 물이 모이기만 하는 것이 아니라 흘러야 하는 곳을 의미한다. '택(澤)'은 수초교처(水草交處)라고 하여 늪지대를 의미하며 택(澤)보다 지(池)가 큰 규모이다.[176] 백두산 천지의 물은 장백폭포 쪽으로 흘러내려 이도백하로 이어지며 이는 송화강의 발원이다. 조선시기 천지를 지 또는 대지로 명명한 것, 일제시기 이후 천지 명칭이 정착된 것은 이러한 형태에서 비롯된 것으로 볼 수 있다.

그런데 규모가 상당하고 늪지대가 아님에도 조선후기에 대책(大澤)이라는 명칭을 사용한 이유는 『일통지(一統志)』에서 찾아볼 수 있다. 조선후기 학자들은 청일통지의 장백산 산정의 '대택'을 인용하여 여러 기록에 남겼고 지도에도 표기하였다. 『일통지』의 대택은 『산해경』에서 일반적으로 넓은 호수를 지칭하는 명칭에서 비롯된 것으로 보인다. 홍양호는 『산해경』을 활용하여 백두산에 대한 지리적 고증을 하였는데, 백두산정의 호수를 대택으로 표현하였다. 조선후기 문신 정윤용(鄭允容)은 『북로기략(北路紀略)』권1 「산천총요(山川總要)」[177] 〈백두간지(白頭幹支)〉에서, 백두산과 대택에 대해 자세히 기록하고 있다. [우리나라의 북쪽에 위치해 있다. 무산부(茂山府) 서북쪽으로 300리, 갑산부(甲山府) 북쪽으로 330리에 있다. ①산꼭대기에 대택이 있으니 달문지(達門池)라 부른다. 산은 모두 3층으로 되어 있는데, 높이는 200리이고 1000리에 웅장하게 서려 있다. 달문지는 둘레가 30리다.; 대택원류(大澤源流) 『일통지』에 "②대택은 둘레가 80리이다."라고 하였다. 우리나라는 지형이 만곡(彎曲)을 이루면서 남북으로 길게 뻗어 사면을 둘러있되 강이 바다를 일으킨다. 강의 둘레는 10분의 3 정도 되는데 서북쪽 모

---

176. 中國哲學書電子化計劃(https://ctext.org/dictionary.pl?if=gb&char=%E6%B1%A0)
177. 1829년 추정. 백두산을 중심으로 한 함경도 국경 지대의 사실을 모아 수록한 군서·병서.

퉁이에서 강을 경계로 삼는다. 강의 근원은 모두 대택에서 발원하니 곤륜산(崑崙山)의 성숙하(星宿河)와 같다.[178] 정운용은 학자들의 기록을 참고하여 관방일대의 산천과 관방을 자세히 기록했는데, 백두산정의 호수를 대택이라 칭하면서도 대택의 이름이 '달문지' 라 표현하기도 했다. ①의 대택은 일반명사, ②의 대택은 고유명사로 쓴 것으로 보여며 대택의 둘레가 80리라는 『일통지』의 기록을 언급하면서도 30리라고도 적고 있는 점 등을 미뤄, 당시 여러 기록을 참고하여 기록하였다는 것을 알 수 있다.

〈천하도〉의 대택은 조선후기 고지도와 문헌 등에 등장하는 백두산정의 호수 대택으로 볼 수 있다. 보통 〈천하도〉의 대택에 표기된 '주만리(周万里)', '주방천리(周方千里)'라는 주기는 정확하게 호수의 넓이가 만리, 천리에 달한다는 것을 의미하기 보다는 '넓다'라는 추상적 표현으로 볼 수 있다. [그림 9] 2-2의 대택에는 '주서백리(周四百里)'라는 표기가 있는데, 이는 백두산 천지에 대한 주기 가운데 '주사십리(周四十里)'([그림 4])와 유사한 표현으로, 조선후기로 갈수록 점차 대택의 넓이가 구체적으로 변하고 있다는 것을 알 수 있다.

조선후기 지식인들은 『산해경』을 인용하여 고증하는 방식으로 학문적 발전을 이어갔으며, 〈천하도〉에 지리적 고증을 표현하는 것은 또 다른 방법이었다. 조선후기 백두산에 대한 관심과 우리의 산이라는 인식이 확대되면서 당시 유행했던 〈천하도〉에 '백두산 지리 지식'을 더했던 것으로 보인다. 그렇다면 [유형 1]의 〈천하도〉에서 점차 [유형 2, 3]으로 변모해 갔음을 알 수 있다. 1712년 조-청 간에 백두산정계비가 세워진 이후 조선 후기 지식인들은 백두산과 국경에 대한 관심이 높아졌다. 이는 백두산 여행기

---

178. 〈白頭幹支〉白頭山 居國之北維【茂山府西北三百里 甲山府北三百三十里】山頂有大澤 名達門池 山凡三層 高二百里 雄蟠千里 池周三十里: 大澤源流【一統志謂澤周八十里】而東地形彎曲 而南北袤長四百 而江興海也 江之周可十之三 而西北隅以江爲界 江之源皆發於大澤 猶崑崙之星宿河也 東南流者入我地 西北流者入彼地

를 비롯한 기록으로 나타나며[179], 영조시기에는 백두산을 국가 제사에 포함시켜 국가 조종산으로서 위상을 확고히 하고 조선 왕조의 발상지로 부각시키고자 하였다. 백두산에 대한 인식은 이러한 분위기 속에 자연스럽게 〈천하도〉에도 반영된 것이다. 추상적 세계도 〈천하도〉에 조선에 실재하는 백두산이 등장하는 것은 이에 대한 반증이기도 하다.

그뿐만 아니라 〈천하도〉[유형 3]의 경우, 기존의 원형에서 장방형에 가까운 형태로 바뀌었고 중심대륙의 내용이 앞선 [유형 1, 2]에 나타나는 상상의 국가가 아닌 중국과 만주, 서역제국 등을 그려 추상적 세계의 지리사상과 실재 세계 지리 지식이 결합되어 나타나기도 한다. 이러한 특징으로 볼 때, 지도의 가장 북쪽 중앙에 있는 대택을 단순히 『산해경』에 나오는 큰 호수로 보기보다는, 당시 우리의 우주목이 자리한 호수로 새롭게 바라볼 수 있다. 즉, 백두산 산정의 대택과 단군신화에 등장하는 천년단목에

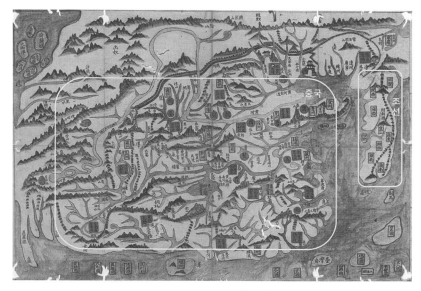

[그림 13] 《천하제국》, 국립중앙박물관

179. 『北征日記』(朴權), 『北征錄』(金指南), 『白頭山記』(洪世泰), 『白頭山記』(李宜哲), 『白頭山遊錄』(朴琮), 『遊白頭山記』(徐命膺), 『遊白頭山記』(徐淇修), 『遊白頭山記』(申光河), 『白頭山日記』(洪重一) 등.

대응하여 볼 수 있다.

〈천하도〉가 우리나라에서 제작한 지도라는 것은 백두산을 통해 더 분명해졌다. 중국은 이미 자신의 국가를 천하 자체라 생각했기 때문에 추상적 세계지도를 그릴 이유가 없었으며, 중국을 작게 표현할 이유도 없었다. [그림 12]는 성신여대 박물관에 소장된 《대청일통천하도》로, 청나라 시기에 제작한 세계지도이다. 중앙에 중국이 대부분의 지면을 차지하고 있으며 오른편에 작은 크기의 조선이, 주변에 기타 세계의 국가들이 명칭만 있다. 중국의 세계지도는 〈천하도〉라는 명칭을 주로 사용하며 그 천하도의 중심에 중국을 그렸다. 천하의 중심이 중국이라는 자신감을 표현한 것이다. [그림 13]는 국립중앙박물관에 소장되어 있는 《천하제국》이라는 명칭의 지도이다. 이 지도는 중국의 지도를 조선에서 수입하여 다시 그린 것으로, [그림 12]와 달리 조선을 크게 그렸다. 실재 중국의 면적은 한반도의 40배가 넘는데 지도상에서 한반도는 중국 면적의 1/5 정도이다. 중국 중심의 세계지도라기보다 오히려 조선이 부각된 세계지도이다.

중국은 보통 세계지도를 그릴 때 중국 전체를 지도에 가득 채우고 기타 국가를 작게 그리기 일쑤였다. 그런데 [그림 13]의 《천하제국》의 한반도가 크게 그려진 것, 〈천하도〉의 '중국'·'조선'·'일본'의 크기가 비슷하게 표기된 것([그림 11])을 통해 조선후기 지식인들이 중국을 벗어나 우리가 생각한 천하를 그리고자 했던 의지를 엿볼 수 있다. 그리고 그 천하의 중심에 조선후기 우리 민족의 성산으로 중요시했던 백두산을 그렸다.

Ⅴ. 맺음말

　〈천하도〉를 보고 가장 먼저 드는 궁금증 가운데 하나는 '왜『산해경』의 지리적 내용을 담고 있는가'이다.『산해경』은 중국의 오랜 신화집이자 지리지이다. 동아시아의 사상ㆍ문학ㆍ풍속 등에 많은 영향을 주었으며, 우리나라에는 백제 고이왕(古爾王) 때 또는 그 이전에 전래된 것으로 보인다. 이에『산해경』은 1700여 년 가까이 우리나라에서 고전 작품으로 읽혀왔고, 특히 조선 후기에 유행하면서 다양한 관심을 받아 새롭게 해석되었다. 유가적 합리주의가 지배적이었던 조선 사회에서 허무맹랑해 보이는 이야기나 상상의 인물·사물 등을 나열한『산해경』의 인기가 높았던 것은 상당히 이례적이라 할 수 있다.

　조선 후기 문인들은 학문적 목적뿐만 아니라 정신의 자유를 누리기 위한 개인적 취미, 문학적인 관점 등 다양한 이유에서『산해경』을 읽었다. 특히 훈고학과 고증학을 연구 방법으로 삼았던 성해응(1760~1839)ㆍ정약용(1762~1836)ㆍ홍양호(1724~1802) 등 실학자들은 地理고증을 위한 참고자료로『산해경』을 자주 활용하였다.[180] 이 책은 다양한 세계의 민족이나 국가 등을 일종의 비현실적인 묘사로 상징적으로 표현하고도 있기 때문

---

180. 김광년, 2017,「조선 후기 문인들의『山海經』認識과 受容」,『日本學研究』52, 137~159쪽.

이다. 백두산에 대한 고증도 있는데, 홍양호는 『북새기략(北塞記略)』「백두산고(白頭山考)」에서 백두산을 불함산이라 표현하고 백두산 정상의 호수를 대택이라 하였다.[181] 그 역시 백두산의 여러 이름 가운데 불함산이 있다고 기술하였다.[182] '불함산(不咸山)' 명칭은 김정호의 《청구도》 주기에 나타나기도 한다.([그림 3])

〈천하도〉는 조선후기 실학자들이 『산해경』의 지리적 고증을 표현하는 또 다른 방법이었다. 이미지로 된 지도로 표현하는 방법은 공간을 묘사하는 데 한계가 있는 텍스트를 보완할 수 있었다. 조선후기 점차 확대되어간 조선의 자주성을 중국의 시각에서 벗어나 새로운 천하로 표현하고자 했던 욕구이기도 했다. 상상의 지도가 아닌, 실재하는 지리지식과 당시 사회적 인식을 추상적으로 표현하고자 한 것이다. 백두산은 조선이 생각한 천하와 그 자주성의 상징으로 활용되었다.

최근 중국의 꿔멍슈[郭孟秀, 곽맹수]와 후시우제[胡秀杰, 호수열]은 「상주시기숙신고고학문화고론(商周時期肅慎考古学文化考论)」[183]을 통해 상주시기 숙신의 고고학 문화에 대한 견해를 밝혔다. 숙신에 관한 기록은 『죽서기년(竹書紀年)』, 『산해경(山海經)』, 『좌전(左傳)』 등의 선진시기 고적문헌에서 간혹 확인이 되는데, 숙신 고고학 문화의 기본적인 사실로 ①숙신이 상주시기에 이미 확실히 존재함. ②지린[吉林]과 창춘[長春]을 중심으로 하는 시퇀산문화[西团山文化]의 예맥(穢貊)보다 북쪽지역에 위치하고 있었음. ③읍루(挹娄)와 숙신은 서로 다른 부족이었지만 일정한 문화적 전승관계가 있음. 그리고 지역적인 위치로 不咸山 즉, 백두

---

181. 洪良浩, 『北塞記略』, 「白頭山考」; 백두산은 무산부(茂山府) 서쪽 306리에 있다. 옛 이름은 불함산(不咸山)이다. 중국 사람은 장백(長白), 동방 사람은 백두(白頭)라고 부르니, 산이 아주 높고 사계절 항상 얼음과 눈이 있기 때문에 그렇게 이름 지은 것이다. 《산해경(山海經)》에 "넓은 황야 가운데 산이 있는데, 불함산이라고 하며, 숙신씨(肅愼氏)의 나라가 있다."라고 하였다.
182. 成海應, 『研經齋全集』 46, 「北邊雜議」, 白頭山記.
183. 郭孟秀 胡秀杰 来源, 2021, 「商周時期肅慎考古学文化考论」, 『中国边疆史地研究』 2021(2).

산 부근이었다는 주장이다. 상주시기 두만강 유역의 유적지를 초기와 중기로 나누기도 했는데, 이 가운데 초기의 문화는 백두산 지역과 두만강 유역에 분포했던 싱청문화[兴城文化]로 상주시기 숙신의 고고학 문화라 추정하였다. 따라서 백두산을 중심으로 하는 숙신문화의 분포지역이 싱청문화의 분포지역과 가장 근접하며 부분적인 숙신문화가 두만강 유역, 무단지앙[牡丹江, 목단강] 유역, 쑹화지앙[松花江, 송화강] 유역, 싼장평위엔[三江平原, 삼강평원]으로 전승되었다는 논리를 펼쳤다.

이 논문은 최근 중국의 백두산에 대한 역사 문화적 논리를 대변하는 듯하다. 백두산 일대에 거주했던 민족이 만주족의 뿌리인 숙신이며, 그들의 문화는 백두산과 두만강 일대에서 성장하여 백두산 천지의 이도백하를 흘러 쑹화지앙, 무단지앙, 그리고 헤롱지앙[黑龍江, 흑룡강] 유역의 싼장평위엔까지 퍼져나갔다는 논리이다. 문화를 통해 공간의 역사를 새롭게 해석하고 나아가 자국의 '역사 논리'에 끼워 맞추려는 듯하다.

조선시기 지식인들은 우리 민족 정신·문화의 시원인 백두산을 멋들어지게 〈천하도〉에 담았다. 〈천하도〉를 비롯하여 조선시기 고지도에 표현된 백두산은 우리의 백두산 역사와 문화의 표상이며, 우리의 사상과 지도의 아름다움이 결합된 멋진 문화이다.

러일전쟁 이후 일본의
압록강 변경 도시의 조성과 통치

오병한

Ⅰ. 머리말

　단동(丹東)은 현재 북한의 신의주(新義州)와 함께 북·중 접경지역의 대표적 국경도시이다. 1965년까지 단동은 안동(安東)이라 불리며[184] '신·구시가'로 구분되었다.[185] 이 가운데 안동 신시가(이하'신시가')는 러일전쟁 이후 일본의 전관거류지(專管居留地)였다.[186] 신시가는 건설 이후 이전의 사하진(沙河鎭)을 대신하여 안동현의 새로운 교통과 상업 중심지가 되었다. 특히 1911년 11월 압록강철교(鴨綠江鐵橋) 개통은 주변의'일대시장(一大市場)'으로 발전하는 계기가 되었다.[187] 안동은 중국 동북지역(東北地域) 도시 가운데 봉천(奉天)·훈춘(琿春)과 같이 명·청대에 형성된 도시가 아니라[188] 19세기 말부터 20세기 초까지 일본이 조성한 남만주 신도시

---

184. 1965년 중국은 북한과의 우호관계를 고려하여 안동의 명칭을 '붉은색의 동쪽 도시[紅色東方之城]'라는 의미의 '丹東'으로 개칭하였다(張亮, 2005, 「安東與近現代朝鮮地緣政治的關係研究」, 『世界地理硏究』14-4, 92쪽).

185. 1906년 10월 안동현에서 군정이 폐지된 이후 1923년 이전까지 '안동'은 沙河鎭(현청 조재지로 '舊시가'), 신시가인 일본인 專管居留地(안동거류민단 관할지), 육군 野戰鐵道提理部(이하 '철도제리부') 관할지(대외적으로는 '만철부속지') 등으로 구분되었다. 1923년 10월 안동거류민단과 철도제리부 관할지가 폐지면서 신시가의 행정권은 만철로 이양되었다. 본문에서 '안동'은 1923년 이전 이 세 지역을 포괄하는 의미로, '안동현'은 이 세 지역과 안동 주변의 다른 지역을 포함하는 의미로 사용한다.

186. 여기에는 안동 이외에 奉天(瀋陽).長春.遼陽.吉林 신시가 및 치치하얼 등이 있다(楊義申, 2011, 「1945年以前に於ける中國東北部の都市開發ー植民都市の觀點からー」, 『廣島經濟大學經濟硏究論集』4-3, 119쪽).

187. 南滿洲鐵道株式會社, 1912, 『南滿洲鐵道案內』, 滿洲日日新聞社, 197쪽.

188. 봉천 이외에 청대 주요 도시는 新民.錦州.鐵嶺.海城.牛庄.吉林.打牲烏拉(烏拉街).長春.琿春.三姓.阿城.치하얼[齊齊哈爾].雙城(雙城堡) 등이 있다(曲曉范, 2001, 『近代東北城市的歷史變遷』, 東北師範大學出版社, 8~12쪽).

가운데 하나였다.[189]

　일본은 신시가에 대하여 자신들의 "식민사상(植民史上) 특별한 시가(市街)"[190]라며 의미를 부여하였다. 하지만 안동은 중국 동북지역 도시 연구에서[191] 독자적인 연구 대상은 아니었다. 만주의 다른 도시와 비교 대상혹은 남만주철도주식회사(南滿洲鐵道株式會社, 이하'만철') 부속지의 하나로 언급되었다. 안동과 관련된 국내의 연구는 이륭양행(怡隆洋行)과 대한민국 임시정부 안동교통국(安東交通局) 등 독립운동이나 조선인 이주, 영사관과 영사관 경찰, 그리고 조선인 친일단체 등을 주로 다루었다.[192] 한편 중국과 일본의 연구는 관점의 차이가 분명하다. 중국에서는 19세기 후반 제국주의 '침략성'을 강조하여 안동의 상부(商埠) 개방과 그 영향과 관련된 연구에 초점을 맞추었다.[193] 반면 일본이 만철부속지에 도입한 '근대적 도시계획'[194], 다른 만철부속지였던 봉천과 장춘 등에서 신.구시가 상호

---

189. 김주용, 2012, 「만주지역 도시화와 한인 이주실태」, 『사학지』45, 329쪽. 청대 만주의 주요 도시였던 봉천.吉林省城(현재 길림).장춘.치치하얼.寧古塔 등은 淸末 다시 지역의 정치.사회.경제 중심지로 등장하였다(曲曉范 著, 2001, 앞의 책, 21~22쪽).

190. 佐藤正二郎, 1989, 『安東縣及新義州』(『韓國地理風俗誌叢書』75, 1917), 景仁文化社, 191쪽.

191. 1936년 '안동'의 인구는 '20만 이상'으로 이는 봉천(70만 이상), 하얼빈(40만 이상), 신경(30만 이상)에 이어 만주국 도시 가운데 4위의 규모였다(滿洲國治安局警務司, 1938, 「安東與近現代朝鮮地緣政治的關係研究」, 『主要都市街地戶口統計表』, 滿洲國治安局警務司). 인구 숫자만으로 '안동'은 당시 '4대 도시'에 해당한다. 하지만 안동을 제외한 대련.심양.장춘.하얼빈이 '4대 도시'였다(楊義申, 2011, 앞의 논문, 119쪽). 안동에 대한 연구가 적은 것은 만주의 다른 도시과 비교하여 조선인의 숫자가 상대적으로 적었던(金成女 외, 2004, 『동아시아 민족이산과 도시-20세기 전반 만주의 조선인-』, 역사비평사, 18쪽) 것도 하나의 원인으로 보인다.

192. 국내의 안동 관련 연구 성과는 김영장, 「대한민국임시정부의 안동교통국과 怡隆洋行 연구: 한청년단연합회와 연대를 중심으로」, 『한국독립운동사연구』62, 2018; 이은자, 2014, 「중일전쟁 이전 시기 국경도시 안동의 이주민-교류와 갈등의 이중주」, 『중국근현대사연구』62, 96쪽; 오병한, 2018, 「1900~1920년대 日本의 安東領事館 설치와 운영」, 『한국독립운동사연구』64, 166~167쪽; 同, 2020, 「1920년대 서간도지역 친일단체의 활동과 동향-安東朝鮮人會와 滿洲保民會를 중심으로-」, 『한국독립운동사연구』69, 79쪽 등 참조.

193. 魏琳那, 2007, 『自開商埠與安城市近代化研究(1906~1931), 東北師範大學碩士學位論文; 姜麗, 2007, 『鴨綠江流域森林資源与安东县木材中心市场的形成1876-1928』, 東北師範大學碩士學位論文; 張佳餘, 2008, 『近代東北開埠問題研究』, 首都師範大學博士學位論文, 106~109쪽; 張志勇, 2012, 『安東港的興盛及其原因探求(1907~1931)』, 遼寧大學碩士學位論文; 綦鋒, 2014, 『近代安東海關研究(1907~1931)』, 遼寧大學碩士學位論文; 程維榮, 2008, 『近代東北鐵路附屬地』, 上海社會科學出版社, 93~97쪽; 賈小壯, 2015, 『開埠通商與安東小商埠城市社會變遷研究(1906~1931)』, 吉林大學博士學位論文.

194. 大野太幹, 2006, 「中國東北の植民地化と滿鐵附屬地華商-滿鐵附屬地華商研究の義意」, 『若手研究者研究成果 報告論集』1, 119쪽.

작용에 의한 도시의 발전[195] 등에는 주목하지 않는다. 이와 달리 일본에서는 압록강채목공사(鴨綠江採木公司)를 중심으로 압록강 연안의 산업과 자원의 '개발과 이용'에 주목하였다.[196]

이러한 연구 가운데 안동이라는 도시의 형성 과정을 다룬 것이라면 국내에서는 이은자[197], 이경찬·조가기(趙佳琪)[198], 그리고 중국에서는 『단동시지(丹東市志)』[199] 등의 지방지류(地方志類), 정유영程維榮[200], 이뢰맹(李蕾萌)[201], 왕뢰(王磊)[202], 장조림(張肇林)[203] 등이 있다. 하지만 현재 단동의 원형을 형성하는 일본의 안동 신시가 건설 과정에 대해서는 소략하다.

이에 필자는 『日露戰役二依ル占領地施政一件/安東県,大道溝ノ部』, 『안동현지(安東誌)』[204], 『민국안동현지(民國安東縣志)』[205], 『안동시지(丹東市志)』, 그리고 만철 관련 자료 등을 참조하여 러일전쟁 이후부터 1910년대 초반까지 일본의 신시가 조성 과정을 설명하려 한다. 그리고 이를 위하여 본문 I 장에서는 러일전쟁 이후 일본의 신시가 조성 이전 사하진의 형성 과정과 주요 시가의 명칭 등을, II 장과 III 장에서는 시정준비위원회

---

195. 楊義申, 2011, 앞의 논문, 121쪽.

196. 蘇雲山·岩井吉弥, 1992, 「鴨綠江流域における森林開發構造の特質」, 『京都大學農學部演習林報告』64; 同, 1993 「北滿東清鉄道沿線における森林開發構造の特質」, 『京都大學農學部演習報告』65; 王大川, 2005, 「近代滿州林業に於ける日中合弁事業-林場権紛争を中心に(特集東アジア經濟發展の歷史的研究」, 『經濟論叢別冊(調査と研究)』30.

197. 이은자, 2014, 앞의 논문, 116~117쪽.

198. 이경찬·趙佳琪, 2020, 「철도 건설과 중국 동북지역 내 심양(奉天)과 안동(丹東)의 근대 도시화과정」, 『서울학연구』80, 53~64쪽.

199. 丹東市志地方辦公室 編, 1993, 『丹東市志』1(總述.大事記.行政建置.區縣.自然環境)(이하 『丹東市志』1), 遼寧省科學出版社, 278쪽; 丹東市志地方辦公室 編, 1996, 『丹東市志 1876-1985』2(城市建設·交通運輸·郵政電信)(이하『丹東市志』2), 遼寧財政專科學校印刷廠, 5~15쪽.

200. 程維榮, 2008, 『近代東北鐵路附屬地』, 上海社會科學院出版社, 93~97쪽.

201. 李蕾萌, 2010, 「近代丹東城市規劃的歷史的研究與啓示」, 大連理工大學碩士學位論文.

202. 王磊, 2017, 「20世紀二十年代安東城市防洪治理研究」, 遼寧大學碩士學位論文.

203. 張肇林, 2016, 「丹東市城市建設用地發展演變研究」, 瀋陽建築大學 碩士學位論文, 13~21쪽.

204. 安東縣商業會議所 編, 1920, 『安東誌』, 安東縣商業會議所, 8쪽.

205. 中國地方志集成 遼寧府縣志輯 編, 2006, 『民國安東縣志』(關定保 等修, 于雲峰 等纂, 1931), 鳳凰出版社.上海書店·巴蜀書社.

와 신시가조성위원회의 활동을 중심으로 일본의 신시가 조성을 위한 토지 매입 과정 및 행정조직 등의 변화 등을 살펴보려 한다. 그리고 마지막으로 Ⅳ장에서는 1906년 10월 군정 폐지 이후 안동거류민단 행정위원회의 신시가 조성을 살펴보려 한다.

II. 일본군 군정과
사하진(沙河鎭)의 변모

청대(淸代) 압록강 연안은 '동변(東邊)'으로 불렸다. 이 가운데 압록강 연안 동쪽부터 서쪽까지는 '동변외(東邊外)'[206] 라고 하였다. 이 지역은 일찍이 17세기부터 청조의 '봉금(封禁)'으로 '무인지대(無人地帶)'가 되었다.[207] 하지만 이 지역에서는 봉금이 본격화되는 18세기부터 인접한 산동성(山東省) 및 직예성(直隷省) 출신 유민들의 이주가 빈번하였다.[208] 특히 동치(同治, 1860~1875) 연간 초기부터 산동성(山東省)이 '염비(捻匪)의 난(亂)'에 휩싸이면서 전란을 피해 온 유민(流民)들의 "사자개간(私自開墾)"이 급증하였다.

1860년대 압록강 연안을 포함한 현재 요녕성(遼寧省) 대부분의 지역은 유민들에 의한 개간과 벌목이 진행되었다. 1876년 음력 정월에 압록강 하

---

206. 가장 북쪽의 威遠堡邊門부터 英額.旺淸.鹻廠.鼇陽.鳳凰邊門 등 동변에는 6개의 변문(일명 '東六邊')이 존재하였다(范立君, 2007, 『近代關內移民與中國東北社會變遷(1860~1931)』, 人民出版社, 72쪽).

207. 1621년 淸 太祖 누르하치 沈陽을 점령한 이후 서해에서 明의 장수 毛文龍을 제압하기 위하여 압록강 연안의 주민들을 이주시켰다(閆光亮, 2006, 「淸代鴨綠江流域實行封禁的原因」, 『東北史地』2, 59쪽).

208. 유민들의 접근이 용이했던 동변지역은 1740년 청의 봉금 선언 직후부터 유민들이 유입되었다. 1653년 당시 山東省 膠州半島 주민들은 선박을 이용하여 渤海灣을 따라 요동반도의 金州.復州 등의 지역으로 이동하였다. 봉금 선언 이후에는 선박으로 黃海를 따라 현재 요녕성 大蓮市.庄河市 해안에 상륙하여 요동반도의 동쪽 산간으로 들어갔다. 이 지역의 인구가 유민 유입으로 계속 증가하자 청조는 1772년 3월 岫巖廳을 신설하였다(張杰.張丹卉, 2005, 『淸代東北邊疆的滿族』, 遼寧民族出版社, 325~326쪽 참조).

구 안자산(安子山, 安民山) 일대에서 승과 등의 업무를 진행하던 지부(知府) 항태(恒泰), 후부지현(候補知縣) 장운상(張雲祥) 등은 안동현(安東縣) 설치를 상주(上奏)하였다.[209] 이후 다른 지역에서도 잇달아 현(縣)이 설치되었다.[210] 당시 안동현 중심지 사하진은 압록강 지류인 사하(沙河)가 압록강으로 들어가는 지점이었다. 이에 '사하자(沙河子)'라고도 하였다. 사하자는 원래 "적요(寂寥)한 한읍(寒邑)"에 불과했다. 하지만 산동성 목상(木商)들이 오두막을 짓고 압록강 목재를 계류(繫留)하면서 촌락이 형성되었다. 1876년 안동현청(安東縣廳) 설치 이후 상인들이 모여들기 시작하여 대호산(大弧山), 대동구를 대신하여 번영하였다.[211] 1886년 수해로 현청이 피해를 입자 지현(知縣) 장비적(張丕績)은 안민산(安民山) 고지대로 현청 이전을 고려하다 상인들과 주민들의 반대로 중지하였다. 2년 후에 다시 수해로 현청이 파괴되자 지현 서경제(徐鏡第)는 기존 현청의 서쪽 산록(山麓)에 현청을 재건(再建)하였다.[212] 사하진에 현청이 있었으므로 '안동현(安東縣)·안동(安東)'이라고도 하였다.[213]

1904년 5월 일본군 점령과 함께 안동현에서는 '군정(軍政)'이 시작되었다. 사하진은 이후 이전과 다른 모습으로 변모하기 시작하였다. 1905년 12월 15일 안동-봉천 구간의 약 303.7㎞의 안봉선 협궤철도가 완성되고[214] 사하진과 안동역에 정거장이 설치되었다. 이를 계기로 사하진은 '구(舊)시

209. 『民國安東縣志』卷3, 「沿革」本縣建置之緣起, 87b쪽.
210. 안동현 설치 이후 광서 연간 초반에 興京廳, 鳳凰廳, 岫巖州, 寬甸縣, 通化縣, 懷仁縣 등이 설치되고 주민들 을 호적에 편입시켜 관리하였다(范立君, 2007 앞의 책, 74-75쪽 참조). 1877년 동변도를 설치한 데 이어 昌圖廳을 府로 승격하고, 奉化縣, 懷德縣, 江平縣 등을 증설하였다. 그리하여 봉천 지역에서만 13개의 廳州縣이 신설되었고, 그 총수는 30개로 증가하였다(최희재, 1997, 『光緖初(1875~1885) 體制整備의 硏究』, 서울대학교 박사학위논문, 105쪽).
211. 南滿洲鐵道株式會社, 1912, 『南滿洲鐵道案內』, 南滿洲鐵道株式會社, 196~197쪽. 압록강의 정크[戎克]선 무역으로 번영하던 대동구는 안동현청이 사하진에 세워지고 1903년 안동이 상부로 개방되면서 점차 쇠퇴하였다(山田久太郞, 1927, 『滿蒙都邑全誌』, 日刊支那事情社, 230쪽).
212. 『民國安東縣志』卷1, 「地理」縣治, 20b-21a쪽.
213. 南滿洲鐵道株式會社, 1917, 『南滿鐵道旅行案內』, 滿洲日日新聞社, 157~158쪽.
214. 魏琳娜, 2007, 앞의 논문, 18~19쪽.

가', 신시가가 조성될 지
역은 '안동현'이라 부르게
되었다.[215]

이 무렵 사하진 시가
는 [그림 1]의 「거류지 건
설전의 안동」에서 보듯이
시내를 관통하는 경편철
도(輕便鐵道·狹軌鐵道)
주변을 따라 형성되어 있
었다. 사하진 시가는 철로
를 따라 압록강 연안의 철

[그림 1] 1906년경 사하진과 주변
※ 安東縣商業會議所, 1920, 『安東誌』, 安東縣商業會議所
의 「居留地建設前の安東」을 참조하여 작성

일포(鐵一浦) 정거장부터 조구가(朝九街)(k - k'), 통제가(通濟街)(혹은 '濟
街')(h - g), 전취보가(前聚寶街)(a - a'), 후취보가(後聚寶街)(b - b'), 재신
묘가(財神廟街)(c - c') 등에서 다시 중부가(中富街)(e - e'), 흥륭가(興隆
街)(d - d'), 동대가(東大街)(前聚寶街 맞은편), 청룡가(靑龍街)(j - j'), 천후
궁가(天后宮街)(m - m'), 관전가(官電街)(g - l) 등으로 연결되었다. 압록
강 홍수에 대한 우려 때문에 주거지는 강가가 아닌 산지인 팔도구(八道溝)
에 형성되었다. 사하진역에서 조구가(朝九街)로 이어지는 철로 부근과 안
동현청이 있는 현전가(縣前街)(g - g')에는 주거지가 밀집되었다.[216]

일본인들 거주지는 팔도구와 인접한 현전가 뒤편 구릉과 산수구(山手
區)에 조성되었다. 이외에도 관제묘(關帝廟) 일대, 압록강 연안의 영안가
(永安街) 주변 등 주로 산지와 구릉에도 주거지가 있었다. 압록강 연안의

215. 『南滿洲鐵道案內』, 158쪽.
216. 李蕾萌, 2010, 앞의 논문, 24쪽.

철일포 정류장에 조금 못 미치는 지점에는 일본인 시장이 있었다. 흥륭가
에는 안동현군정서와 일본군 헌병대, 그리고 안동병원 등이 있었다. 그 맞
은편은 안동현 최초의 일본인 시가인 대화정(大和町)으로 중부가와 이어
졌다. 조구가 맞은편의 신류정(新柳町)(f - f'), 전(前)취보가 위쪽의 신풍
정(新豊町)(k - k')도 일본인 시가였다.[217]

   사하진의 대표적 시가는 취보가와 현전가였다. 1874년경에 형성된 취보
가는 470m정도 되는 지역이었다. 여기에는 동태항(東泰恒), 쌍합진(雙合
棧), 풍유동(豊裕同) 등 크고 작은 점포들이 밀집되어 큰 상가를 형성하였
다. 1877년(광서光緒 3)부터 초패가(招牌街) 동남 200여m 지점에 관청이
설치된 이후부터 취보가에 인구가 집중되었다. 취보가 일대는 상부(商埠)
로 상가가 운집하였으며, 초패가는 점차 동쪽으로 확장되었다.[218] 취보가는
비교적 이른 시기에 형성된 시가로[219] 전후(前後) 취보가로 구분되었다.

   전취보가는 전현가 동쪽에서 압록강 연안의 3호 제방까지로 약
1,050m, 후취보가는 전취보가 남쪽 70~80m의 지역이었다. 전현가 동
쪽에서 흥륭가까지는 880m정도 되었다.[220] 사하진이 상부로 개항될 당시
前後취보가, 재신묘가, 관전가, 중부가, 흥륭가 등을 포함한 900여 畝의
지역이 중국 시장에 포함되었다.[221] 1906년에는 전후(前後)취보가, 중부
가, 흥륭가 일대가 상부로 지정되어 상가가 집중되었다. 이후에도 전후(前

217. 1920년대에 조구가, 신류정 등은 사라지고 朝鳳街, 永安前.後街, 東尖頭街, 糧市街, 後潮溝
   街, 自新街, 興東前街, 道署前.後街, 五柳街, 新柳街, 龍口街, 新民街, 新豊街, 通濟街, 通江街, 興
   東後街, 新立街, 崇建街, 魚市街, 新安街, 金湯街 등이 등장한다(『安東誌』, 8쪽).
218. 丹東市政辦學習文史委員會 編, 2001, 『丹東百年史迹 1840-1949』(이하 『丹東史迹』), 丹東市
   委機關印刷廠, 9쪽. 취보가라는 명칭은 도로 중간이 움퍽 패이고 양끝이 올라가 마치 보물단지[取寶
   盆] 모양이기 때문이었다. 초기 현전가에는 기름집, 잡화상, 木材商 등의 간판[招牌]이 상점 문앞에
   늘어서 있어서 '招牌街'라고도 하였다(李蕾萌, 2010, 앞의 논문, 22쪽).
219. 『丹東市志』2, 27a쪽.
220. 『丹東史迹』, 8쪽.
221. 『民國安東縣志』卷1 「地理」商埠, 21a쪽.

後) 취보가를 따라 대규모 상업 구역이 형성되었다.[222]

사하진 동북쪽에서 서남쪽으로 형성된 현전가에는 현청이 위치하였다. 현전가는 1876년 안동현 설치 이후 광서.선통(1875~1911) 연간까지 안동현 정치.경제.문화의 중심지였다. 현전가는 동북쪽의 팔도구 교동으로부터 서남쪽으로는 칠도구 남단에 이르는 길이 1,150m, 폭 15m 안팎의 거리였다. 이 지역은 안동현에서 가장 이른 시기에 도로가 조성되었다. 이곳에는 순검관전사서(巡檢管典史署), 감정사무소(甲丁事務所), 감옥, 제량소(濟良所), 교육회(敎育會), 신학(視學), 권학소(勸學所), 교육공소(敎育公所) 등의 관공서가 차례로 들어섰다. 현전가 서북쪽은 칠도구, 우가구(于家溝), 천후가(天后街), 팔도구 등과, 동남쪽은 취보가, 관전가(官電街), 신안가(新安街), 이민가(利民街) 등으로 연결되었다.[223]

안동현의 원래 중심지는 사하진이었다. 1876년 안동현 설치 이후 안동현의 중심지였던 사하진은 '안동현·안동'이라고 하였다. 1904년 5월 이후부터 일본군 군정이 시작되고 신시가가 조성되면서 사하진은 '구시가'로 불리게 되었다. 이후에도 사하진은 이전의 상업 중심지와 중국인들의 시가지라는 기능을 유지하였다. 1906년 10월 일본군 군정 폐지 이후에도 영국과 미국의 영사관은 사하진에 설치되었다. 안동현청을 비롯한 중국의 주요 관공서들도 사하진에 위치하였다.[224] 하지만 신시가 조성이 시작되면서 안동현의 대표성을 상실한 사하진은 상업과 교통 중심지 기능만 유지하였다 할 수 있다.

---

222. 李蕾萌, 2010, 앞의 논문, 24쪽.
223. 『丹東史迹』, 15~16쪽.
224. 南滿洲鐵道株式會社, 1912, 『南滿洲鐵道案內』, 滿洲日日新聞社, 197쪽.

Ⅲ. 시정준비위원회의
신시가 조성 시작

1. 군정 개시와 시정준비위원회의 설립

1904년 5월 8일 안동현군정서(安東縣軍政署) 설치를 시작으로 일본군은 봉천(奉天)과 요양(遼陽)을 비롯한 대련(大連)·여순(旅順)·금주(金州)·수암주(岫巖州)·봉황성(鳳凰城)·대고산(大孤山)·법고문(法庫門)·신민부(新民府)·복주(復州)·와방점(瓦房店)·개평(蓋平)·해성(海城)·철령(鐵嶺)·개원(開原)·창도(昌圖)·안동(安東) 등의 지역에 군정서를 설치하였다.[225] 1904년 5월 6일까지 일본군은 압록강 연안과 봉황성(鳳凰城) 등을 점령한 일본군은 사하진에 병참사령부, 병참병원, 통신대 등을 주둔시켰다. 사하진은 일본군 병참기지로 후방과의 연락을 위한 '요추(要樞)'였다. 일본군 철도대대도 사하진에 주둔하여 안동-봉천에 경변철도(輕便鐵道) 부설에 착수하였다.[226]

초대 안동현군정관은 육군 소좌(少佐) 송포만위(松浦寬威)였다. 1904년 5월 7일부터 10일까지 송포(松浦) 소좌를 비롯한 통역, 보병 조장, 헌병 등 일본군 27명이 사하진으로 들어왔다가 5월 21일 안동현을 떠났다.[227]

---

225. ゆまに書房 編, 1999~2002, 『明治三十七八年戰役 滿洲軍政史』(이하 『滿洲軍政史』)(復刊) 第1卷(軍政總覽), ゆまに書房, 「序說」, 68쪽. 만주에서 일본군의 군정은 1906년 12월 1일 營口軍政署 폐지까지 계속되었다.

226. 安東居留民團法實施十週年紀念會 編, 1919, 『安東居留民團十年史』(이하 『十年史』), 朝鮮印刷株式會社, 10~11쪽.

227. 『滿洲軍政史』第2卷 上①(安東縣軍政史), 53~55쪽. 안동현군정서는 5월 11일 中富街 東益昌

그 후임으로 1904년 6월말 대위(大尉) 대원무경(大原武慶)가 부임하였다. 짧은 재임 기간에도 불구하고 대원(大原) 군정관은"특히 시정(市政)의 정리(整理), 방인(邦人) 발전을 위해 획책(劃策)하는 점이 있었다"[228]라는 평가를 받았다. 이 시기부터 토지 매입 등 신시가 조성을 위해 본격적인 작업이 시작되었다.

일본군은 안동현 점령 이후 군수품 수송의 불편을 해소와 급증한 일본인들의 가옥 건축을 위한 토지가 필요하였다. 당시 일본군 군수품은 용암포(龍巖浦)를 거쳐 하역(荷役)되었다가 만주 각지로 수송되었다. 하지만 당시는 신시가 조성 이전으로 일본군 병참사령부는 흥륭가 서남단 구석에, 수송부 정박소는 신채가(新菜街) 구석에 위치하였다.[229] 한편 러일전쟁 이후 일본인들의 왕래가 가능하게 되면서[230] 1904년 10월까지 사하진 거주 일본인은 1,300명으로 급증하였다.[231] 여기에 철도공사까지 진행되자 수 천명의 중국인 인부들도 모여들었다.

사하진의 일본인들은 도로 한쪽에 판자집 같은 것을 세우고 상점을 열었다. 안동현군정서는 이에 대하여 "위생은 물론 승첩(勝捷) 국민의 체면을 더럽히는 경우도 많고, 교통상의 불편도 많다"고 보았다. 이에 병참사령부와 협의하여 사하진 동쪽의 소사하 좌안(左岸) 도로를 따라 토지를 매입하여 일본인 상점들을 이전하기로 하였다.[232]

사하진 거주 일본인이 급증하자 안동현군정서는 중국인들로부터 토지

의 저택에 개설되었다. 개설 당시 安東知縣 高欽을 비롯한 奉天東路統巡 劉振發, 安東縣巡檢 成梁, 東邊稅務局委員 鄒維麟 등 안동현 주요 관원과 沙河鎭公議會長 馬福崗 이외 40여명이 참석하였다. 이 자리에서 松浦 군정관은 군정서 인원들과 중국인들을 만나 일본군 참모총장의 告諭를 훈시하는 고압적 자세를 보였다.

228. 『十年史』, 11쪽.

229. 『十年史』, 11쪽.

230. 『滿洲軍政史』第2卷 上①(安東縣軍政史), 53쪽.

231. 『十年史』, 12쪽.

232. 『滿洲軍政史』第2卷 上②(安東縣軍政史), 987쪽.

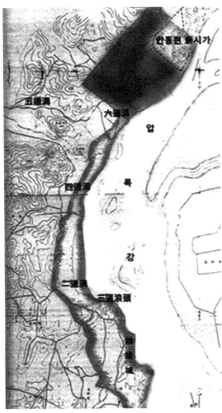

[그림 2] 군정 실시(1904년 5월) 이후 일본이 매입한 압록강 연안의 토지(빗금친 부분)

※ 신시가 주변의 빗금친 지역이 '군정서 매입지역'이며, 그 나머지는 안동현군정서가 시정준비위원회를 통하여 매입하였다.

※ 『日露戰役二依ル占領地施政一件 / 安東縣、大道溝ノ部』(이하 『占領地施政一件』), 「本邦人買收地域圖」(B07090731300), 94~96쪽 참조.

를 매입하기 시작하였다. 여기에는 중국인 관원과 친일적 중국인들이 개입하였다. 대원(大原) 군정관은 부임하자 안동지현 고흠(高欽)(이하 안동지현)을 회장으로, '대륙양인(大陸浪人)' 출신 일본인 가네코 헤이(金子彌平)(1854~1924.2.17)을 부회장으로 하는 '시정준비위원회(市政準備委員會)'를 조직하였다. 안동현군정서는 시정준비위원회가 일본인과 중국인의 "공동경영을 위한 것"[233]이라고 선전하였다. 하지만 실제 목적은 "군정관의 지휘에 따라 사하진 부근의 현시(現時) 및 장래의 시정(市政)을 실행하고 감독하기 위한 것"으로 "군정관의 적당한 지휘.감독을 필요"로 하였다.[234] 다시 말해 안동현군정서의 어용기구였다.

신시가 조성을 위한 안동현군정서의 토지 매입은 러시아가 경영하던 동청철도(東淸鐵道) 철도부속지 매입을 모방한 것이었다. 중국은 정부 차

233. 『安東誌』, 45쪽.
234. 『滿洲軍政史』第2卷 上①(安東縣軍政史), 56~57쪽.

원에서 안동현군정서의 토지 매입을 "일시적 권의(權宜)의 처치(處置)에 불과하다"[235] 고 판단하였다. 1903년 10월 8일 이미 청조는 미국과 「통상행선속정조약(通商行船續定條約)」을 체결하고 사하진에 대한 '자개상부(自開商埠)'[236] 개방을 이미 약속하였다. 이에 안동현에서 "신시가를 제외하고는 외국 거류지를 설치하기 적당한 지역이 부족하였다."[237]

이러한 점에서 일본이 안동현 일대에 토지 매입은 신시가 조성과 함께 사하진의 개방에 앞서 영국과 미국 등 서구 열강보다 유리한 위치 선점을 위한 조치였다 할 수 있다.

2. 토지 매입과 중국인들의 반발

안동현군정서는 요동병참감부 및 임시군용철도감부와의 협의를 통해 토지 매입을 진행하였다. 대원(大原) 군정관은 1904년 7월부터 철도부설지로 약 2만 5,000평이 필요하다는 임시군용철도(臨時軍用鉄道監) 산근무량(山根武亮)의 제안에 따라 매입 예정지에서 소유자와 지가(地價) 변경을 금지하였다. 아울러 시정준비위원회는 안동현군정서에 사하진 거주

---

235. 『戦前期外務省記録』, 「安東県二於ケル我買収地及買収地内二於ケル兵営建築二対シ清国ヨリ抗議一件(1907.12.25)」(B07090238600).

236. '埠'란 원래 나룻터[碼頭]를 의미하며, 대개 나룻터가 있는 도시를 지칭하였다. '商埠'는 불평등조약에 따라 개방한 '約開商埠', 청이 서구 열강에게 개방의 뜻을 밝히고 개방한 '自開商埠', 서구열강에 의하여 강제로 개방된 '特殊商埠' 등이 있다. 아편전쟁 이후 서구 열강에 의해 개방된 '約開商埠'는 租界 혹은 외국인 거류지가 있으며, 행정.경찰 등의 권한도 외국인이 장악하였다. 1936년 당시 중국 전역에는 '約開商埠' 80개, '自開商埠'가 32개, '特殊商埠'가 16개가 있었다. '商埠'란 또한 '通商口岸'이라고도 한다. 이는 한 국가가 개방한 특정 통상 지역을 말한다. '開埠'란 시장을 개방하거나 도시 주변의 일정한 지역을 개방한 후 관련 정책(地租, 건물, 税収, 사법, 경찰 등)을 제정하여 형성된 곳으로 대체로 자유롭게 상업 거래와 국내외 무역이 이루어지는 곳이다(張佳餘, 2008, 앞의 논문, 3쪽). 시기적으로 본다면 '商埠'는 청대에 처음 등장하는 용어이다. 아편전쟁 이전 상부는 대개 通商地域을 통칭하였는데, 청대 '國境互市貿易'이 좋은 예이다. 만주 최초의 상부는 1861년 개방된 營口이며 1911년 청조가 붕괴할 때까지 만주에 모두 28개의 상부가 있었다(費馳, 2007, 『清代東北商埠與社會變遷研究』東北師範大學 博士學位論文, 7쪽). 안동의 상부 개방을 통해 미국은 러시아의 만주 독점을 저지하고자 하였다. 미국은 처음에 북경과 봉천 및 大孤山 두 지역을 상부로 개방할 것을 요구하였다. 하지만 대고산이 서쪽으로 치우쳐 있어 항구로써 입지가 좋지 않다는 것을 알고 大東溝로 변경하였다가 다시 안동으로 최종 결정하였다(魏琳娜, 2007, 앞의 논문, 9쪽).

237. 『占領地施政一件』, 「安東縣新市街自治行政及警察取締命令等二關スル安東領事通知竝二右二關シ照會ノ件 (1906.9.1.)」(B07090731300), 193~202쪽.

일본인이 증가하고 겨울이 다가오자 일본인들을 위한 가옥 건축이 "초미 (焦眉)의 급박(急迫)"이라면서 일본인들을 위한 가옥 건축을 요청하였다. 이에 안동현군정서는 칠도구(七道溝)의 철도예정지를 일본인들에게 임 대하고 가옥 건축을 허가하였다.[238] 이후에도 안동현군정서는 갖가지 명목 으로 안동현 주변의 토지를 대량으로 매입하였다.

칠도구 토지 매입에 앞서 안동현군정서는 중국인들에게 1904년 9월 1일 까지 퇴거를 명령하였다. 동시에 동변도(東邊道)에 안동현 일대의 토지에 대한 관청과 개인의 매매 및 임대를 금지 및 기존의 계약 취소를, 안동지현 에게는 철도부지 및 그 구역에서 토지 매매 및 지형 변경 금지를 요구하였 다.[239] 안동현군정서는 토지 1무(약 166평 정도)당 평지는 14엔, 산지(山地) 는 그 반액으로 산정하여 1904년 9월 19일까지 일단 토지대금 지불을 완 료하였다. 이외 묘지용으로 팔도구 토지 약 1만여 평을 다시 매입하였다.[240]

[표 1] 안동현군정서 매입 토지 면적 및 가격(1905년 8월경)

철도감부 매입지			
장소	평수(坪)	단가(엔)	금액(엔)
정거장 부지	1,41만9,271.500	46.891	6만 6,551.06
鐵一浦(輕便鐵道)材料置場	8만 6680엔	46.891	4,064
소계	150만 5951.5평		7만 615.572
병참감부 매입지			
市街地(신시가)	52만 1,292	46.891	2만 4,443.903
육도구(신시가)	3만 9,692	46.891	1만 4521.768
육도구(증가분)	5만 2,901	46.891	2,435.690
소계	88만 2,885		4만 1,399.361
합계	238만 8,836.5		11만 2,014.933

※『滿洲軍政史』第2卷上②(安東縣軍政史), 991쪽의「停車場及市街敷 地 平面坪數調」.

---

238. 『十年史』, 12쪽. 이렇게 안동에서 최초로 형성된 일본인 市街가 '大和町'이다.
239. 「滿洲軍政史」第2卷 上②(安東縣軍政史), 988쪽.
240. 「滿洲軍政史」第2卷 上①(安東縣軍政史), 58쪽.

이 과정에서 안동지현과 그 주변 인물들에 의한 불법과 폭력이 자행되었다. 이 과정에는 러일전쟁 당시 일본군 고문(顧問)으로 활동했던 중국인 왕화성(王化成)이 개입하였다. 1905년 봄부터 8월에 걸쳐 안동현군정서는 육도구와 칠도구 토지를 매입하였다. 이 때 안동현군정서는 판리안동지방교섭사의(辦理安東地方交涉事宜)를 겸직하던 안동지현을 통하여 육도구와 칠도구에서 중국인 호구 및 소작 관련 토지문서를 조사하고 육도구와 칠도구의 향약(鄕約)과 보정(保正)에게 주민들의 토지문서를 수합하였다. 하지만 안동지현의 측근 유석정(劉錫廷)과 왕화성 등은 계략으로 안동현군정서가 토지를 매입할 것이라는 사실을 주민들에게 알리지 않고 토지문서를 안동현군정서로 송부하였다. 안동지현도 이러한 진행 과정이 합법적이라고 상부에 보고하였다.

반면 중국인들은 안동현군정서가 자신들의 토지를 강제 매입할 것이라는 소문에 반발하였다. 이에 안동지현은 무장한 일본군 20명과 향약과 보정 등을 파견하여 주민들에게 계약서 서명을 강요하고 억지로 토지 판매 대금을 수령하게 하였다. 일본군과 중국인 향약 및 보정들은 주민들의 주택 입구를 봉쇄하고 강제로 서명을 받았다. 戶主인 남성이 없으면 여성을 위협하여 서명하게 하고 일본어 증명서를 교부하고 사흘 안으로 토지 판매 대금을 수령하게 하였다. 이를 거부하는 주민들은 러시아 간첩으로 몰아 일본군사령부로 연행하여 군법으로 처벌하였다.[241]

안동현군정서는 처음부터 될 수 있으면 많은 면적의 토지를 매수한다는 방침 아래 중국인 향약과 보정 등에게 뇌물을 제공하였다. 이들 향약과 보정 등은 안동현군정서가 매입한 토지의 면적을 축소하여 보고하였다. 그럼에도 불구하고 당시 육도구와 칠도구의 토지 대부분을 소유하고

---

241. 『民國安東縣志』卷1, 「地理」 日本鐵路用地及民團居留地, 24a~b쪽.

있던 중국인 신사(紳士) 곽문덕(郭文德), 곽문방(郭文方), 왕련상(王連相), 조문신(趙文信) 등은 토지 매각을 거부하고 대금을 수령하지 않았다. 이에 안동현군정서는 이들을 헌병대에 감금하고 협박하여 강제로 대금을 수령하게 하였다. 이후 1907년 2월 곽문덕 등은 봉천총독(奉天總督)에게 안동현군정서의 토지 매입 과정의 부당함을 호소하였다. 이들 이외에도 당시까지 토지 대금 수령을 거부한 중국인은 수 십명이었다.[242]

러일전쟁 이후 안동현에서 일본의 토지 매입은 표면상 합법적인 것처럼 보였다. 하지만 그 실상은 왕화성과 같은 친일 중국인과 뇌물을 받은 안동지현 등 중국 관원들의 개입에 의한 강제 매입이었다.

---

242. 『占領地施政一件』,「安東縣ニ於ケル帝國政府ノ買收地ニ對シ淸國ヨリノ外務部ヨリ抗議ニ
對シ意見稟申ノ件安東ニ件(1907.4.22.)」(B07090731500), 340~345쪽.

Ⅳ. 신시가설계위원회의 조직과 활동

1. 토지 매입과 행정구역 개편

1905년 7월 大原 군정관 후임으로 육군 보병 중좌(中佐) 사토 오키지로(佐藤季次郞)이 안동현병참사령관(이하 사령관)으로 부임하였다. 이와 함께 이전 시정준비위원회는 해산되고, 그 업무는 모두 좌등(佐藤) 사령관에게 인계되었다.

이 시기가 되면 "점차 발전의 조짐이 보인다"라고 하듯이 신시가 윤곽이 점차 드러났다. 좌등(佐藤) 사령관의 부임 이후에도 안동현군정서의 토지 매입은 계속되었다. 그는 요동병참감(遼東兵站監) 육군 소장 이구치 쇼오고(井口省吾)에게 "토지 매수가 급무"라면서 토지 매입 방법 등을 보고하고 토지 매입에 착수하였다.[243] 아울러 "안동현의 발달이 나날이 그 현저함을 더하고 있으므로 장래 시가(市街) 경영을 완전하게 한다"는 명목으로 시정준비위원회를 대신할 '신시가설계위원회(新市街設計委員會)'가 조직되었다.

신시가설계위원회는 위원장 좌등 사령관을 비롯한 위원들이 일본군 철

---

243. 『滿洲軍政史』第2卷 上①(安東縣軍政史), 58쪽.

도반장(鐵道班長), 병참병원장, 육군 기사(技師) 및 고원(雇員), 육군 보병 조장(曹長) 등으로 채워졌다.[244] 1905년 8월말까지 일본측이 매입한 토지는 육구도와 철도구 등의 토지 319만 8,998평, 약 15만엔이었다. 이외에도 철도감부는 1905년 8월에 사하진 동북쪽에 있는 경편철도 정거장 및 그 부근의 토지를 매입 계획을 진행하였다.[245] 1905년까지 일본측이 매입한 안동현 토지는 325만 2,489.6평으로[246] 이 가운데 174만 6,537평은 군정서 용지, 그 나머지 150만 5,951평은 철도용지였다.[247]

[표 2] 안동 신·구시가의 구획(1906년경)

구역명칭	해당지역
제1구	대화정
제2구	前취보가, 朝風街, 현전가, 재신묘가
제3구	중부가, 흥륭가, 右堂前街
제4구	東尖頭街
제5구	東大街
제6구	영안가
제7구	遊園地
제8구	시장통 5정목~9정목
제9구	시장 제1구 및 시장 일원
제10구	시장 제7구
제11구	시장 제2, 제3, 제4구
제12구	시장통 1정목~4정목
제13구	시장 제5구
제14구	시장 제6구 및 河岸通
제15구	5번통

※『滿洲軍政史』第2卷 上①(安東縣軍政史), 64~65쪽.

1906년 2월 사토(佐藤) 사령관이 병으로 사임하고 육군 보병 중좌(中佐)

244. 『滿洲軍政史』第2卷 上①(安東縣軍政史), 59쪽.
245. 『滿洲軍政史』第2卷 上②(安東縣軍政史), 988쪽.
246. 『滿洲軍政史』第2卷 上②(安東縣軍政史), 991~996쪽.
247. 『滿洲軍政史』第2卷 上①(安東縣軍政史), 58쪽.

고산공통(高山公通)이 3월 사령관으로 부임하였다. 이 무렵 안동현 행정
구역도 재편되었다. 안동현군정서 설치 이전 안동현 행정구역은 패(牌)를
단위로 하였다. 1876년 안동현 설치 당시 지현 장운상(張雲祥)은 사하진
과 그 이외의 지역을 46패로 구분하였다. 각 패마다 행정을 담당하는 향
약과 보정 1명이 있었다.[248] 안동현군정서는 48패의 안동 신.구시가를 10
개의 행정구역으로 구획하였다. 하지만 신시가 조성과 인구 증가로 시가
가 확장되면서 행정구역 조정의 필요성이 대두되었다. 그리하여 1906년
6월 안동현군정서는 「안동현시가군정시행수속(安東縣市街軍政施行手
續)」을 발표하고 신.구시가를 15개의 행정구역으로 구획하였다. 각 구(區)
마다 임기 군정관이 임명하는 정(正)·부(副) 구장을 두었다. 이들은 임기
15개월의 명예직으로 이들의 임무는 안동의 일본인들에게 일본 정부에서
발표하는 규칙과 명령을 주지.실행하는 한편"공익에 관한 의견을 구신(具
申)하고 거주민의 상태에 대한 조사.보고"가 임무였다. 매월 15일 오후 4
시에는 안동현군정서에 모여 자문에 응하고 공익에 관한 의견을 개진하
여야 했다.[249]

신시가의 각종 시설 공사도 진행되었다. 우선 4월부터 7월까지 방수제
공사가 진행되었다. 이보다 앞서 하노식촌(河野式村)가 이미 매입한 300
만평 이외에 다시 육도구부터 압록강 하구의 랑랑성(浪浪城) 일대까지 약
275만평의 토지를 매입하였다.[250] 1906년 6월 30일 완공을 목표로 압록강
홍수방어(洪水防除) 배수용 수문 및 배수용 기계 펌프 설치 공사가 진행
되었다. 이외에도 신시가에는 군정 폐지 이전 완공을 목표로 전화교환소,
소학교, 병원, 도로 수선, 부잔교(浮棧橋) 설치가 진행되었다. 여기에 수도

---

248. 『民國安東縣志』卷4.「區村」. 138a쪽. 이후 46패는 48패로 증가하였다.
249. 「滿洲軍政史」第2卷 上①(安東縣軍政史), 63~65쪽.
250. 「滿洲軍政史」第2卷 上①(安東縣軍政史), 63쪽.

부설 공사, 압록강 호안 공사, 하역장 설치, 수압식(水壓式) 경철 부설, 도로 교량의 수선 및 하수 공사, 공원 설치, 묘포지 매입, 용암포 잔부교 가설 공사 등이 계획되어 있었다.[251]

이 기간에 일본은 신시가 조성을 구실로 안동현의 토지 316만 3,823평을 매입하였다. 이 가운데 철도부지는 150만 1,952평, 시가지 용지는 174만 6,538평, 일본인 묘지용지가 1만 1,133평에 달했다. 여기에 다시 "안동의 발전상 필요하다"는 구실로 약 175만 4,272평의 토지를 매입하였다.[252] 군정 개시 이후 일본이 군민(軍民)을 통하여 매입한 안동현 일대의 토지는 도합 491만 8,095평에 달하였다.

이로써 안동현의 압록강 연안 대부분은 일본인들 손에 넘어갔다. 이들 토지 대부분은 다시 일본인들에게 불하되었다. 아니면 군정 폐지 이후에는 안동인거류민단이 '국유재산' 일부로 관리하면서 임대료를 징수하였다.

2. 신시가의 도시 계획

신시가 조성 계획은 안동현군정서 시기에 수립되었다. 하지만 실제 시행된 것은 시가 획정과 일부 도로의 건설에 그쳤다.[253] 안동현군정서가 수립한 신시가 조성 계획은 「안동현신시가토지구분도(安東縣新市街土地區分圖)」(이하 '구분도(區分圖)')에서 확인된다.[254] 1:2,000 축척의 「구분도(區分圖)」는 1906년 2월 안동현병참사령부군정사무소(安東縣兵站司令部軍政事務所)에서 제작하였다. 여기에는 「대동부근약도(大

251. 『滿洲軍政史』第2卷 上①(安東縣軍政史), 153~156쪽 참조.
252. 『滿洲軍政史』第2卷 上①(安東縣軍政史), 151쪽.
253. 『十年史』, 285쪽.
254. 『占領地施政一件』, 「安東縣軍政署明治三十九年度第一期支出豫算概定書竝ニ同地及大東溝地圖(1906.6.26.)(이하 '安東縣軍政署明治三十九年度地圖')(B07090731300), 76~84쪽.

東溝附近略圖)」[255], 「안동현신시가부근평면도(安東縣新市街附近平面圖)」 1:10,000(1906년 4월 제작)[256], 「본방인매수지역도(本邦人買收地域圖)」[257] 등이 첨부되어 있다. 「구분도(區分圖)」에 따르면 신시가는 압록강 연안을 따라 형성된 정방형(正方形)의 계획도시였다.

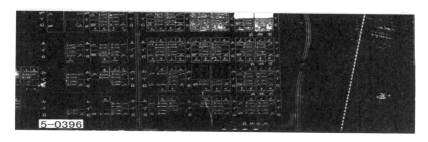

[그림 3] 신시가의 地號.町 도시 구획
※ 『占領地施政一件』, 「安東縣官有財産管理規則二關スル件」(B0709073 1300), 76~84쪽의'安東縣新市街土地區分圖(安東縣兵站司令部軍政事務所:1906.2)' 일부임.

「구분도(區分圖)」에 보이는 신시가의 도시 계획은 다음과 같다. 우선 안동역을 정면으로「구분도(區分圖)」위에 남북(南北, 실제로는 동서 방향)으로 연결되는 도로의 끝에는'～통(通)', 동서(東西, 실제로는 남북 방향)로 연결되는 도로에는 끝에'～助'라는 명칭을 각각 붙였다. 압록강 연안부터 남북으로는 빈통(濱通), 일번통(壹番通), 이번통(貳番通), 삼번통(參番通), 사번통(四番通), 시장통(市場通), 오번통(五番通), 대화교통(大和橋通), 육번통(六番通), 굴할남통(堀割南通), 굴할북통(堀割北通), 칠번통(七番通), 팔번통(八番通), 구번통(九番通) 등이, 안동역과 가까운 쪽부터 동서로는 거교근(車橋筋), 낭화교근(浪花橋筋), 오처교근(吾妻橋筋), 경교근(京橋筋), 보교근(寶橋筋), 융교근(戎橋筋), 차화교근(此花橋

---

255. 『占領地施政一件』, 「安東縣軍政署明治三十九年度地圖」, 85~88쪽.
256. 『占領地施政一件』, 「安東縣軍政署明治三十九年度地圖」, 90~92쪽.
257. 『占領地施政一件』, 「安東縣軍政署明治三十九年度地圖」, 93~96쪽.

筋), 오죽교근(吳竹橋筋) 등의 도로가 있었다. 각 통을 9개'정목(丁目)'으로 구분하였다. 13개 통(通)과 8개 조(助)를 합하여 신시가는 모두 104개 구역이었다. 여기에 압록강 연안의 빈통(濱通), 일번통(壹番通), 이번통(貳番通)의 선정(先町) 2개의 정을 합하면 계획 당시 신시가는 106개 구역으로 구분되었다.

이어 각 정목은 1부터 4까지의 지번(地番)을 붙였다. 그 아래는 1부터 5까지의 지호(地號)로 하여 '~통, ~정목, ~번지, ~호'로 구분하였다. 각 정목은 도로를 중심으로 좌측은 홀수 번지, 우측은 짝수 번지를 하였다. 압록강 연안의 빈통은 2번지와 4번지만 존재하였다. 각 번지는 1호부터 4호까지로 구분되고, 그 면적은 120평부터 150평까지였다. '유원지(遊園地)'와'관용지(官用地)'도 설정되었다. 관용지는 [그림 4]에서 지도상 좌측 하단이 시장통 5정목에 해당하는 지역이다. 여기에는 안동영사관과 영사관경찰서 및 안동경무서가, 우측 상단의 관용지에는 압록강채목공사(鴨綠江採木公司)가 위치하였다.[258]

이러한 도시 계획은 만주의 다른 일본 전관거류지 구조와 비슷하다. 만철 토목과장 카토 요노키치(加藤與之吉) 등의 기술자들은 시가를 건설할 만철부속지 대부분이 평지라는 사실에 주목하였다. 장춘을 제외한 만철부속지 시가는 직선의 만철 철도가 도시 주변을 감아도는 장방형이었다. 카토(加藤) 등은 장방형의 도시 형태를 가장 선진적인 것으로 인식하였다. 이러한 도시 구조에서 가장 쉬운 시가의 형태가 바둑판 모양이었다.[259]

안동 신시가의 이러한 도시 구조는 이전 러시아의 동청철도부속지와 달랐다. 이전 동철철도 부속지가 러시아정교회를 중심으로 중국인의 거주

258. 1920년대 빈통이라는 명칭 대신 堀川筋가 등장한다(『安東誌』, 8~9쪽).
259. 西澤泰彦, 2006, 앞의 책, 197쪽.

는 물론 통행까지 철저하게 금지하였다. 반면 일본이 건설한 신시가는 기존의 중국인들의 거주지인 구시가와 인접한 지역에 조성되었다. 이러한 형태는 봉천, 장춘, 요양, 길림의 신시가에서 나타나며, 치치하얼도 이에

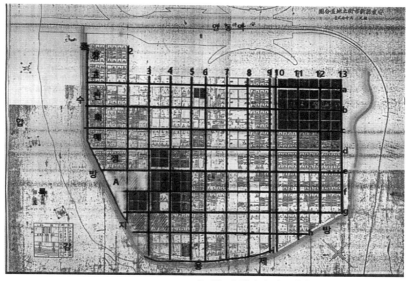

[그림 4] 신시가 일본인전관거류지의 도시 계획

※ 『占領地施政一件』, 「安東縣官有財産管理規則ニ關スル件」 의 '安東縣新市街土地區分圖' 를 참조하여 작성.
※ 괄호안의 현재 시가 명칭(李蕾萌, 2010, 앞의 논문, 29쪽 참조).
※ 지도상 확인되지 않으나, 후에 a.車橋助 앞에 堀川助(十緯路)가 건설되었다.

1. 濱通	a. 車橋助
2. 壹番通	b. 浪花橋助
3. 貳番通	c. 吾妻橋助
4. 四番通	d. 京橋助(六緯路)
5. 市場通(五經街)	e. 寶橋助
6. 五番通	f. 戎橋助
7. 大和橋通(七經街)	g. 此花橋助(三緯路)

260. 楊義申, 2011, 앞의 논문, 119쪽.

8. 六番通	h. 吳竹橋助(二緯路)
9. 堀割南通(九經街/錦山大路)	I. 土手助(一緯路)
10. 堀割北通(九經街/錦山大路)	
11. 七番通	A. 遊園地
12. 八番通	B. 흑색 부분은 官用地
13. 九番通	(5와 6 사이는 안동영사관 및 영사관경찰서 예정지)

이처럼 신시가는 다른 만철부속지의 예를 따른 바둑판 모양으로 조성되었다. 그렇지만 아직도 정상적인 도시로 기능하기에는 부족한 점이 많았다. 1909년 간행된 『남만철도여행안내(南滿鐵道旅行案內)』에는 전관거류지를 "일본시가(日本市街)"라고 하면서도[261] 지도는 없다. 이는 전관거류지의 아직 완전한 형태를 갖추지 못한 것과 무관하지 않을 것이다. 1912년 간행된 『남만주철도안내(南滿洲鐵道案內)』의 「안동부속지시가도(安東附屬地市街圖)(1:10,000)」에는 전관거류지가 "안동현신시가" 표시되어 있다. 반면 육군용지인 "안동현신시가예정지"[262]는 대부분 공지로 남아있다. 1917년 간행된 『남만주철도여행안내(南滿洲鐵道旅行案內)』의 지도 「안동(安東)(1:20,000)」[263]도 이와 동일하였다.

261. 南滿洲鐵道株式會社, 1909, 『南滿洲鐵道案內』, 南滿洲鐵道株式會社, 153쪽.
262. 南滿洲鐵道株式會社, 1912, 『南滿洲鐵道案內』, 南滿洲鐵道株式會社.
263. 南滿洲鐵道株式會社, 1917, 『南滿洲鐵道旅行案內』, 南滿洲鐵道株式會.

V. 거류민행정위원회
설립과 시가지 조성

안동현에서 신시가 조성이 진행되는 가운데 만주에서 일본군의 군정
폐지가 공식결정되었다. 1906년 5월 23일 개최된'만주문제(滿洲問題)에
관한 협의회(協議會)'에서 일본은 서구 열강의 일본의 만주 독점 의혹을
불식시키기 위하여 만주의 문호개방을 천명(闡明)하였다.[264] 그리고 군정
서의 순차적 폐지, 그리고 영사 주재 지역에서 군정서 즉각 폐지를 결정
하였다.[265] 4월 23일에는 영사보(領事補) 강부삼랑(岡部三郎)의 안동영사
부임[266]과 6월 16일 안동현군정서 사무의 영사관 인도 등도 결정되었다.[267]
7월 14일에는 다시 그 해 10월 1일부터 군정서 폐지와 영사관 관할구역
을 설정한다는「군정서철거실시요령(軍政署撤去實施要領)」이 발표되었
다.[268]

이 과정에서 안동현군정서가 조성한 신시가와 그 시설물에 대한 처리

264. 山本進, 1965,「關東總督府 '軍政實施要領'」,『國際政治』28, 118~119쪽.   외국인은 關東
州 이외에서는 거주와 영업이 금지되었던 반면 일본인에게는 '御用商人'을 명목으로 허가되었다. 이
에 서구 열강, 특히 만주와 상업적 이해관계가 밀접한 미국과 영국은 러일전쟁 이후 신속한 만주의
문호개방을 기대하고 있었다(大山梓, 1969,「日露戰爭と軍政撤廢」,『政經論叢』37, 241쪽).
265. 大山梓, 1969, 앞의 논문」, 118~120쪽 참조.
266.『占領地施政一件』,「安東ニ帝國領事館ノ開設準備及同地ノ狀況調査並ニ軍政官ト領事トノ
職務權限取極方ニ關シ訓令ノ件(1906.4.23.)」(B07090731300), 25~29쪽.
267.『占領地施政一件』,「安東縣ニ於ケル土木工事ノ狀況並ニ軍政撤去ニ關スル福島少長トノ協
定案報告ノ件(1906.6.16.)」(B07090731300), 51~55쪽.
268.『占領地施政一件』,「軍政署撤去實施要領(1906.7.14.)」(B07090731300), 139~143쪽.

가 문제로 대두되었다. 이는 신시가의 관할권을 둘러싼 외무성과 관동도독부의 대립이었다. 결국 9월 이전 임시군용철도감부가 관리하던 지역은 철도용지로 하고, 그 외의 시가 용지는 안동영사가 그 관리 및 취체를 담당하기로 하였다.[269] 군용철도감부에 속하던 안동현의 토지 약 150만평을 철도용지라고 삼아 철도제리부로에 인도하기로 하였다.[270] 결국 신시가는 안동영사의 감독 아래 안동거류민회가 관할하는 전관거류지와 대외적으로 만철부속지이면서도 철도제리부가 관할하는 지역으로 구분되었다.[271]

군정 폐지 이후 전관거류지 행정은 거류민회가 담당하게 되었다. 하지만 아직 거류민회 설립 이전이었으므로 외무성은 안동영사에게 임시로 신시가의 행정을 담당할 행정위원회 조직을 지시하였다. 안동현에는 이미 안동일본인회(安東日本人會, 이하'일본인회')가 존재하였다. 일본인회는 1904년 가을 안동현군정서가 대화정에 토지 임대, 가옥 건축 등을 허가하면서"안동 시가의 건설 계획 필요상 일본인 단체를 공고히 하고 상호 편리증진(便利增進)을 도모할 목적"으로 조직되었다. 일본인회는 일본 상인들로부터 회비를 징수하면서도[272] 일본인'유력자들'을 대상으로 하였다.[273] 따라서 일본인 전체를 포괄하기에는 미흡하였다.

행정위원회 조직은 군정 폐지 이전부터 준비되었다. 1906년 6월 26일 외무성은 강부 영사에게 10월 1일을 기한 안동현의 군정 폐지 예정과 17개조의 「거류안동민회가규칙(居留安東民會假規則)」(이하'거류민회가규

269.『占領地施政一件』),「安東縣新市街自治行政及警察取締命令等ニ關スル安東領事通知竝ニ右ニ關シ照會ノ件(1906.9.1.)」(B07090731300), 193~202쪽.

270.『占領地施政一件』),「同買收地中市街地ノ處分方ニ關シ關東都督ヘノ達案(1906.9.18.)」(B07090731400), 217~218쪽.

271. 일본은 철도제리부로 관할지는 대외적으로 '관유지' 혹은 '만철부속지'라고 주장하였다(『南滿洲行政統一問題一件』第一卷,「中村關東都督提案」(B03041658000), 250쪽. 본문에서는 철도제리부 관할지로 표기하였다.

272.『十年史』, 8쪽.

273.『安東誌』, 45쪽.

칙’) 17개조를 안동영사에게 보내었다.[274] 강부 영사는 이를 수정하여[275] 9
월 29일에 영사관령 제2호로 「거류민회가규칙」 17개조를 발표하였다.[276]
1907년 3월에는 상업회의소 설립을 전제로 통상 업무를 담당하기 위한
상무위원가 설치되었다. 안동영사가 임명하는 상무위원 이외에 임기 1년
의 예비행정위원 20명도 있었다.[277]

행정위원회의 주요 사업은 신
시가의 조성 공사였다. 만철부
속지에는 일반적으로 만철시설,
주택지, 병원, 학교, 공회당, 신
사 등이 계획적으로 설립되었다.
식수 상황이 좋지 않은 만주에
서 상하수도의 정비, 특히 음료
수 확보가 중요하였다. 이외에도
묘지, 화장장, 도살장 등이, 그리
고 인구가 많은 장소에는 도서
관이 설치되었다.[278] 1906년 6월
압록강 방수제防水堤 공사가 완
공 예정이었다. 전화교환소, 학
교, 병원의 신축, 도로 수선, 교

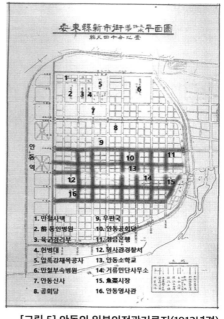

[그림 5] 안동의 일본인전관거류지(1912년경)
※ 굵은 선으로 표시된 지역은 개수된 도로이다.
※『安東市政關係雜件』第二卷,「安東居留民團起
債認可申請ノ件(1913.4.22.)(B07090740600),
17~19쪽의 ‘安東縣市街道路及下水平面圖
(1:4000)’에 근거하여 작성함.

274.『占領地施政一件』,「安東居留民團取締規則案送付ノ件(1906.6.26.)」(B07090731300), 62~
64쪽.
275.『占領地施政一件』,「安東居留民取締假規則中行政委員任命ニ關スル條項追加方ニ關シ具臣
ノ件(1906.7.12.)(B07090731300) , 116~118쪽.
276.『十年史』, 26~29쪽.
277. 초기 상무위원장은 神田藤一, 부위원장은 山下五郎, 常務委員은 三崎賢二.中野初太郎..金子
彌平.石原正太郎.大庭敏太郎.松田義一.中野初太郎.式村茂 등과 22명의 위원도 임명되었다(『十年
史』, 33~34쪽).
278. 前田求恭, 2007, 앞의 책, 39쪽.

량 설치 등은 진행중이었다.[279] 행정위원회가 이러한 공사를 담당하였다. 1912년경 작성된 「안동부속지시가도(安東附屬地市街圖)」를 보면 전관거류지는 어느 정도 시가 조성이 진행되고 있다. [그림 5]에는 안동영사관과 그 부속경찰서 등을 비롯한 주요 관공서의 완성이 확인된다.[280] 반면 철도제리부 관할지는 '안동현신시가예정지'라고만 표기되어 있다.[281]

행정위원회는 안동현에서 군정이 폐지되면서 안동영사 감독 아래 토지 사용자 및 영업 기타에 대한 부과금을 부과하고, 그 수입으로 제방, 도로, 교량의 유지 개량 및 부두의 축조, 군용을 포함한 수도의 기공 등을 경영하게 하였다.[282] 행정위원회는 주로 영업 기타 課金 및 관유토지건물 사용료를 신시가 도로 건설 등에 사용하였다. 하지만 요금, 부과율 및 징수 방법 등은 모두 군정 시기 규정을 답습하였다.

행정위원회는 1907년 9월 1일 천진.상해.한구(漢口).우장거류민단 등과 함께 안동거류민단이 설립될 때 존속하였다.[283] 행정위원회는 기간으로는 1년을 채우지 못하였다. 하지만 신시가가 군정 폐지 이후 영사관 체계가 설립되는 과도기에서 신시가의 시가 조성과 행정을 담당하였다. 1923년 10월 1일 '재정곤궁'과 '행정상 편의'를 이유로 안동거류민단이 폐지되면서 전관거류지의 행정권은 만철에 이양되었다. 전관거류지의 토지는 36년, 건물은 10년 동안 만철에게 임대되어 전관거류지에 만철부속지와 동일한 행정을 실시하였다.[284] 아울러 철도제리부 관할지의 토지 및 건물

279. 『占領地施政一件』, 「安東＝於スル土木工事ノ狀況並軍政撤去＝關スル福島少將トノ協定案報告ノ件(1906.6.16.)」 (B07090731300), 51～55쪽.
280. 『安東施政關係雜纂』第二卷, 「安東居留民團起債認可申請ノ件(1913.4.22.)」(B07090740600), 17～19쪽.
281. 南滿洲鐵道株式會社, 1912 『南滿洲鐵道案內』, 南滿洲鐵道株式會社.
282. 『占領地施政一件』), 「同買收地中市街地ノ處分方＝關シ關東都督ヘノ達案(1906.9.18.)」 (B07090731400), 217～218쪽.
283. 『居留民団法施行規則參考書(昭和10年 1月)』, 「居留民団ノ設立」(B02130124500), 60쪽.
284. 南滿洲鐵道株式會社 編, 『南滿洲鐵道株式會社第二次十年史』, 南滿洲鐵道株式會社, 1928, 1057쪽 ; 『官報 號外 第25號(1935.11.4.)』, 「告示」 2쪽.

도 무상으로 만철에 대여되어 철도부속지가 되었다.[285] 이로써 신시가의 행정권은 만철로 일원화되면서 안동은 완전한 철도부속지가 되었다. 아울러 신시가의 조성 공사가 완공된 시기가 1924년이었다.[286] 따라서 현재 단동과 같은 안동의 시가지는 1924년 이후에야 조성되었다 할 것이다.

[표 3] 신시가의 주요 도로 및 교량·제방 건설 상황(1908~1916)

연도	공사 내용	공사기간	공사비 (엔)	비고
1908	목조수문, 배수 巖居 몇 군데 설치	5.26-6.7	1,059	
	우물 굴착	9.1-11.1	744	6곳
	화장실 및 지붕 건설	10.25-11.16	151	
	堀割 北通, 7번통 도로교량 신설	10.30-11.19	257	
	우물 굴착	11.17-12.10	640	
1909	시내 곳곳에 도랑 설치 및 板柵 수선	4.25-5.11	589	
	칠도구 제방 수선	5.10-5.31	121	
	3번통 도로 수선	6.3-6.29	250	
	시내 곳곳 도로 수선		306	
1910	수문 門扉 개수	7.20-8.14	257	
	칠도구 水除 공사	7.30-8.29	257	
	제방 외부 판책 공사	9.22-10.15	803	
1911	3번통과 6번통 사이 도로 수선	3.4-3.10	319	
	시장통과 3번통 사이 외 1곳 2칸 도로공사	3.14-3.25	379	
	가로세로 도로 외 10곳 2칸 도로 수선	4.12-4.29	448	
	시내 도로 수선	5.25-7.16	782	
	濱通 도로 수선	7.14-7.25	101	
	4번통 외 4곳 도로 수선	8.23-9.15	708	
	寶橋助 외 2곳 도로 수선	10.20	118	
	車橋助 외 5곳 도로 수선	11.16-12.5	524	

285. 『公文類聚』第47編(大正12年), 「營口及安東陸軍所管地域ヲ南滿洲鉄道株式会社へ移管ス (1924.9.19.)」(A13100654400).
286. 『丹東市志』2, 3b쪽.

	舊 유원지 수로 매립	11.16-12.12	320	
1912	대화교통 및 4번통 일부 도로 수선	3.23-5.21	1,964	
	시내 도로 수선	5.16-6.15	1,320	
	대화교통 암거 축조	5.18-6.14	1,135	
	안동신사 서쪽 도로 개설	5.27-6.20	246	
	방수제 수문 수선	6.5-6.25	354	
	堀割南通 도로 수선	6.27-8.19	2,642	
	시장통 및 6번통 도로 일부 수선	9.21-10.29	8,37	

※『十年史』, 288~290쪽.

Ⅵ. 맺음말

본문에서는 러일전쟁 이후부터 1910년대 초반까지 안동 신시가의 형성 과정을 살펴보았다.

일본은 러일전쟁 기간이던 1904년 5월부터 안동현에 군정을 실시하면서 신시가 조성에 착수하였다. 신시가 조성의 주체는 시기에 따라 신시가준비위원회—신시가설계위원회—거류민행정위원회로 구분되었다. 신시가준비위원회와 신시가설계위원회는 군정 시기의 조직이었다. 이들은 신시가 조성을 위하여 안동현 주변 토지를 매입하였다. 1906년 10월 군정 폐지 이후에는 안동영사관 주도 아래 거류민행정위원회가 조직되어 신시가 주요 시설물 공사를 담당하였다.

1905년 7월까지 일본이 신시가 주변과 압록강 연안에서 구입한 토지는 약 490만평에 달하였다. 일본의 토지 매입은 명목상의 매입으로 중국 관원과 친일 중국인들이 개입되어 중국인들에게 토지 판매를 강제하였다. 어느 정도 토지 매입이 완료된 1906년부터는 신.구시가의 행정구역도 개편되었다. 신시가는 정방형의 계획도시로 영사관 등의 주요 시설물 부지는 사전에 결정되었다.

일본의 주도 아래 조성된 신시가는 사하진과 인접하였다. 신시가 조성 이전 안동현의 중심지로 '안동.안동현'이라 불렸다. 신시가가 조성되면서 사하진은 이전 안동현 대표성을 상실하였다. 명칭에서도 신시가는 '안동.안동현'으로, 사하진은 구시가로 불리게 되었다. 지금까지도 신시가는 단동의 중심지를 형성하고 있다.

신시가는 행정적으로 일원화된 지역은 아니었다. 이는 신시가의 발전 속도에도 영향을 주었다. 1906년 10월 안동현의 군정 폐지 이후 신시가는 안동영사의 감독 아래 안동거류민회가 행정을 담당하는 전관거류지와 명목상 만철부속지라 불리던 철도제리부 관할지로 구분되었다. 1923년 10월 안동거류민단이 해산되고 철도제리부 관할지까지 만철로 이양되면서 신시가의 행정권은 만철로 일원화되었다. 다시 말해 1923년 이전까지 '안동'은 신시가의 전관거류지와 철도제리부 관할지역, 그리고 구시가로 구분되었다.

1923년 이후 안동은 계속 발전하였다. 1927년 안동의 무역액은 대련(大連)에 이어 1억 601만 해관량(海關兩)이 되었다.[287] 1929년 신.구시가를 합한 면적은 약 581만 3,000평으로 확장되었다.[288] 1936년 안동의 인구는 봉천, 하얼빈, 신경에 이은 만주 네 번째의 도시가 되었다.[289] 흔히 자료속에 등장하는 만철부속지 '안동'이란 이미지도 1923년 이후 신시가 행정권이 만철로 이양된 이후의 안동의 모습이라 할 것이다.

마지막으로 본 연구는 중국의 자료가 반영되지 않았다는 점에서 한계가 있다. 이와 아울러 신.구시가지를 포함한 안동 전체의 발전을 이해하기

---

287. 魏琳娜, 2007, 앞의 논문, 13쪽.
288. 安東商工會議所, 1929, 『安東商工業案內』, 安東商工會議所, 3쪽.
289. 滿洲國治安局警務司, 1938, 「安東與近現代朝鮮地緣政治的關係研究」, 『主要都市市街地戶口統計表』, 滿洲國治安局警務司.

위해서는 1923년 이후 만철의 안동 운영과 신.구시가 사이의 관계, 그리고 안동과 그 주변에 거주하던 조선인들 등에 대한 연구가 추가로 진행되어야 할 것이다.

1910-20년대 조선총독부의 압록강-두만강 지역 조사와 경계 인식

배성준

Ⅰ. 머리말

    18세기 초의 백두산 정계 이래로 압록강과 두만강은 조·청 간의 경계로 인식되었지만 1909년의 간도협약까지 근대적 국경조약과 국경선은 존재하지 않았다. 1909년 일·청 간의 간도협약 체결로 두만강이 조·청 간의 국경이 되었지만, 한인 잡거구역 설정과 길회철도 문제에 치중한 간도협약은 근대적인 국경조약에 미달하는 것이었다. 또한 1860년 러·청 간의 베이징조약으로 두만강 하구에서 러시아와 국경을 접하게 되었지만 실질적으로 국경을 접하고 있는 조·러 간에는 국경조약이 체결되지 않았다.

    강점 직후 조선총독부는 압록강-두만강 국경지역을 관리하는 한편, 중국 및 러시아와의 국경 교섭에서 실질적인 담당자가 되었다. 국경지역을 관리하기 위하여 조선총독부는 국경지역의 현황과 동향을 수시로 조사하였고, 이를 기반으로 도서 분쟁과 국경 교섭에 나서야 했다. 식민지시기 압록강-두만강 유역에 대한 지역 조사 및 국경 인식에 대한 연구는 최근에 시작되었다. 오병한은 1910-20년대에 벌어진 일본과 중국 간의 압록강 국경문제를 검토하면서 일본은 중국의 압록강 국경 획정 시도를 회피하면서 자국의 이권을 유지한 반면, 중국은 국경문제가 제기될 때마다 국경 획정을 시도하였으나 일본의 회피로 인하여 실패하였기 때문에 압록강은 '국경선 없는 국경'으로 존재하였다고 파악하였다.[290] 조정우는 러일전쟁부터 1920년대까지 일본의 간도조사 계통이 국경문제에 대한 조사에서 조선인을 중심으로 하는 민족관계에 대한 조사로, 그리고 경제문제에 대한 조사로 변화하여 왔으며, 이러한 변화는 제국 지배의 국면 변화에 상응한다고 보았다.[291] 이러한 연구는 압록강이나 두만강(간도) 한쪽에 초점을 맞추었기 때문에 국경 전반에 걸친 조선총독부의 지역 조사와 국경 인식을 보여주지 못하는 한계가 있다. 또한 조선총독부와 일본정부가 어떠한 인식과 방침을 가지고 중국이나 러시아와의 국경 교섭에 나섰는지 규명하지 못하였다.

본고에서는 1910-20년대 조선총독부가 시행했던 압록강-두만강 유역에 대한 지역 조사와 조선총독부가 실질적인 담당자가 되었던 청국/중국 및 러시아와의 국경 교섭에 대한 분석을 통하여 조선총독부의 압록강-두만강 경계 및 국경 문제에 대한 인식을 살펴보고자 한다. 대상 시기를 1920년대까지로 국한한 것은 1930년대 들어 '만주사변' 및 만주국 수립으로 조선과 중국 사이의 압록강-두만강 경계가 조선총독부와 만주국 사이의 경계, 즉 일본제국 내부의 경계로 전환되기 때문이다.

---

290. 오병한, 2018, 「1910-20년대 일본과 중국의 압록강 국경문제 인식과 대응」, 『한국근현대사연구』 84.
291. 조정우, 2018, 「지역조사와 식민지의 경계지대-1919년 전후 동척과 조선은행의 간도조사-」, 『만주연구』 26.

II. 조선총독부의
압록강-두만강 조사

1. 도서·사주 조사

1911년 3월 조선총독부 외사국에서는 압록강 하구의 수로와 사주에 대한 조사에 착수하였다. 압록강 하구는 조수간만의 차이, 주기적인 결빙과 해빙, 홍수로 인한 강안의 침식과 퇴적으로 인하여 수로와 사주의 변동이 잦기 때문에 선박 항행의 안전을 위해서 수로의 변화에 유의할 필요가 있었다. 항로표식관리소 용암포감시소에서는 해빙에 따른 압록강 수로의 변화, 선박 통행 가능 시기, 수로의 탐측표식 설치 등에 대해서 외사국장에게 보고하였다.[292] 이와 더불어 유초평(有草坪), 황초평(黃草坪), 신택평(新澤坪) 등 압록강 하구의 사주에서 압록강 본류의 흐름이 어떻게 변화하는지 보고하였는데, 황초평과 관련하여 "1892년경 까지는 황초평의 대안 조선측에 경동(鯨洞)이라고 부르는 부락이 있어서 중주(中洲)와 접근하여 강의 본류는 중주의 서쪽에 있었지만 경동의 땅이 본류 때문에 궤패침식(潰敗侵蝕)됨과 동시에 수도(水道)는 중주의 동쪽으로 옮겨져서 지금과 같"[293]은 상태가 되었다고 파악하였다. 이처럼 압록강 하구의 사주를

---

292. 「鴨綠江本流澤筋ニ關スル件」, 1911.3.14, 0653, 『국경부근 도서사주에 관한 조사』 (국가기록원 ref. CJA0002277).

293. 「鴨綠江本流澤筋ニ關スル件」, 0660, 『국경부근 도서사주에 관한 조사』.

지나는 압록강 수로의 변화에 주목하는 것은 통감부시기 이래 논란이 되어 온 사주의 귀속문제가 가로놓여 있기 때문이었다.

압록강 하구의 수로와 사주에 대한 조사는 압록강 및 두만강에 존재하는 도서 및 사주 전반에 대한 조사로 확대되었다. 1911년 4월 외사국에서는 압록강과 두만강에 있는 도서와 사주와 관련하여 "이들 도서와 사주의 소속에 관해서는 고래 법령 또는 조약 중에 하등의 명기도 없고 오직 관행상 한국의 영역이라고 인정되는 것에 불과"[294]하기 때문에 통감부 이래의 문헌조사와 현지 시찰을 거쳐 국경지역의 도서와 사주에 대한 조사보고서를 제출하였다.[295] 외사국의 조사보고서인 「국경 부근 도서·사주에 관한 조사」에서는 (1) 청국 국경 압록강 하류의 도서 및 사주 (2) 청국 국경 두만강 하구의 사주 (3) 러시아 국경 두만강 중의 사주로 나누어 압록강 하류에 있는 "인민(人民)이 거주하거나 이용할 수 있는" 4개의 도서 및 사주(薪島列島, 新澤坪, 黃草坪, 有草坪), 청국 국경 두만강에 있는 "인민이 거주하고 소속문제가 제기될 수 있는" 고이도(古珥島) 및 유다도(有多島) 부근의 사주, 러시아 국경인 두만강 하구에 있는 사주에 대하여 지리적 조건, 현황, 거주 및 경작의 연혁을 서술하였다.[296]

압록강 하류의 도서 및 사주는 귀속문제가 논란이 되고 있는 신택평과 황초평의 연혁이 상세하게 서술되었다. 신택평은 약 40년 전 이신척(李信倜)이 군수로부터 어장 경영을 허가받은 것부터 1910년 귀속문제를 둘러싼 안동도대(安東道臺)와 재안동일본영사관의 논란에 이르기까지의 경

---

294. 「國境附近島嶼及沙洲ニ關スル調査書」, 0539, 『국경부근 도서사주에 관한 조사』.
295. 최초의 초안에는 조사보고서의 제목이 「鴨綠江及圖們江中ノ島嶼沙洲ニ就テ」로 되어 있었지만, 수정 과정에서 「國境附近島嶼及沙洲ニ關スル取調槪要」, 「國境附近島嶼及沙洲ニ關スル調査書」로 변경되었고, 최종적으로 1911년 6월 조선총독에게 보고한 「國境設備ニ關スル意見」에 별책으로 첨부된 것은 「國境附近島嶼及沙洲ニ關スル調査」이다. 이 과정에서 국경 상황 전반을 설명하고 있는 앞부분이 제외되었다. 또한 「國境附近島嶼及沙洲ニ關スル調査書」 말미에 사주의 현황도, 시찰한 수로, 추정 국경선이 그려진 도면을 첨부한다고 되어 있지만 문서철에는 도면이 빠져 있다.
296. 「國境附近島嶼沙洲ニ關スル調査」, 『국경부근 도서사주에 관한 조사』.

과를 서술하고 있으며, 황초평은 논란이 되고 있는 대황초평을 중심으로 1896년 청국인 합자자(合資者)가 동변도대(東邊道臺)로부터 갈대 농사를 허가받은 것부터 1908년에 청국인 합자자가 평안북도 관찰사로부터 10년간의 갈대 채취 허가를 받고 납세하기까지의 경과를 서술하고 있다. 고이도 및 유다도의 사주는 아직 귀속문제가 제기되지 않은 상태였고, 두만강 하구의 사주에서는 1910년에 러시아 관헌이 와서 일본인과 조선인의 어선과 어구를 압수하고 러시아영토에서 어업을 금지한다고 명령함으로써 귀속문제가 제기되는 경과를 서술하였다.

외사국에서는 이듬해 압록강에 존재하는 도서 및 사주 전체에 대한 파악에 나섰다. 1912년 3월 의주헌병대에서는 압록강에 있는 도서를 조사한 '압록강상 도서 조사표'를 외사국에 보고하였는데, 이 조사표에는 압록강 중류의 중강진 인근의 박제도(朴濟島)에서 압록강 하구의 대황초평·소황초평에 이르는 34개의 도서 및 사주의 현황이 정리되어 있다.[297] 조사표에는 34개 도서 및 사주의 위치, 거주민, 영토권, 면적 및 경작면적, 경작물, 일년 수확량, 도서의 성립 등의 사항에 대한 조사 결과가 수록되어 있다. 영토권 항목에서 일본에 귀속된 것이 25개소, 청국에 귀속된 것이 7개소, 귀속 불명이 2개소(신택평, 소황초평)이고, 도서의 성립 항목에는 도서 및 사주 형성의 시기와 원인을 비롯하여 지리적 특징, 거주 및 경작의 연혁 등이 기재되어 있다.

'압록강상 도서 조사표'에는 지도가 첨부되어 있지 않지만, 1920년대 들어 일본이 중국측과 국경 획정 문제를 협의하는 과정에서 참조한 지도가 당시에 작성된 지도로 보인다. 1922년 9월 재안동 일본총영사관에서는 예전에 경무총감부에서 작성한 압록강의 도서·사주에 대한 도면을 외무

---

297. 「鴨綠江上島嶼成立ニ關スル件」, 1912.5.8, 『국경부근도서사주에 관한 조사』.

성으로 송부하는데, 이때 「압록강 유역내 도서 약도(鴨綠江流域內島嶼略圖)」를 첨부하였다.[298] 약도에는 압록강 상류의 신갈파진에서 압록강 하구의 신도에 이르는 압록강의 본류와 지류, 압록강 연안의 대소 도시와 도로망, 압록강에 존재하는 도서 및 사주의 위치와 현황이 기재되어 있다. 또한 각각의 도서와 사주에는 일본 영토, 중국 영토, 영토권 미확정이라는 범례에 따른 귀속이 표시되어 있다.[299] 이 약도에 표시된 도서·사주의 거주민, 면적 및 경작 면적 현황이 1912년 의주헌병대에서 보고한 '압록강상도서 조사표'의 현황과 일치하는 것으로 보아 약도는 1912년에 압록강의 도서와 사주를 조사할 당시에 작성된 것임을 알 수 있다.

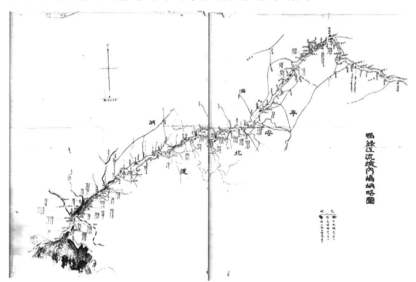

[그림 1] 「압록강유역내도서약도(鴨綠江流域內島嶼略圖)」

---

298. 「鴨綠江島嶼地圖送付ノ件」, 1922.9.25, 0103-0104, 『鴨綠江日支劃界問題一件 (附 渡船場問題, 島嶼問題)』(아시아역사자료센터(JACAR) Ref. B03041227900).
299. 「鴨綠江流域內島嶼略圖」는 송부 문서와 별도의 문서철에 들어 있다. 「鴨綠江流域內島嶼略圖」, 0049-0052, 『鴨綠江日支劃界問題一件 (附 渡船場問題, 島嶼問題)』(JACAR Ref. B03041227800).

2. 압록강-두만강 대안지역 조사

강점 이후 조선총독부는 압록강-두만강 대안지역에 대한 동향과 대안지역으로 이주한 조선인의 현황에 대한 조사를 주기적으로 시행하였다. 국경지역에 대한 경계와 관리라는 차원에서 조선총독부는 국경지역의 동향을 파악하고 압록강-두만강의 통행을 단속하는 것이 필요하였다. 특히 압록강-두만강 대안지역에 거주하는 조선인은 강제병합으로 인하여 제국의 보호를 필요로 하는 '제국의 신민'이 되었지만 상황에 따라서는 제국에 저항하는 '항일의 주체'이기도 하였기 때문에 조사의 대상이 되었다.

압록강-두만강 대안지역에 대한 동향 조사는 국경지역의 헌병대, 안동영사관, 간도영사관 등의 기관을 통하여 이루어졌다. 정무총감은 압록강-두만강 연안의 국경 사정을 매월 조사할 것을 경무총장에게 요청하였고,[300] 국경지역 헌병대를 통하여 압록강과 두만강 대안지역 상황 보고가 이루어졌다. 압록강 대안 상황, 두만강 대안 상황에 대한 보고와 더불어 구역별로 대안 상황에 대한 보고가 주기적으로 행해졌다.[301] 상황 보고 중에서 조선인 이주 상황이 주요한 항목으로 취급되었으며, 조선인 이주에 대한 각종 보고가 별도로 이루어졌다. 압록강과 두만강 대안지역으로 이주한 조선인에 대한 현황 보고는 국경지역 헌병대를 통하여 이루어졌다.[302] 재간도 총영사관에서는 간도로 이주한 조선인 통계를 주기적으로 외사국에 보고하였으며,[303] 안동경무서에서도 조선인의 서간도 이주 상황을 보고하였다.[304] 그밖에도 의주헌병대에 의하여 압록강 대안지역으로 이

---

300. 「國境事情調査ノ件」, 1913.8, 『국경청국관계서』, 1913(CJA0002290).
301. 대안지역 상황 보고로는 「鴨綠江對岸狀況」(1911-1914), 「鴨綠江對岸支那領情況彙報」(1917), 「圖們江對岸狀況」(1912), 「圖們江對岸支那領情況彙報」(1916-1917), 「惠山鎭對岸狀況ニ關スル件」, 「鴨綠江上流事情通牒」(이상은 『청국국경부근관계사건철』) 등이 있다.
302. 「對岸支那領移住朝鮮人戶口調査ノ件」, 1913.7.16, 『국경청국관계서』.
303. 「移住朝鮮人調査統計表寫送付ノ件」, 1912.7.5, 『청국국경부근관계사건철 경찰보고제외(1911.10-1912.8)』(CJA0002284).
304. 「朝鮮人移住ニ關スル件」, 1912.3.22, 『청국국경부근관계사건철 경찰보고제외(1911.10-1912.8)』.

주한 조선인에 대한 생활상태 조사 등이 이루어졌다.[305]

　각종 동향 및 현황 보고를 보완하기 위하여 압록강 및 두만강 대안지역에 대한 시찰이 시행되었다. 경성(鏡城)헌병대에서는 1912년 3월 무산분대장이 간도지역을 시찰하고 간도 상황을 보고하였으며,[306] 의주헌병대에서는 1912년 4월에서 5월까지 압록강 대안의 집안현, 회인현을 시찰하고 지역 상황을 보고하였다.[307] 경성헌병대의 간도 시찰 보고는 일반 상황, 주민 현황, 경지 및 물산, 기후 및 풍토, 교통, 종교 및 교육 상황, 청국 관헌 및 행정 상태, 징세 현황, 조선인 이주 현황, 조선인의 생활상태, 일본인의 생활상태, 청국인과 조선인의 관계, 중국혁명의 영향 등 지역 상황 및 국경 동향 전반에 걸친 내용을 조사, 수록하고 있다. 훈춘 일본영사관에서는 부영사 오가 카메키치(大賀龜吉)가 1911년 8월 31일부터 9월 9일까지 청국령 및 조선측 두만강 하구 지역(黑頂子, 五家子, 西水羅, 雄基)을 시찰하고 외무대신에게 조사복명서를 제출하였고, 9월 24일부터 29일까지 러시아령 두만강 하구 지역(浦塩(포시에트), 체르카스카야, 煙秋(크라스키노))를 둘러보고 상황보고서를 제출하였다.[308] 오가의 두만강 하구 조사복명서는 두만강 하구 연안의 지세 및 도읍의 일반 상황, 수류(水流)의 상태, 어업의 상황 및 어업에 관한 일·러 관계, 도서의 상황 및 소속에 관한 양국의 감상, 선박 항행 상황 및 양국의 쟁의, 양국의 국경에 관한 양국인의 감상 및 이해 등을 담고 있다.[309]

---

305. 「移住鮮人生活狀態ノ件」, 1912.5.2, 『청국국경부근관계사건철 경찰보고제외(1911.10-1912.8)』.
306. 「間島視察狀況ノ件」, 1912.5.13, 『청국국경부근관계사건철 경찰보고제외(1911.10-1912.8)』.
307. 「輯安縣及懷仁縣旅行者ノ報告」, 1912.6.15, 『청국국경부근관계사건철 경찰보고제외(1911.10-1912.8)』.
308 『図門江下流沿岸地方並ニ露領煙秋浦潮ニ於ケル諸事項調査ノ為メ大賀副領事出張一件』,1911.6.28.-9.10(B16080798500).
309. 「圖門江沿岸地調査復命書 附 地圖並寫眞」, 1911.11.4, 『図門江下流沿岸地方並ニ露領煙秋浦潮ニ於ケル諸事項調査ノ為メ大賀副領事出張一件』.

조선총독부에서는 1914년 8월부터 10월까지 약 2개월간에 걸쳐 압록강 및 두만강 대안지역을 시찰하고, 그 결과를 『국경지방시찰복명서(國境地方視察復命書)』로 간행하였다.[310] 시찰복명서는 실지조사의 내용이 담긴 시찰보고서의 전형으로서, 1910년대 전반 압록강-두만강 대안지역 전반에 대한 구체적인 상황을 담고 있다. 시찰복명서는 전반부에 일반 상황(지리, 기후, 주민)을 비롯하여 지방통치(행정, 사법, 조세, 경비), 종교·교육 및 위생, 산업, 금융, 도량형, 교통 및 통신 같은 지역조사의 통상적인 항목을 서술하고, 후반부에 이주 조선인 상황, 국경 연선에서의 견문, 두만강 연안의 월경경작 및 국경경찰 같은 국경지역의 동향을 서술하고 있다. 각 항목은 압록강 대안지방(寬甸, 桓仁, 輯安, 通化, 臨江, 長白), 두만강 연안지방, 동간도(延吉, 和龍, 汪淸, 安圖) 및 훈춘의 세 부분으로 나누어 서술하고 있는데, 이는 3개의 시찰반이 각기 시찰한 지역을 서술하였기 때문이다.[311]

시찰이 이루어진 경위에 대해서 "양강을 파도(擺渡)하여 국외로 이주, 경작하는 자가 배로 늘어 현재 이미 삼십만을 초과하는 추세이고, 피아(彼我)의 인민이 서로 혼유(混糅)하여 거주경작하기 때문에 각종 계쟁(繫爭)이 발생하고 왕왕 국교를 해칠 우려가 있"[312]기 때문이라고 제시하는 점에서 시찰의 목적이 국경지역의 동향 파악이라는 통상적인 목적과 더불어 이주 조선인의 상황 파악이 목적임을 알 수 있다. 이에 따라 시찰복명서의 내용도 이주 조선인의 생활 조건을 중점적으로 서술하고 있으며, 이주 조선인의 상태와 동향 서술에 많은 분량을 할애하였다. 조선인 이주자의 대부분은 생활난이나 가족, 친지의 권유로 이주하게 되었고, 경작 조

---

310. 朝鮮總督府, 『國境地方視察復命書』, 1915.
311. 두만강 연안지방(러시아와 접경하는 지역은 제외)과 동간도(및 훈춘)은 중복되는 부분이기 때문에 항목에 따라서 두만강 연안지방만을 서술하기도 하고 동간도(및 훈춘)만을 서술하기도 한다.
312. 「緖言」, 『國境地方視察復命書』, 1쪽.

건도 좋고 생활이 나아지기는 했지만 관헌들의 가렴주구로 어려움이 있다고 보았다. 특히 이주 조선인의 동향과 관련하여 "그 대다수는 소위 취생몽사(醉生夢死)의 민(民)이고 이들 중 겨우 소수만이 일본을 원오(怨惡)하거나 중국에 심복하는 자 있음에 그친다. 그리고 배일사상을 가지는 자라고 해도 일정부동(一定不動)의 주의(主義)를 가지고 그 목적을 수행하는 것 같지 않으며, 말하자면 일종의 호구수단(糊口手段)"[313]이라고 파악하였다. 국경지역의 상황과 관련하여 압록강 연안의 상황이 소략한 반면, 두만강 연안에 대한 도선(渡船), 월경경작, 월경범죄 등의 상황은 상세하다. 이는 함경도에서 북간도로 이주하는 조선인이 많고 이에 따라 "도문강(圖們江) 연안의 교통이 전기(前記)와 같이 용이하고 또 비교적 완비되어서 양안의 관계가 지극히 밀접하여 도문강은 거의 국경이라고 보지 않"[314]았기 때문이다.

3. 삼림 자원 및 수력 자원 조사

1) 삼림 자원 조사

1910년대 압록강과 두만강 유역의 울창한 산림은 조선총독부 영림창(營林廠)과 일·청(중) 합동경영의 '압록강채목공사(鴨綠江採木公司)'에서 관할하였다. 압록강 건너편의 삼림은 「만주에 관한 일·청 조약」에 따라 1908년에 일·청 공동출자로 설립된 압록강채목공사가 압록강 연안으로부터 60청리(淸里) 구간의 삼림에 대하여 향후 25년간 독점적 채벌권을 가지게 되었다.[315] 압록강과 두만강 남쪽의 삼림은 통감부 영림창(營林

---

313. 『國境地方視察復命書』, 242쪽.
314. 『國境地方視察復命書』, 204쪽.
315. 『國境地方視察復命書』, 121-122쪽.

廠, 1907)과 서북영림창(西北營林廠, 1907)에서 관할하다가 강점 이후 조선총독부 영림창으로 인계되었다. 조선총독부 영림창은 신의주에 있는 영림창 산하에 혜산진지창 및 신갈파진파출소, 중강진출장소, 고산진출장소 및 강계파출소, 삭주출장소, 구룡포출장소, 용암포파출소, 회령출장소를 두어 압록강과 두만강의 삼림을 관리하였다.[316]

영림창은 압록강과 두만강 유역에 걸치는 220만 정보(압록강 175만 정보, 두만강 45만정보)의 국유림을 관할하였다. 통감부는 1908년 「산림법」을 통하여 신고하지 않은 산림을 국유림으로 확보한 이래, "전국의 관민유(官民有) 임야(林野)의 배치 및 임상(林相)의 개요를 파악"(임적조사내규 제1조)하기 위하여 1910년에 '임적조사사업(林籍調査事業)'을 시행하였다. 5개월간의 임적조사를 통하여 평안북도와 함경남북도에 있는 450만 정보의 국유임야를 비롯하여 총 830만 정보의 국유임야가 파악되었고, 임야와 임상의 분포를 보여주는 조선임야분포도가 작성되었다. 그리고 이를 바탕으로 압록강-두만강 유역의 우량한 산림을 보존을 요하는 국유림으로 지정하고 정책적으로 활용하는 방안이 제시되었다.[317] 임적조사는 산림정책 수립을 위한 개략적인 조사여서 국유와 민유의 구분이 분명하지 않고 소유권이 확정되지 않았기 때문에, 조선총독부는 국유림과 사유림의 경계를 명확하게 구분하고 국유림의 효율적인 이용을 위하여 보존 여부에 따라 국유림을 구분하는 조사에 착수하였다.

'국유림구분조사사업'(1911-24)은 국유림 경영 또는 군사, 학술, 보안 등의 이유로 보존을 요하는 국유림('要存豫定林野')과 이에 해당하지 않는 국유림('不要存林野')를 조사하여 국유임야를 관리, 경영하기 위한 기반

---

316. 朝鮮總督府營林廠, 『朝鮮總督府營林廠事業要覽』, 1912. 9-10쪽.
317. 배재수, 2000, 「임적조사사업(1910)에 관한 연구」, 『한국임학회지』 89-2.

을 마련하고 '불요존임야'는 민간에게 개방할 목적으로 시행되었다.[318] 영림창이 관할하는 삼림 220만 정보는 전체가 보존을 요하는 국유림으로 구분되어 1913년부터 구분조사가 이루어졌다. 영림창의 구분조사는 영림창 소속 기수(技手)와 고원으로 구성된 조사반이 실지조사를 통하여 '요존예정임야'의 경계를 확정한 뒤, 경계를 표시하는 표식을 설치하고 지도와 조서(調書)를 작성하는 방식으로 이루어졌다. 실측을 통하여 요존예정임야 1개소마다 오만분의 일 견취도를 작성하였고, 조서에는 임야의 명칭, 소재지, 봉산(封山)·공산(公山) 등의 구별, 면적, 존치 이유, 지황(地況), 임황(林況) 등을 기재하였다.[319] 1918년까지 영림창 관할 국유림의 80%에 해당하는 176만 정보(압록강 유역 131만 정보, 두만강 유역 45만 정보)에 대한 구분조사가 완료되었으며, 1922년까지 영림창의 구분조사를 마무리할 예정이었다.[320]

영림창의 사업은 국유림 조사와 더불어 조림, 보호, 벌목, 조재(造材), 운반, 저목(貯木), 제재, 판매 등 임업 전반에 걸쳐 있었다. 벌목지에서 조재된 목재는 소를 이용하여 강 유역의 편벌토장(編筏土場)까지 운반하고, 편벌토장에서 뗏목[流筏]으로 묶은 후 강의 수운을 이용하여 하류의 저목장(貯木場)까지 운반하였다. 압록강 유역에는 북하동저목소(北下洞貯木所)와 신의주제재소 구내에 저목장이 있으며, 두만강 유역에는 회령출장소 구내에 저목장이 있었다.[321] 압록강과 두만강에서 뗏목의 이용은 운반 도중 유실된 목재로 인하여 양국간의 분쟁이 발생할 소지가 많았다. 압록강 유역은 1909년 일본과 청국이 「압록강표류목정리규칙」을 체결하여 조선측의 표류목은 영림창에서, 청측의 표류목은 압록강채목공사에서 처리

318. 朝鮮總督府殖産局, 『朝鮮ノ林業』, 1921. 15쪽.
319. 「營林廠所管林野區分調査內規」, 『예규철(구분조사)』, 1907(CJA0010597).
320. 朝鮮總督府營林廠, 『營林廠案內』, 1919. 7쪽.
321. 『營林廠案內』, 18쪽.

하기로 규정하였지만,[322] 협정의 효력 및 적용, 「조선수난구호령(朝鮮水難救護令)」의 표류물 습득과의 관계, 현장에서 관헌의 확인 문제 등 표류목과 관련한 다양한 분쟁이 발생하였다.[323]

2) 수력 자원 조사

조선총독부에서는 강점 초기부터 조선에서 수력발전의 가능성에 주목하여 수력발전에 대한 조사를 시행하였으며, 압록강수계도 조사의 대상으로 삼았다. 최초의 수력자원 조사는 1910년대 전반 체신국 산하 전기과에서 실시한 '발전수력조사'(1911-14)였다. 발전수력조사는 전국의 9개 수계를 중심으로 200마력 이상의 수력지점을 선정하고, 수력지점의 지형 측량과 더불어 수량 및 낙차를 조사하는 방식으로 이루어졌다. 압록강수계에서는 압록강 하류의 지류인 삼교천(三橋川)에 대한 조사가 이루어졌는데, 삼교천은 "상당한 낙차가 있지만 2-3개의 지천으로 나누어져 결빙기에 이르면 유량이 현저히 감소하여 적당한 수력지점을 얻기가 어렵다"고 부정적으로 평가되었다.[324] 압록강수계가 주목을 받지 못한 것은 당시의 조사가 전등전력 공급을 위하여 수요지에 근접한 수력지점을 찾는 것이었기 때문이었다.

압록강수계가 관심의 대상이 된 것은 1920년대 전반의 '발전수력조사'였다. 1920년대 들어 수력자원 조사가 다시 실시된 것은 1919년 금강산전기철도의 유역변경식 수력발전이 성공적으로 이루어짐으로써 수력발전의 조건에 대하여 재인식하게 된 것이 계기가 되었다. 총독부는 체신국 산하에 임시수력과를 설치하고 1922년부터 발전수력조사에 착수하였다. 6

---

322. 朝鮮總督府殖産局, 『朝鮮ノ林業』, 1921, 56-57쪽.
323. 「鴨線江漂流木ニ關スル件」, 1916.8.23, 0838-0842, 『법령예규』, 1916(CJA0003950).
324. 朝鮮總督府遞信局, 『發電水力調査書』, 1918, 357-358쪽.

개년 계획으로 착수한 발전수력조사는 2개의 조사반이 미리 선정된 수력지점을 현지조사하고 기상조사, 유량조사, 지형조사, 수력이용에 관한 일반조사 등을 수행하고 각종 수력원부(水力原簿)를 작성하는 방식으로 진행되었다. 1925년 말까지 54개 수력지점에 대한 현지조사가 진행되었는데, 압록강수계에는 8개의 수력지점에 대한 현지조사가 이루어졌다. 압록강수계에 속하는 허천강, 장진강, 부전강의 추정 발전용량은 66만Kw로 전체 추정 발전용량의 71%에 해당하였다.[325]

  조선총독부의 압록강수계에 대한 발전수력 조사와 더불어 만철에서도 압록강 수력발전에 대한 조사를 실시하였다. 동삼성순열사(東三省巡閱使) 장줘린(張作霖)의 군사고문을 지낸 예비역 대좌 마치노 다케마(町野武馬)는 압록강 수력발전 및 전력공급 사업을 계획하고 1922년 10월 만철의 협조하에 조사대를 조직하여 압록강과 훈강(渾江)의 수력지점을 조사하였다.[326] 그리고 현지조사에 기반하여 1923년 10월에 중국인 딩지앤시우(丁鑑修)와 공동으로 봉천성과 일본정부에 '압록강수전공사(鴨綠江水電公司)'의 설립 인가를 요청하였다. 재봉천 일본총영사관에 보낸 설립인가원에는 압록강 8개소, 훈강 3개소 등 11개소의 발전소 설립 및 전력공급에 대한 계획서가 첨부되어 있었다.[327] 이에 대하여 조선총독부에서는 지역의 개발이라는 점에서 대체로 동의하지만 공사 시행에서 하천 및 강안의 이용을 방해하지 않도록 해야 한다는 점과 더불어 국제하천인 압록강의 이용에서 국제적 선례가 된다는 점에서 상세한 실시계획을 갖추어 설립원을 정식으로 제출해야 할 것이라는 견해를 표명하였다.[328]

325. 朝鮮總督府遞信局, 『發電水力調査槪況』, 1926, 6-7쪽.
326. 朝鮮總督府, 『朝鮮事情(上)』, 1922.12.
327. 「鴨綠江水電公司設立ニ関スル件」, 1923.10.25, 『鴨綠江水電公司』(B12083494900).
328. 「鴨綠江水電公司設立願ニ関スル件」, 1923.12.3, 0496, 『鴨綠江水電公司』.

압록강수전공사의 설립 인가가 논의될 무렵, 중국 봉황현(鳳凰縣), 관전현(寬甸縣), 안동현에서는 압록강수전공사의 설립 인가를 취소해 달라는 청원이 있었고,[329] 일본 독점자본 계통의 미츠비시(三菱)와 닛치즈(日窒)가 압록강 지류인 장진강과 부전강의 수력발전에 뛰어들었다. 미츠시비는 장진강전력 발기인 이름으로 1923년 8월 장진강 수력발전 계획을 출원하였고, 닛치즈는 조선수력전기 발기인 이름으로 1924년 10월 부전강 수력발전 계획을 출원하였다. 이러한 상황에서 마치노는 기존의 설립 계획을 확장하여 1924년 6월 장진강과 부전강 등 "상류의 지류에 고낙차(高落差)의 지점을 구함과 동시에 조정지(調整地)를 만드는 것"[330]을 포함하는 발전계획을 조선총독부에 출원하였다. 그러나 마치노의 출원은 각하되고 장진강 수력발전은 미츠비시에게, 부전강 수력발전은 닛치즈에게 부여되었다. 조선총독부는 마치노의 항의에 대해서 조선총독부는 동의한 것은 압록강 본류 및 훈강에 대한 것이고 "장진강 및 부전강에 대해서는 양해한 범위 외에 속"[331]한다고 회답하였다.

329. 「中日合併鴨綠江水力電機會社取消要求ニ関シ報告ノ件」, 1924.6.16, 0455, 『日支合弁事業関係雑件 第二巻 9 . 中日合弁鴨緑江水力電気会社』(JACAR Ref. B04010879300).
330. 「鴨緑江水電公司ニ関スル件」, 1925.10.6, 0503, 『鴨緑江水電公司』.
331. 「鴨緑江電力公司ニ関スル件」, 1926.1.26, 0508, 『鴨緑江水電公司』.

Ⅲ. 조선총독부의
압록강-두만강 경계 인식

1. 도서·사주의 귀속과 경계 문제

강점 직후 국경문제는 청국, 러시아와 두만강 국경을 접하고 있는 함경북도에서 제기되었다. 1911년 2월 함경북도장관 다케이 도모사다(武井友貞)는 국제법에 비추어 두만강을 국경으로 정한 간도협약의 불충분함을 거론하면서 내무부장관에게 국경조약을 체결할 것을 제의하였다. 그는 "한·청 국경은 석을수(石乙水)에서 발하는 두만강으로써 양국의 국경임을 추측하는데 그치고 그 이외의 점에 대해서는 자못 불명하고 러·한의 조약에 이르러서는 하등 협정된 것이 없어서 만약 하류의 중심으로써 국경으로 한다고 해도 과연 어느 시기 하천의 중심인가 상상할 수 없고 하천의 중심도 날로 변동하"기 때문에 국경조약을 체결하여 수로, 선박 통행, 어업, 경찰권, 상류경계선 등을 규정해야 한다는 의견을 제시하였다.[332]

1911년 3월 외사국에서 압록강 하구의 수로와 사주에 대한 조사에 착수하면서 압록강 국경문제가 식민당국의 현안으로 부상하였다. 이에 1911년 6월 외사국장은 조선총독에게 국경문제에 대한 현안과 대책을 보고하는 「국경설비에 대한 의견」을 제출하였다. 이 보고서는 전반적인 국경 상

---

332. 「淸露境界＝關スル件」, 1911.6, 『청국국경관계』(CJA0002276).

황을 설명하고 현안에 속하는 5개 항목--국경경비 및 수출입 규제에 관한 건, 운수업 및 판매업의 장려에 관한 건, 연안의 방파공사에 관한 건, 신의 주에 평안북도 도청을 이전하는 건, 신도(薪島)에 경찰서 및 감옥을 설치 하는 건, 다사도(多獅島) 개항에 관한 건--에 대한 의견을 개진하고 있으 며, 별책으로 「국경부근 도서·사주에 관한 조사」 및 도면이 첨부되었다.[333]

보고서에서는 먼저 청국, 러시아와의 국경 상황과 관련하여 "러시아와 의 국경은 연선(沿線) 지극히 짧고 그 수류(水流)는 복잡하지 않다고 해 도 청국과의 국경은 연장 약 300백리에 달하고 곡절착종(曲折錯綜)할 뿐 만 아니라 그 분계선은 1909년 9월 체결한 '간도에 관한 일청협약'을 제 외한 외에는 고래로부터 명정(明定)한 하등의 증적(證跡) 없고 … 단지 피아 모두 압록강 및 두만강을 자연의 국경이라고 인정하는 관례가 있음 에 불과"[334]하다고 파악하였다. 그리고 국경 획정과 관련하여 항행 가능한 하천에서는 최심수저(最深水底)를 국경으로 한다는 국제공법의 원칙에 따라서 "항행할 수 있는 청국측의 수로로써 국경선으로 정함과 동시에 역 사상 및 현실상 조선에 속하는 것이 명확한 도서·사주는 모두 제국 영토 로 간주하고 이에 적당한 조치를 취"[335]해야 하다고 주장하였다. 국경 현안 과 관련해서는 산업과 무역의 중심지로, 그리고 행정의 중심지로 신의주 를 육성할 것과 더불어, 도서·사주의 소속을 유리하게 하기 위하여 압록 강 및 두만강 연안의 방파공사를 시행하고, 신도에 있는 순사파출소를 존 치시키고 감옥을 설치할 것을 제안하였다.

외사국의 보고서는 압록강과 두만강에서의 국경 획정에 대한 조선총독 부의 견해를 최초로 제시하였다는 점에서 주목할 만하다. 보고서에서는

333. 「國境設備ニ關スル意見」, 『청국국경관계』.
334. 「國境設備ニ關スル意見」, 0079, 『청국국경관계』.
335. 「國境設備ニ關スル意見」, 0082, 『청국국경관계』.

국제법의 원칙, 즉 '탈베그의 원칙'[336]에 근거하여 "항행할 수 있는 청국측의 수로"를 국경선으로 상정하고 있다는 점에서 국제법의 기준을 따르는 것처럼 보인다. 그렇지만 주요 수로의 중앙이나 주요 수로의 최심부가 아니라 총독부의 입장에서 유리하다고 생각되는 '청국측' 수로를 국경선으로 상정하고 있다는 점에서 탈베그의 원칙과는 거리가 있다. 또한 탈베그의 원칙을 따라서 하천의 국경선을 획정한다면 도서와 사주의 귀속도 이를 기준으로 결정되는 것이 일반적이다.[337] 그렇지만 통감부 때부터 황초평 확보에 주력해 왔던 식민당국으로서는 하천의 국경선 획정을 기준으로 한 도서와 사주의 귀속을 받아들일 수 없었을 것이다. 따라서 도서·사주의 귀속 문제와 하천에서의 국경선 획정 문제를 분리하고, 도서와 사주의 귀속은 역사적 연혁과 현재의 이용 상황을 근거로 결정해야 한다고 주장하였다.

별책으로 제출된 「국경부근 도서·사주에 관한 조사」는 외사국에서 작성한 압록강 및 두만강의 도서와 사주에 대한 조사보고서인데, 이 조사보고서의 초안에는 도서와 사주에 대한 조사의 목적이 담겨 있다. 즉 압록강과 두만강에 있는 도서·사주가 소속이 불명확하고 한국 귀속을 인정한 것도 단지 관행상의 것에 불과하기 때문에 문헌조사와 현지조사를 거쳐 도서·사주의 현상을 확인하고 한국 귀속을 입증하고자 하였다. 이를 위하여 조사보고서에서는 압록강 본류의 흐름과 사주의 위치, 경작 및 거주의 연혁에 초점을 맞추었다. 황초평과 신택평은 대홍수 이전에는 압록강의 본류가 사주의 서쪽에 있었지만 홍수와 침식, 퇴적으로 인하여 강의 본류가

---

336. '탈베그의 원칙'(Thalweg principle or Thalweg doctrine)은 하천에서 국경을 접하고 있는 당사국이 항행이 가능한 수로의 '탈베그'(thalweg: 수로의 가장 깊은 곳)를 국경으로 삼는다는 규칙이다. 탈베그의 원칙은 항행의 자유와 하천의 동등한 이용에 기반한 것으로, 각종 조약이나 법률적 판정에 다양한 형태로 수용되었으며, 당사국 사이의 특별한 협약이 없다면 탈베그의 원칙에 따르는 것이 일반적이다.

337. Omar Abubakar Bakhashab, 1996, "The Legal Concept of International Boundary", JKAU: Econ. & Adm., Vol 9, pp. 53-54.

동쪽으로 이동하였으며, 현재 강의 본류가 유초평의 서쪽으로 흐른다는 점 등이 사주의 귀속에서 "유리한 사실"이라고 평가하였다.[338] 또한 조선인에 의한 사주의 경작 및 이주의 연혁을 상세하게 조사함으로써 현재 본류의 흐름으로 보아서는 청국 귀속으로 판단할 수 있다고 하더라도 역사적으로 조선에 귀속된 것임을 입증하고자 하였다.

외사국의 압록강 도서·사주에 대한 조사 직후 압록강 하류의 소상도 (小桑島)를 둘러싼 귀속 문제가 불거졌다. 소상도는 중지도(中之島, 현재 威化島) 상류에 인접한 추상도(楸桑島)의 일부로서, [그림 1]의 약도에는 의주 서쪽, 구련성(九連城) 남쪽에 소상도와 대상도가 표시되어 있다. 1912년 5월 안동도대(安東道臺)로부터 소상도가 중국영토이므로 경작하는 조선인의 퇴거를 요청하는 서한을 재안동 일본영사관에 보내왔다.[339] 이에 신의주경찰서에서는 소상도 경작자를 소환하여 진술을 받았고, 안동 영사관에서 현지를 시찰한 바, 조선인 경작자는 1906년부터 토지를 구매하여 경작해 왔으며, 청국인은 1908년부터 봉천성의 면허를 받아 경작하고 있었다.[340] 7월에 중국인이 소상도에서 경작중인 조선인을 체포하였고, 이듬해 4월에는 경작자를 비롯하여 중국 순경과 일본 경관이 충돌하는 등 분쟁이 계속되었다.[341]

2. 압록강 철교와 조·청 국경 문제

1909년의 간도협약으로 일·청 간에 두만강 경계는 확인되었지만 압록

---

338. 「鴨綠江本流澪筋ニ關スル件」, 『국경부근도서사주에 관한 조사』, 1911.4(CJA0002277).
339. 「鴨綠江小桑島ニ關スル件」, 1912.5.4, 0018, 『압록강소상도관계』(CJA0002285).
340. 「鴨綠江小桑島ニ關スル件」, 1912.7.2, 0033-0047, 『압록강소상도관계』.
341. 「小桑島ニ於ケル警察事故ニ關スル件」, 1912.6.5, 0096-0098, 『압록강소상도관계』.

강 경계에 대해서는 양국 간에 아무런 협정도 없는 상태에서 안봉철도가 개축되고 안봉선과 경의선을 연결하는 압록강철교가 착공되었다. 압록강 철교는 러일전쟁 당시 병참총장 산하의 임시군용철도감부(臨時軍用鐵道監部)에서 안봉철도와 경의철도를 공사하던 시기에 건설 계획이 세워졌다.[342] 러일전쟁 직후 안봉철도와 경의철도를 연결하기 위해서 우선 군용 협궤철도로 건설된 안봉철도를 표준궤로 개축하는 문제가 제기되었다. 그러나 청국정부의 반대로 착수하지 못하다가 1909년 8월 간도협약 체결에 앞서 양국이 "철도의 궤간을 경봉철도(京奉鐵道)와 같게 한다"라고 규정한 「안봉철도에 관한 각서」에 서명함으로써 안봉철도 개축공사가 비로소 시작될 수 있었다.[343] 압록강철교 건설은 러일전쟁 이후 통감부 철도관리국에 인계되었으며, 베이징주재 영국·미국대사의 항의로 인하여 교량의 설계를 고정식에서 개폐식으로 변경한 후, 1909년 8월 조선측 교량공사에 착수하였다. 청국측 교량공사는 1910년 4월 일·청 간에 "한국측으로부터 청국 안동현에 달하는 교량을 가설하는 것에 대하여 대청국정부는 이에 동의"[344]하는 「압록강가교에 관한 일청각서」를 체결한 이후에야 시작할 수 있었다.[345]

1911년 10월 말 압록강 철교가 완공되고 11월 1일에 안봉철도 개축공사가 완료되어 전구간이 개통됨에 따라 경의철도와 안봉철도를 연계하는 직통열차의 운행을 위하여 11월 2일 일·청 간에 「국경열차 직통운전에 관한 협약」을 체결하였다. 이 협약은 국경을 통과하는 직통열차의 기관차 변경, 세관 수속, 수화물 검사 등을 규정한 것이지만 압록강 철교상의 국경을 획정하였다는 점이 주목을 요하는 부분이다. 협약의 제2항에서 "양

---

342. 朝鮮總督府鐵道局, 『朝鮮鐵道史』, 1929, 457-463쪽.
343. 김지환, 2013, 「안봉철도 개축과 중일협상」, 『중국근현대사연구』 59, 51-57쪽.
344. 「鴨綠江架橋＝關スル日淸覺書」, 1910.4(B13090915800).
345. 『朝鮮鐵道史』, 463-472쪽.

철도 열차의 직통을 위하여 압록강철교상의 중심으로써 양국 국계(國界)로 삼고, 이서(以西)를 청국 국경으로 하고 이동(以東)을 일본 국경으로 한다”[346]고 압록강 철교의 중간을 국경으로 정하였다.

압록강 국경에 대한 협약이 없는 상황에서 압록강철교상의 국경 획정은 러일전쟁 이후 일·청 간에 체결된 각종 협약에 근거한 것이었다. 러일전쟁 직후인 1905년 12월 청과 일본은 「회의동삼성사의정약(會議東三省事宜正約)」(일본 명칭: 「日清滿洲ニ關スル條約」)을 체결하여 러시아의 기존 권리를 일본에게 양도할 것을 승인하였으며, ‘부약(附約)’(‘附屬協定’) 제6조에서 안봉철도를 완공한 날로부터 15년 후에 중국에게 매도하도록 규정하였다. 이러한 규정은 「압록강가교에 관한 일청각서」에 반영되어서, 일청각서 제3항에서 “강심으로부터 서안에 이르는 교량의 절반은 안봉철도와 동일하게 15년 후 청국에서 매수한다”[347]고 규정하였다. 청국 정부는 안봉철도를 15년 후에 매수하기 때문에 압록강철교도 교량의 절반은 청국의 권리로 간주하고 교량의 절반을 안봉철도와 같이 매수하는 것으로 규정한 것이다. 이러한 과정을 거쳐 1911년의 직통운전에 대한 협약에서 압록강철교상의 중심이 양국의 국경으로 설정되었고, 압록강의 국경문제는 압록강철교상의 국경 설정으로 국한되었다.

직통운전에 대한 협약을 체결하기 위한 양국 협상 당시 청국측 위원은 압록강에서의 국경 획정을 제안하였다. 청국측 위원은 직통운전에 대한 협약에 압록강의 중심을 국경으로 하는 규정을 넣을 것을 제기하였으며, 이에 대하여 일본측 위원은 압록강 국경에 대한 규정은 지금의 협정 사항과 관계가 없다고 거부하였다. 일본측의 입장은 압록강에서 일·청 양국의

---

346. 『国境列車直通運転に関する協約 調印書』, 1911.11.2.(B13090917000). 이 협약의 중국측 명칭은 ‘安奉鐵路與朝鮮鐵道國境通車協定’이다.
347. 「鴨綠江架橋ニ関スル日清覺書」.

국경은 조약상으로도 관례상으로도 아직 확정된 사실이 없다는 것과 막연하게 압록강의 중심을 국경으로 한다면 향후 압록강 전반에 걸친 '일반적 국경'을 획정하는데 일본측에 불리하다는 것이다. 조선총독부는 직통열차 운행을 위하여 이전에 체결된 양국의 협정 때문에 부득이하게 압록강철교의 중간을 국경으로 삼았을 뿐, 일반적인 관계에서 교량의 중심을 국경으로 삼은 것은 아니라고 해석하였다.[348] 그렇지만 압록강철교상의 국경 문제는 직통열차의 운행에 국한되지 않고 압록강철교에서의 각종 법적 권한, 압록강철교 아래의 선박 통행 문제 등으로 파급되었다. 1912년 7월 평안북도에서는 "압록강교량 개폐부를 통과하는 선박은 개폐교 교각의 우측을 통행해야 한다"(「평안북도경무부령」 제15호)는 규정을 제정, 시행하였는데, 이에 대해서 안동도대로부터 양국 관헌이 협의해서 결정할 것을 일본측에서 독단적으로 결정하였다는 항의가 제기되었다.[349]

3. 두만강 하구의 어업과 일·러 국경 문제

강점 직후 두만강 하구의 사주에서 조선인과 일본인이 어로에 종사하면서 러시아와 국경문제가 발생하였다. 두만강 하류 및 하구에서는 조선시대부터 연어잡이가 성행하였는데, 하구에서는 배에서 어망을 사용하고 하류 연안에서는 지예망(地曳網, 후릿그물)을 사용하여 연어를 잡았다. 1911년 당시 두만강 하구와 사주에는 14호, 43명(조선인 29, 일본인 14)이 연어잡이에 종사하고 있었다.[350] 1910년 9월과 10월에 걸쳐 러시아 관헌이 두만강 하구의 사주에서 고기잡이하던 조선인과 일본인을 위협하고 어선,

---

348. 「鴨綠江鐵橋下水面ニ於ケル警察權ニ關スル件」, 1912.9.21, 0946-0949, 『청국국경관계서』(CJA0002283).

349. 「鴨綠江鐵橋回轉部航行取締ニ關スル朝鮮總督府平安北道警務部令ニ付安東道臺抗議ノ件」, 1912.10.3, 0935-0937, 『청국국경관계서』.

350. 「圖們江沿岸地調査復命書 附 地圖並寫眞」, 0028-0030.

어구를 몰수하는 사건이 일어났다. 당시 러시아 관헌은 양국 강안의 중앙선이 국경이기 때문에 고기잡이하던 사주는 러시아령이라고 퇴거를 명령하였다.[351] 그러나 이듬해에 사건이 벌어졌던 사주가 조선측 연안에 접속되어 분쟁이 일어날 여지가 없어졌기 때문에 다시 연어잡이가 계속되었다.[352] 이처럼 강의 흐름 여하에 따라 사주의 변동이 심하고 분쟁이 일어날 소지가 다분하자, 재일본 러시아대사는 1911년 7월 고무라 외상에게 두만강 하구에서의 어업권에 대한 양국의 특별협정 체결을 제안하였다.[353]

이에 대하여 일본정부는 협정 체결에 동의하였고, 조선총독부에서는 두만강 하구에 대한 실지조사를 실시하는 한편, 러시아측 위원의 실지조사를 지원하였다. 실지조사를 토대로 조선총독부에서는 1912년 4월 어업에 대한 협정안과 더불어 경계, 항행, 교통 및 교역에 관한 협정안을 외무성에 제출하였다. 조선총독부의 협정안은 2개의 협정—'두만강 및 그 부근 해면에서 어업에 관한 일러 양국협정'과 '두만강 하류 일러 양국의 경계, 항행, 교통 및 화물 수출입에 관한 협정'—으로 구성되어 있는데, 원래 제기된 어업에 관한 협정에다가 "지방 주민의 편익을 도모하고 또 장래 양국 국경에 관하여 발생할 수 있는 紛議를 방지"하기 위하여 경계, 항행, 교역에 대한 별도의 협정을 추가하였다. 후자의 협정안은 국경 획정, 국경 개방, 월경 왕래의 경로, 도선 영업, 월경시의 수속, 화물의 수출입, 면세품 등을 규정하고 있는데, 그중에서 주목되는 것은 두만강에서 양국의 국경에 대하여 "두만강 하류에서 양체맹국(兩締盟國)의 경계는 그 최심하상(最深河床)의 중앙으로써 이를 획정할 것"(제1조)이라고 규정하고 있다는 점이다.[354]

---

351. 「國境附近島嶼沙洲ニ關スル調査」, 17-18쪽.

352. 「圖們江沿岸地調査復命書 附 地圖並寫員」, 0029.

353. 「圖們江下流及江口ニ於ケル漁業區域協定方提起ノ件」, 1911.7.13. 『圖們江漁業ニ關スル日淸協約締結一件』(B07080113100).

354. 「圖們江及其ノ附近海面ニ於ケル漁業並日露兩國ノ境界,航行,交通及貨物輸出入ニ關スル協約締結ノ件」, 『圖們江漁業ニ關スル日淸協約締結一件』.

조선과 러시아의 두만강 국경은 1860년 베이징조약과 1861년의 「한카의정서('興凱議定書')」에서 중·러 동부국경이 획정되는 과정에서 설정되었다. 베이징조약에서 '아무르강(黑龍江)-우수리강(烏蘇里江)-한카호(興凱湖)-후비투강(瑚布圖河)-훈춘강(琿春河)-도문강'에 이르는 경계가 확정되었으며, 이듬해 6월 우수리강에서 두만강까지 8개의 경계비를 설치하고 한카호에서 「한카의정서」에 서명함으로써 두만강 국경이 최종 확정되었다.[355] 당시 두만강 하구에서 20리 떨어진 곳에 토자비(土字碑)가 세워졌고, 두만강 하구 좌안에 오자비(烏字碑)를 세워야 하지만 설치되지 않았다.[356] 조약 체결 당시의 국경지도를 볼 수 없기 때문에 두만강상의 국경선을 확인할 수 없지만, 토자비에서 오자비에 이르는 두만강의 동쪽(우안)은 러시아령이고 서쪽(좌안)은 청국령이기 때문에 국경선은 두만강의 중앙에 설정되었을 것이다. 이후 두만강 하구에 대한 국경 협정이 없었기 때문에 조선총독부에서 두만강의 "최심하상의 중앙"을 조선과 러시아의 국경선으로 획정하자는 제안은 경계를 접한 당사국 간의 최초의 국경 교섭이라고 할 수 있다. 또한 탈베그의 원칙에 따라 두만강의 "최심하상의 중앙"이 국경선으로 설정되었다는 점은 압록강에서 청국/중국의 국경 교섭 제의에 대한 일본정부나 조선총독부의 대응과 대비되는 점이다.

조선총독부의 협정안을 토대로 하여 이후 몇 차례의 수정을 거쳐 외무성의 최종안이 제출되었는데, 양국의 국경선을 규정하는 제1조에는 "전기(前記)의 경계를 지시하기 위하여 적당한 장소에 표식을 설치할 것. 최심하상의 위치에 현저한 변동이 생길 경우에는 양국 협의한 위에 전항에 의하여 다시 경계를 정할 것"이라는 2개 항만 추가되었을 뿐이다.[357] 최종안

355. 보리스 이바노비치 트카첸코, 2010, 『러시아-중국: 문서와 사실에 나타난 동부국경』, 동북아역사재단, 37-49쪽.
356. 김형종, 2013, 「오대징과 1880년대 청·러 동부국경감계」, 『중국근현대사연구』 60, 39-40쪽.
357. 「日露兩國間＝圖們江及其ノ附近海面＝於ケル漁業＝關スル條約並同江下流＝於ケル境界交通等＝關スル協約締結＝付閣議請求ノ件」, 『豆滿江下流及江口＝於ケル日露漁業協約締結一件』, 0025 (B07080129300).

에 첨부된 두만강 하구 지도인 [그림 2]를 보면, 토자비까지의 국경선과 더불어 두만강 하구의 사주 및 녹둔도(鹿島)의 위치가 잘 나타나 있다. 우측 아래의 축약도에는 추정 국경선이 조선측 연안과 녹둔도 사이를 지나고 있다. 이후 외무성에서는 1914년 4월 최종안에 대한 각의 결정을 요청함과 더불어 재일본 러시아대사에게 전달하였지만 제1차 세계대전 발발로 협정 체결은 중단되었다.[358]

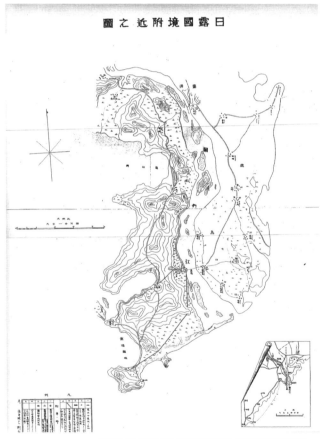

日露國境附近之圖

[그림 2] 「일로국경부근지도(日露國境附近地圖)」
('두만강 하류 일러 양국의 경계, 항행, 교통 및 화물 수출입에 관한
협정' 부속 지도)

358. 「圖們江漁業條約幷國境條約」, 『豆滿江下流及江口ニ於ケル日露漁業協約締結一件』, 0097-0098.

4. 압록강 공동 측량과 일·중 국경 교섭

1922년 1월 재일본 중국대리공사는 일본 외무대신에게 압록강에서의 국경 획정을 위한 국경회담 및 국경 측량을 제안하였다. 중국정부의 국경 회담 제안이 나오게 된 것은 일본해군 수로부와 안동해관의 압록강 하구 공동측량이 계기가 되었다. 일본해군 수로부는 1921년 4월 통상항해용 해도 개정을 위하여 측량반을 파견하여 압록강 하구를 중심으로 신의주, 안동, 용암포 등지의 측량에 착수하였다. 측량반은 용암포에 도착하여 재안동 일본영사관을 통하여 중국 영토에서의 측량에 대한 중국정부의 양해를 구하였으며, 동변도윤(東邊道尹)의 양해에 따라 용암포를 근거지로 측량작업에 착수하였다. 한편 안동해관에서도 측량 참가를 요청함에 따라 6월에 안동영사관에서 측량반장 오가와 도시히코(小川俊彦) 중좌와 상해해관 소속의 측량기사 밀스(S. V. Mills)가 만나서 중일 합동측량과 완성도 상호교환, 대동구(大東溝) 측량작업시 중국관헌의 입회, 중국측의 측량 자료 제공 등에 합의하였다.[359] 이후 수로부 측량반은 7월에 측량작업을 완료하였고, 밀스는 7월에 측량작업에 착수하여 11월 말 결빙으로 작업을 중지하였다가 이듬해 작업을 재개하여 6월에 완료하였다.

중국정부에서 국경회담을 제안한 것은 압록강 하구 공동측량이 양국의 협조로 원만하게 마무리될 무렵이었다. 재일본 중국대리대사 장위앤지에(張元節)은 "해강(該江: 압록강-필자)은 중국과 조선의 천연의 분계(分界)이지만 조선병합 이래 중일 양국이 다시 조사하지 않으니 각기 대표를 파견하여 해관에서 새로 측량한 지도를 준거로 삼아 회동하여 경계를 정한다면 분명히 후일의 쟁집(爭執)을 면"[360]할 수 있을 것이라고 청일 양

359.「鴨綠江口水路測量實施ニ關シ日支交涉經過報告」, 0014-0015.『鴨綠江日支劃界問題一件 (附 渡船場問題, 島嶼問題)』(B03041227800).

360.「書翰」, 0007,『鴨綠江日支劃界問題一件 (附 渡船場問題, 島嶼問題)』.

국의 국경회담을 제안하였다. 이에 대하여 4월에 우치다 외무대신은 각 성의 회신을 참조하여 작년과 같은 공동측량은 계속할 수 있지만 국경회담에 대해서는 "국경 획정을 위한 압록강 및 도문강 전부에 걸친 측량은 대사업으로 갑자기 이에 착수하는 것을 주저"[361]한다고 거부 의사를 표명하였다.

그럼에도 7월에 재일본 중국대리공사는 측량이 완료된 지역에 한하여 감계위원을 파견하여 경계를 획정할 것을 요청하였다. 척식국(조선총독부)을 비롯한 각 성의 회신이 지체되는 중에, 재안동 일본영사는 외무대신에게 안동과 신의주를 무역항으로 육성하기 위해서는 압록강의 보전개수 공사가 필요하지만 "세무사의 의견과 같이 최심수로(最深水路)의 중앙을 국경선으로 할 때에는 전기(前記)한 황초평 및 기타 몇 개의 도서·사주는 그 우안(右岸)으로 됨으로써 자연히 중국 영토로 귀속"[362]된다고 우려를 표명하면서 안동해관 세무사 퍼거슨(T. H. Ferguson)의 국경선 확정 및 강류 보전 문제에 대한 의견서를 첨부하였다. 퍼거슨은 안동과 신의주가 중요한 무역항으로 발전하기 위해서는 양호한 수로를 갖추는 것이 필요하며, 이를 위하여 수로의 개수와 보전을 담당할 공동관리기구 설치를 제안하였다. 그리고 공동관리기구를 통해서 보전개수공사를 시행하면 압록강 하구의 '최심수로'가 확인될 것이므로 당연히 국경 획정으로 귀결될 수 있을 것이라는 견해를 피력하였다.[363]

국경회담에 대한 일본정부의 회답이 지체되자 1923년 1월 주일본 중국 대리공사는 서한을 보내어 국경회담을 신속히 진행할 것을 재차 요청하

361. 「鴨綠江口水路測量ニ關スル件」, 0032-0033, 『鴨綠江日支劃界問題一件 (附 渡船場問題, 島嶼問題)』.
362. 「鴨綠江保全工事及國境線劃定ニ關スル件」, 1922.11.17, 0077-0078, 『鴨綠江日支劃界問題一件 (附 渡船場問題, 島嶼問題)』(B03041227900).
363. 「趣意書」, 0080-0096, 1922.11.3, 『鴨綠江日支劃界問題一件 (附 渡船場問題, 島嶼問題)』.

였다. 각 성의 회신 중에서 조선총독부의 회신이 가장 늦었는데, 8월에 척식국에 보낸 조선총독부의 견해는 압록강 보전개수공사에는 동의하지만 국경 획정에 대해서는 회의적이었다.[364] 조선총독부는 현재 강의 본류를 전제로 '최심수로'를 국경으로 삼자는 안동해관 세무사의 견해를 비판하면서 "청한 양국의 국경 같이 종래의 영유 연혁이 현저한 경우에 이를 적용하는 것은 그 연혁과 사실을 무시하는 추상론에 의하여 문제를 해결하게 되어 기정(旣定)의 영토권을 침해하는 결과가 됨으로써 본 건은 강류(江流)의 보전과 국경 획정을 별개로 처리하는 것이 적당"하다고 평가하고, "고래(古來) 압록강·도문강은 조선에서 관리하는 바로서 국경선은 오히려 대안(對岸)에 있고 … 강중(江中)의 도서 같이 한둘 불명한 것을 제외하면 전부 조선에 속"[365]한다고 주장하였다. 조선총독부의 의견은 척식국을 통하여 외무성에 전달되었고, 10월 척식국에서는 국경 획정에 동의하면서 조선총독부 내무국장과 사무관을 경계획정위원으로 선정하여 외무성에 보고하였다.[366]

1923년 후반 들어 국경 획정을 위한 양국의 교섭은 더 이상 진전되지 않았다.[367] 양국의 교섭이 중단된 이유는 조선총독부의 국경 획정에 대한 회의적인 입장과 더불어 1922년부터 양국 간에 압록강과 두만강에서 도서와 사주의 귀속문제가 불거졌기 때문이다. 먼저 1922년 4월 두만강 하류에 있는 유다도(柳多島, 중국명 夾心子)의 귀속 문제가 제기되었다. 훈

---

364. 체신청에서는 선박 통행에 차질이 없다면 보전공사 및 국경 획정에 다른 의견이 없다고 회신하였고, 해군성에서는 보전공사는 이의가 없지만 불온 조선인과 마적의 규제 및 어업구역의 제한 등 불리한 점이 있기 때문에 국경 획정에는 반대한다고 회신하였다. 「鴨綠江水道國境線劃定ニ關スル件」, 1923.8.13, 0153, 『鴨綠江日支劃界問題一件 (附 渡船場問題, 島嶼問題)』(B03041228000).

365. 「鴨綠江保全工事及國境線劃定ニ關スル件」, 0149-0150, 『鴨綠江日支劃界問題一件 (附 渡船場問題, 島嶼問題)』

366. 「鴨綠江水道國境線劃定ニ關スル件」, 0155.

367. 1925년 10월 외무성에서 압록강 도서의 귀속문제를 정리한 문건에서 '압록강 국경획정 문제'에 대한 항목이 해군성과 조선총독부의 답신을 소개하는 것으로 끝나는 것으로 보아 국경획정에 대한 중일 교섭은 1923년 후반에 중단된 것으로 보인다. 「鴨綠江ノ島嶼歸屬問題」, 0497-0498. 『鴨綠江日支劃界問題一件 (附 渡船場問題, 島嶼問題)』(B03041228500).

춘현 지사로부터 유다도가 중국 영토이기 때문에 경원의 조선인이 경영하는 유다도의 도선장을 공동경영해야 한다는 서한을 재훈춘 일본영사관에 보내온 것을 계기로 유다도와 그 위쪽의 고이도(古珥島), 동도(東島)의 귀속문제가 제기되었다.[368] 이어서 1923년에는 중국측에서 압록강 하구에 있는 황초평의 귀속 문제를 제기하였다. 1923년 11월 동변도윤 겸 안동교섭원 왕순춘(王順存)은 대황초평이 중국 영토임을 주장하는 서한을 재안동 일본영사관에 제출하였다.[369] 대황초평은 통감부 이래로 귀속 문제가 제기되어 온 사주로서, 1908년부터 평안북도관찰사(1910년부터는 평안북도 장관)가 청국인 합자자들로부터 납세해 온 곳인데, 중국측에서 다시 귀속 문제를 제기한 것이다. 1925년 7월에는 혜산진과 장백부 사이에 있는 사주에 중국측이 도선감시소를 설치함으로써 사주의 귀속 문제가 제기되었다.[370] 이처럼 중국측에서 국경회담을 제기한 이래 압록강과 두만강의 도서 및 사주에 대한 귀속 문제를 제기하자 조선총독부에서는 "중국측에서 중주(中洲) 및 도선경영권을 취득하려는 것은 다년의 숙원으로서 기회가 있을 때마다 각종 수단을 가지고 우리 태도를 엿보고 수득(收得)의 목적을 달성하는 것에 초려(焦慮)하고 있"[371]다고 보았으며, 이러한 인식은 국경 획정 문제에 부정적으로 대응하게 만들었다.

일·중 국경 교섭 이후 압록강 및 두만강의 국경 획정에 대한 조선총독부의 인식은 1925년 11월 제51회 제국의회에 제출한 『제51회 제국의회 설명자료』에 나타나 있다. 조선총독부는 '압록강 보전공사 및 국경선 획정

368. 「城川渡船場施ニ関シ支那側申出ノ件」, 1922.4.15, 0024-0033, 『鴨綠江日支劃界問題一件(附 渡船場問題, 島嶼問題)』(B03041227800).
369. 「黃草坪所屬問題ニ關スル件」, 1923.11.1, 0233, 『鴨綠江日支劃界問題一件 (附 渡船場問題, 島嶼問題)』(B03041228100).
370. 「惠山ト長白府間ニ在ル中洲ニ水上分局ニ於ヶ監視所設置ニ關スル件」, 1925.7.27, 0418-0419, 『鴨綠江日支劃界問題一件 (附 渡船場問題, 島嶼問題)』(B03041228400).
371. 「惠山ト長白府間ニ在ル中洲ニ水上分局ニ於ヶ監視所設置ニ關スル件」, 0418.

의 건'에 대해서 서술하면서, 척식국에 제출한 자신의 견해를 약술하고 참고사항으로 '일중 국경 의정에 관한 총독부의 의견'을 덧붙이고 있다. 즉 국경 획정과 관련하여 "그 획정에 대한 방침은 대체로 수류(水流)에 따르고, 국경을 나누는 도서에 대해서는 연혁 및 현재의 사실을 존중하여 관리 상태에 따라 정한다"[372]라고 방침을 제시하고 이에 따른 국경획정안을 다음과 같이 제시하였다.

국경에 관한 협정안

1) 조선과 중국과의 경계는 백두산정계비를 기점으로 하고, 동서로 분기하는 수류(水流)로 정하며, 동북계는 도문강의 좌안(左岸), 서북계는 압록강의 우안(右岸)으로 한다.[373]

2) 조선과 중국과의 경계는 백두산정계비를 기점으로 하여 동서로 분기하는 수류로 하고, 도문강 및 압록강 중에 소재하는 도서는 현재의 관할 상태에 따라 해당국의 소속으로 정한다. 관할 불명인 것과 쟁의가 있는 것은 종래의 연혁을 존중해서 대일본제국의 소속으로 한다.

3) 조선과 중국과의 경계는 백두산정계비를 기점으로 하여 동서로 분기하는 수류로 하고, 도문강과 압록강 중에 소재하는 도서는 현재의 관할 상태에 따라 해당국의 소속으로 정한다. 관할에 관하여 쟁의가 있는 것은 종래의 연혁을 존중해서 대일본제국의 소속으로 인정하고, 관할 불명인 것은 연고, 거주, 경작 등의 사실과 강류(江   )의 유심선(心線)측과 동일한지 아닌지 등에 따라 그 소속을 정한다.

---

372. 「鴨線江保全工事及國境線劃定ノ件」, 『第五十一回帝國議會說明資料』, 1925.11.
373. 백두산정계비를 기점으로 할 경우 도문강의 '좌안'은 중국측 연안이고 압록강의 '우안'도 중국측 연안이다.

4) 조선과 중국과의 경계는 백두산정계비를 기점으로 하여 동서로 분기하는 수류로 하고, 도문강 및 압록강 중에 소재하는 도서는 현재의 관할 상태에 따라 당해국의 소속으로 정한다. 관할에 관하여 쟁의가 있는 것은 연고, 거주, 경작 등의 사실과 강류의 유심선측과 동일한지 아닌지 등에 따라 그 소속을 정한다. 만약 관할에 관하여 쟁의가 있거나 불명인 것으로 의조(議調)하는 경우에는 이들을 반분하여 그 소속을 결정한다.[374]

제국의회에 제출된 조선총독부의 국경획정안은 압록강의 우안과 두문강의 좌안을 국경으로 하고, 도서는 현재의 관할 상태에 따라 해당국 귀속으로 정하되, 관할에 쟁의가 있거나 불명인 것은 연고, 거주, 경작의 연혁, 유심선 등을 고려하여 귀속을 정한다고 정리할 수 있다. 총독부의 이러한 국경 획정에 대한 방침은 주요 수로의 중앙이나 주요 수로의 최심부가 아니라 압록강의 우안과 두만강의 좌안을 국경으로 삼음으로써 조선측 연안에서 중국측 연안에 이르는 강의 흐름 전체를 자신의 영토로 포괄하고자 하였다. 이처럼 압록강의 우안과 두만강의 좌안이 국경이 된다면 압록강과 두만강상의 도서와 사주는 일본의 영토로 귀속되는 것이 일반적이다. 물론 연고, 거주, 경작의 연혁, 유심선 등의 귀속에 대한 기준이 언급되고 있지만 명확한 근거가 없는 한 일본의 영토로 귀속되는 것이다.

1920년대 중반 조선총독부의 국경 획정에 대한 방침은 압록강의 우안과 두만강의 좌안을 국경으로 정하는 것으로 귀결되었다. 이러한 국경 획정의 방침은 국제공법의 원칙에 따른 "청국측 수로"를 국경으로 정하는 것에서 압록강의 우안과 두만강의 좌안을 국경으로 정하는 것으로 변화하였다. 이러한 변화는 통감부시기 이래 제기되어 온 압록강과 두만강에 있는 도서·사주의 귀속 문제에 대한 대응이라고 할 수 있다. 조선총독부

---

374. 위와 같음.

는 도서·사주에 대한 조사에 착수한 초기부터 "역사상 및 현실상 조선에 속하는 것이 명확한 도서·사주는 모두 제국의 영토로 간주"하였으며, 중국과의 국경교섭 과정에서는 안동해관의 탈베그의 원칙에 따른 국경 획정을 비판하고 "옛날부터 압록강·도문강은 조선에서 관리하는 바로서 국경선은 오히려 대안에 있"다고 주장하였다. 또한 중국측이 제기한 황초평 귀속 문제에 대하여 예로부터 "압록강 및 두만강의 피안(彼岸) 30청리(淸里) 내지 50청리를 완충지대로써 공광(空曠)의 땅으로 삼아 이들 지역에는 지나인의 거주, 경작을 금"하여 왔던 역사에 비추어, "압록강은 국제법상의 원칙으로서 규율할 수 없는 사정도 있고 또 예전부터 조선측에서 현실적으로 관리하여 온 것은 기왕의 역사에 비추어 명확"[375]하다고 주장하면서, 압록강 우안과 두만강 좌안을 국경으로 삼는 방침을 수립하였다.

---

375. 「黃草坪所屬問題ニ關スル件」, 『第五十一回帝國議會說明資料』.

Ⅳ. 맺음말

강점 직후 조선총독부는 압록강-두만강 국경지역을 관리하는 한편, 국경을 마주하고 있는 중국 및 러시아와의 국경 교섭에서 실질적인 담당자가 되었다. 국경지역의 관리를 위하여 조선총독부는 압록강-두만강 국경지역의 현황과 동향을 수시로 파악하였으며, 압록강 하구의 수로와 사주에 대한 조사에 착수하면서 압록강-두만강 국경 문제가 식민당국의 현안으로 부상하였다. 특히 청국/중국과의 도서 귀속 문제, 러시아와의 두만강 하구 어업 문제가 제기되면서 조선총독부는 국경 교섭의 직접적인 담당자가 되었다.

조선총독부는 1910년대 전반 압록강-두만강의 도서 및 사주 조사를 통하여 도서 및 사주의 현황과 역사적 연혁을 파악하여 도서 분쟁에 대비하였으며, 압록강-두만강 대안지역에 대한 조사, 시찰을 통하여 국경 지역의 현황과 동향 및 대안지역으로 이주한 조선인의 현황과 동향을 주기적으로 파악, 보고하였다. 또한 삼림자원, 수력자원 등 자원조사에 나섰는데, 임적조사사업과 국유림구분조사사업을 통하여 압록강과 두만강 유역의 국유림을 조사, 관리, 활용하였으며, 압록강수계에서의 수력발전 가능성을 조사하고 수력발전사업을 지원하였다.

이러한 조사에 기반하여 조선총독부는 국경 문제에 대한 정책적 방침을 수립하고 중국, 러시아와의 도서 분쟁 및 국경 교섭에 대처하였다. 1911년 국경열차의 직통운전을 위하여 압록강철교의 중심을 국경으로 삼았지만 이는 압록강철교에 국한된 것이었으며, 압록강과 두만강의 도서·사주에 대한 조사를 기반으로 가항수로를 국경선으로 하되 도서와 사주의 귀속은 역사적 연혁과 현실적 조건에 따라 정한다는 방침을 수립하였다. 이러한 방침은 1920년대 초반 중국과의 국경 교섭에서 압록강 보전개수공사는 찬성하지만 '최심수로'를 국경으로 하는 국경 획정에는 반대하는 방향으로 변화하였고, 압록강의 우안과 두만강의 좌안을 국경으로 하는 국경협정안으로 귀결되었다. 이러한 방침의 변화는 통감부시기 이래 지속적으로 제기되어 온 압록강과 두만강에 있는 도서·사주의 귀속 문제에 대한 대응이었다.

　반면 두만강 하구의 어업을 둘러싼 러시아와의 협정에서 조선총독부는 '최심하상의 중앙'을 국경선으로 규정하는 안을 제시하였다. 이러한 차이는 러시아와는 도서·사주의 귀속 문제가 논란이 되지 않았다는 점도 있지만, 동아시아의 국가간체제(interstate system)에서 양국 간의 관계를 규정하는 정세의 차이도 커다란 영향을 미쳤다. 중국과의 관계는 러일전쟁 이후부터 제1차 세계대전 시기까지 일본이 우월한 위치에서 열강의 이권 쟁탈에 참여하였으며, 1920년대 들어 중국이 국내의 반일운동과 미국 주도의 일본 견제를 기반으로 열세를 만회하고 있었지만 군벌의 난립과 국공 내전으로 국경 교섭에 어려움을 겪고 있었다. 그렇지만 러시아와 어업 및 국경 협정이 논의되는 시기는 러일전쟁 이래의 러일동맹을 기반으로 내몽고와 만주의 분할에 상호 협력하던 때였기에 러시아와 대등한 관계에서 국경 교섭이 이루어질 수 있었다.

일제가 노래한 압록강과
백두산의 여러 모습

최현식

Ⅰ. 백두산과 압록강, '향토'와 '병영'의 사이

　꼭 100여 년 전 우리말로는 「압록강절」과 「백두산절」, 일본말로는 「오롯코부시(鴨綠江節)」와 「하쿠토산부시(白頭山節)」로 불리던 일본 신민요 두 편이 식민지 조선과 일본 본토에서 유행의 붐을 타기 시작했다. 두 노래는 해방 후 한국에서는 음반과 기록 모두 쉽게 찾아볼 수 없을 정도로 가뭇없이 사라졌다. 남북분단 이전의 '해방 조선'에서는 '새로운 민족문화 건설'이 새 나라 건설의 핵심 과제 가운데 하나였다. 그랬던 만큼 일본어 가요, 즉 '적산(敵産)의 문화'는 민족의 영지(領地 / 靈地) 백두산과 압록강을 노래했을지라도 즉각적인 말소의 대상일 수밖에 없었다. 이와 달리 일본에서 두 노래는 기록상 1990년대까지 한편으로는 『일본민요』, 『고향의 노래』, 『민요여행』 등의 서적과 음반 수록곡으로, 다른 한편으로는 『추억의 군가집』의 한 항목으로 올라 있어 패전 후에도 인기가 여전했음을 실감케 한다.

　그런데 일본에서의 기록과 유행에는 어딘지 이상한 점이 엿보인다. 개념과 느낌상 매우 상반되는 고향과 민요, 군사와 병영이 '백두산'과 '압록강'의 표지로 올라 있다는 사실이 그것이다. 가사만 본다면, 두 노래는 군사나 병영 관련 내용이 전무하다. 백두산과 압록강 일대 사계절의 아름다운 자연풍경, 명물 압록강철교와 뗏목, 연인의 사랑, 일본 내지에 대한 향수 정도가 노래될 뿐이다. 요컨대 이국정서(취향)와 결합된 식민지 자연의 심미화와 인간화가 노래의 중심이다. "「압록강절」은 「백두산절」과 나란히 조선에서 출현한, 유명한 일본인의 민요"[376]라는 일본 연구자의 기초적 설명에 일단은 부합하는 양상인 것이다.

하지만 다음과 같은 일제 식민주의의 팽창은 두 노래의 성격과 역할을 돌변시킨다. 러일전쟁 후 제국의 미래로 '한만(韓滿)경영'을 공식화한 일제는 압록강—백두산—두만강의 국경지대를 정치 · 경제 · 문화 · 군사적 요충지로 개척하기 시작했다. 그 핵심에 백두산 삼림의 벌목 및 압록강 유벌(流筏:뗏목)에 기초한 각종 산업의 발전, 한만 국경수비대를 통한 조선과 중국의 항일무장투쟁단에 대한 토벌이 위치했다. 이 과정에서 1920년을 전후하여 「압록강절」은 일본 출신의 벌목뗏목꾼의 희망과 고통을 달래는 신민요로, 「백두산절」은 처음부터 국경수비대의 고향을 그리는 군가로 조선과 만주, 일본 본토에서 널리 불리게 된다. 이곳에 벌써 암시되어 있지만 한만 국경지대 개척과 지배의 관건은 각종 산업시설과 재조 · 재만일본인을 보호할 수 있는 강력한 군사력의 보유와 실행 능력이었다. 이와 직결된 근대천황제의 군국주의화 및 충량한 신민의 멸사봉공은 결국 만주사변(1931)과 만주국 건설(1932), 중일전쟁(1937), 대동아전쟁(1942)의 발발로 이어지는 '전쟁의 시대'를 불러 들였다. 이처럼 「압록강절」과 「백두산절」은 천황제의 핵심 이념 '팔굉일우'가 몰고 온 폭력과 죽음의 광기에 휩싸이며 그것의 유통과 소비, 매체의 변화와 확대, 가사의 변주 및 새 가사의 추가 등을 통한 군사화의 길로 들어서게 되었다.

---

376. 長田曉二 編, 2015, 「鴨綠江節」, 『戰爭が遺した歌－歌が明かす戰爭の背景』, 全音樂譜出版社, 310쪽.

물론 두 노래를 듣고 부르는 청취자와 가창자 모두의 시선과 반응이 동일했던 것은 아니다. 가령 '조선산 선물'로 「압록강절」을 내미는 신문기사(『경성일보』, 1925. 9. 24), "임업사상고취와 선전"을 위한 산림가로 두 노래를 모집한다는 기사(『동아일보』 1932. 7. 2), "국경경비 위문의 밤"에 방송될 곡목으로 두 노래를 선택한 라디오방송 안내표(『동아일보』 1938. 1. 30), 일본산 정종(正宗) 술과 「압록강절」 수입이 조선기생의 '민중화', 곧 윤리적 타락과 성적 문란을 더욱 조장한다는 산문(한청산, 「기생철폐론」, 『동광』, 1931년 12월호)을 보라. 앞의 셋은 한만 국경을 노래한 두 노래가 단순한 유행가를 넘어 제국 일본의 확장과 지속을 기억하고 기념해야할 식민주의적 집단가요로 작동 중임을 여실히 보여준다. 이에 반해 한청산의 비판은 「압록강절」을 포함한 일본노래의 통속성과 유흥성에 초점을 맞춘 것이기는 해도, 그 내부에 '조선적인 것'의 식민화에 대한 반감과 저항의 기미도 얼마간 내포하고 있다.

잠재적 수준에 불과했던 식민지 조선과 일제의 입장은 해방 후 '일제 잔재의 청산' 대 식민의 땅에 대한 '향수'와 '기억'으로 완전히 분리되기에 이른다. 이로 인해 양국은 다음과 같은 불편한 진실에 맞닥뜨리게 된다. 먼저 한국은 '청산'을 역사에 대한 성찰 없는 은폐와 삭제로 주관화함으로써 식민의 땅과 그 문화로서 '백두산(절)'과 '압록강(절)'의 의미와 가치를 어둠과 침묵의 영역에 방치하게 되었다. 일본은 '고향'과 '추억'이라는 낭만적 시선과 태도를 전면화함으로써 여전히 두 곳을 근대천황제 아래의 일본군의 승리가 빛나는 사적과 명승지로 재차 식민화했다. 여기 보이는 패전 이전 식민주의의 복권과 은밀한 현재화는 '제복을 입지 않은 사람'들을 정치적·이념적으로 은밀하게 병사화하는 '군사주의적 패션화'[377]

377. 신시아 인로. 김엘리 · 오미영 역, 2015.『군사주의는 어떻게 패션이 되었을까』. 바다. 25-26 쪽.

의 장(場)으로 이끈다는 점에서 매우 폭력적이며 퇴폐적인 행위라 할 만하다.

이 글은 「압록강절」을 위주로 논하되, 말미에서 「백두산절」도 다룬다. 논의의 핵심은 두 신민요가 낭만화와 군사화 과정을 동시에 겪어가면서, 서로 대조되는 심미화로서의 여성화, 파시즘화로서의 병영화라는 끔찍한 진흙탕에 어떻게 빠져들어 갔는가를 탐색하는 것에 있다. 이를 위해 두 신민요의 출발과 변화, 당시 출간된 서적의 종류와 성격, 신문과 잡지, 방송에 보이는 여러 행사와 기록들, 한·일 지식인들의 대리적인 평가와 비판, 한·만·일 관통의 우편제도를 대표하는 그림엽서(또는 사진엽서)의 발행과 확장 양상을 복합적으로 살펴보고자 한다. 그럼으로써 「압록강절」과 「백두산절」을 당대 현실에 의해 산출된 미학적 실물로 확인함과 동시에 두 노래에 부과된 '파시즘의 예술화'가 일제와 식민지 조선에 끼친 악영향과 허구성을 냉철하게 분별해 보고자 한다.

Ⅱ. 제국의 「압록강절」 탄생과 '국민 가요'로의 여정

　일본 신민요 「압록강절」을 누가 언제 어디서 처음 부르기 시작했는지는 아직도 불분명하다. 다만 당시의 신문기사와 「압록강절」을 조사, 보고한 서적을 참조하면 다음과 같은 정보가 짚인다. 먼저 일본어 전용의 조선총독부 기관지 『경성일보(京城日報)』에 실린 내용이다.[378] 이시가와(石川)는 「압록강절」이 1913년 무렵 함남 신갈파진(新乫坡鎭)에서 요리점을 하던 일본 출신의 노기(老妓)에 의해 처음 불리었다고 본다. 이곳과 혜산진을 오가는 벌부(筏夫)들이 그녀에게 「압록강절」을 배웠으며, 그들을 상대하던 하급요리점의 작부들도 그것을 자연스럽게 익히게 된다. 1917~18년경에는 만주 안동현(현 단둥)에서 열린 전국목재상대회의 손님들을 접대하기 위해 게이샤(藝者)들이 「압록강절」에 맞춘 '압록강(절) 춤'을 추기에 이른다. 이러한 확장성에 힘입어 「압록강절」은 내지와 조선에 널리 전파되기 시작, 마침내 '국민가요'의 길에 들어서게 된다.

　이역의 토산품 「압록강절」은 일본 와카야마(和歌山), 나라(奈良), 기후(岐阜) 등지에서 먼저 유행했다. 이곳은 벌부들의 고향이자 「뗏목노래(筏の唄)」가 이미 널리 불리는 공간이었다. 「압록강절」이 그 이질성을 넘어

---

378. 石川義一, 「鴨綠江節の音樂的考察(一)」, 『京城日報』 1924년 5월 27일자.

친밀성을 호소하고 발휘하기에 적합한 환경이었던 것이다. 조선의 경우, 이 노래는 압록강 연변을 포함하여 두만강 일대에서도 인기가 높았다. 간 도 건너편의 회령 일대에서 유행한 「두만강절」의 출현은 그런 점에서 필 연적이었다. 예컨대 일본인이 쓴 『국경정서(『國境情緒)』에는 "압록강절 과 같은 악보"라는 알림을 가진 「두만강절」 3절이 실려 있다. 이 노래는 함북 지역의 가을 풍경을 만끽하러 연인과 손잡고 주을 온천으로 단풍놀 이 가자는 가사를 필두로, 함북은 바닷고기와 석탄, 원시림, 벼의 황금빛 물결이 가득한 풍요로운 고장이며, 두만강의 뗏목은 멋지게 눈과 얼음에 떠밀려 간다(목재 관련 산업과 경제 발전도 뜻함—인용자), 그러므로 함북 의 미래는 매우 밝다는 내용을 담고 있다.[379] 당대의 궁핍한 식민현실을 감 안하면, 앞길이 암울한 생활자 중심의 세계나 감정보다는 식민 권력에 기 댄 지배자의 시선이 뚜렷한 노래였음이 자연스럽게 드러난다.

한편 메이지시대 이후의 일본 신민요인 '고우타(小唄)'와 '부시(節)'를 다룬 유아사(湯朝)의 『소패야화(小唄夜話)』[380]는 그 설명과 주장의 결을 달리 한다. 저자는 「압록강절」의 발생을 누구의 것으로 특정하지 않는다. 발생 시기도 1906년 러일전쟁의 승리와 더불어 벌부들이 만주로 이주한 직후로 잡는다. 벌부들은 힘겨운 생활과 외로운 마음을 견디기 위해 제 고 향의 '뗏목노래' 「이카다부시(筏節)」 등을 참고하여 먼저 「혜산진절」을 지어 불렀다. 이후 훨씬 다양하고 많은 수의 「압록강절」을 지어 즐김으로 써 제국 신민의 기개를 드높이고자 했다. 실제로 「압록강절」에 비해 「혜 산진절(惠山鎭節)」은 가사와 구조가 비교적 단순하다. 단 1절 구성으로, "혜산진에서 제일 높은 것은 팔번산(八幡山) / 앞에는 영림창(營林廠) 뒤 에는 벌목반 / 건너 보이는 곳은 지나(支那)의 땅 / 사이를 흐르는 압록

379. 加納萬里 編, 1929, 「豆滿江節」, 『朝鮮情緒』, 京城:朝鮮視察遊覽會, 188쪽.
380. 湯朝竹山人, 1924, 「鴨綠江節の調査」, 『小唄夜話』, 東京:新作社, 79-120쪽.

강"(『小唄夜話』, 103쪽)이라는 가사를 가진다. '혜산진'의 자연풍경과 그곳 사람들의 생활문화에 대한 관심은 거의 찾아보기 어렵다. 제국의 명령에 충실한 개척자 입장에서 바라보는 식민지 '붉은 땅'에 대한 지리적 개관을 제시하며, 자신들의 임무를 노출하고 있을 따름이다.

그럼에도 『소패야화』의 장점이라면 「압록강절」 발생과 유행의 필연성을 압록강백두산두만강 연선의 정치 · 경제 · 군사 · 문화의 방면에서 찾았다는 사실이다. 첫째, 한만 국경지대의 발전 가능성과 국제적 성격에 주목했다. '동양 제일의 삼림 지대'였던 이곳은 탁월한 자연경관에 더해 산업적 · 경제적 자원이 풍부했다. 중 · 일 · 러 삼국의 관심과 싸움이 비롯된 지점으로, 일제가 '국경 압록강의 이름'을 독차지하면서 이곳의 국제성은 더욱 높아졌다. 동양제일의 '압록강철교', 장대한 '유벌(流筏)'의 흐름, 유려한 「압록강절」은 이를 웅장하고 아름답게 증빙하는 실물 자료였다. 둘째, 일본 뗏목꾼들의 전통과 역할을 강조했다. 이들은 일본에서도 같은 직종에 종사했던 자들로, 일본의 전통과 생활관습, 놀이문화를 식민의 땅에 능숙하게 이식할만한 존재들이었다. 셋째, 러일전쟁 때부터 체류한 '일본 낭자군(娘子軍)'의 존재와 역할을 잊지 않았다. '예기(藝妓)'와 '작부(창기)'인 그녀들은 벌부와 군인, 사업자들에 대한 섹슈얼리티의 제공자인 동시에 애절한 「압록강절」의 주된 가창자이기도 했다. 이 때문에 벌부들의 힘겨운 노동을 제국의 발전과 팽창을 도모하는 열렬한 전투 행위로, 「압록강절」을 그것에 바쳐지는 격려의 군가이자 달콤한 위안의 노래로 해석하는 것도 가능해진다.

의견이 얼마간 다른 두 논객의 일치점이 있다면, 「압록강절」 전파의 핵심적 매개자로 '화류계 여성'을 가장 먼저 지목했다는 사실이다. 유아사는 「압록강절」의 곡조가 일본 게이샤들의 샤미센(三味線) 가락과 같다는 점을 핵심적 증거로 들었다. 이것은 식민지 조선에서의 「압록강절」에 대한 유통과 소비의 모습이기도 했으므로 세심한 주목을 요한다. 과연 그는 「압록강절」 관련 식민주의적 (무)의식을 일본인 벌부에 대한 '동정심'을 빌려 다음처럼 드러냈다. 「압록강절」의 문구는 평범 · 저급 · 비속을 면치 못하며, 곡조도 단순하여 격별(格別)의 묘미를 갖췄다고 볼 수 없다, 하지만 "식민지, 게다가 선만(鮮滿)의 국경에서, 벌승부(筏乘夫)의 입에서 노래되"기 시작하여 일본 본토와 조선 각지로 급속히 퍼져갔다는 주장이 그것이다. 이때 유의할 사실은 일본의 기원성과 주체성에 고착되는 한 그것을 모방한 식민지 조선의 목소리는 '무질서 · 퇴화 · 악마적 반복'[381]이라는 패배자의 함의와 정체성(停滯性)의 틀을 벗어나기 어려워진다는 점이다. 이를테면 「압록강절」 유행의 성격을 바라보는 두 시선의 차이를 보라.

조선과 만주를 내지인 대다수에게 널리 선전한 것은 「압록강절」이다. 지도상에서는 압록강의 소재조차 잘 알지 못하는 사람들도, 우선 조선과 지나(만주)의 경계에는 압록강이라 불리는, 큰 강이 있으며, 그 일대의 모두가 「압록강절」을 부를 수 있다는 사실을 안다. 그러나 막대한 돈을 내걸고 포스터 등으로 일본 내지에 조선과 만주를 선전할 경우라도 「압록강절」만큼 처음부터 끝까지 널리 알리기는 매우 어렵다. 더욱이 유행 민요(節)는 사람들을 즐겁게 하며 글자 하나 없이도 막대한 선전이 가능하다. (…중략…) 유행 민요를 천시하는 사람도 있을지 모르겠지만, 많은 민중의 심정에 깊이 먹혀들어 유행의 속도가 빠르며, 거기다 선전력의 위대함을 생각하면, 만 번을 고쳐먹어도 얼토당토 않은 생각일 따름이다.

―石川義一, 「鴨綠江節の音樂的考察(一)」(『京城日報』1924. 5. 27)

---

381. 호미 바바, 나병철 역, 2002, 『문화의 위치―탈식민주의 문화이론』, 소명출판, 146쪽.

그것은 여기서 소개할 「오룻코부시」이다. 현재 조선 각지에서 유행하고 있는데, 화류계는 말할 것도 없으며, 신사, 관리, 상인, 승려, 하녀 모두가 노래하는 유행가인 것이다. 단지 조선의 각 도시와 항구뿐만 아니라, 최근에는 내지에도 전파되어 나가사키(長崎), 후쿠오카(福岡), 하카다(博多)는 물론 고베(神戶), 오사카(大阪)에서도 노래되고 있다. 또한 머나먼 도쿄(東京)에도 전해져, 이미 축음기에 들어 있다는 소문이 들려온다.

—湯朝竹山人, 「鴨綠江節の調査」(『小唄夜話』, 新作社, 1924)

유아사의 글은 조선 전반을 넘어 일본 각지로, 신체의 소리를 넘어 기계의 음성으로 확장 중인 「압록강절」의 대유행, 다시 말해 '국민가요'화 현상을 보고하고 있다. 어떤 노래의 국민가요화는 거기 담긴 음률과 가사, 화자의 내면과 정서가 개인을 넘어 공동체의 그것으로 동의되고 즐겨질 때야 가능하다. 이역의 땅에 던져진 제국의 가난한 벌부와 유녀(遊女)들의 오랜 고통과 절망, 고독과 향수는 일본 내지와 식민지 조선에서도 마찬가지의 삶을 살고 있는 변두리 인생들의 것이기도 하다. 그것을 간신히 견디게 하는 것들이 부와 성공에 대한 희망, 또 낯선 이국의 풍경과 정취를 자신의 소유로 할 수 있다는 식민주의적 (무)의식일 것이다.

이시가와의 글은 낯선 식민지 생활의 긍·부정성에 함께 관통당한 '만주개척단'의 입지를 새롭게 다지는 방법을 「압록강절」에서 찾고 있다. 그는 어떤 '선만 선전의 포스터'보다도 「압록강절」이 만주의 생활현실 전반과 이후의 긍정적 전망을 잘 보여주고 있다고 주장한다. 그 때문에 "민중의 심정"이 자극되는 것이며, 「압록강절」의 "유행의 속도"도 놀랍게 빨라졌다는 것이다. 이를 근거로 "민요의 선전력"이 비유컨대 "십육촌(吋)의 장거리 대포 못지않은 위력을 갖고 있"다고 자신한다. 문제는 「압록강절」

의 선전력이 일본과 조선의 일본인에게만 미치는 것이 아니라는 사실이다. 이 주장에는 일본 언론들이 당시 주창했던 식민지의 계몽화 문제가 또렷하게 박혀 있다. "군대도 강하지만 진정한 일본국민도 어떠하다는 것을 보여주어 충분히 원주민(土民)을 감복시켜야 한다"[382]는 식민주의적 명제와 담론이 그것이다.

---

382. 아리야마 테루오(有山輝雄), 조성운 · 강효숙 · 서태정 · 송미경 · 이승원 역, 2014, 『시선의 확장─일본 근대 해외관광여행의 탄생』, 선인, 82쪽.

Ⅲ. 내지(內地)의 「압록강절」, 이국 취향과 식민주의의 사이

이렇게 자랑된 「압록강절」은 1920년대 일본 본토에서 어떻게 가창되고 읽혔을까. 또 벌부와 예기에 대한 '동정심', '한만경영'에 겨눠진 식민주의는 어떤 표현을 입으며, 어떤 장르 속으로 점점이 박혔을까. 아마 당대의 신문기사를 찾는다면, 조선의 사례가 입증하듯이 「압록강절」에 관련된 다양한 일화와 행사가 찾아질 법하다. 여기서는 「압록강절」 관련 문자와 시청각자료에 집중한다는 뜻에서 음반과 서책, 무용 관련 그림엽서에 눈길을 모으기로 한다.

먼저 "축음기에 들어 있"는 노래, 곧 유성기 음반이다. 일본측 자료를 일별하면, 「압록강절」 음반은 대략 5종류 정도가 찾아진다. 각각 1911년과 1925년 조선에 진출한 독수리표 '일본축음기상회'와 제비표 '일동축음기'에서 발매한 「압록강절」, 그 변종인 '오리엔트레코드'의 「신압록강절」, '콕카(KOKKA)'의 「압록강절(육탄삼용사체패[替唄])」이 그것들이다.[383] 이 음반들은 동일한 가사로 일관하는 대신 외지 생활, 예기들의 심정, 전쟁 독려 등 개인과 시대의 사정에 어울리는 대체(代替) 가사를 취하는 경

---

383. 최현식, 2018, 「압록강절 · 제국 노동요 · 식민지 유행가 – 그림엽서와 유행가 「압록강절」을 중심으로」, 『현대문학의연구』 65집, 한국문학연구학회, 180~181쪽. 본고는 몇몇 부분 졸고를 참조하면서 이후 새로 찾은 신문기사와 서책, 그림엽서를 중심으로 더욱 진전된 논의를 전개했음을 알려둔다.

우가 적잖았다. 동일한 곡조에 이른바 '가사 바꿔 부르기' 형식을 취한 셈인데, 이러한 변이의 용이성도 「압록강절」의 인기와 유행에 적잖이 기여했다. 눈 밝은 독자라면 「압록강절(육탄삼용사체패[替唄])」의 내용이 궁금할 것이다. 이 노래는 1932년 상해사변 당시 적진을 돌파, 공격로를 열기 위해 자폭, 사망한 3인 병사의 충절을 기린 일종의 추모곡이다. 인기 절정의 신민요를 빌려 '만주 제패'의 역사를 '상해 점령'의 현실로 승화시키려는 선전 · 선동의 위력이 울울한 대체 가요인 셈이다.

 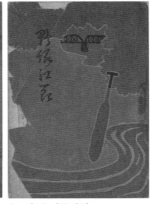 

[그림 1] 압록강절   [그림 2] 압록강절   [그림 3] 안래절 압록강절

유성기 음반은 선율을 즐기고 흥을 돋우기에 맞춤한 문명의 이기였으나, 시간과 장소의 제약을 피하기가 쉽지 않았다. 이 약점을 보완 또는 대체하는 대표적 매체가 손바닥 크기 정도로 제작, 출간된 각종 「압록강절」과 「신압록강절」 노래책이었다. 현재 수집한 자료 10여 권을 살펴보면, 이것들은 1920~1921년 사이에 집중적으로 출간되었다. 이 노래책들에는 조선에서도 인기 높았던 「야스키부시(安來節)」「나니와부시(浪花節)」「가레스스끼(枯れ薄)」「가고노도리(籠の鳥)」 등도 함께 실렸다. 한 권의 유행가요집을 통해 '이국'의 정서와 생활, '향토'의 아름다움, 연정의 기쁨과 이별의 슬픔을 두루 맛볼 기회가 제공되었던 것이다.

이러한 사실을 전제로 사진으로 예시한 「압록강절」의 성격과 면모를 간단히 짚어본다. 이시가와는 「압록강절」이 그 어떤 선전물보다 만주의 사정을 넓고 깊게 알려준다 했으며, 유아사는 『소패야화』에서 14편 정도의 「압록강절」[384]을 실어 놓았다. 일본 발행의 『압록강절』 서적 몇몇은 유명, 무명의 작사가가 지은 「압록강절」 수십 편을 모아 놓았다. 그럼으로써 일본에서는 상상의 지대였던 만주의 객관적 사정과 구체적 생활현실, 그곳에서 체험하는 이국정서와 낯선 문물, 이것들에 관련된 희로애락을 눈앞의 현실로 펼쳐 보였다. 이것은 간접적 체험임에도 불구하고, 머나먼 이토(異土)에 대한 황국신민의 심상지리를 확보케 함으로써 제국과 식민지의 이질성을 차별화의 논리로 전환하는 심리적 토대가 된다. 또한 삶과 생활의 공통성이 매우 적은 타지로의 폭력적 진출을 문명의 계몽과 문화적 지배의 선한 영향력으로 정당화하는 전략적 기회를 제공한다. 이를테면 시간과 공간의 확장이 두드러지게 나타나는 아래의 노래들을 보라.

1) 압록강 포연(砲煙)과 탄우(彈雨) 그 아래로

목숨을 건 공병(工兵)이

어깨에 건 군교(軍橋)를 밀어가서

군기(軍旗)를 높이 올린 구련성(九連城)

2) 견디고 견디던 징기스칸의 옛 모습이여

달의 사막을 바라보며

말을 세우고 무사(武夫)의

---

384. 조선의 '지방미(地方美)'를 드러내기 위해 취한 '금강산'과 평양 '모란대' 예찬의 「압록강절」 2편이 포함된 수치이다.

가슴에 그리네 신일본(新日本)

—『압록강절』(압록강절연구회, 1921)

　　두 노래가 담긴『압록강절』([그림 1])에는 '동양제일'의 '압록강철교' 전
폭을 촬영한 사진이 맨 앞에 실려 있다. 바닷길 빼고는 한반도에서 만주로
넘어가는 유일한 통로였던 '압록강철교'는 피맺힌 러일전쟁의 승리(과거)
와, 더 넓은 세계로 팽창할 꿈에 부푼 '신일본'(미래)을 동시에 환기하는
승전의 매개체이다. 예시한「압록강절」두 편은 하나는 사실에, 다른 하나
는 상상에 즉한 근대천황제의 '팔굉일우', 곧 세계 제패 이념의 역사적·
지리적 구현물이라 할 만하다. 사이드의 말을 빌린다면, 역사와 현재의 제
국, 그리고 실제의 지리적 공간 모두가 천황제에 의해 운영될 '세계 제국'
의 건설에 협력하고 있다는 것이 맹목적으로 상상됨과 동시에 희원되고
있는 장면인 셈이다.[385]

　　다음으로「압록강절」의 대유행과 관련된 보고 듣고, 연주하고 춤추는
방법이 담긴 서책은 어떤 모습이었을까. '압록강절연구회'에서 펴낸 또 다
른『압록강절』([그림 2])은 그 형태와 구성이 독특하다. 190여 쪽에 걸쳐
「압록강절」수십 편과 압록강철교, 만주의 사계를 촬영한 사진들이 실렸
다. 이것만 가지고도 만주의 지리와 풍경, 그곳의 생활과 다양한 족속의
추적과 재구성이 가능하겠다는 인상을 준다. 특히 당시 압록강 건너 안동
(安東)현에 위치했던 목재상회, 미곡상, 여관, 서점, 극장, 사진관, 오복점
(吳服店), 악기상 등의 주소를 광고 형식으로 망라하고 있어 지금이라도
그때의 축소판 도시를 세울 수 있을 정도이다.

---

385. 에드워드 사이드, 김성곤·정정호 역, 1995,『문화와 제국주의』, 도서출판 창, 110쪽.

[그림 4] 압록강절 춤의 겨울과 여름 장면 (안동현)

　그러나 식민지 조선의 수부 경성의 '잇또(it, 즐거움)'를 요리점과 기생집, 유곽 중심으로 소개했던『대경성』류의 여행안내서처럼, 이 책도 요리점 건물과 아울러 소속된 유곽의 이름을 사진 옆에 붙인 일본 출신 게이샤 수십 명을 버젓이 올려두고 있다. 그녀들은 러일전쟁 승전 뒤 일본 내지의 유곽 업자들이 '부의 축적'과 '생활의 안정' 운운하며 만주로 이끌고 온 낭자군(娘子軍), 곧 예기(藝妓)와 창기(娼妓)들이었다. 이 책이 일본 본토에서 만주 여행이나 이주에 관한 안내서로 널리 읽혔을 것을 생각하면, 그녀들은 벌부와 마찬가지로 연민과 긍휼의 대상이었을 것이다. 하지만 얼굴 하나하나의 품평이 가능한 그녀들의 사진과 기명(妓名)은 1930년대 만주국 이주시 외쳐진 "에로 만주 행진곡" "시작된 여급 진군" "홍군의 에로 진군"[386]에 보이는 무자비한 소비와 향락의 먹잇감으로 그녀들이 일찌감치 던져졌음을 암시한다.

　하지만 다행스럽게도 이 책에는 「압록강절」이 정서의 굴곡과 감정의 완급을 잘 표현하는 샤미센(三味線) 반주에 맞춰 노래되어야 하는 이유와 그녀들이 공연했을 '사계(四季)의 압록강 춤'을 담은 흑백사진 5매가 함께 실렸다. 자료를 비교한 결과, 사진 속 공

---

386. 한석정, 2016.『만주 모던─60년대 한국 개발 체제의 기원』, 문학과지성사, 81-82쪽.

연 장면은 춤꾼의 복색과 만주의 사계가 화려한 총천연색으로 인쇄된 사진엽서([그림 4])의 그것과 동일했다. 다만 사진엽서는 크기를 감안하여 무대 중앙의 공연자들 좌우에 모여 있던 여타의 예기들을 잘라냈을 따름이다. 사진엽서이므로 국경지대의 명물(철교)과 사계의 풍경, 공연자들에 초점을 맞추는 것이 대중의 관심을 끌거나 판매량을 올리는 데에 훨씬 유리했을 것이다. 또한 여행선물로든 실제 우편물로든 만주 경험자에게 전해 받은 그것을 어딘가에 전시해 둘 때도 그 모양새와 이미지가 좋았을 법하다.

서책과 엽서에 공통적인 한만 국경을 표상하는 '압록강철교'와 혹한 및 백설의 '만주 겨울'은 명물과 풍경의 가치를 훌쩍 넘어선다. 이것들은 식민의 땅일지라도 일제 신민들이 겪을 수밖에 없었던 어떤 희망과 절망, 인고와 극복의 서사와 장면에 대한 일종의 은유물이다. 이것은 대중에게 춤을 추어 보이는 '예기'들의 삶에도 어김없이 적용된다. '압록강절 춤'은 그녀들이 매소부(賣笑婦)의 처지에서 벗어나 자신만의 전문적 기예(技藝)를 마음껏 자랑할 수 있던 거의 유일무이한 매체이자 기회였다. 이런 기회가 있어 그녀들의 만주와 기예는 사진엽서와 노래책에 올려진 후 안동과 신의주를 훌쩍 뛰어넘어 일본 본토 곳곳으로, 또 어쩌면 조선의 식민도시 경성의 일본 요리점으로까지 흘러갈 수 있었던 것인지도 모른다.

「압록강절」과 그 춤의 대중적 인기는 '노래하고 춤추는 법'을 함께 담은 화려한 표지의 『안래절 압록강절』([그림 3])의 출간도 다그쳤을 법하다. 두 노래에 매혹된 대중들은 한 손에 꼭 쥐어지는 이 책을 펼친 후 「압록강절」을 입으로 흥얼거리며 그림으로 자세히 설명된 춤 동작을 따라했을 것이다. 그러면서 새삼 명랑해지는 신체의 움직임에 감격함과 동시에 만주 여행의 꿈을 더욱 다지는 계기를 수차례 만났을 것이다. 실제로 러일전쟁이 끝난 뒤 일제는 성인 대상의 '만한순유여행단', 학생 대상의 '수학 여행단'을 조직하여 제국의 영토로 새로 편입될 운명의 조선과 만주에 대한 시찰과 여행을 정책적으로 권장했다. 「압록강절」 관련의 노래와 춤, 그림엽서와 노래책은 이러한 식민권력의 시책에 상당한 도움이 되었을 것이다. 하지만 조선과 만주 여행은 이국취향의 충족과 해외의 낯선 문화에 대한 경험 정도로 그치지 않았다. 열패(劣敗)의 조선과 만주에 대한 일본의 우승(優勝), 곧 민족적 우월의식과 대국주의적 내셔널리즘, 이에 기초한 문명화의 사명감을 끌어올리는 식민주의적 사유와 상상력의 확장에 더할 나위없는 기회를 제공하게 되었다.[387]

결국 「압록강절」 노래와 춤을 통한 '일본적인 것'의 충족과 만주의 심미화는 차별과 소외의 기제를 생산하는 원리로 작동하게 됨으로써 한만 식민의 땅에 적잖은 문제를 야기하기에 이른다. 「압록강절」 관련의 모든 요소들은 오로지 제국의 문화로 소환, 수렴됨으로써 그 영역에 들지 못하는 타자의 소외와 배제를 한층 강화시켰다. 가장 낮은 자리의 일본 예기들과 평범한 대중들이 즐기던 「압록강절」 노래와 춤에서 '뒤쳐진 미개의 땅, 불결한 땅'으로 폄훼되던 만주의 밑자리를 이루는 쿨리(苦力)와 꾸냥(姑娘)들은 거의 예외 없이 배제되었다. 일제의 문명화의 사명감이 오히려 근린의 국가를 미개와 야만의 땅으로, 또 계몽과 훈육의 대상으로 타자화하는 식민주의의 폭주에 더욱 채찍을 가하게 된 셈이다. 이것은 이용악과 김조규 시에 등장하는 북간도 술막의 '전라도 가시내', '카페 미스 조선'에서 일하던 '하나꼬'의 운명이기도 했다. 이 지점에 '「압록강절」 현상'을 만주 식민화의 폭력성과 비인간성을 저도 모르게 비춰내는 깨어지고 왜곡된 거울로 되돌아보게 하는 결정적인 까닭이 존재한다.

---

387. 아리야마 테루오. 2014. 앞의 책. 88-89쪽.

Ⅳ. 식민지 조선의 「압록강절」, 계몽과 유희의 사이

　일제의 신민요 「압록강절」은 러일전쟁 후 '혜산진'에서 발생, 10여 년 만에 조선 전역으로 퍼져나갔다. 자료상으로 일본과 비교한다면, 화류계와 유성기 음반의 「압록강절」이 유행을 선도한 것으로 보인다. 신문과 잡지에서 기생이 샤미센을 연주하며 일본어로 노래한 「압록강절」의 모습은 보여도 그것을 춤으로 공연한 사실은 좀처럼 찾아볼 수 없다. 목소리나 손솜씨와 달리 양국의 춤에는 그 문화와 생활 고유의 정신이 깊이 흐르고 있을 뿐더러, 온몸의 움직임을 필요로 하는 춤은 하루아침에 배우기 어렵다는 장르적 특성이 반영된 까닭일 것이다. 일제시대 자료를 상당량 소장한 도서관들에서 『압록강절』류의 서적이 찾아지지 않는 것도 「압록강절」 자체보다는 그것을 통한 유흥에 관심이 집중되었기 때문일 것이다.

　실제로 일본인 발행의 일본어 신문과 잡지에는 「압록강절」 관련 내용이 종종 실리지만, 식민지 조선의 그것에서는 라디오방송 안내와 새로운 유성기 음반 소개를 통해서 겨우 찾아볼 수 있는 정도다. 이후 보게 될 「압록강절」 그림엽서도 조선 관내의 최대 발행 및 유통 업체의 하나였던 '히노데상행(日之出商行)'과 크게 관련되지 않는다. 이를 감안하여 이곳에서는 식민지 조선에서 유행된 「압록강절」의 두 흐름, 곧 재조일본인과 조선인의 그것을 나누어 대비적으로 살펴본다. 그 흐름의 중심축을 잡아본다면, 전자는 유흥 못지않게 식민지 조선의 계몽과 훈육에, 후자는 계몽의 대상이자 유흥의 주체라는 면모에 집중되어 있다. 어쩌면 여기서 '고유의 영토'와 '식민의 땅'으로 분열된 압록강에 대한 식민지 조선과 제국 일본이 밀고 간 사유와 상상력의 일단이 찾아질지도 모른다.

부산이 일본과 지근거리에 있는 탓일까, 그곳의 일본인이 주로 구독하던 일본어 신문 『부산일보』(1917. 7. 16)에 「압록강절」 6편이 처음 실렸다. 그 중 4편은 『소패야화』에 실린 것과 동일하다. 「압록강절」의 밑바탕을 이루는 "조선과 지나의 경계는 압록강~" "조선에서 제일 높은 곳은 백두산~" 두 편은 여기서도 빠지지 않는다. 벌부의 노 젓는 모습과 압록강 연안의 밤 풍경을 다룬 노래도 겹친다. 하지만 만주 개척의 충량한 신민이라면 마땅히 경계했을 법한 고국 일본에 대한 눈물겨운 향수, 임과의 이별이 가져온 극심한 고통을 처연하게 고백하는 노래도 실렸다.

이 사실을 강조해두는 까닭은 조선총독부 기관지 『경성일보』나 경성 발행의 『조선신문』에서는 슬픔과 향수 등 낭만적 경향의 「압록강절」이 거의 등장하지 않기 때문이다. 두 신문에는 식민권력의 선전장답게 시정(施政)의 권장과 독려에 관련된 기사가 압도한다. 심지어 한만국경지대를 시찰하거나 탐사하는 기사[388]에서도 고난 극복과 희망의 다짐이 「압록강절」의 궁극적 가치로 선전된다. 일본인의 경향은 1920~30년대 공히 만주여행이나 국경지역 답사시 그곳의 풍경을 「압록강절」에 비기거나 기념가로 부르는 조선인들의 소극적인 모습과 사뭇 대비된다.[389] 이상의 정보

---

388. 「國境の夏 (二)-流す筏鴨綠江」, 『朝鮮時報』 1923년 7월 29일, 8월 2일자 및 「夏の夜語り-鴨綠江節にこもる處女林のササヤキ」, 『朝鮮新聞』 1926년 7월 5일자.

389. 「일천백여 리 혜산진을 기점 삼아가지고 국경 답사하는 도로 정책」, 『조선일보』 1921년 4월 26일자 및 한보용, 「압록강 국경을 넘어서 고도(古都) 봉천성(奉天城)에 안착」, 『조선일보』 1937년 7월 7일자.

를 바탕으로 「압록강절」이 총독부 시책을 위한 조선인 동원과 체제협력의 요구에 어떻게 활용되는가를 몇몇 행사를 통해 확인해 둔다.

하나는 진주경찰서가 내선인(內鮮人)의 의사소통을 원활히 할 목적으로 진주기생 수십 명을 대상으로 국어, 곧 일본어 시험을 치렀는데, 「압록강절」을 부른 기생이 수위를 차지했다는 기사이다.[390] 내선융화를 더욱 굳히려는 일본어 능력 촉진의 기획인 셈인데, 식민지 조선의 섹슈얼리티를 대표하는 기생을 첫 주자로 삼았다는 것은 어딘가 심상치 않다. 잠시 뒤 송영(宋影)의 단편소설 「오수향(吳水香)」에서 확인되겠지만, 진짜 목적은 다른 곳에 있었다. 그것은 일본어에 능통한 기생을 접대의 도구로 활용함으로써 자신들의 승진과 권력 획득을 하루빨리 도모하기 위한 출세지향의 조치였다. 한편 「압록강절」 보도에서 비중이 가장 높았던 것은 특정 지역의 개보수, 소방 작업과 삼림 육성 등 각종 안전대책의 홍보물로 이 노래가 활용된다는 기사였다. 예컨대 황해도 재령강, 평북 신의주와 선전, 충북 청주 등 해당 지역의 발전과 안전을 위한 여러 시책의 집행, 향토를 대표하는 각종 명물(名物), 심지어 도량형 통일을 위한 '미터법'에 대한 선전[391]조차 「압록강절」의 몫이었다. 또한 이 노래는 선수 격려나 관료 위안의 자리에서도 거의 빠지지 않던 인기곡이었다.[392] 만주의 『압록강절』에서 그랬던 것처럼, 해당 시책의 선전·선동에 복무하는 새로운 가사의 「압록강절」이 강력하게 요구되었다. 새로운 「압록강절」[393]을 모집한다거나 그것 관련의 경연대회를 알리는 기사가 시시때때로 등장했던 이유이다.

그렇지만 식민권력과 「압록강절」이 밀착할수록 조선은 일제의 지배를

---

390. 「妓生に國語試驗」, 『京城日報』 1926년 1월 29일자.
391. 「鴨綠江で米法宣傳」, 『京城日報』 1926년 1월 17일자.
392. 「松田三菱所長鴨綠江で選手を激勵す」, 『朝鮮新聞』 1926년 10월 24일자.
393. 「消防の歌ー歌調鴨綠江節」, 『朝鮮新聞』 1928년 2월 8일자.

'받아야만 한다'는 식민주의적 관념과 형식의 종속물[394]로 뒷걸음질 칠 수밖에 없었다. 이것을 상징적으로 드러내는 장면이 여럿 있다. 만주 '관동청 장관'[395], 서대문경찰서장[396] 등이 「압록강절」 가창 능력을 매우 자랑스러워한다는 기사, 일본을 대표하는 연극인이 미국 할리우드에서 「압록강절」을 노래한 것을 잊을 수 없는 영예로 생각한다[397]는 인터뷰가 그것들이다. 일개 유행 민요가 제국을 대표하는 식민관료와 예술가의 애창곡이 되었다는 사실은 무엇을 뜻할까. 근대천황제의 혜택에 즐거운 그들에게 「압록강절」은 노래 자체의 선율과 정서의 즐김보다는 만주 개척의 명예와 정복의 욕망을 자극하는 프로파간다로 수용되고 있음을 암시한다. 아무려나 압록강은 만주와 경계를 맞댄 식민지 조선 고유의 영토이기도 했다. 이것은 식민지 자연 압록강과 백두산 일대가 일제의 식민지 개척에 없어서는 안 될 전초기지이자 한만경영의 효율성을 위해 반드시 요구되었던 황금지대였음을 뜻한다. 「압록강절」을 일제 식민주의적 (무)의식의 대중화·군사화된 기호이자 버전으로 이해할 수 있는 까닭이 여기서 비롯된다.

그렇다면 식민지 조선(인)의 「압록강절」에 대한 접근과 태도는 어떠했을까. 가장 특기할만한 사실은 경성제대 출신으로 해방 후 남로당의 혁명투쟁에 헌신했던 고전문학자 김태준이 조선민요의 개념과 연관시켜 「압록강절」을 지상에 올렸다는 점이다.[398] 그는 아직 수집되지 못한 그 숱한 조선 노동요의 현실을 개탄하면서 이미 근대학문의 연구 대상으로 자리 잡은 일본 노동민요를 종별로 예시했다. 그 가운데 하나가 「압록강절」이었는데, 예시한 4편의 가사를 아예 일본어 발음으로 적어놓음으로써 그

394. 에드워드 사이드, 1995, 앞의 책, 56쪽.
395. 「珍らしいや兒玉長官!」, 『京城日報』 1924년 3월 6일자.
396. 「得意の鴨綠江節」, 『京城日報』 1926년 5월 11일자.
397. 今田生, 「ホリウッドで鴨綠江節を唄う」, 『京城日報』 1930년 1월 10일자.
398. 김태준, 「조선민요의 개념 (4)―조선민요의 시대성과 장래」, 『조선일보』 1934년 7월 27일자.

현실성과 유행성을 동시에 강조했다. 더불어「압록강절」의 기원과 확산, 유행지와 향유자, 그것이 조선의 '요정(料亭)'에서까지 유행하게 된 사실을 간략하게 정리했다.

이 연구에서 김태준의 핵심적 주장은「압록강절」이 필연의 '노동요'라는 것, 곧 "압록강절! 이는 그 강상(江上)의 일본 벌부에게는 없지 못할 노래"로 "그들의 노동에 반(伴)해서 생겨난 노래요 그들을 격려시키고 위안을 주는 노래"로 가치화하는 것이었다. 이 지식들을 유아사(湯朝)의『소패만고(小唄漫考)』(1926)[399]에서 취했음을 밝히고 있어 한층 흥미롭다. 물론 김태준은「압록강절」의 다채로운 내용과 음악적 특성, 그리고 대중적 효과 등을 논하지는 않았다. 그렇지만 유행을 선도하는 통속민요 특유의 유흥성보다는 힘겨운 신체를 달래고 마음에 위안을 주는 '노동요'의 특수성을 높이 샀다. 식민지 조선의「압록강절」에 대한 논의 가운데 가장 건전하고 긍정적인 평가였던 셈이다. 그러나 시간이 흐를수록 일제는「압록강절」에서 노동요의 공동체적 가치와 역할을 삭제한 반면 식민정책과 군국주의적 병영화를 실행하는 도구적 성격을 더욱 강화시켰다. 이는 국경경비대나 산림 식수 관련의 행사 때마다「압록강절」과「백두산절」이 공통으로 라디오방송의 편성표에 올랐다는 사실에서 충분히 확인된다.

국학자 김태준이「압록강절」을 일본어 발음으로 적어 놓았다는 사실은 그것의 유행에 동반된 특수한 사정을 환기한다는 점에서 매우 징후적이며 문제적이다. 먼저「압록강절」의 라디오 송출이다. 호출부호 JODK를 배정받은 경성방송국이 개국(1927. 2)되기 6개월 전인 1926년 8월~9월의 라디오 실험방송은 '일본노래'로「압록강절」과「안래절(安來節)」을 함께 편성

---

399. 유아사 치쿠산진(湯朝竹山人)의『소패야화(小唄夜話)』(1924)를 2년 뒤 출판사를 달리 하여 다시 펴낸 책으로 한국 국립중앙도서관에서 찾아볼 수 있다.

했다. 가창자와 악기 연주자가 함께 올라 있는 것으로 보아 방송국 내의 현장공연을 송출했던 듯하다.[400] 문제는 가창자들이 인기 절정의 조선권번과 대동권번 소속의 '기생가수'들이었다는 점이다. 이것은 조선기생이 일본어로 부른 「압록강절」을 조선의 청취자가 듣는다는 것을 뜻했다.

이 현상은 그러나 당시 식민지 조선에서 유행하던 「압록강절」의 음반 현실을 생각하면 전혀 과할 것도 괴이할 것도 없는 것이었다. 일본 「압록강절」 음반의 주요 발매사가 독수리표 '일본축음기상회'와 제비표 '일동축음기'였음은 이미 밝혔다. 당시 발매된 '기생가수'들의 음반은 도월색·김산월의 「압록강절」(일본축음기상회, 1925), 안금향의 「압록강절」(합동축음기, 1926), 정은희의 「압록강절」(일동축음기, 1927), 도월색의 「압록강절」(일본축음기상회, 1927), 한춘정의 「압록강절」(콜롬비아, 1933) 정도로 정리된다. 음반사 '일축'과 '일동'은 일본산 「압록강절」이 조선판 「압록강절」의 생산과 유행에 상당한 영향력을 미쳤다는 사실을 알게 한다. 게다가 기생학교나 권번에서 행해진 일본어 교육은 기생가수들이 다양한 방식으로 「압록강절」을 부를 수 있는 조건을 마련해 주었다. 예컨대 아예 일본어 「압록강절」을 노래하거나 조선어 「압록강절」을 부른 뒤 일본어 원곡을 이어 부르며, 조선민요와 일본어 「압록강절」을 섞어 노래하는 다양한 방식이 시도되었다. 예시한 곡목들은 이 가운데 하나를 선택하여 취입한 것들이다.

「압록강절」을 매개로 한 '내선융화'의 확장과 심화로 불러 무방한 현상인데, 이것은 현재의 해석이기 전에 당시의 엄연한 사실로 인정될 만한 것이다. 왜 그런가. 당시의 한 신문기사는 대동권번의 도월색과 김홍매가 일

---

400. 경성방송국은 1924년 11월 실험방송을 개시할 때부터 실황방송과 중계방송을 적극적으로 시도했다. 다수의 조선인과 어떤 재조일본인들의 기호와 요구를 충족시키기 위해서는 현장방송이 절대적으로 요청되었을 것이다. 경성방송국의 사정에 대해서는 시노하라 쇼조(篠原昌三) 편저, 김재홍 역, 2006, 『JODK 조선방송협회 회상기』, 커뮤니케이션북스 참조.

본 본(本)권번 게이샤의 샤미센 반주에 맞춰 「야스키부시(安來節)」와 「오룟코부시(鴨綠江節)」, 「산업선전의 노래(産業宣傳の歌)」를 불렀음을 알리고 있다.[401] 음반 판매고와 상업성을 제고하기 위한 일회적 행사를 넘어 제국의 식민통치에 기여하기 위한 선전의 장이었음이 '산업선전'의 노래에서 뚜렷이 드러난다. 한편 김계선은 대금(大笒)으로 「압록강절」·「안래절」·「국경경비가」·「조선명물」을 연주한 음반(REGAL C115A, 일본 축음기상회, 1934. 6)을 발매했다. 거기 달린 안내문은 「압록강절」을 "일본민요라고 할 수 있고 조선민요라고도 볼 수 있는 곡으로 십 수 년 전부터 유행하게 되여 상하계급을 막론하고 좋아하는 것"으로 일렀다. 그의 연주 솜씨를 칭찬하는 말이자 제국과 식민지간의 문화적 소통을 강조하는 언급으로 우선 읽힌다.

사실대로 말해 당시 인기 많던 조선문인들도 일본 신민요의 애호가들이었다. 이를테면 무용가 최승희의 큰오빠였던 경성방송국 소속의 작가 최승일과 극작가 김영팔은 일본 신민요 「나니와부시(浪花節)」에, 「국경의 밤」의 시인 김동환은 "일본의 『오료고부시(압록강절인용자)』조(調)로 길게 빼는 두만강(豆滿江) 노래"에 흠뻑 빠져 있었다.[402] 일본 노래 '애호벽' 쯤으로 치부해도 좋을 개인적 취향과 취미의 일단이다. 하지만 이러한 개인적 측면과 무관하게 「압록강절」은 일본과 조선 화류계의 노래이며, 일본의 식민통치, 곧 한만의 개척을 알리는 선전가라는 현실적 맥락을 벗어나기 어려웠다.

앞에 예시한 1926년 '비행기표조선소리반' 광고에는 기생 출신의 영화배우로 일본 영화계의 후원이 두터웠던 안금향이 부른 일본노래 「압록강

---

401. 「本券美妓の三味線で妓生の鴨綠江節を!」, 『朝鮮新聞』 1926년 5월 20일자.
402. 이들은 문인의 캐리커처와 작품 활동, 일상과 취미 등을 소개하는 『조선일보』 특집기사 「만화자(漫畫子)가 본 문인」의 주인공들(1927년 11월 4일, 6일, 18일)이었다.

절」과 「새장의 새(籠의 鳥)」가 실려
있다. 이 음반 광고에서 유의할 대목
은 '조선총독부 상공과 추천'을 광고
의 맨 앞에 위치시켰고, 첫 노래로 기
생 이난향, 김월선의 「조선산업가」를
배치했으며, 궁중무 '춘앵전(春鶯囀)'
을 추는 기생을 광고지 전면에 내세
웠다는 사실이다. 게다가 '춘앵전'의
기생은 1910∼20년대 '조선물산공진
회' 및 '조선박람회' 포스터에 단골로
등장하던 그녀들의 에누리 없는 모방

[그림 5] 비행기표조선소리반 광고
(조선일보 1926. 7. 12)

품이었다. 이를 종합하면, 조선총독부 주최의 공진회와 박람회 포스터가
그렇듯이, 저 음반 선전지는 기생의 이미지와 노래를 앞세워 조선의 근대
화를 격려하고 예찬하는 일종의 식민주의적 프로파간다와 친화한다. 물론
그 이면에는 기생의 이미지와 노래를 통해 식민지의 에로티시즘과 엑조
시티즘을 드러내는 한편 자신들의 욕망대로 상품화 · 성애화 · 타자화된
조선의 이미지를 더욱 강조하겠다는 욕망[403]도 감춰져 있다. 이시가와(石
川)가 자랑했던 「압록강절」 관련 '선전력의 위대함'은 유성기 음반의 광
고에서조차 예외가 아니었던 것이다.

1) 「가레스스끼(枯れ薄)」와 「가고노도리(籠の鳥)」라는 일본노래도 상당
히 유행하였거니와 최근에는 「야스키부시(安來節)」 「나니와부시(浪花節)」
가 전성이다. 그 중에도 「압록강절(鴨綠江節)」이라는 노래가 대전성이다. 이
노래는 조선과 만주에 큰 포부를 가진 일본사람의 마음을 그린 노래다. 이것을

403. 이경민, 2005, 『기생은 어떻게 만들어졌는가』, 아카이브북스, 146-148쪽.

조선기생이 부른다. 그리고 조선 손님이 듯는다. 이것은 다른 특과는 좀 다르다. 얼른 보기에는 특이라고 할 것이 없다. 그러나 보고 듣기에 특 같지 않은 특이 실사은 단단한 특이다.

아직 생기지는 않았지만 가야금(伽倻琴)과 삼미선(三味線)으로 된 특은 무슨 특이라고 할고?

—망중한인(忙中閑人), 「류행되는 특」(『동아일보』1926. 8. 8)

2) 나는 그 후 경성과 평양에서, 조선인이 마련한 술자리에서, 이른바 문제의 기생이라는 그녀들을 보았다. 오늘의 기생에게 「춘앵전(春鶯囀)」과 「승무(僧舞)」의 감상을 시작으로 「태평가」와 「권주가」를 듣고 싶었던 내 쪽이 무리였는지도 모른다. 그녀들이 「야스키부시(安來節)」와 「오롯코부시(鴨綠江節)」를 품위 없이 부르는 모습에 이르러서는 심히 나를 낙담케 했다.

—師尾源藏, 『新朝鮮風土記』(東京:萬里閣書房, 1930, 59쪽)

3) 관청 손님과 만날 때에는 반드시 일본말을 많이 하고 「오료고부시(鴨綠江節)」나 「야스끼부시(安來節)」, 그리고 「심순애」 창가, 「가레쓰쓰키」 창가를 해야 한다. 그 손님들은 이런 노래를 좋아하는 까닭이다. 그리고 그 손님들은 어떻게 하면 군수가 속히 되고 참여관까지만 올라가면 지사각하(閣下)는 걱정이 없고 누구는 어디로 갈려 가고 상여금을 얼마고 하는 이야기들뿐이다.

—송영(宋影), 「오수향(吳水香)」(『조선일보』1931. 1. 2)

만주국 건설(1932)이 머잖은 시기, 식민의 땅에서 발화된 「압록강절」에 대한 여러 반응을 짚어본 것이다. 송영의 「오수향」은 식민지 조선에서 일제의 언어와 문화가 갖는 의미가 무엇인지를 가감 없이 보여준다. 그는 일제가 줄곧 '내선융화'를 외쳐대지만, 식민권력에게 조선의 '요보'들이란 신체와 언어를 빼앗긴 인간 동물, 점잖게 말해 식민화 상태의 '서벌턴'에 지나지 않았음을 가난 때문에 매소부로 팔려온 기생의 서사를 통해 침통하게 암시한다.

무라오 겐조(師尾源藏)의 글은 '조선적인 것'과 관련하여 어떤 오해를 불러일으킬 소지가 다분하다. 조선기생이 부르는 품위 없는 「압록강절」과 「안래절」을 못마땅해 하며 조선조 지배계급의 고급예술을 갈망하는 태도는 일본 신민요의 통속성과 저급함을 효과적으로 부각시킨다. 하지만 그의 불만은 당대 기생 제도의 현실을 제대로 살피지 못한 탓에 생겨난 것이었다. 무슨 말인가 하면, 식민지 조선의 기생들은 전통 기예(技藝) 중심의 전문공연만으로 살아남을 수 없는 불우한 존재들이었다. 일제의 기생 및 창기 단속령(1908)을 통과하며 제도화된 '권번'제(1915)가 입증하듯이, 그녀들은 제국과 남성의 성적 욕망을 충족시키는 섹슈얼리티의 공여자로 그 신분과 용도가 규정된 상태였다. 이 때문에 그녀들의 고급한 궁중무와 양반계급의 정악조차 식민지 여성의 육체와 결탁된 상업적 유희로 변질되는 사태는 필연적이었다.

그 결과 "문제의 기생"들은 강상중의 예리한 통찰처럼 '성적인 기대', '싫증나지 않는 관능성, 질리지 않는 욕망'의 도발 장소[404]로 자꾸만 식민화될 수밖에 없었다. 요컨대 식민지 기생들의 고급스런 기예는, "조선인이 마련한 술자리에서"라는 공간의 성격이 암시하듯이, 제국인의 이국취향을 자극하는 그녀들의 섹슈얼리티와 함께 제공됨으로써 즐겨질만한 것이었다. 이런 상황은 재조일본인의 하이쿠(俳句) "봄날의 시는 연회자리의 풍류에 기생을 두르게 하네", "기생과 개구리 노래 소리를 듣는 이 여름, 손님방 등잔불은 밤이 이슥하도록 켜져 있구나" 등에 잘 드러나 있다.

404. 강상중, 이경덕·임성모 역, 1997, 『오리엔탈리즘을 넘어서』, 이산, 89쪽.

이 노래들 속에는 제국의 신민들이 호시탐탐 욕망하던 식민지 기생에 대한 육체적 점유와 성애적 소비, 곧 "기생이 옆에 앉으면 비로소 욕정이 일고"[405]라는 구절이 감춰져 있음을 부인하기 어렵다.

조선에서 일본 신민요의 유행과 소비, 이미 「압록강절」의 가창과 반주로 현실화된 가야금과 샤미센의 '특'화에 대한 '망중한인'의 날선 비판과 힐난은 식민권력의 검열과 삭제를 초래할만한 과격한 발언이었다. 겉으로는 조선 현실을 비꼬고 있지만, "조선과 만주에 큰 포부를 가진 일본사람의 마음"을 표현한 「압록강절」의 식민주의적 본질을 비판의 최종 과녁으로 삼았기 때문이다. 그의 칼럼이 당시 퇴폐적이며 외래의존적인 문화적 근대성을 저격하며 신문과 잡지를 물들였던 '에로 그로 넌센스'[406]라는 유행어와 썩 잘 어울리는 까닭도 이와 깊이 관련된다. 그가 꼬집은 조·일 문화의 '이상한 가역반응', 곧 '특'의 현상은 언어와 생활방식이라는 문화통합차원의 강요된 동일화가 어떻게 국가통합 차원의 제도적 차별과 소외의 문제로 폭력화되어 갈 수밖에 없는가[407]에 대한 문제제기로 연동되는 폭발력 강한 소재였다.

이런 차원에서 보자면, 「압록강절」은 제국의 미적·이념적 찬가로만 그치지 않고, 식민지의 불온성과 저항성을 자극하는 불령한 노래로 훔쳐질 곤혹스런 기미를 두 가지 정도 품고 있었다. 하나는 조선의 입장에서 '압록강'을 투쟁과 해방의 장소 또는 매개체로 오롯이 점유하고 표현하는 태도와 방법이었다. 독립군의 「압록강행진곡」이 그것으로, "나가! 나가! 압록강 건너 백두산 넘어가" "모두 도탄에서 헤매고 있"는 '동포'를 구하자는 구절

---

405. 가와무라 미나토(川村湊), 유재순 역, 2002, 『말하는 꽃 기생』, 소담출판사, 233·236·225쪽.
406. "에로틱 그로테스크 넌센스"의 준말로. 이것도 일본에서 건너온 '박래품'이었다는 아이러니를 피하지는 못했다.
407. 고마고메 다케시(駒込武), 오성철·이명실·권경희 역, 2008, 『식민지제국 일본의 문화통합』, 역사비평사, 283쪽.

에 저항과 해방의 의지가 넘쳐흐른다. 다른 하나는 식민지 기생의 '일본 노래'가 불러오는 뜻밖의 효과와 관련된 것이다. 그녀들이 일본 신민요를 "품위 없이 부르는 모습"은 내선문화의 자연스런 융합은커녕 '제국과 식민지의 내적 불일치'를 의도치 않게 드러내는 계기로 작동한다. 즉 '일본적인 것'을 진심으로 내면화하고 표현하기보다 제국의 신민(에 대한 접대)을 위해 '일본 노래'를 단순하게 흉내 내는 방식으로 반복하다보면, '일본적인 것'의 기념비적 권력은 진정성 없는 모조와 조롱의 대상으로 타자화되거나 소외될 수밖에 없다.[408] 무라오 겐조의 실망감은 조선 기생의 "품위 없는 모습"에 담긴 의미를 일본 노래에 대한 어설픈 흉내 내기 못지않게 그것의 언어와 정신에 담긴 '일본적인 것'에 대한 통속화 또는 훼손에 대한 반발에서 비롯된 것일 수 있다는 판단이 비롯되는 지점이다.

---

408. 호미 바바, 2002, 앞의 책, 182쪽.

V. 그림엽서를 통해 본
「압록강절」의 여성화 및 군사화

그림엽서는 제국주의가 선진문물을 활용하여 제작한, 또 그것의 소용성과 편의성을 극대화시켜 자국과 식민지의 내·외부를 장악하고 선전해 갔던, 친밀성을 가장한 침략적 식민주의의 표상체였다. 호기심을 가장한 서양의 음흉한 눈빛에 포획되어 제 알몸을 낱낱이 전시 당했던 일본[409]도 힘센 카메라눈을 소유하게 되면서 내부의 오키나와와 홋카이도의 '토인', 외부의 조선과 대만과 만주의 '열등자'를 차별의 인종주의 및 타자화의 시선으로 옭아매느라 바빠졌다.

이러한 현상은 「압록강절」 관련 인쇄매체들에서도 예외가 아니었다. 한만 국경을 필두로 조선과 만주 깊은 곳의 자연과 풍경, 생활과 관습, 인물과 문화는 오만한 시선과 힘센 신체에 의한 촬영과 수집의 대상이 되어 인쇄기와 제본기에 굴욕적으로 올려졌다. 그나마 그 무엇보다 화려한 '비주얼 미디어'로 기능했던 「압록강절」 그림엽서는 한만의 문화적 차이성과 생활의 이질성, 경제적 낙후성과 혈통의 열등함에만 주목하지 않았다. 오히려 제국의 팽창에 부응하는 쇼비니즘적 애국심과 낭만성으로 포장된 달큰한 이국정서를 필요에 따라 선택적으로 훨씬 많이 드러냈다. 여기서

---

409. 시미즈 마사오(淸水勳). 한일비교문화연구센터 역. 2008. 『메이지 일본의 알몸을 훔쳐보다』 1-2, 어문학사 참조.

는 졸고(주석 8) 참조)에서 이미 다룬 그림엽서는 1~2편의 예시물 정도로 국한한다. 새롭게 발굴, 수집한 「압록강절」 그림엽서를 중심으로 이미지와 문자의 문화정치학을 살펴보기로 한다.

[그림 6] 압록강절   [그림 7] 압록강절 (만철 철도부)

그림엽서세트 『압록강절』은 앞서 본 '압록강절 춤'을 제외하고도 총 4편이 확인된다. 4편 모두 정확한 발행 시기는 확인되지 않는다. 인기 절정의 유행 시기를 참조하면, 1920~30년대에 시시때때로 발매되었을 것이다. 크기는 대개의 그림엽서처럼 9(14)×14(9)cm이다. 현재 4매만 확인되는 1종을 제외하곤, 모두 1세트 당 총 8매로 구성되었다. 발행소도 하나는 알 수 없으며, 다른 하나는 '만철 철도부', 나머지 둘은 일제 최대의 사진(그림)엽서 발행업체였던 일본 와카야마(和歌山) 소재 '다이쇼(大正)사진공예소'이다. 이 엽서들의 「압록강절」은 압록강과 백두산 일대의 풍경과 명물 예찬을 중심으로, 애국심과 근로정신, 향수와 연정을 고백하는 가사들이 주로 실렸다. 특히 초기의 발행작이 이런 주제와 가장 밀착되어 있다는 느낌을 준다. 만주에 대한 희망과 맹렬한 개척정신이 아름다운 풍경과 이국정서를 즐기려는 낭만적 서정을 생활현실과 윤리의 측면에서 압도했기 때문일 것이다.

가령 예시한 두 편의 「압록강절」 그림엽서를 보라. 단색과 총천연색 그림, 날카로움과 아기자기함이 대비되는 글씨체, 뗏목꾼과 게이샤로 변별된 여성상만으로 만주 생활에 대한 현실성과 낭만성이 뚜렷하게 감지된다. 실제로 '만철 철도부'가 발행한 「압록강절」은 압록강 위의 일본식 뗏목, 압록강철교를 지나는 크고 작은 정크선, 압록강을 내려다보며 연애를 즐기는 젊은 남녀를 삽화로 취하고 있다. 이러 연유로 만주의 유한계층이나 일본 여행객을 그림엽서에 대한 관심과 소비의 대상으로 설정했다는 느낌을 받게 된다. 또한 화려한 삽화의 모습은 만주에 대한 동경과 이주의 꿈을 훨씬 자극할 수 있다는 점에서 제국 팽창의 심상지리와 식민권력의 시정 집행에도 얼마간 도움이 되었을 것이다.

조선과 지나의 경계는 압록강

흐르는 뗏목은 좋지만

눈이나 얼음에 갇혀서

내일은 안동현에 가닿기 어렵네

인용한 가사는 앞에 제시한 두 엽서에 적힌 「압록강절」이다. 읽기의 편의를 고려하여 여음구는 빼고 본사(本辭)만 옮겨 적었다. 두 엽서의 차이점은 도착지를 하나는 '신의주'([그림 6])로, 다른 하나는 '안동현'([그림 7])으로 적었다는 것이다. 그렇다고 내용에 어떤 변화가 생기지는 않는다.

두 곳은 속한 나라는 달랐지만, 백두산 벌목과 압록강 뗏목에 기초한 목재 산업의 성립과 발전을 계기로 정치·군사적 권위와 경제·문화적 생활 양상이 완전히 달라진 신흥도시이기는 마찬가지였다. 양쪽에서 '압록강철교'를 넘어서면 서로의 도시에 가닿을 수 있었던바, 그 위치와 시점에 따라 「압록강절」에 제시되는 도시의 이름이 달라졌던 것이다.

사실 두 엽서에서 가장 흥미로운 것은 노래의 주체로 등장한 여성 뗏목꾼과 게이샤의 상반된 모습과 성격이다. 전자는 건전한 노동과 건강한 미래를 함께 드러내는 하층 여성, 아니 충량한 황국신민을 대표한다. 여성 뗏목꾼은 어쩌면 실제의 그녀를 취한 것일 수도 있다. 대개가 하층계급 출신이었던 일본개척민은 제국의 전폭적 지원 아래 생활터전과 경작지를 획기적으로 넓혀갔다. 하지만 그들은 불하받은 토지 때문에 날마다의 고된 노동 못지않게 제국의 각종 시책 선전이나 사업에 쉴 새 없이 동원되었기 때문에 '새로운 삶의 돌파구'를 찾는 일이 마냥 쉽지만은 않았다.[410] 힘차게 또는 힘겹게 삿대를 밀어가는 그녀의 몸짓에서 재물에 대한 열망 못지않게 자칫하면 이전보다 못한 '나락(奈落)'에 떨어질 수도 있다는 불안과 공포를 함께 읽게 되는 까닭이다.

그런데 흥미롭게도 이 장면과 대비되는 그림엽서가 한 장 있다. 조선에서 주로 유통된 엽서세트 『아리랑정서(ありらん情緖)』 한 편에도 여성 뗏목꾼이 등장한다. 정크선이 오가는 압록강철교 연변의 거친 물살을 헤치며 삿대를 잡고 뗏목 운송에 애쓰는 흰옷의 조선여성이 해당자이다. 심지어 그녀는 힘겨운 노고에 아랑곳하지 않고 활짝 웃고 있는 모습으로 그려졌다. 또한 그림엽서세트 『백두산절』 한 편에도 백두산에서 신의주 / 안동까지 2~3주가량 소요되는 뗏목 운송을 돕기 위해 그 위에서 밥을 짓는

---

410. 윤휘탁, 2013, 『만주국: 식민지적 상상이 잉태한 '복합민족국가'』, 혜안, 25쪽.

조선과 만주 여성이 함께 등장한다. 이를 예시해 두는 까닭은 여성 뗏목꾼들이 실질적 존재가 아니었을 수도 있다는 판단 때문이다. 실제로 한반도에서 여성은 종교적 금기에 의거해 뗏목에 대한 접근이 아예 금지되었다. 일본 자료에서도 여성 뱃사공은 종종 등장하나 여성 뗏목꾼은 거의 찾아볼 수 없다. 만약 이것이 압록강 뗏목 운송에도 적용되었다면 여성 뗏목꾼의 의미는 전혀 달라진다. 근대의 일본주부는 스위트홈에 필요한 '현모양처'로 주로 훈육되었으며, 군국주의가 극렬해지면서부터 자녀들을 천황에게 바치는 것이 윤리이자 의무인 '군국의 어머니'로 격상(?)되었다.

　이런 환경에서라면, 한 · 일 · 만 출신의 여성 뗏목꾼은 일제의 만주 진출과 제패를 널리 선전함과 동시에 그 작업에 황국신민을 포함한 다섯 민족(五族)을 모두 동원하기 위해 발명한 정책적 · 상상적 인물일 가능성이 다분해진다. 실제로 이 당시 여성 뗏목군에 대한 기록이나 사진은 거의 발견되지 않는다. 기껏해야 뗏목이 신의주나 안동현에 도착할 즈음이면 게이샤나 유녀가 뗏목에 올라 벌부(筏夫)와 함께 「압록강절」을 부르는 게 유행이었다는 기록 정도가 보인다. 게다가 뗏목은 만주식과 일본식으로 구분되었으며, 신분상 조선인 벌부는 주로 일본 업체에 고용되었다. 그러므로 조 · 일 여성 혼자서나, 조 · 만 남성과 여성이 뗏목에 함께 오른 모습을 묘사한 「압록강절」 엽서들은 만주 개척과 정복, 그곳의 근대화를 선전하기 위해 '잘 만들어진' 프로파간다의 매개체일 가능성이 높다. 물론 1930년대 후반 들어 본격적으로 강조되긴 했지만, 만주 개척에 필수적이었던 '일만일체(日滿一體)', '선만일여(鮮滿一如)', '오족협화(五族協和)'의 이념은 체제협력자들을 제외한 평범한 만주 사람들에게는 거의 실현될 가능성 없는 허구적이며 기만적인 식민의 사상이자 정책에 불과했다. 그 형식이 어떻든 「압록강절」 엽서를 '대동아공영'을 빌미로 한 일 · 선 ·

만 통합체의 형성과 일본정신에 길들여진 대중 동원의 도구적 수단으로 활용되어야 했던 까닭이 여기에 있었다.

이를 고려하면, 그것 역시 지나치게 낭만적이어서 허구성을 면치 못하지만, 게이샤의 아름다운 풍모와 그리움의 연정을 담은 모습([그림 7])이 오히려 사실에 더욱 가까울 지도 모른다. 물론 그녀들은 처음부터 돈에 팔려왔거나 만주의 궁핍한 생활을 견디지 못해 최하층의 유녀(遊女)와 여급으로 전락해간 변두리 삶을 대표한다. 문제는 이토록 불행한 현실 때문에 그녀들은 추와 악의 차디찬 구렁에 던져진 반면 일반여성은 선과 미의 세계로 인양되는 아이러니한 사태가 점증해갔다는 사실이다.

일례로 만주국의 식민권력은 춤바람 난 가정주부를 집으로 돌려보내기 위해 '댄스배격운동'과 '국수(國粹)' 강조 정책을 펼쳤다. 그리고 이를 더욱 정당화하기 위해 맞은편에 돈벌이에 급급한 화류계 여성과 그녀들의 악마화를 뜻하는 동시에 소거의 이유가 되어줄 '화류병'을 내세웠다.[411] 성차(性差)를 넘어 신분 자체가 차별과 배제의 원리로 작동하는 현실에서라면, 화려한 복색의 게이샤나 그녀들의 다소곳한 연정과 그리움은 유흥과 소비의 대상이기는 했어도 남들이 감탄할만한 존중의 대상일 수는 없었다. 춤바람난 일본여성들의 정책적 분리와 윤리적 분할 속에서 뚜렷이 드러나듯이, 만주에서 예기와 창기는 유흥에서든 성에서든 언제나 제국의 발전과 영원을 위해 소용되고 소비되어야 할 도구적 대상에 지나지 않았다.

이러한 사실에 유의하며 위에 예시한 엽서들을 읽어보자. 인용 엽서에서 화자를 일반여성으로 볼 것인지 아니면 유녀(遊女)로 볼 것인지는 크게 문제되지 않는다. 다만 대개의 그림엽서에 제시되는 여성들, 특히 여행

---

411. 林葉子, 2015, 「『滿洲日報』にみる〈踊る女〉一滿洲國建國トモダンガール」, 生田美智子 編, 『女たちの滿洲多民族空間を生きて』, 大阪:大阪大學出版會, 153-157쪽.

과 관광 관련의 그것에서는 잘 차려입은 여성들이 기생이나 게이샤로 등장한다는 사실 정도를 유념해 두기로 한다.

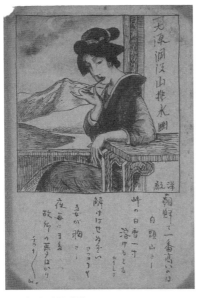 

[그림 8] 압록강절 **[그림 9] 압록강절**

1) 조선에서 제일 높은 것은 백두산

　봉우리의 백설 곧 녹겠지만

　녹지 않는구나, 나(妾)의 가슴

　매일 밤마다 고향 꿈만 꾸네

—「압록강절」([그림 8])

2) 새라면 날아갈 텐데 저 집 지붕에

　나무열매 비자열매 먹고서라도

애타게 우는 소리 들려준다면

설마 내버리지는 않겠지

—「압록강절」([그림 9])

　향수와 연정만큼 우리들의 뼈저린 고독과 절실한 그리움을 자극하는 요소는 따로 없다. 두 편의 「압록강절」은 누구에게도 말 못할 향수와 연정을 고백의 편지 쓰듯이 서글픈 노래로 적어냈다. "백설"과 "새"는 동양의 전통시가에서 흔히 접할 수 있다는 점에서 거의 '죽은 비유'에 가깝지만 그래서 대중들의 연민과 동정을 사기 쉬운 매개체이기도 하다. 또한 엽서의 삽화가는 그런 상황에 걸맞은 형상을 적절히 골라 부조함으로써 깊은 인상을 남긴다. 당연하게도 그녀들 뒤에 보이는 백두산과 압록강, 초록의 평원과 한 채의 집도 하나의 사실인 동시에 일본의 산과 강, 향토를 더불어 상징한다. 평범한 일본인, 또 조선인일지라도 「압록강절」 엽서를 들고 노래를 듣는다면 엽서 속 화자의 감정과 이미지를 마음에 담기가 훨씬 쉬웠을 법하다. 이러한 시청각적 감각과 면모 덕분에 「압록강절」은 대중가요로서의 자질과 폭넓은 인기의 조건을 단숨에, 그리고 충분히 마련할 수 있었다.

　엽서에 보이지 않는 '조선인'을 말한 까닭은 그림엽서세트 『국경정서(國境情緒)』에 조선기생과 일본게이샤가 함께 등장하기 때문이다. 엽서에 일본인과 그 문물에 더해 조선인과 만주인이 감정의 주체로든 단순한 피사체로든 등장한다는 사실은 두 가지의 뜻을 가진다. 식민주의의 후퇴와는 전혀 상관없지만, 「압록강절」의 구성 요인으로 식민지인과 그 문화가 드디어 눈에 띠기 시작했다는 사실이 하나이다. 이 뒤늦은 동행은 그러나 뜻밖에도 제국인과 식민지인, 조선인과 만주인의 서열과 차이를 더욱 두드러지게 하는 차별화의 숙주로 작동하게 된다. 다른 하나로, 가사에 걸맞은 '조선'과 '지나'의 부상은 유성기 음반과 그림엽서를 포함한 「압록 강절」 매체의 판매고에 적잖은 영향을 미쳤다는 사실이다. 망중한인과 송 영, 무라오(師尾)의 글에서 보았듯이, 「압록강절」의 노래와 연주, 그리고 춤은 경성과 평양의 요리점 또는 기생집의 성황에도 일정한 도움이 되었 다. 따라서 노래 유행의 본산지나 다름없는 신의주와 안동현의 분위기나 실황이 어떠했을 지는 덧붙이는 말을 필요치 않는다.

[그림 10] 압록강절 (다이쇼사진공예소)

[그림 11] 압록강절 (다이쇼사진공예소)

이제 살펴볼『압록강절』엽서세트는 두 사정과 모두 관련된다고 보아 무방하다. 예시한 그림엽서 두 장은『압록강 선물(鴨綠江みやげ)』이라는 동일한 제목을 가진 서로 다른 엽서세트에 실려 있다. 이것들에는「압록강절」악보를 필두로 압록강 풍경, 신의주와 안동현 거리, 그곳에서 생활하는 한만인(韓滿人)들이 담겼다. 사진 옆에 유사한 이미지도 스케치함으로써 조선과 만주의 생활현실과 그곳 정경의 낭만성도 특징 있게 드러냈다.「압록강절」은 한 편만 선택하여 악보를 제외한 7매의 엽서에 한 단어나 한 구절씩만 나눠 실었다. 좌측 엽서는 "내일은 안동현에 가닿기 어렵겠네"로 마무리되는「압록강절」([그림 6] 참조)을 취했다. 우측 엽서에는 "조선과 지나의 경계는 압록강 / 가설한 철교는 동양 제일 / 십자로 열리면 진범(真帆) 편범(片帆) / 오고가는 정크선들의 북적임"이라는「압록강절」이 담겼다.

두 노래는「압록강절」의 기본 형식인지라, 이것을 담은 엽서도 대중에게 낯설거나 어렵지 않았을 것이다. 그러므로 시청각자료로서「압록강절」의 친밀함은 식민권력이 의도했을 문화정치학적 효과를 거두는 일에도 적잖은 도움이 되었을 것이다. 두 엽서세트는 압록강철교, 신의주와 안동현의 일본식 신식 거리 대(對) 중국 전통의 정크선, 일본식보다 속도가 느렸던 중국식 뗏목, 남루한 복장과 고된 노동의 한만인이라는 대조적 이미지로 짜였다.「압록강절」엽서가 노래 없이도 제국과 식민지의 우승열패를 충분히 드러내는 효과를 얻게 된 이유이다. 물론 상품명으로 지어진 것이겠지만, 이 때문에 엽서명인 '압록강 선물'에 한만 제패와 경영에 임하는 일제의 의도와 욕망이 교묘하게 반영되어 있다는 의구심이 생겨난다. 한만 국경에서 승리를 구가하는 한 조선과 만주의 자연과 자원, 인종과 자산, 심지어 유흥과 성애조차 천황이 충량한 황국신민들에게 하사한 선물이라는 삐뚤어진 자신감이 그것이다.

　이제 살펴볼 그림엽서는 일제 신민의 충군애국과 관련하여 심상치 않은 의미와 효과를 가진다. 앞서 언급한 엽서세트『국경정서』와『백두산절』에는 한만 국경지대의 최대 위협요소였던 비적에 맞서 싸우는 국경수비대와 그들의 아내가 함께 등장하는 장면이 들어 있다. 비적(마적)이라고 했지만, 그들은 한족(漢族) 중심의 항일반만(抗日反滿)투쟁단, 공산혁명 지향의 동북항일연군, 민족주의와 사회주의를 망라한 조선의 항일무장투쟁단인 경우가 많았다. 단순한 도적떼가 아니라 일제에 대한 뚜렷한 투쟁 목표와 미래의 전망까지 단단히 갖춘 무장투쟁세력이었다는 점에서 일제의 불안과 공포는 나날이 커져갈 수밖에 없었다. 이 때문에 국경수비대의 핵심적 역할도 비적 토벌과 산업 시설의 보호에 두어졌던 것이다. 일제는 자국민의 안전과 보호를 위한 보조수단으로 자경단의 설치를 잊지 않았다. 가정주부가 손에 총을 쥐게 된 것도 자경단 활동의 일환이었다. 그녀들의 활동은 본격적인 참전은 아니었으며, 주요 관공서나 개척단 마을이 습격당했을 때 일시적으로 대응하는 정도였다. 하지만 '치안유지'(철로 애호, 무기 회수)나 '선무활동'(국책 선전, 청년단 결성, 일본어강습회와 영화회 개최)[412]에 그쳤던 평상시의 활동에 비한다면, 비적에 맞서 총격전에 나선다는 것은 그야말로 목숨을 건 절체절명의 행위였다.

　만주에서의 여성 참전 또는 병사화 욕망의 초기적 형태는 일본군을 전면에 내세운「압록강절」에 잘 드러나 있다. 아래의 노랫말을 읽어보면, 그 실상을 확인할 수는 없지만, 만주 이주민과 여행객이 가졌던 일본군에 대한 믿음과 존경의 감정이 뚜렷이 드러난다.

---

412. 貴志俊彦, 2010,『滿洲國のビジュアル・メディア―ポスター・絵はがき・切手』, 東京:吉川弘文館, 104-106쪽.

아침에 일어나 칫솔을 물고 수비대를
바라보자니

귀여운 병사가 날을 새며 번을 서고 있네

내(妾)가라도 교대할 수 있다면

하다못해 3분만이라도 바꿔주고 싶네

—「압록강절」([그림 12])

[그림 12] 압록강절

　이때의 병사를 아끼는 마음은
1930년대 후반 군국주의와 결합되
면서 자녀를 잘 길러 전장에 기꺼
이 내보내자는 '군국의 어머니'의
다짐으로 타락해갈 예정이었다. 많
으면 10여 년 이상 차이가 날 법한 아래의 「압록강절」들은 일제가 왜 '식
민지 자연의 병영화'를 넘어 '여성의 군사화'까지도 근대천황제의 주요목
표로 설정했는가를 짐작케 한다. 어떤 연구에 따르면 근대적 지도는 주어
진 영토와 경계에 대한 단순한 줄긋기에 그치지 않는다. 그것은 '상상의
공동체'를 견인함으로써 '국민이라는 등질적인 공동성 의식의 성립'과 '국
토라는 등질적인 공동 공간의식의 성립', 나아가 이념적으로 등질화된 국
민을 지배하는 '국민국가라는 통치제도의 성립'에 힘을 보탠다.[413] 두 편의
「압록강절」에는 이러한 지도의 서사와 역할이 여행 또는 관광이라는 지
리적 시공간의 이동과 관련하여 인상 깊게 새겨져 있다.

413. 와카바야시 미키오(若林幹夫), 정선태 역, 2006, 『지도의 상상력』, 산처럼, 244-245쪽.

1) 만주 창춘과 러시아 치타 사이는 육백 리

　무슨 이유로 만철(滿鐵)은 넘어 다니지 못할까

　동청(東淸)철도는 내일도 역시

　만추리(滿洲里)에 가닿지 못하겠네

—「압록강절」(『소패야화』)

2) 정자툰(鄭家屯) 서쪽으로 가면 바룬다라(白音太來)

　소떼들 양떼들 노니는

　옥야(沃野) 천리의 초원

　지금은 다시 시작되는 기차여행

—「압록강절」('만철 철도부' 엽서)

　이 자리에서 일제의 만주 진출 즉시 거미줄처럼 뻗어가기 시작한 '만철' 노선을 전부 그려내기에는 시간도 지면도 턱없이 부족하다. 하지만 일제의 군사력에 기댄 만주 개척과 점령, 곧 러일전쟁 승전~만주국 건설이 만철의 포화로 상징되는 가공할만한 영토의식의 확장을 가져왔다는 사실만큼은 분명히 강조해두고 싶다. 두 노래에 보이는 치타, 만추리, 바룬다라는 만주 북서쪽의 러시아와 내몽골에 속한 지역들이다. 그것을 '동청철도'의 경유지 하얼빈과 동쪽 기점 블라디보스토크까지 이어보면 일제의 무력이 직간접적으로 미친 광대한 영역이 대략 계산된다. '만주국'이란 이름을 걸친 근대천황제의 영토는 무엇보다 관동군의 비호 아래 '농업만주 공업일본'의 기치가 현실화되어가던 생산과 건설의 장소였다. 이 말에는 만주 전역이 "다시 시작되는 기차여행"을 매개로 '압록강 선물'이 미칠 것으로 기대되던 공간이었다는 뜻도 포함한다.

그러나 새로운 제국의 영토는 그러나 한 줌의 흰쌀을 꿈꾸며 만주로 이주한 숱한 조선인들이 소작농과 막노동꾼, 장사꾼과 마약상, 하녀와 유녀, 카페여급으로 내몰리는 것도 모자라 내일을 기약하지 못하는 부랑자로 전락해간 곳이기도 했다.[414] 이 비참한 현실은, 일제의 하층민과 유녀들까지를 구도에 넣는다면, 만주에서 '문명은 제국남성적인 것, 야만은 식민지 여성적인 것'이라는 이분법을 고착화시키기에 더할 나위 없이 적합한 토양이었다.[415]

이러한 문명과 야만의 구도는 다음과 같은 야비한 '지도 그리기'를 낳는 토대로 작동했다는 점에서 매우 폭력적이며 퇴폐적인 권력 행위였다. 먼저 일제가 내지(인) 대 조선과 만주(인)를 뛰어난 남성 대 무지한 여성으로, 뒤를 이어 식민지 조선이 조선의 남성 엘리트 대 만주의 무지한 여성으로 한만 국경지대를 포함한 만주 일대를 서열화·차별화하는 심상지리의 작동과 내면화가 그것이다. 이 양가성이야말로 만주국에서 조선인을 일제에 복속된 '이등신민'이자 만주인을 반체제 비협력자로 밀고하는 '간자'로 동시에 폄훼되고 소외받는 비극의 원천이었다.

그렇지만 양쪽 모두를 거부하며 '만주(국)의 병영화'와 관동군의 토벌에 맞서 제국의 영토에서 해방된 또 다른 "옥야 천리의 초원"을 '상상된 지도'에 그려 넣던 좌우 항일무장단체가 존재했음을 기억해 두어 마땅하다. 이들의 싸움이 있어 '압록강'과 그 수원지 '백두산'은 다음 장에서 확인하게 될 무기력한 식민화의 양상을 간신히 비껴가게 된다. 식민화의 현실은 일제에 의한 새로운 영지(靈地)/영산(靈山)으로의 추대 및 대동아

---

414. 한석정, 2016, 앞의 책, 107–108쪽.
415. 배개화, 2020, 「여성화된 만주와 조선 남성 엘리트의 개척자 이미지」, 『한국현대문학연구』 60, 한국현대문학회, 316–317쪽.

의 성지(聖地)로의 표방으로 대표된다. 그러나 "우리나라 지옥이 되어 모두 도탄에서 헤매고 있다" "나가! 나가! 압록강 건너 백두산 넘어가자"(「압록강행진곡」)고 외치던 투쟁가가 있어 압록강과 백두산은 일제의 현실적 지배에도 불구하고 '조선적인 것'의 정체성과 민족혼을 상징하는 절대적 가치체계로 살아남을 수 있었다.

VI. 결론을 대신하여:
「백두산절」의 소개와 안내

일제시대 단위로 '국경 이백리', 곧 백두산에서 압록강 하구까지의 풍경과 생활, 노동과 연정의 각양각색을 노래하고 그려낸 「압록강절」의 각종 매체를 살펴왔다. '식민지 자연'의 '여성화'와 '군사화'라는 틀에 초점을 맞추어 일제 식민주의의 한만 개척과 경영이 갖는 의미를 살펴온 셈이다. 비슷한 이야기를 반복하기보다 「압록강절」과 밀접한 가족관계를 이루는 신민요 「백두산절」을 잠깐 소개하는 것으로 결론을 대신한다. 「백두산절」은 군가로 처음 출발했던 이력답게 '국경 이백리'의 여성화조차 군사화 / 병영화로 모두 수렴시키며 1930년대 후반 군국주의를 대표하는 신민요로 인기의 상종가를 달렸다. 작사자인 우에다 고쿠쿄시(植田國境子)는 본명이 우에다 무라하루(植田群治)로 일본 나라(奈良)현에서 태어났다. 20대에 백두산 삼림지대로 이주한 후 함경도 삼수면 신걸파진 일대에서 활약하다 1939년 식민수부 경성부회에 당선하여 시정에까지 관여했던 매우 권력지향적인 인물이었다. 백두산과 압록강 일대의 사계를 노래한 군가 「백두산절」 4편을 논외로 치더라도, 그곳의 풍경, 천황에 대한 충군애국, 일제의 무한한 발전을 예찬한 「백두산절」 15편 이상을 지었다.

한만국경의 개척과 지배, 바꿔 말해 그곳의 식민화 및 병영화와 관련하여 우에다가 이룩한 최고 업적 가운데 하나는『국경이백리(國境二百里)』(1929)[416]를 저술했다는 사실일 것이다. 이 책에는 자신이 작사한「백두산절」을 비롯한 벌목과 뗏목의 노래 수십 편, 이후『백두산절』그림엽서세트의 모본이 되는 일본 전문화가의「백두산절」판화 5점이 실렸다. 또한 국경수비대와 삼림개발업자, 그들과 관련된 가정주부와 게이샤, 일본인과 조선인 벌부의 생활, 그리고 최대의 위협 요소였던 비적 관련 활동 사항도 빼곡하다. 어쩌면 이 책 한 권으로 당대의 백두산~압록강에서 벌어지는 모든 생활과 주요한 사건이 재구성될 수 있겠다는 생각이 들 정도로 공력을 들인 보고서 겸 사진, 그림, 노래 모음집에 해당한다.[417]

이상의 간략한 안내를 바탕으로「압록강절」과 미묘한 라이벌 관계를 형성했던 신민요「백두산절」및 그 엽서세트의 이모저모를 살펴본다.「백두산절」은 1914년경 병영에서 처음 불리기 시작했다. 이 노래도 한만국경 지대에서 인기를 얻기 시작해 일본 내지로 건너가 야스쿠니신사(靖國神社)와 일본 군부가 위치했던 도쿄 구단자카(九段坂) 일대에서 유행의 광풍에 휩싸이게 된다. 유성기 음반은 1929년 2월 한만 국경지대에서 처음 발매된 후 1932년 도쿄에서도 본격적인 발매의 붐을 타기 시작한다.[418]「압록강절」에 비할 때 꽤 늦게 발매된 셈이다. 이런 상황 때문인지 우에다는「백두산절」의 빠른 전파와 인기를 제고하기 위해 '백두산절 경성총본부' 조직,「백두산절」면장(免狀) 수여, 학생과 미기(美妓)에 대한 가창 교육, 일본 고위 관료와의 접촉 및 방송 송출 등에 적잖은 노력을 기울였다. 이 사항들은『국경이백리』에 모두 기록되어 있는 것들로, 대중의 인기와 적극적 소비에

416. 植田群治, 1929.『國境二百里』, 京城:國境二百里發行所. 한국 국립중앙도서관 소장.
417. 최현식, 2016.「백두산절·오족협화·대동아공영론—그림엽서「백두산절」의 경우」.『민족문학사연구』61. 민족문학사학회에서「백두산절」에 대한 첫 연구가 이뤄졌다. 여기서는 그때 다루지 못한 그림엽서 몇 편을 중심으로「백두산절」노래와 엽서의 '군사화' 과정을 간단하게 검토한다.
418.「白頭山節がレコードに, 國境藝妓東上」,『朝鮮新聞』1929년 2월 26일자 및 三浦屋信子, 1932.「小唄時局白頭山節」, リーガルレコード.

임했던 「압록강절」과 자못 비교되는 차이점이라 할 수 있다.

실제로 신문기사나 노래책, 유성기 음반을 통한 「백두산절」의 노출은 「압록강절」에 비할 바 못된다. 식민지 조선에서 라디오방송은 확인되지만, 레코드 발매 기록은 불분명하며, 조선 요리점이나 기생집에서의 노래 여부도 신문과 잡지, 문학작품 등에서 확인되지 않는다. 그 이유는 비교적 분명한데, 『조선신문』 부사장이 『국경이백리』에 붙인 서문이 좋은 참조가 된다. 그에 따르면 작사자 우에다는 국경 제반의 문제를 중심으로 국책이나 관료의 미비점을 살피는 한편 그 사이에 "처절한 시가, 취미에 값하는 삽화, 혹은 사진 등을 삽입하여 국경의 정조"를 드러내는 일에 앞장섰다. 한만국경의 개척과 지배를 향한 우국충정이 유희의 욕구를 명백히 넘어선 모습이다. 실제로 우에다는 '국경 이백리'의 자연풍경과 고국에 대한 향수를 노래한 원곡 4편과 대비되는 군국주의 성향의 가사를 계속 덧붙이는 것으로 자신의 소임을 다했다. 총칼로 피가 홍건할 제국의 승리와 영광만을 집중적으로 찬양했으므로 풍경 중심의 노래와 춤이 하나 된 「압록강절」의 대중적 인기를 뛰어넘기 어려웠던 것이다.

그러나 천황에 대한 맹세를 다짐하는 군국주의 성향의 노래는 시각적 효과에 집중하는 그림엽서의 대량 생산과 변이에 결정적 영향을 끼친 것으로 보인다. 「백두산절」은 판화를 포함한 그림엽서 6종 가량이 발행되었다. 판화를 제외한 나머지 5종은 노래는 거의 같되 삽화와 민요의 명칭이 다른 「백두산절」 3종('선만민요' 2종, '만주소패' 1종), 제목, 그림, 노래가 모두 다른 「국경 백두절」 1종, 부전고원을 노래한 것 1종으로 분류된다.

여기서 예시하는 「백두산절」 그림엽서들의 제작 연도는 정확하게 파악되지 않는다. 하지만 1920년대~1930년대 초반 발행된 것으로 짐작되는

[그림 13] 국경 백두절

「백두산절」엽서([그림 13])는 한만의 국경경비 및 그와 연계된 비적 토벌이 주류를 이룬다. '총력전'의 분위기가 서서히 들끓어 오르는 1930년대 후반 이후의 그것은 크게 나누자면 중일전쟁 시기와 태평양전쟁 시기 발행된 것으로 구분된다. 하지만 전자의 「백두산절」에 후자의 그것이 몇 편 더해지는 형식으로 「백두산절」 그림엽서의 발행과 소비는 일단락된다. 이것은 「백두산절」 엽서의 편지란 중간에 인쇄된 구호에서 확인 가능한데, 그곳에는 제국과 천황에 충군애국하자는 구호, '동아신체제'와 '동아신질서'에 기반한 새로운 문화를 건설하자는 구호, 제국의 원수 '귀축영미(鬼畜英米)'를 타도하자는 구호 등이 뒤섞여 있다. 그때그때 고조되거나 절대적으로 요구되는 전쟁 참여 의식을 더해가는 방식으로 「백두산절」 엽서가 활용되었음이 드러나는 지점이다. 이를 기억하면서 이상의 설명에 부합하는 「국경 백두절」과 「선만민요 백두산절」 엽서 3매를 군국주의화 경향과 죽음 충동의 심화라는 관점으로 살펴본다.

빨간 띠 두른 모자에 칼을 찬 모습

나(妾)의 연인(남편)은 나라를 지키네

아— 노고를 위로하러 찾아왔다네

—「국경 백두절」([그림 13])

국경수비대로 근무하며 신민의 보호와 삼림지대의 안전에 최선을 다하는 남편(연인)을 위로하러 찾아온 여성 화자의 사랑과 정성을 노래했다. 일상에서의 '현모양처' 이미지가 머나먼 식민의 땅에서도 그대로 재현되고 있는 모습이다. 과연 오른쪽 하단 산문에는 겨울은 영하 40여 도, 여름은 폭우 때문에 경비에 노고가 많은 남편의 모습도 뛰어나지만 그것을 걱정하며 위로 차 찾아온 부인도 훌륭하다는 내용이 적혀 있다. 밤새워 병영을 지키는 병사와 3분만이라도 교대하고 싶다는 「압록강절」 가사가 더욱 진전된 장면이다.

「백두산절」이 '국경 이백리'를 벗어나 제국을 대변하는 군국주의적 성향을 띠게 된 계기는 자료에 의거할 때 두 가지 정도가 찾아진다. 하나는 「압록강절」 작사가를 새롭게 동원함으로써 일제의 대륙침략과 만주국의 '오족협화' 이념을 정당화, 윤리화하는 방법이었다. 우에다 고쿠쿄시(植田國境子) 외의 작사가로 주목되는 자는 '연수(連修)'이다. 이 자의 출신지나 국적은 제대로 확인되지 않는다. 다만 일본 국립국회도서관의 자료를 검색하면, "연수(連修) 저, 『적화지나의 해부(赤化支那の解剖)』, 대학서방(大學書房), 쇼와(昭和)3(1928)" 및 "『윤리학서설(倫理学序説)』, 대학서방(大學書房), 쇼와(昭和)4(1929)"이라는 정보가 확인된다. 일본어로의 사유와 표현에 능숙한 자라는 점에서 내지인일 가능성이 높다. 물론 고등교육을 받은 만주인일 수도 있다는 추측을 완전히 배제하기는 어렵다. 분

명한 것은 '연수'가 일본인이든 만주인이든 만주와 중국에 대한 지식과 정
보를 대량으로 또 정확하게 확보하고 있는 자라는 사실이다.

[그림 14] 선만민요 백두산절
(連修 作)

[그림 15] 선만민요 백두산절
(連修 作)

이로 말미암아 '연수'는 주된 작사자 '우에다' 못지않게 대륙의 지배와
신문화 건설, '대동아공영'의 상징적 실현체인 '오족협화'의 달성을 효과적
으로 선전하고 선동하는 충량한 신민으로 거듭나게 된다. '연수(連修)'를
작사자로 내세운 그림엽서는 두 장인데, 폭넓은 대중 획득과 프로파간다의
효과를 높이기 위해 서로 다른 삽화의 형식을 취하고 있어 눈길을 끈다.

　I) 세계에 나라 있어 아시아에 일본

　　찬란한 빛은 동쪽으로부터

　　아— 전진하세 동포여 용맹스럽게

　　　　　　　　　　　　　　—「선만민요 백두산절」([그림 14]

2) 선량한 동지들이 뭉친 다섯 민족의 만주

떨어지지 맙시다 몸도 마음도

아— 오로지 뭉치는 일에 길 하나

—「선만민요 백두산절」([그림 15])

화자인 '연수'가 내면화한 제국에 대한 긍지와 만주국 이념 '오족협화'에 대한 선전을 통해 일제 군국주의의 승리와 영원을 기원하는 내용들이다. 이것이 인쇄된 그림엽서의 유통은 일제 신민들의 제국주의적 자부심과 충군애국심에 대한 고양을 더욱 확산시키는 효과를 낳는다. 그에 따라 근대천황제의 핵심 이념인 '국체명징'의 확립에 더욱 기여하는 힘으로 작동하게 된다. 1930년대 군국주의의 강화는 '국체명징'을 모든 교육 과정의 핵심목표로 설정함으로써 식민교육의 최종 목표도 천황제에 대한 철저한 충성과 복종에 두게 된다.

만약 '연수'가 만주인이라면 다음과 같은 효과가 발생했을지도 모른다. 식민지의 '소국민'이자 '꼬마병사'였을 '연수'도 천황의 이념을 교육 받으며 '신내지인'으로 성장하고 안착할 수 있기를 바랐을 것이다. 그런 점에서 두 노래 속에는 첫째, 충성 맹세를 통해 일제에 적대적이었던 지난날을 반성하는 죄의식의 고백, 둘째, 위대한 천황의 신민으로 거듭남으로써 자신들도 아시아의 주인이 될 것이라는 식민주의적(무)의식에 대한 욕망이 함께 담겨 있다 할 것이다.

그런 의미에서 삽화 속의 태양과 후지산, 국화와 일본여성은 '주어진 사실'이 아니라 철두철미하게 계산된 '일본 제국'에 대한 비유이자 상징이다. 만주국 국화(國花)가 황국(黃菊) 옆에 핀 난(蘭)이었음은 잘 알려진 사실이다. 두 나라꽃이 함께 하는 '일만일여(日滿一如)'의 이념은 혼화 중인 일본여성과 그것을 듣는 조선과 만주, 중국(漢族), 몽골, 백계 러시아 소속의 통합, 곧 '오족협화'의 이념과 한 치의 오차도 없이 자연스레 맞물린다. 이것을 하나의 선전 포스터에 담는다면, 1934년 만주국 황제 즉위를 기념하여 제작한 국책 포스터의 모양을 띠게 될 것이다. 다섯 민족이 춤을 추며 '왕도낙토'를 향한 관문으로 나아가는 큰 길에 차례대로 놓인 '만주제국', '민족협화', '왕도정치'의 이념을 찬양하는 이미지가 그것이다.[419]

다음으로 「백두산절」의 군국주의 성향은 '성전(聖戰)의 아이코노그래피'를 통해 더욱 전면화된다. 일제는 군국주의를 제국의 미래로 내세우면서 '성전에 순직하는 천황병사의 도상'을 각종 장르의 작품 모집과 경연대회, 남녀노소를 불문한 궐기대회 등을 통해 집단적·국가적 윤리로 체화시켰다.[420] 이것은 결국 전선총후(前線銃後)에 결박된 모든 사람들을 천황제 국가의 종교적 희생 제물로 던져지게 한 뒤에 그것을 정당화하는 '전사자 숭배'[421]라는 기이한 애도의 제의를 일상화하는 원동력으로 작동하기에 이른다.

1) 울지 말라 탄식하지 말라 꼭 돌아온다

오동나무 작은 상자에 비단을 넣고

아— 만나러 와 주게 구단자카(九段坂)

—「애국이요(俚謠) 백두산절」([그림 16])

419. 貴志俊彦, 2010, 前揭書, 120쪽.
420. 자세한 내용은 가와무라 구니미쓰(川村邦光), 송완범·신현승·전성곤 역, 2009, 『성전(聖戰)의 아이코노그래피—천황과 병사, 그리고 전사자의 초상과 표상』, 제이앤씨, 133-184쪽 참조.
421. 조지 모스, 오윤성 역, 2015, 『전사자 숭배—국가라는 종교의 희생제물』, 문학동네, 9-18쪽.

2) 바다의 병사들 목숨을 걸어

12월 8일 새벽에 부는 것은

존엄한 위력의 가미카제(神風)인가

—「선만민요 백두산절」([그림 17])

[그림 16] 애국이요(俚謠) 백두산절
(大高ふさを 作詩)

[그림 17] 선만민요 백두산절
(植田國境子 作)

'애국이요 「백두산절」'의 작사가 오다카 히사오(大高ふさを)는 쇼와 (昭和)시대의 유명한 대중가요 작사가이기도 했다. 식민지 조선의 대중가 요 작사・작곡자와 가수들이 그랬듯이 일본의 그들도 '전선'의 싸움을 격 려하고 위무하며 '총후'의 지원과 희생을 이끄는 성전(聖戰)의 충량한 병 사가 되어야 했다. 젊은 일본군은 칼을 챙기고 아내는 충성의 혈서를 쓰는 모습 위에 「백두산절」의 "꼭 돌아온다"와 "구단자카"를 겹쳐 놓은 덕분에 천황에 바치는 성전의 실상이 고스란히 드러난다. 병사의 귀환은 승전이

있어야만 가능한 것이며, 그러기 위해서는 목숨을 아끼지 않아야한다. 그러나 전사자의 공간 '야스쿠니신사'가 도쿄 "구단자카"에 세워져 있음을 감안하면, 이 노래는 이기기 전에는 살아 돌아오지 않을 것이며 죽음으로써 천황의 은혜에 보답하겠다는 '필사(必死)의 의지'를 전면화한 것임이 뚜렷해진다.

실제로 이 「백두산절」의 곡조와 다짐은 「진주만절(眞珠灣節)」과 「특공대절(特攻隊節)」로 고스란히 이월되었다. 이 사실은 지금도 유투브(youtube)에서 들을 수 있는 「애국이요 진주만절(백두산절)」(오다카 히사오 작시), 동일한 방식의 듣기에 더해 『추억의 군가집(思い出の軍歌集)』(1961)에도 실린 「특공대절(백두산절체패[替唄])」에서 여지없이 확인된다. "존엄한 위력의 가미카제(神風)"가 적혀 있는 「선만민요 백두산절」([그림 17])은 그래서 더욱 상징적이다. '가미카제'로의 출격은 삶의 욕망을 죽음의 돌격으로 바꾸어 산산이 부서지는 신체를 천황에게 바치는 절대적 충정이었다. 과연 우측 하단에는 '옥쇄(玉碎)'라는 허상적 죽음의 문을 활짝 열어젖힌 '1941년 12월 8일'이라는 날짜와 "세계유신(維新) 포왜(布哇:하와이―인용자) 대해전 대첩"을 기념하는 노래라는 알림을 함께 적은 산문이 붙어 있다. 한 일본연구자에 따르면, 특공대 전사자는 제국의 신민에게 영원히 죽지 않는 '영령'의 기운을 자아내고 마음속의 '신의'를 느끼도록 하며, 드디어는 '눈물의 공동체'를 순식간에 만들어내는 '내셔널 정신'을 갖도록 하는 구심점으로 작동했다고 한다.[422]

이때 핵심적 역할을 맡았던 요소가 있었으니, 천황이 부여하는 '군신(軍神)'이라는 칭호와 죽어야만 들 수 있는 '야스쿠니신사'로의 안치였다. 두 노래에 두 요소가 녹아 있음은 '가미카제'와 '구단자카'에서 이미 확인

---

422. 가와무라 구니미쓰. 2009. 앞의 책. 174쪽.

했다. 이와 같은 군국주의 아래의 애도 행위는 '국가라는 종교'에 순교자를 제공하며 죽은 자들의 마지막 안식처를 '국가적 경배의 신전'이 되게 하는 '전사자 숭배'의 개념과 정확하게 일치한다. 여기서 발생하는 전쟁 경험의 신화화는 전쟁을 정치적·사회적 삶의 당연한 일부로 수용하는 의식의 왜곡을 불러들인다. 더욱 결정적으로는 전사자나 전쟁 동원자 개개인에 대한 야만화와 무관심을 확장시킨다. '전사자 숭배'를 그들의 애국심을 기리는 애도의 제의로만 읽기보다는 생명력의 확장 없는 죽음의 소비를 정당화하는 폭력적이며 퇴행적인 행위로도 성찰해봐야 하는 이유이다.[423]

이를 감안하면, 식민지 자연 '백두산'과 '압록강'이 처했던 위기와 오욕은 더욱 분명해진다. 최남선이 '조선혼'의 진원지로 가치화했던 이곳은 제국의 영토로 등재되면서 오로지 천황에 바쳐지는 전쟁의 도전과 영광만을 쏘아 올리는 '죽음 기호'의 발신지로 전락하고 말았다. 백두산과 압록강을 포함한 한만 국경 이백리의 여성화-심미화와 군사화-병영화가 쳐놓은 죽음의 덫, 곧 가장 끔찍한 소외와 파탄의 구덩이를 「백두산절」에서 찾아볼 수 있는 진정한 까닭이 여기 있다.

---

423. 조지 모스, 2015, 앞의 책, 44쪽 및 18쪽.

조선과 만주국
변경사회의 교류와 통제

윤휘탁

Ⅰ. 머리말

　　오랜 기간 남북 분단이 고착화되면서 우리 사회에서는 통일의 필요성을 공감하면서도 휴전선 이북의 북한 땅에 대한 관심이나 정보가 별로 없다. 일기 예보에서조차도 휴전선 이남의 상황만 알려줄 뿐 휴전선 이북의 북한 땅에 대한 지역적 날씨 상황을 시시각각 알려주지 않다보니, 우리는 북한 땅에 대한 우리의 지리적·행정적 지식을 축적해나갈 길이 없다. 더욱이 행사 때마다 애국가를 제창하면서 백두산을 들먹이면서도 백두산의 역사적 귀속권, 백두산의 분할실태, 백두산에 대한 중국의 '백두산공정', 소위 '장백산문화건설공정(長白山文化建設工程)' 추진 의도와 실태[424] 등에 대해 아는 사람도 거의 없다. 더욱이 압록강과 두만강이 북한과 중국의 공동 소유로 되어 있다는 사실을 인식하고 있는 사람들도 별로 없다. 대다수 사람들은 마치 압록강과 두만강이 우리의 강인 것으로 오해하거나, 이 강들의 중간선이 북한과 중국의 국경선을 이루고 있는 것으로 잘못 알고 있다.

　　그런데 압록강과 두만강은 1962년 체결된 「조중변계조약(朝中邊界條

---

424. 이에 관해서는 윤휘탁, 2018, 「중국의 '백두산공정'--중국의 '長白山文化建設工程'에 관한 試論」, 『중국근현대사연구』 제78집 참조.

約)」에 근거해 북한과 중국이 공동으로 소유·관리·이용하고 있다.[425] 그리고 북한과 중국을 가르는 압록강과 두만강에는 북·중 국경선으로서의 중간선 개념이 존재하지 않으며, 두 강 자체가 북·중의 국경(중국에서는 이를 '계하(界河)'라 지칭함)을 형성하고 있다. 압록강과 두만강에서 북·중의 국경선이 존재하지 않게 된 배경을 보면, 일본이 괴뢰 만주국을 수립한 후 압록강과 두만강이 '일본제국'의 범주에 속해 국가적 경계의식이나 긴장상태가 표출되지 않던 만주국과 식민지 조선 사이에 가로 놓여 있다 보니 조선과 만주국 식민당국의 국경 관념이 희박해[426] 국경선 획정의 절박성이 농후하지 않았다. 또한 만주국 수립 초기에는 소련과의 접경지역인 흑룡강과 우수리강 유역에서 국경 분쟁이 속출하고 있었고, 만리장성과 산해관 쪽의 중화민국 접경지역에서도 중국인들의 대규모 유동과 항일무장투쟁에 따른 치안·경제문제들이 빈발하고 있었기 때문에, 만주국에서는 다른 지역보다 상대적으로 안정성을 지니고 있던 선(鮮)·만(滿) '국경변연지대(國境邊緣地帶)'에 통치력을 집중시킬 수가 없었다. 그로 인해 이 지대는 만주국의 일차적인 관심대상에서 벗어나 있었고, 압록강과 두만강에서의 명확한 국경획정이나 통제·단속문제도 애매모호하게 방치되다시피 했다.

게다가 만주국의 붕괴 이후 등장한 중화인민공화국과 북한 역시 국공내전과 한국전쟁 시기의 긴밀한 협력으로 인해 혈맹의식이 형성된[427] 가운데 반우파투쟁(反右派鬪爭) 및 대약진운동(大躍進運動) 시기 중국 내부

---

425. 윤휘탁. 2017. 「중국과 북한의 국경관리실태: 1950~1960년대를 중심으로」, 『중국사연구 제110집.

426. 가령 두만강 유역의 會寧은 만주로 이주하는 조선인들의 통과지점이었고, 또한 정치적 변동으로 인한 有事時 만주지역에서 탈출해오는 조선인 혹은 중국인들의 경유지이기도 했다. 특히 결빙기가 되면 두만강이란 가시적 경계마저 사라지는 두만강변. 특히 會寧의 주민들은 강 너머 對岸인 간도지역에 대해 '국외'라고 하기보다 '내 저편'이라고 부를 정도로 국경 관념이 희박했다.[오미일. 2017. 「간도의 통로. 근대 회령지방의 월경과 생활세계」, 『역사와 세계』 제51집. 189쪽]

427. 이종석. 『북한-중국 관계 1945~2000』, 중심. 2000)및 손춘일.2015. 「한국전쟁 발발 후 북한난민에 대한 중국정부2000.의 정책」(『국가전략』 제21집 제3호) 167-169쪽.

의 소수민족 탄압과 경제적 대재난 등의 원인으로 대규모 越境이 이루어
지기까지 관대한 입장을 취하는 등[428] 1962년 「조중변계조약(朝中邊界條
約)」을 체결하기 전까지 압록강과 두만강으로 이루어진 북·중 양국의 '계
하(界河)문제'를 신속하게 정리하려는 의지가 약해 국경선 획정문제를 모
호하게 방치했던 것이다.

그렇다면 '경계성이 모호한 변연지대'에 관한 선행연구는 어떠할까? 근
대시기에 접어들어 국민국가 및 국민의식에 비롯된 일국적(一國的) 정체
성이 확고해지고 연구 범주도 '단일한 국민국가의 틀'에 갇히게 되면서,
최근의 대다수 선행연구도 단일 국민국가의 권역만을 다루고 있다. 따라
서 압록강-백두산-두만강으로 이어지는 '변연지대(邊緣地帶)'처럼, 국민
국가의 형성 초기 경계 양쪽 국민국가들의 주권이 확립되지 못해 거주민
들의 '경계(혹은 국경) 관념'이나 '국가적 귀속감'이 희박하여 '경계성이
모호한 초경계(국경)적인 생활공동체'를 형성하고 있던 변연지대에 대한
연구는 소홀해질 수밖에 없었다. 그래서인지 남북 간 화해와 공동체 실현
을 목표로 하고 있는 현 상황에서 매우 긴요한 연구과제라고 할 수 있는
한반도 북부의 한·중 변연지대를 분석대상으로 삼아 선·만 국경변연지대
에서의 교류와 교역, 삶, 이 지대에서의 선·만 국민국가들의 통제와 단속,
상호협력 등을 다룬 연구는 거의 없는 실정이다.

다만 19세기 말부터 20세기 전반기까지 한반도 북부의 국경선 설정에
중요한 작용을 했던 '변경위기(邊境危機)'[429]와 관련해 두 번에 걸친 조

---

428. 「外交部.公安部.中僑委關于中國東北地區 朝鮮族居民非法越境去朝問題的處理意見
(1957.12.17)」(中國外交部檔案館藏, 檔案號 118-01026-01), 1-2쪽;「駐使館給外交部領事司的
報告(1961.7.24)」(中國外交部檔案館藏, 檔案號 118-01026-07), 112-115쪽; 윤휘탁, 2017.「中國
과 北韓의 國境 管理實態-1950~1960年代를 中心으로-」,『중국사연구』제110집, 153-155쪽.
429. 김원수. 2017.「근대 한국과 동아시아 변경의 역사화를 위한 제언」,『東北亞歷史論叢』제55집;
김원수, 2018.「그레이트 게임과 간도협약의 글로벌 히스토리 구상 - 시론적 접근 -」가(『서양 역사
와 문화 연구』제49집.

(朝)·청(淸) 간의 감계(勘界)협상과정과 문제점, 러일전쟁 전후의 변경문제의 대두와 배경, '간도협약'의 체결과정과 문제점 등 한반도 북부의 국경이 정해지는 과정이나 문제점 등에 관해서는 제법 연구성과들이 나오고 있다.[430] 그리고 1962년 체결된 '조중변계조약'의 승계나 북·중 사이의 국경관리문제[431], 중국의 두만강을 통한 동해출해(東海出海) 문제와 전략[432] 등에 관한 연구도 눈에 띈다. 그렇지만 만주국 시기 '압록강-백두산-두만강 변연지대'에서의 다양한 교류 양태와 다툼, 선(鮮)·만(滿) 당국의 국경 단속·통제와 협력실태 등에 대해서는 연구가 전무하다. 다만 '선·만 국경변연지대'와의 부분적인 관련성을 부여할 수 있는 선행연구들을 소개한다면, 한국학계에서는 선·만 국경변연지대에 위치한 안동(지금의 단동)의 근대 산업구조, 도시건설과 교통망의 구축, 조선인의 이주, 산업실태, 신의주(新義州)의 화공(華工)실태, 일본 영사관경찰서 설치와 운영 등이 다루어지고 있다.[433] 중국학계에는 만주국이 수립되기 이전 개항과 도시형성 사이의 상관성, 도시계획, 도시문화, 목재업(木材業)·잠사업(蠶絲業) 등의 관점에서 안동시를 다룬 연구들[434]이 있다. 일본학계에서도 중국학계

430. 대표적인 것으로 김형종, 2018, 『1880년대 조선-청 공동감계와 국경회담의 연구』, 서울대학교 출판문화원, 2018; 배성준, 2008, 「한·중의 간도문제 인식과 갈등구조」, 『東洋學』 제43집, 2008; 이은자, 2008, 「한중간 영토 분쟁에 대한 비판적 검토」, 『아시아문화연구』 제14집; 조윤경, 2008, 「동북공정논쟁 이후의 한중 양국의 인식차이에 대한 비교연구」, 『중국학』 제31집 등이 있다.

431. 이장희, 2011, 「통일후 조중국경조약의 국가승계문제」, 『白山學報』 제91집; 송병진, 2014, 「북중국경조약과 해양경계획정협정의 승계 문제」, 『외법논집』 제38권 제4호; 윤휘탁, 2017, 「중국과 북한의 국경관리실태: 1950~1960년대를 중심으로」, 『中國史研究』 제110집.

432. 윤휘탁, 2018, 「中國의 吉林省 東部邊疆 및 두만강 出海認識과 戰略」, 『中國史研究』 제113집, 304쪽.

433. 손승회, 2011, 「근대 한중관계사상의 교통로와 거점: 만철과 안동을 중심으로」, 『한중관계사상의 교통로와 거점』, 동북아역사재단; 이은자, 2014, 「중일전쟁 이전 시기 중국의 국경도시 安東의 이주민-교류와 갈등의 이중주」, 『중국근현대사연구』 제62집; 김지환, 2013, 「安奉鐵道 부설과 중국 동북지역 신유통망의 형성」, 『中國史研究』 제87집; 김주용, 2009, 「만주지역 도시화와 한인이주 실태 - 봉천과 안동을 중심으로-」, 『한국사학보』 제35집; 김태현, 2017, 「'신의주·安東'간 密輸出 성격과 조선총독부 團束의 양면성(1929-1932)」, 고려대 한국사학과 석사학위논문; 이은자·오미일, 2013, 「1920~1930년대 국경도시 신의주의 華工과 사회적 공간」, 『史義』 제79집; 권경선, 2017, 「근대 해항도시 안동의 산업구조」, 『해양도시문화교섭학』 제16집; 오병한, 2019, 「滿洲事變 이전 중국 安東에서 일본의 領事館警察署 설치와 운영」, 『한국민족운동사연구』 제100집; 오미일, 2017, 「간도의 통로, 근대 會寧지방의 越境과 생활세계」, 『역사와 세계』 제51집.

434. 魏琳娜, 2007, 「自開商埠與丹東城市近代化研究(1903-1931)」, 東北師範大學 碩士學位論文; 李蕾萌, 2010, 「近代丹東城市規劃的歷史研究與啓示」, 大連理工大學 석사학위논문; 賈小壯, 2015, 「開埠通商與安東小商埠城市社會變遷研究(1906-1931)」, 吉林大學 博士學位論文; 江沛·程斯宇,

와 마찬가지로 안동의 목재업과 잠사업을 둘러싼 대외관계, 이와 관련된
일본자본의 성격 등이 분석되고 있다.[435] 더욱이 이 분야 선행연구들조차
압록강 유역에 위치한 안동과 신의주에 집중되어 있을 뿐 두만강 유역 연
구와는 무관하다. 다만 두만강 유역 연구로 1910~1930년대 초 會寧지방
의 越境과 생활실태를 다룬 글[436]이 있다.

결국 선행연구들에서는 만주국 수립 이전 국민국가 一國의 특정 도시
인 압록강 유역 안동의 개항과정, 철도부설과 도시형성의 관계, 민족구성,
상업활동 그리고 두만강 유역 회령지방에서의 월경과 생활실태 등에 관
한 미시적이고 단편적인 연구에 머물러 있을 뿐이다. 즉 선행연구들의 경
우 만주국 건국으로 형성된 일본제국 내의 두 植民權域 혹은 '擬制的 국
민국가'들(즉 조선과 만주국)이 압록강과 두만강에 대한 명확한 통할권
(단속권)을 획정하지 않아 그 권한도 모호하고 제대로 미치지 못하던 조
선과 만주국의 국경변연지대, 즉 압록강-백두산-두만강 변연지대 전반에
걸친 분석은 이루어지지 않고 있다.

따라서 이 글에서는 선행연구들의 한계점을 염두에 두면서 식민지 시
기 간행된 신문들[437]의 보도내용을 중심으로 식민지 조선과 만주국을 가

2014, 「安奉鐵路與近代安東城市興起(1904-1931)」, 『社會科學輯刊』제5기; 姜麗, 2007, 「鴨綠江
流域森林資源與安東縣木材中心市場的形成(1876-1928)」, 東北師範大學 碩士學位論文; 張玉清,
2010, 「論閉東絲綢在東方絲路交往中的歷史地位和作用」, 延邊大學 碩士學位論文; 羅越, 2011, 「
近代安東地區蠶絲産業研究」, 東北師範大學 碩士學位論文; 張志勇, 2014, 「安東港的興盛及其原因
探析」, 遼寧大學 석사학위논문; 綦鋒, 2014, 「近代安東海關研究(1907-1932)」, 遼寧大學 석사학위
논문; 葉宗恩, 2017, 「安東鐵路附屬地發展概述」, 『檔案春秋』제3기.

435. 塚瀨進, 「日中合弁鴨綠江採木公司の分析—中國東北地域における日本資本による林業支配
の特質」, 『アジア経済』제31권 제10호; 菅野直樹, 「鴨綠江採木公司と日本の滿州進出--森林資源
をめぐる対外関係の変遷」, 『國史學』제172호; 永井リサ, 1999, 「日本帝國主義下における辺境開
發: 安東の柞蠶製糸業を例として」, 『史學雜誌』제108권 제12호.

436. 오미일, 2017, 「간도의 통로, 근대 회령지방의 월경과 생활세계」, 『역사와 세계』제51집

437. 만주국에서 발간되었지만 국내에서 활용하기 쉬운 신문으로는 『盛京時報』, 『滿鮮日報』 등이
있다. 그렇지만 『성경시보』는 한두 줄의 短信 위주라서 신문 기사로서의 활용가치가 떨어진다. 『만
선일보』는 국내에서 영인되었지만 인쇄상태가 좋지 않고 글씨가 번져 있는 관계로 해독이 거의 불가
능하다. 게다가 당시 만주국에서 발행된 신문들에서는 自國內 상황에 대한 엄격한 검열 속에서 소련
과의 국경변연지대에서의 무력 충돌이나 해외의 戰況에 치중해 '鮮·滿 국경변연지대'의 현상을 소
홀히 취급한 반면에, 치안상황이 양호했던 조선에서 발행된 신문들에서는 鮮·滿 국경변연지대에 많
은 관심을 가지고 이 지역의 다양한 현상들을 자주 보도하고 있었다. 따라서 이 글에서는 상대적으

르게 된 압록강-백두산-두만강 변연지대에서의 철도·도로의 부설, 원활한 물자유통을 위한 통관제도, 세관설치와 관세실태, 통행·교역·밀수·통신·화폐유통·전염병문제, 국경변연지대 사람들의 유동적인 삶 그리고 선·만 식민당국의 국경변연지대 단속·통제와 협력활동, 그 과정에서 표출된 갈등상황 등을 밝혀보려고 한다. 이러한 접근방식은 일국사적이고 국민국가적인 시각이나 국가 간의 통치권 分界로서의 경계의식을 벗어나, 그동안 주목받지 못한 '트랜스내셔널한 超경계(국경)의 변연지대'에서의 다양한 교류와 삶, 경계 양쪽 국민국가들의 변연지대에 대한 단속·통제와 상호협력체계 등의 주권정책에 착안하고 있는 셈이다.

로 접근이 용이한. 식민지 조선에서 발간된 『每日申報』, 『朝鮮中央日報』, 『朝鮮新聞』, 『朝鮮日報』, 『東亞日報』 등의 보도내용을 주로 분석했다. 참고로 『매일신보』는 조선총독부 기관지로 발행되던 한국어 신문이었고, 『조선중앙일보』는 呂運亨이 『중앙일보』의 제호를 바꾸어 1933년 3월에 발행하다가 1937년 11월에 조선총독부의 탄압 속에 폐간되었다. 『조선신문』은 1908년부터 1942년까지 일본인이 발행한 신문으로서 당시 『경성일보』, 『부산일보』와 더불어 조선에서 발행되던 3대 일본어 신문이었다.

II. 통행·운송·밀수와 선(鮮)·만(滿) 식민당국의 통제·협력

1. 통행·운송과 선(鮮)·만(滿) 식민당국의 협력

압록강 하구에 위치한 안동(安東)은 선·만 국경변연지대의 대표적인 도시였다. 청(淸)왕조 시기만 해도 장기간의 봉금(封禁)정책으로 안동은 낙후된 어촌으로서 압록강 중·상류의 농산물 집산지에 불과했지만, 근대시기 개항을 계기로 번성해지면서 1920년에는 영구항(營口港)을 제치고 대련항(大連港) 다음의 무역항으로 발전하기 시작했다.[438] 만주국이 수립되기 전까지는 압록강철교의 가설과 안봉선(安奉線)(安東 ↔ 奉天)의 개통으로, 안동은 조선과 만주를 잇는 교통로의 핵심거점으로 발전할 수 있었다. 이를 계기로 안동은 만주의 특산물, 목재 등과 일본의 면사(綿絲), 면포(綿布), 조선미(朝鮮米) 등의 중계 무역지로서 만주에서 대련(大連), 영구(營口)과 함께 '남만(南滿)의 삼항(三港)'을 형성하게 되었다.[439]

만주국이 수립된 후 조선과 만주국을 연결하는 철도, 도로, 다리 등이 점차 건설되고 선박을 이용한 통행이 편리해지면서 조선과 만주국의 국경을 통과한 사람 수도 급증하기 시작했다. 그 사례로 1935년 선·만 사이

---

438. 張志勇, 2012, 「安東港的興盛及其原因探析(1907-1931)」, 中國遼寧大學 碩士學位論文 摘要.
439. 이은자, 2014, 「중일전쟁 이전 시기 중국의 국경도시 安東의 이주민-교류와 갈등의 이중주」, 『중국근현대사연구』 제62집, 122쪽.

에 기차로 여행한 자는 58만 명, 철교 통행자는 1,099만 명, 안동과 신의주를 배로 건넌 사람 수는 70만 명으로 합계 1,227만 명이나 되었다. 이것을 만주사변 전인 1931년의 기차 여객 수 37만 명, 철교 통행자 821만 명, 도선(渡船) 왕래자 29만 명, 합계 887만 명과 비교해보면, 만주국이 건설된 이래 불과 4개년 사이에 통행자 수가 340만 명이나 증가했던 것이다. 이밖에 비행기 이용자 수는 1934년에 1,680명으로, 1931년의 1,315명에 비해 365명이 증가했다.[440]

당시 조선총독부에서는 조선인의 만주이주에 대해서는 일본 내지(內地)로의 이주에 비해 상대적으로 느슨하게 통제하고 있었다. 조선총독부에서는 소위 '재만(在滿) 불령선인(不逞鮮人)'(만주의 항일운동가)에 대해서는 엄격한 탄압을 했지만, 농업이민에 대해서는 암묵적인 방임조치를 취하고 있었다.[441] 현실적으로 당시 압록강·두만강을 경계로 한 만주국과 조선 사이의 장대한 국경을 효과적으로 통제하는 것은 불가능에 가까웠다. 일례로 중국인 노동자들은 한반도 북부의 국경변연지대와 서부 해안을 통해 양쪽을 자유롭게 오가며 활동했다. 이와 관련해 1930년 신의주(新義州) 주재 중국영사관에서는 안동과 신의주 사이에 놓인 철교 외에도 여름에는 배, 겨울에는 얼어붙은 강을 통해 어디서든 여권 없이도 중국인들이 자유롭게 왕래하고 있다는 사실을 보고하고 있었다.[442] 이것은 한반도 거주 조선인 역시 압록강이나 두만강 건너편의 만주로 자유롭게 이주할 수 있었음을 의미한다. 이처럼 만주사변 이전에는 조선인의 만주이민이 자유방임적이고 자발적이었지만, 만주사변 이후에는 일본인 및 조선인

---

440. 「新義州國境通過者 一千二百餘萬名 만주사변 전에 비하면 大激增 昨年中 稅關의 統計」, 『每日申報』 1936년 4월 4일, 2면.
441. 임성모, 「만주농업이민정책을 둘러싼 관동군·조선총독부의 대립과 그 귀결」, 『일본역사연구』 제29집 2009, 137쪽.
442. 김승욱, 2017, 「20세기 전반 한반도에서 일제의 渡航 관리정책 – 중국인 노동자를 중심으로」, 윤해동 엮음, 『트랜스내셔널 노동이주와 한국』, 소명출판, 68쪽.

을 대상으로 한 '정책이민'에 대한 구상과 실행이 활발해졌다. 이때 상대적으로 일본인보다는 조선인의 만주진출이 훨씬 더 활발해져갔고,[443] 재만(在滿) 조선인은 점차 방대한 규모를 형성해가고 있었다.[444]

이처럼 만주국 수립을 계기로 선·만 국경변연지대의 통행량이 급증하면서 이 지대에서의 교역량도 격증하고 있었다. 만주국이 수립되기 전 조선의 신의주항(新義州港)은 수입항(輸入港)으로서 수출이 활성화되지 않았고 쇠퇴 일로를 걷고 있었다. 그런데 만주국이 출현한 이후 선·만 사이에 경제적으로 긴밀해지면서, 1933년도 신의주항의 수출액은 수입액수에 근접할 정도로 급증하고 있었다. 가령 신의주의 목재[445]는 수출품 중에 최고를 차지하여 1933년에 군용(軍用)목재의 수출이 전년보다 3배 약진하였다. 쌀과 어류(魚類)의 수출 역시 증가하고 있었다. 그 결과 국경도시 신의주는 만주국이 평화적인 건설공작에 박차를 가하면서 나날이 중요성이 더해지는 관문(關門)으로서의 면목을 발휘하고 있었다.[446] 이와 아울러 만주국이 수립된 후 안동역(安東驛)의 화물 물동량 역시 급증하고 있었다. 1933년도 안동역의 화물 송출량을 다른 항구도시와 비교해보면, 대련(大連)이 84%, 영구(營口)가 32% 증가한데 비해, 안동역에서는 102% 증가하고 있었다. 또한 각 역의 도착 화물의 증감률을 보면, 대련이 2.2%, 영구가 18.4% 감소한데 비해, 안동역에서는 1.9%의 증가를 보여주고 있었다. 만주국의 수립으로 안동역에서의 화물 운송량은 급증하고 있었던 셈이다.[447]

---

443. 이에 관해서는 정안기, 2011, 「만주국기 조선인의 만주 이민과 鮮滿拓殖株式會社」, 『동북아역사논총』 제31집 참조.

444. 문명기, 2019, 「식민지시대 대만인과 조선인의 역외이주 패턴과 그 함의」, 『동양사학연구』 147집, 342쪽.

445. 이에 관해서는 이경미, 2016, 「일제하 新義州 木材業界의 변동과 木材商組合의 활동(1910~1936)」, 서울대 대학원 社會敎育科 歷史專攻 석사논문; 배재수, 2005, 「식민지기 조선의 목재수급 추이 및 특성」, 『경제사학』 제38집 참조.

446. 「(朗らかな國境の春)更生の新義州港貿易一躍千萬圓の激增」, 『京城日報』 1934년 1월 8일.

447. 「繁忙を極めた 七年度の安東驛 押寄せる貨物の洪水 どしどし奧地へ排出」, 『國境每日新聞』 1933년 6월 8일.

상술한 국경변연지대에서의 인적 통행과 물적 유통의 빈번함은 선·만
간의 교통제체 정비와 불가분의 관계에 있었다. 이를 위해서는 선·만을
잇는 국경철도와 다리의 부설이 전제되어야 했다. 이와 아울러 선·만 당
국에서는 교통 통제체제의 확립이 급선무로 대두되고 있었다. 만주국이
갓 출범한 1933년 1월 당시 조선 측에서 인식한 선·만 교통통제의 문제는
다음과 같았다. 즉 선·만 간에는 철도의 운수사무(運輸事務)에 관해 매번
일(日)·선(鮮)·만(滿)의 연락수송회의(連絡輸送會議)가 개최되어 중요사
항에 대한 심의가 이루어졌지만 철도의 연결과 운임문제를 둘러싸고 이
해충돌과 분규가 거듭되고 있었다. 다시 말해 만주국으로 연결된 조선의
철도를 남만주철도주식회사(滿鐵)에 위탁해 관리하도록 했지만 선·만 간
의 운임통제문제가 해결되지 못하고 있었다.[448]

1933년 초까지 선·만 국경(國境)의 철도 건설상황[449]을 보면, 길회선(吉
會線)(吉林 ↔ 會寧)이 개통되면서 그 종단항(終端港)은 나진(羅津)으로
결정되었다. 그에 따라 청진(淸津), 웅기(雄基)도 함께 발전 가능성이 커
졌으며, 청진은 제2의 길회선 종단항이 되었고 웅기는 지리적으로 나진
과 근접되어 있기 때문에 그 보조항으로서 발전할 수 있는 조건을 확보하
게 되었다.[450] 또한 1932년 도문(圖們) 서부선의 광궤공사가 완공되었다.
당시 조선에서는 철도 12년 계획에 기초하여 평양에서 압록강안(鴨綠江
岸) 만포진(滿浦鎭)까지 이르는 만포선(滿浦線)과, 성진(城津)에서 길주
(吉州)를 거쳐 압록강안(鴨綠江岸 혜산진(惠山鎭)까지 이르는 혜산선(惠
山線)의 건설공사도 서두르고 있었다. 더 나아가 혜산선의 한 역(驛)인 합

---

448. 朝鮮鐵道協會, 1933, 「朝鮮より觀たる日滿交通統制」, 『朝鮮鐵道協會會誌』 제12권 제1호
47-52쪽.
449. 상세한 내용은 오미일, 2017, 「간도의 통로, 근대 회령지방의 월경과 생활세계」, 『역사와 세계
』 제51집, 199-204쪽 참조.
450. 「國境の町 圖們をみる交通路の要衝點」, 『大阪朝日新聞』 1933년 6월 30일.

수(合水)에서 분지(分岐)해서 두만강안(豆滿江岸) 무산(茂山)으로 통하는 척식동부선(拓殖東部線)도 1932년부터 공사가 착수되었다. 당시 조선총독부와 동양척식주식회사에서는 삼림철도(森林鐵道) 건설도 계획하여 일부 구간에 대한 공사를 착수하고 있었다. 1932년부터 북선(北鮮) 개척사업도 적극 실시되어 백두산 밑 무인지경(無人之境)에도 종횡으로 도로가 신설되고 있었고 농사도 시험적으로 이루어지면서 이곳으로의 적극적인 이민(移民)정책도 추진되고 있었다. 만주국이 갓 수립된 1933년 초까지 조선에서 만주로 향해 건설되고 있던 철도는 모두 6개 노선이었는데, 압록강 쪽으로는 신의주, 만포진, 혜산진 방향으로, 두만강 쪽으로는 무산(茂山), 상삼봉(上三峰), 남양(南陽) 방향으로 건설될 예정이었다. 그 중 3개 노선은 이 당시 만주국 측의 철도와 이미 연결되었고, 나머지 3개 노선도 수년 내에 국경까지 개통되어 만주국 측의 연결노선 건설에 자극을 줄 것으로 판단되고 있었다.[451] 두만강 유역의 경우 일제가 만주 물자의 이출을 위해 회령-간도 간 연결 철도체계를 갖추면서 회령지역의 교통로서의 기능은 더욱 강화되기 시작했다.[452] 만주국 측에서도 만포진의 대안(對岸)인 집안(輯安)-통화(通化)-영반선(營盤線)까지를 잇는 80리 길의 철도를, 또한 안동(安東)에서 통화(通化)를 거쳐 혜산진의 대안 장백부(長白府)를 연결하고, 무송(撫松), 안도(安圖)의 밀림과 금광(金鑛)지대를 거쳐 연길(延吉)의 국자가(局子街)에 이르는 철도건설도 계획하고 있었다.[453]

만주국의 안동과 조선의 신의주를 연결한 압록강 철교(鐵橋)는 1934년 3월 말부터 개폐(開閉)를 폐지하고 고정교(固定橋)로 바뀌었다.[454] 선·

451. 朝鮮鐵道協會, 1933, 「朝鮮より觀たる日滿交通統制」, 『朝鮮鐵道協會會誌』 제12권 제1호 47-52쪽.
452. 오미일, 2017, 「간도의 통로, 근대 회령지방의 월경과 생활세계」, 『역사와 세계』 제51집 206쪽.
453. 朝鮮鐵道協會, 1933, 「朝鮮より觀たる日滿交通統制」, 『朝鮮鐵道協會會誌』 제12권 제1호 47-52쪽.
454. 「鴨綠江鐵橋 開閉를 廢止」, 『每日申報』 1934년 2월 3일, 1면.

만 간에 두만강과 압록강을 잇는 국제철교 가설문제는 점차 구체화되어, 1935년 9월 만주국 국무원(國務院) 국도국(國道局)의 기사(技士)가 현지에 파견되어 실지측량, 예산액, 가설장소 등을 정하고 조선 측과 협의한 결과, 가설 예정지로 두만강에는 6개소, 압록강에는 초산(楚山), 신갈파(新乫波), 중강진(中江鎭), 자성강구(慈城江口), 죽전(竹田) 외 3개소가 결정되었는데, 그 중 8개소의 경비는 만주국 측에서, 그 외 6개소의 경비는 조선 측에서 부담하기로 했다.[455]

1934년 5월에는 선·만 양국의 산업개발 및 경비(警備)문제와 직결된 선만국경국도(鮮滿國境國道) 연결문제를 논의하기 위해 선만국도국회의(鮮滿國道局會議)가 조선총독부에서 열렸다. 이 회의에서는 당시 국경에 도달하는 조선 내 주요 간선도로(幹線道路)가 14개 노선이었는데 비해, 대안(對岸)의 만주국 측은 여기에 상대하는 도로가 2, 3개 노선에 불과해 만주국 측에서 국민당 계통의 동북의용군(兵匪)을 토벌할 때 이들 의용군이 대안(對岸)의 조선 내 도로로 도주하면 손을 쓸 수 없는 경우가 많아 매우 곤란을 느끼고 있다는 점이 거론되었다. 따라서 우선 완성된 조선의 도로를 기준으로, 조선의 14개 도로(道路) 전부를 만주국 측이 신설할 도로와 연결시키기로 했다. 만주국이 계획한 신로선(新路線)은 압록강과 두만강 양안(兩岸)에 건설할 14개 노선으로, 10里 내지 20리 간격으로 그 종단(終端)을 조선 측 도로와 연결해서 국경선 전 지역에 횡단로(橫斷路)를 설치하려는 것이었다. 이와 아울러 선·만 국경변연지대의 경비체제가 정비된다면 병비(兵匪)의 소탕(掃蕩)도 철저하게 행해져 국경문화가 진전되고 만주국 측이 열망하는 국경개발도 뜻대로 될 것이라는 내용도 거론

---

455. 「日滿政府 合同으로 總十四個橋 架設 豆滿江岸 六個, 鴨綠江岸 八個 重要架設場所 決定」, 『朝鮮中央日報』1935년 11월 2일, 3면.

되었다.[456] 또한 1934년 11월 선·만 양 당국이 경성(京城)에서 절충한 결과 국경을 관통할 간선도로는 14개교를 우선 건설하기로 결정했다. 두만강과 압록강에 가설될 국제교(國際橋)는 조선으로부터 6개교, 만주국 측으로부터 8개교로 하기로 했다. 특히 만주국 측에서는 혜산(惠山) ↔ 장백(長白), 삼장(三長) ↔ 토성(土城), 무산(茂山) ↔ 대안(對岸), 회녕(會寧) ↔ 대안(對岸), 경흥(慶興) ↔ 흑석자(黑石子) 구간으로 1935년 봄에 착공하여 연말까지 준공하기로 했다.[457] 1936년 4월에는 선·만 두 당국의 기사들이 현지조사에 착수했다.[458]

이처럼 선·만 국경을 잇는 철도와 국도가 만들어지면서 선·만 상호간 물자유통의 효율성을 높이기 위한 조치들이 요구되기 시작했다. 즉 만주국의 제2의 바다 현관(玄關)이자 국제항인 웅기항(雄基港)이 그 기능을 발휘하려면 혼합보관제도(混合保管制度)가 빨리 실시되어야 한다는 것이다. 이 제도 실시의 필요성에 대해서는 조선 측 하주(荷主)뿐만 아니라 북선철도관리국(北鮮鐵道管理局)이나 세관당국(稅關當局)에서도 몇 번이나 절실히 바라고 있었다. 그 결과 1935년 1월부터 웅기항, 청진항에서 혼합보관제도가 실시되었다. 이 제도는 가령 만철의 각역(各驛)이 오지(奧地)의 대두(大豆)나 두박(豆粕) 등을 접수한 뒤, 만철의 각 역에서 웅기역에 대해 대두(大豆) 1등품 500자루를 하주(荷主)에게 인도하라고 통지하면, 웅기역에서는 웅기항의 창고에 보관 중인 같은 등급의 같은 품종 같은 양의 대두를 하주에게 교부하거나 항구에 하적(荷積)할 수 있게 하는 것이다. 이 제도는 상거래를 신속하게 할 수 있어서 하주(荷主)의 이익

456. 「(けふ鮮滿國道會議 國境警備と産業開發の鍵)朝鮮側十四線に生命を吹き込む」, 『京城日報』 1934년 5월 11일.
457. 「滿洲國과 咸北間 橋梁4個所 架設 國境의 交通網 完成」, 『每日申報』1935년 1월 16일, 5면.
458. 「鮮滿을 連結할 國境架橋豫定地 本府技師와 滿洲國技師가 出張 江中 昌城 兩地選擇」, 『每日申報』1936년 4월 8일, 5면.

을 늘릴 수 있고 간접적으로는 웅기항도 활기를 띠게 할 수 있는 장점을 지니고 있었다.[459] 이처럼 국경철도의 개통으로 선·만 사이의 철도를 이용한 화물의 운송과 접수 등에 관한 제도들도 만들어지고 있었다.

2. 밀수와 선·만 식민당국의 단속

한편 선·만 국경변연지대에서 두드러진 특징으로서 밀무역이 번성하면서 이 지대 거주민의 생활에서 큰 비중을 차지하고 있었고, 이러한 삶의 행태는 선·만 식민당국의 단속을 초래했고 상호 협력체계 구축의 계기로 작용하고 있었다. 즉 압록강과 두만강 유역에서의 밀무역은 만주국 수립 이전인 중화민국 시기에도 활발했다. 당시 중화민국 정부에서는 조선 식민당국에 대해 밀무역 단속을 요구했지만, 대공황 시기 식민지 조선을 포함한 일본제국의 무역수지는 점점 악화되고 있어서 밀무역에 대한 일제 식민당국의 단속태도는 적극적이지 않았다. 이러한 상황에서 조선의 신의주와 중화민국의 안동 사이에는 대규모의 조직적인 밀무역이 번창하고 있었다. 특히 조선의 신의주에서 만주국의 안동으로의 밀수출은 주로 압록강의 수로(水路)를 통해 이루어졌다. 철도를 이용한 밀수출은 경찰이 상주해서 화물검사를 했기 때문에 곤란했지만, 선박을 이용한 밀수출은 밀수단이 상륙할 장소를 자유롭게 정할 수 있었고 도주도 용이했기 때문이다. 게다가 무역수지에 시달리던 조선의 식민당국에서는 신의주와 안동 사이의 밀수출에 대해 사실상 방관하다시피 소극적으로 단속하고 있었다.[460]

459. 「雄基稅關の混合保管制度實施 準備工作着着進陟 國際港として面目を發揮」, 『朝鮮新聞』 1932년 4월 15일, 4면.

460. 芝崎路可→田中義一, 機密第207號 , JACAR(アジア歴史資料センター) Ref.B0904054 6800, 旅順会議前後ニ於ケル取締狀況(昭和 4 年～ 5 年)／昭和 4 年／分割 1 (E.3.6)(外務省外交史料館), 1929.6.30., 9-10쪽; 김태현, 「'신의주·安東'간 密輸出 성격과 조선총독부 團束의 양면성(1929-

만주국이 수립된 이후에도 선·만 국경변연지대에서의 밀무역(密貿易)은 여전히 성행했다. 조선과 만주국 사이에 최초의 밀무역 경로는 조선 측에서 시작된 것으로 보인다. 당시 조선 산품(産品)은 국경 상인에게 직접 판매되는 것이 많았다. 일반적으로 국경의 각 상인들은 스스로 밀무역을 하지 않고 만주국 측의 밀수입자가 이것을 행했다.[461] 특히 신의주와 안동의 인적·물적 교류와 유동성이 커지면서 밀수업(密輸業)도 번창하고 있었는데, 당시 신의주의 실업(失業)한 조선인 중에는 밀수로 생활해가고 있던 자가 다수였다. 특히 만주사변 이후 만주행(滿洲行) 물자가 늘어나면서 1932년 6월 당시 안동과 신의주에만 2만 명이 밀수업에 종사하고 있었다.[462] 또한 1933년 당시 오사카 방면의 면제품이 신의주로 계속 들어와 압록강을 넘어 안동으로 밀수출되고 있었는데, 신의주에서 면포 밀수출업자는 700~800명, 그 가족까지 포함하면 수천 명에 이르렀다.[463] 그야말로 밀수단(密輸團)의 밀수 행위는 압록강안(鴨綠江岸) 일대에서 매일 밤 끊임없이 계속되었다.[464] 특히 신의주(新義州)의 경우 남녀(男女), 노유(老幼), 지주, 상인, 부호(富戶) 등 인구의 7할 가량은 밀수와 관계를 맺지 않은 사람이 없었으며, 이를 단속하는 경관까지도 공공연하게 이 밀수단에 합류하여 '무경찰상태(無警察狀態)'가 초래되기도 할 할 정도로[465] 밀수는 신의주 경제에서 큰 비중을 차지하고 있었다.[466]

1932)」, 고려대학교 한국사학과 석사학위논문, 2017, 13-14쪽; 이은자, 2014, 「중일전쟁 이전 시기 중국의 국경도시 安東의 이주민-교류와 갈등의 이중주」, 『中國近現代史研究』 제62집 119쪽.

461. 「國境密貿易の實相と滿鮮經濟への影響 朝鮮側には利益が多い」, 『滿洲日報』 1934년 10월 1일.

462. 「平安北道, 滿洲國が鴨綠江岸に遊動警察隊を配置嚴重に密輸を取締る, 平北でも援助を承認」, 『朝鮮新聞』 1932년 6월 24일.

463. 「綿布品의 대홍수-세관당국의 엄중 경계에도 불구하고 신의주에 속속 습래」, 『조선일보』 1934년 1월 17일; 「면포 밀수품 금후 엄중 단속-밀수업자 소환 주의」, 『조선일보』 1934년 1월 31일.

464. 「平安北道, 滿洲國が鴨綠江岸に遊動警察隊を配置嚴重に密輸を取締る, 平北でも援助を承認」, 『朝鮮新聞』 1932년 6월 24일.

465. 국경에서 活海生, 「세계적으로 유명한 신의주의 밀수업」, 『조선일보』 1935년 1월 7일.

466. 이은자·오미일, 2013, 「1920~1930년대 국경도시 신의주의 華工과 사회적 공간」, 高麗大學校 歷史研究所 『史叢』 제79집 351쪽.

이처럼 선·만 국경변연지대에서의 밀수가 성행하게 된 배경과 원인은 대개 밀수 종사자들의 경제적 곤궁함과 관련되어 있었다. 당시 국경변연지대의 평지(平地)에서 '패잔(敗殘)'한 사람들은 어쩔 수 없이 남부여대(男負女戴)로 유랑(流浪)하여 고산지대(高山地帶)의 천고밀림(千古密林) 속으로 들어가 화전민(火田民)이 되어 원시적으로 생활하다 생애를 보내려는 사람들이 해마다 늘어나고 있었다. 당시 선·만 국경일대에 산재한 화전민들은 10여 만 명으로 추산되고 있었다.[467] 압록강·두만강의 세관(稅關)조사에 의하면, 순전히 식량이 없어서 조선의 대안지(對岸地)인 국경변연지대에서 밀수행위를 하다 검거된 건수는 1928년에 312건이었다가 해마다 누진적(累進的)으로 늘어 1932년에는 그 6배인 2천 73건에 이르렀다.[468] 또한 두만강 연안의 경흥(慶興)·경원(慶源)·온성(穩城)·종성(鍾城)·회녕(會寧)·무산(茂山) 등 여섯 곳에서 발견된 밀수입 통계를 보면, 5년 전에는 90건이던 것이 1932년도에는 570건으로 약 6배가 늘었다. 압록강 연안의 갑산(甲山)·삼수(三水)·후창(厚昌)·자성(慈城)·강계(江界)·위원(渭原)·초산(楚山)·벽동(碧潼)·창성(昌城)·삭주(朔州)·의주(義州)·신의주(新義州)·용천(龍川) 등 13곳의 밀수입 통계 역시 5년 전에는 220건이던 것이 1932년도 말에는 1,503건으로 7배나 증가했다. 이것은 국경변연지대 화전민(火田民)들의 생활이 얼마나 참담하고 피폐해져 가고 있었는지를 보여준다.[469]

만주사변 이후 선·만 국경의 경계상황은 가일층 삼엄해져서 가난한 밀수업자들은 주야(晝夜)로 번뜩이는 관헌의 눈을 피해 천고(千古)의 밀림

---

467. 「深刻한 生活難으로 密輸犯 逐年激增 國境兩長江森林地帶住民 食糧乏絶과 飢寒切迫으로 冒險的 犯行 五年前보다 六培增加」, 『조선중앙일보』 1933년 11월 4일, 2면.
468. 「深刻한 生活難으로 密輸犯 逐年激增 國境兩長江森林地帶住民 食糧乏絶과 飢寒切迫으로 冒險的 犯行 五年前보다 六培增加」, 『조선중앙일보』 1933년 11월 4일, 2면.
469. 「密輸入의 目的은 主食物 燕麥買入 豆滿江岸은 6培 鴨綠江은 7培 犯罪激增의 比率」, 『朝鮮中央日報』 1933년 11월 4일, 2면.

(密林)속을 잠행(潛行)하며 교묘히 경계망을 돌파한 뒤, 2, 3인씩 혹은 7, 8인씩 맹수(猛獸)가 돌아다니고 때때로 총성이 은은한 국경의 밤길을 걸어 2, 3일씩 혹은 6, 7일씩 공포와 불안 속에 목적지에 겨우 도달해서 밀수입품들을 다시 밀매(密賣)해서 식량을 구했다. 그런데 밀수업자들의 정황은 매우 비참해서 당시 이를 단속한 관헌(官憲)으로서도 눈물겨운 일이 많았다고 한다. 밀수업자들 중에는 불행히도 관헌에게 발견되거나 잡색(雜色) 마적단(馬賊團)으로 오인 받아 목숨을 잃는 자들도 적지 않았으며, 밀수품의 몇 배나 되는 과태료나 벌금을 무는 등 '가련한' 자들도 적지 않았다고 한다.[470]

대다수의 밀수업자들이 밀수입(密輸入)을 한 주요목적은 대개 그날그날의 식량을 얻기 위해 담배나 식염(食鹽), 기타 현물 등을 밀수입하여 밀매(密賣)한 후 그들의 유일한 주식인 연맥(燕麥), 마령서(馬鈴薯) 등과 교환하려는 것에 있었다.[471] 그렇지만 전문적인 밀수업도 성행했다. 가령 선·만 국경변연지대에서는 금·은의 밀무역도 많이 이루어지고 있었다. 특히 조선산(朝鮮産) 금(金)이 만주국으로 밀수되는 사건이 빈번하게 일어나 만주국의 연간 금의 밀수액은 2천만 원으로 추정될 만큼 굉장한 액수에 달했다. 일례로 만주국에서 금괴를 밀수해 조선의 금은상으로부터 팔찌 등 남녀의 장식품으로 만든 뒤 이것을 다시 만주국의 봉천 등지에 몰래 가지고 가 밀매하는 사건도 있었다. 만주국 수립 전에는 조선산 금이 天津 방면으로 밀수출되었는데, 한 '몸메'당 9원 94전인 조선산 금값이 만주국에서는 12원 15전에 거래되어 그 차액이 컸기 때문에 금의 밀무역이 활발

---

470. 「千古의 密林속으로 冒險的犯罪行進 猛獸는 橫行하고 銃聲은 殷殷 그들의 情狀도 可矜」, 『朝鮮中央日報』 1933년 11월 4일, 2면.
471. 「密輸入의 目的은 主食物 燕麥買入 豆滿江岸은 6培 鴨綠江은 7培 犯罪激增의 比率」, 『朝鮮中央日報』 1933년 11월 4일, 2면.

해졌다.[472] 금 1관을 밀수하면 300원의 이익이 남았고 이를 하루 두세 번 하면 매일 1천 원의 이익을 얻을 수 있었다. 조선의 신의주에서 만주국의 안동으로 건너간 금괴는 즉시 상해 방면으로 밀수출되어 각처로 수송되었다.[473] 이것은 조선과 만주국에서 거래되던 금값의 차이가 컸기 때문에 야기된 현상이었다. 당시 금의 밀무역은 선·만 당국의 금융통제에도 장해를 일으키곤 했다.[474]

만주국 밖으로의 은(銀)의 밀수출도 현저하게 증가하고 있었다. 1935년도 은의 밀수출 기록에 의하면, 1개월 평균 약 600만 원의 은이 만주에서 밀수출되고 있었는데, 안동현에서의 밀수출이 가장 심하여 만주국 전체 은의 밀수출 가운데 9할을 차지할 정도였다.[475]

상술한 것처럼 만주국과 조선의 물가 차이로 유발된 밀무역은 사과나 사탕 같은 일반품목에서도 많이 이루어졌다. 가령 1원 미만의 자본을 가지고도 사과와 같은 것을 사가지고 압록강철교를 건너가면 10전 내외의 이익을 거둘 수 있었고 그 돈으로 다시 사탕을 사서 세관을 통과해 철교만

---

472. 일례를 소개하면 다음과 같다. "국경을 무대로 하야 일시 크게 성행하든 금괴 밀수는 당국의 준렬한 취체와 가격의 불순으로서 거의 밀수자의 행적은 소멸된 듯하엿는데, 최근에 이르러서는 만주국과 조선측의 금 시세가 예리한 밀수자의 눈에 띄우게 되여 또 국경 신의주를 무대로 하야 금 밀수가 재연 횡행하게 되엿다. 이제 량국의 地金取引上場을 경성, 신의주, 안동현 각지를 비교하여 보면, 경성 1匁 13원 20전, 신의주 13원 50전, 안동현 14원 10전으로 경성과 신의주를 비교하여 보면 신의주는 30전이 높고, 안동은 경성보다 1몸메(匁)에 대하야 90전이 높게 거래되고 잇다. 따라서 금 밀수자가 또 활발한 활동을 개시할 것은 필연한 사실로 국경의 關守 平北警察部에서는 엄중한 경계를 또 다시 개시하게 되엿다."(「金價의 差額을 틈타서 密輸業者再次暗躍 : 朝鮮보다 滿洲市勢가 또 빗싸 國境警察警戒着手」, 『每日申報』 1936년 11월 11일, 2면)
473. 「밀수의 국경-기발, 대담을 극한 금, 지금(地金)의 밀수출」, 『조선일보』 1935년 1월 19일.
474. 「金塊密輸事件 不日間 送局 금을 장신구로 만들어 밀수」, 『每日申報』 1935년 6월 26일, 5면; 「國境을넘는密輸金塊 勿論年額二千萬圓 日滿經濟統制上障碍不少 滿洲富局對策講究」, 『每日申報』 1933년 11월 25일, 2면. 이와 관련된 신문 보도내용을 소개하면 다음과 같다. "평안남도 大同郡 米穀商 차순국(29)은 금괴 110몸메를 가지고 국경의 경계망을 교묘히 버서나 만주국 安東縣에 밀수출하야 팔기까지에는 성공을 하엿지만 26일 오후 6시 48분 신의주역을 출발하는 남행 '히카리' 열차를 타고 도라가다가 정거장에서 그만 신의주 경찰서원에게 체포되어 항문 속에 너헛든 금 팔은 돈 1500원(100원짜리 열장, 10원짜리 쉰장)까지 압수한 다음 방금 엄중한 취조를 밧고 잇다."(「黃金은 더러웁다! 肛門속에 千五百圓 금괴를 밀수하야 가지고 오든 돈 新義州서 逮捕嚴調」, 『每日申報』 1936년 4월 29일)
475. 「매월 600만원 만주국의 은 밀수출량-안동현이 전국 9할을 점령」, 『조선일보』 1935년 4월 26일; bH? 銀 밀수고 1500만원 돌파」, 『조선중앙일보』 1935년 3월 29일.

건너면 최소 6~7전의 이익을 얻을 수 있었으므로 하루 대여섯 번만 왕복하면 하루 70~80전을 벌수 있었다.[476] 조선 쌀의 폭등으로 안동 쌀을 밀수하는 경우도 많았다.[477] 이처럼 선·만 국경변연지대에서는 소규모 자본으로도 순이익을 얻을 수 있었기 때문에 밀무역을 직업으로 하는 사람들이 국경도시 안동과 신의주에 다수 거주하고 있었다.

선·만 국경변연지대에서의 밀무역이 성행하게 된 배경에는 국경지역 주민들의 빈궁함 이외에, 상술한 사례들에서도 짐작할 수 있듯이 선·만 양국의 물가 차이 문제도 작용하고 있었다. 즉 당시 만주국의 물가가 조선보다 비싸다보니, 매일 만주국의 안동에서 물가가 싼 조선의 신의주로 몰려오는 사람들이 적지 않았던 것이다. 특히 안동 거주자들이 물가가 더 싼 국경도시 신의주로 와서 물자를 사가고 있었는데, 이 과정에서 밀수가 빈번하게 행해지고 있었다. 가령 어떤 사람들은 밀수 단속을 피하기 위해 맨발로 강을 건너 신의주로 와서 고무신을 신고 가거나 신의주로 들어올 때는 허름한 옷을 입고 왔다가 돌아갈 때는 고급 옷을 입고 가는 행태가 많았다. 게다가 이로 인해 신의주의 물가도 만주국 물가와 덩달아 오르고 있었고, 이것은 조선의 물가 경제에도 영향을 미치고 있었다.[478]

당시 일부 밀수업자들은 관세(關稅)를 피하려는 하주(荷主)에게 고용되거나 하주로부터 운반을 청부받은 자의 하수인이 되어 야간에 압록강에서 밀수업에 종사하고 있었다. 관세는 최저 1할에서 최고 5할까지였기 때문에 하룻밤에 천 원어치의 화물을 신의주에서 안동으로 운반하면 1백

476. 「밀수의 국경-세계적으로 유명한 신의주의 밀수업」, 『조선일보』 1935년 1월 14일; 「林檎 상자 속에 소금(鹽)이 가득 진남포에서 만주로 보내다가 國境에서 密輸暴露」, 『每日申報』 1935년 3월 28일, 5면.

477. 「대안, 안동현의 백미 폭락 현상. 신의주보다 60전 가량. 당국은 밀수 방지에 노력」, 『조선중앙일보』 1934년 5월 18일.

478. 尾關路文, 「滿洲物價高と朝鮮經濟への影響 國境都市の物資移動狀況」, 『京城日報』 1940년 2월 28일.

원 내지 5백 원의 수입을 얻을 수 있었다. 밀수를 청부받은 사람은 하주(荷主)에게 보증금을 맡기고 밀수업에 종사했는데, 그들은 상당한 수입을 올리고 있었다. 또한 밀수업에 고용된 가난한 조선인들도 청부받은 물건을 강 건너로 운반하는 데 성공하면 하룻밤에 1원이나 2원의 수입을 얻을 수 있었으므로 각지에서 많은 사람들이 밀수업에 몰려들고 있었다.[479]

당시 대다수의 조선인 밀수업자 위에 상대적으로 자본금이 많은 중국인 무역상이 관여하고 있던 경우가 많았다. 당시 밀수품 운반자는 밀수품을 가지고 있는 하주(荷主)에게 보증금을 주었는데 밀수품이 압수되는 경우 하주는 보증금을 주지 않았기 때문에 손해가 없었다. 수많은 밀수 행위의 경우 다수의 가난한 조선인 하층 밀수품 운반자 위에 자금이 풍부한 중국인 자본가가 군림하는 경우가 많았다. 그리고 밀수의 네트워크에는 조선인뿐만 아니라 중국인, 일본인도 포함되어 있었다.[480] 가령 면포 밀수를 둘러싸고 안동현의 일본인 경찰, 조선인 순사 및 중국인 순사가 관여하여 밀수를 묵인하고 뇌물을 받기도 했다. 안동을 무대로 하는 조선인 밀수단에 중국인 우편국장이 가담하여 탈세하는 경우도 있었다.[481] 밀무역에는 안동의 하층 빈민이나 상인뿐 아니라 조선인회의 정·부회장도 예외가 아니었다.[482]

선(鮮)·만(滿) 국경변연지대에서의 밀무역이 번성하는 상황에서 조선 측에서는 만주국과의 선린교의(善隣交誼)를 고려해 밀수방지에 협력하는 차원에서 밀수단속을 철저히 하려고 노력했다. 특히 압록강이 결빙하

479. 「平安北道, 滿洲國が鴨綠江岸に遊動警察隊を配置嚴重に密輸を取締る, 平北でも援助を承認」, 『朝鮮新聞』 1932년 6월 24일.
480. 이은자, 「중일전쟁 이전 시기 중국의 국경도시 安東의 이주민-교류와 갈등의 이중주」, 『중국근현대사연구』 2014, 제62집 119-120쪽.
481. 「현직 경관이 수뢰, 횡령, 경관 7명을 엄중 취조 중. 조선인 십 수 명도 검거」, 『동아일보』 1934년 4월 26일; 「滿人 우편국장 밀수출 부업, 안동 육도구서」, 『조선중앙일보』 1935년 9월 24일.
482. 「안동현민회장 문봉조 등의 금 밀수사건 공판」, 『동아일보』 1934년 6월 8일.

는 겨울에 조선의 신의주 세관에서 국경 제일선에 대한 밀수단속을 강화했다. 그런데 이 단속조치로 조선에서 만주국으로 성행되던 밀수출이 어려워지게 되었다.[483] 그 결과 만주국의 안동현에서 조선으로 소주(燒酒)의 밀수출이 증가되기도 했다. 당시 조선 당국에서 소주 밀수입자를 검거·처분한 건수를 보면, 1931년에 595건, 1932년에 658건, 1933년에 497건, 1934년에 736건이었고, 1935년 말에는 9백 건을 돌파했다. 또한 만주국에서 조선으로의 곡물 밀수출도 상당히 많았다. 즉 1934년에 적발된 건수가 149건이던 것이 1935년에는 배 이상으로 증가하고 있었다. 그 이유는 1935년 평안북도 일대의 수해로 말미암아 일반 농작물의 수확이 급감했기 때문이다. 조선 내 곡물이 만주국으로 많이 수출되는 것이 일반적이었지만, 만주국 건국 초기에는 그와 정반대로 만주국의 곡물이 조선으로 밀수출되는 기이한 현상이 나타나고 있었다.[484]

일반적으로 국경변연지대에서의 밀수과정은 매우 험난했다. 당시 삼엄한 국경을 돌파한 밀수업자들은 압록강과 두만강의 세관(稅關) 관내(管內)를 지나 2백여 리 혹은 3백여 리를 6, 7일씩 걸려 남으로 풍산(豊山)·단천(端川)·길주(吉州)·명천(明川)·성진(城津)·장진(長津)·신흥 등 면 지방에까지 밀수입품을 지고 나와서 처분했다. 그 중에는 도중에 경찰, 관리, 자위단(自衛團), 삼림(森林) 관계 직원 등에게 발각되어 중간에 밀수입품을 버리는 일도 비일비재했다. 당시 밀수행위가 많이 발각된 곳은 국경경비가 충실한 곳이었다. 가령 두만강 연안에서는 경원·무산·온성·종성 등의 관할권역에서, 압록강 연안에서는 혜산진·자성·후창·용천 등지

---

483. 이와 관련된 사례로서 安東 市中의 外換거래소 문 앞에는 기이한 풍경이 나타나곤 했다. 만주국 당국의 단속이 실시되면서 이 거래소에서 밀수 의심이 드는 자에 대해 모든 외환 거래를 거절하자, 며칠 내에 거래소의 환전 줄은 보이지 않게 되었던 것이다.(「銀塊密輸者の群れ 朝鮮側も防止協力 安東ては怪しいのは兩替拒絶」, 『滿洲日報』 1935년 5월 7일)

484. 「滿洲에서 朝鮮으로 燒酒와 穀物密輸: 밀수가 한풀이 썩기이자 國境都市에 珍風景」, 『每日申報』 1935년 12월 17일, 2면.

에서 밀수가 많이 이루어졌다.[485]

　<사료-1> "밀수로 밝은 햇빗을 못보는 압녹강은 이것으로 말미암아 불상
사를 거듭함으로 鮮滿 양 당국에서는 압녹강의 明朗化를 要望企圖함이 컷
섯다. 그러나 이러한 불상사는 양 당국자로 하여금 색다른 의견을 가지게 하
여 압녹강의 양 당국의 협조 명낭은 그 실현을 보지 못할 운명에 이르럿다. 더
욱이 만주국 세관리는 자기네의 잘못을 반성할 생각도 업시 밀수자 엄금이라
는 간판미테 기관총을 세관에 배치할 계획을 세워 압녹강은 아연 무장을 하야
언제 것칠지 모르던 우울한 구름장은 그 폭을 널리고 더한층 심각화하엿다. 이
정보를 밧은 平北警察部에서는 놀래는 동시에 밀수자의 월강을 방치할 수
업는 최후 경우에 직면한 까닭에 밀수자 근절 방침을 수립치 안어서는 아니 되
게 되엿다. 이와 동시에 밀수자의 생활문제를 고려하지 안어서는 안되게 되어
압녹강을 중심으로 국경도시에는 새로운 중대한 문제가 발생하여 당국자와
아울러 사회인의 관심을 크게 하엿다. 밀수자는 어대로 갈 것인가? 압녹강 품
에서 떠나야 할 운명을 만난 수천 生靈의 탄식 소리는 바야흐로 놉하젓다."[486]

　그런데 선·만 국경변연지대에서의 밀수와 단속을 둘러싸고 관련 두 집
단 사이의 무력충돌이 자주 일어나곤 했다. 가령 소수의 해관원(海關員)
만이 밀수단속을 할 경우, 밀수단이 50~60명씩 단체로 행동하면서 폭력
적으로 밀수를 하는 일도 자주 발생하고 있었다.[487] 밀수단 중에는 20~30
척의 정크선에 각각 20여 명씩의 밀수업자들이 나눠 탄 채 이를 단속하
는 세관원들에게 저항하거나 테러를 저지르는 일도 자주 있었다.[488] 즉 세

485.「各地의 檢擧狀況 新義州, 慶源等이 最多 警備充實處에서 多數發見 途中 遺棄도 不少」,『朝
鮮中央日報』1933년 11월 4일, 2면.
486.「暗԰低迷한 鴨綠江 明朗化는 依然難期 朝鮮,滿洲 兩當局 努力水泡 武裝까지하는 昨今密輸
와 數千生靈」,『每日申報』1936년 8월 27일 2면.
487.「平安北道, 滿洲國が鴨綠江岸에 遊動警察隊를 配置嚴重に密輸を取締る, 平北でも援助を承認
」,『朝鮮新聞』1932년 6월 24일.
488.「安東署で密輸の大擊退陣 徹底的取締を斷行」,『朝鮮新聞』1932년 9월 14일, 3면.

관원들이 소수일 경우, 이를 우습게 알고 밀수단들이 집단적으로 돌멩이나 곤봉 등으로 세관원들을 공격해 부상을 입힌 경우도 다수 있었다. 당시 밀수단 중에는 룸펜 일본인도 다수 섞여 있었다.[489] 국경도시에서는 밀수와 연관된 강도사건도 자주 일어났다.[490] 더욱이 <사료-1>에서도 짐작할 수 있듯이, 선·만 국경변연지대에서 밀수가 성행하고 밀수단이 이를 단속하는 세관원에게 폭력을 휘두르는 행위까지 빈발하자, 압록강에서의 행정(단속)권을 둘러싼 조선총독부와 만주국 양 당사국 간의 갈등도 점점 심각해지고 있었다.

상술한 상황에서 선·만 두 당국은 국경변연지대에서의 밀무역을 그대로 방임한다면 선·만 경제를 통제하는 데 장해를 야기할 가능성이 있다는 인식을 갖게 되었다. 따라서 만주국 재정부에서는 국경변연지대의 밀무역에 대한 대책을 확립해 밀수를 근절하겠다는 계획을 수립했으며, 밀수단속을 철저히 해서 안동세관(安東稅關)의 관세수입을 올리고 이것을 만주국의 재원으로 삼으려고 했다. 이와 동시에 만주국 당국에서는 검거한 밀수꾼들에 대해서는 가차 없이 엄벌에 처한다는 방침 하에, 밀수단속을 위한 구체적인 조치로 1932년 6월 압록강안(鴨綠江岸)에 유동경찰대(遊動警察隊) 약 150명을 배치했다. 만주국에서는 밀수단속과정에서 조선의 평안북도 경찰부(警察部) 및 세관의 지원을 받고 있었다.[491]

만주국의 안동(安東)경찰서[492]에서도 조선 측과 갈등을 겪고 있던 압록

489. 「密輸團棍棒에 稅關吏七名負傷 면포를 강행적으로 밀수 鴨綠江岸에서」, 『朝鮮中央日報』 1933년 7월 26일, 5면.

490. 가령 龍川郡, 義州郡 등지에서는 형사를 사칭한 强盜團이 신체를 수사해 현금 4백 원을 밀수사건의 증거물이라고 압수하는 형태로 금품을 강탈한 죄로 최고 징역 5년이 언도되었다.(「國境都市로 橫行튼 强盜團 最高懲役五年言渡」, 『每日申報』1934년 3월 28일, 5면)

491. 「國境을넘는密輸金塊 勿驚年額二千萬圓 日滿經濟統制上障碍不少 滿洲富局對策講究」, 『每日申報』1933년 11월 25일, 2면; 「平安北道, 滿洲國가鴨綠江岸에 遊動警察隊를 配置嚴重에 密輸을 取締る, 平北でも援助を承認」, 『朝鮮新聞』1932년 6월 24일; 「安東署で密輸の大擊退陣 徹底的取締を斷行」, 『朝鮮新聞』1932년 9월 14일, 3면.

492. 참고로 일본은 1906년 5월부터 안동에 일본영사관을 개설하고 그 부속 영사관경찰서를 설치

강 부속지에 대한 행정권 확립을 목표로 청수서장(淸水署長)을 제일선(第一線)으로 한 60여 명을 6반으로 나누어 압록강 일대에서의 밀수를 단속했다. 밀수를 단속하던 만주국의 안동경찰서와 안동세관에서는 밀수업자들의 밀수행위가 대부분 가난에서 비롯되었다는 점을 인식해서 밀수업자의 구제(救濟)방안으로, 밀수업자들을 동아권업공사(東亞勸業公司)가 투자한 토지 등에 강제 이주시켜 농사를 짓게 할 계획도 모색했지만,[493] 실천에 옮겨지지는 못했던 것 같다.

1937년 만주국과 관동군(關東軍)에서는 만주에 산재한 조선인 부정업자(不正業者)들을 1937년 7월 말까지 전부 일소한 뒤 그들을 전업(轉業)시키겠다는 방책을 강구했다. 이와 동시에 만주국 측에서는 조선 측에 대해서도 협력을 당부했다. 이에 따라 동년 5월 조선총독부에서도 선·만 국경변연지대에 산재한 부정업자, 주로 아편이나 모르핀을 밀매하는 장사꾼과 밀수업자 등을 엄중하게 단속해 일소(一掃)하도록 관계 각 도(道)에 지시했다.[494] 결국 선·만 간의 밀수단속을 위한 협조체제가 가동되고 있었으며, 밀수업자들의 생계유지를 위한 대안으로 전업 방안까지 모색되었던 셈이다.

밀무역이 빈번했던 국경변연지대에서는 밀수단의 공격으로 세관원들이 부상당하는 일도 있었지만, 반대로 만주국 안동현 경찰관과 세관원들이 양민(良民)을 밀수업자로 오인하거나 편견에 의해 폭행하는 사건도 빈발했다. 이 때문에 만주국과 조선 식민당국 사이의 갈등이 야기되기도 했

해서 조선인들의 동향을 감시했다. 만주국 수립 이전 만주에서 일본영사관과 영사의 영향력은 '管內의 王'이라고 할 정도로 막강했다.[오병한, 「滿洲事變 이전 중국 安東에서 일본의 領事館警察署 설치와 운영」, 『한국민족운동사연구』 제100집(2019.9), 176-177쪽]

493. 「滿洲國 警官이 密輸團에 放銃 일명은 생명이 위독」, 『朝鮮中央日報』 1933년 7월 26일, 5면; 「鮮人密輸業者 農業移民へ」, 『滿洲日報』 1933년 10월 29일.

494. 「鮮滿國境地帶의 不正業者를 一掃 만주국측으로부터 협력요구 잇서 總督府서도 嚴達!」, 『每日申報』 1937년 5월 12일, 2면.

다.[495] 심지어 만주국 관훈(官憲)의 발포로 다수의 밀수업자들이 죽거나 다치는 일도 있었다. 1933년 당시 조선인 밀수업자 수가 3천 명으로 추산되던 만주국 안동현(安東縣)에서는 밀수단속이 강화되자, 밀수단의 대응방식도 첨예화되면서 양자 사이의 쟁투에 의해 목숨을 잃은 사람들이 1933년 여름에만 수십 명에 달할 만큼 사회문제로 부각되고 있었다.[496] 그야말로 특수지대인 선·만 국경에서는 밤낮으로 밀수가 성행하다보니 끊임없는 희비극(喜悲劇)이 연출되고 있었던 셈이다.

그런데 조선인 밀수업자들이 만주국 관헌에게 살상 당하면 만주국과 조선의 식민당국 사이에 갈등이 일어나곤 했다. 즉 조선 측에서는 조선인 밀수업자의 밀수행위가 부당하다는 점을 인정하면서도 조선인 밀수업자를 사살한 것은 법치단(法治團)이 지녀야 할 태도가 아니라 하여 만주국에 엄중하게 항의하는 경우도 있었다.[497] 조선의 일반대중도 만주국 측 경찰관들의 가혹한 행위를 비난하곤 했다.[498] 조선에서 만주국으로 밀수출이 많이 이루어지고 있어서 조선인 밀수업자들이 이득을 얻고 있던 상황에서, 만주국 측에서는 밀수업자들을 엄격하게 단속하려고 했던 데에 비해, 조선 측에서는 만주국 측의 가혹한 밀수단속 행위로 자국민이 목숨을 잃는 경우에 대해 불만을 털어놓기도 했던 셈이다.

---

495. 「國境에서 頻發하는 滿洲官吏의 暴行 良民을 密輸者라고 亂打重傷 被害者는 告訴提起」, 『朝鮮中央日報』 1935년 5월 15일.

496. 「滿洲國 警官이 密輸團에 放銃 일명은 생명이 위독」, 『朝鮮中央日報』 1933년 7월 26일, 5면; 「鮮人密輸業者 農業移民へ」, 『滿洲日報』 1933년 10월 29일.

497. 「平安北道, 滿洲國가 鴨綠江岸에 遊動警察隊를 配置嚴重에 密輸를 取締る, 平北에서も 援助를 承認」, 『朝鮮新聞』 1932년 6월 24일.

498. 「滿洲國 警官이 密輸團에 放銃 일명은 생명이 위독」, 『朝鮮中央日報』 1933년 7월 26일, 5면.

Ⅲ. 통신·화폐·전염병과 선·만 식민당국의 통제·협력

1. 통신·화폐 유통·전염병 문제

다른 한편 선·만 국경변연지대에서의 인적 통행과 물자유통이 활발해지고 경제관계가 나날이 긴밀해지면서 양 지역 간의 통신문제가 급선무로 대두되기 시작했다. 이에 따라 일본이 러일전쟁 승리 후 러시아의 조차지인 여순(旅順)·대련(大連)지구를 차지하고 이를 통치하기 위해 설치한 관동청(關東廳)에서는 1932년 8월 선·만 식민당국 간의 긴밀한 연락체계를 구축하기 위해 신의주(新義州)와 안동(安東) 사이의 압록강 바닥에 해저전신(海底電信) 설치를 계획했다. 그리고 이를 조사하기 위해 관동청과 조선총독부의 技士들 사이에는 다양한 협의가 진행되었다. 그 결과 동년 10월부터 신의주와 안동 사이의 압록강 바닥에 해저전신 설치공사가 시작되었다.[499]

만주국 수립 직후 조선 측 체신국(遞信局)에서는 만주국과 협정을 체결한 후 간도(間島) 용정촌(龍井村)의 만주국 우체국을 매개로 상호 연락(連絡)을 취하고 있었다. 그런데 점차 우편량이 폭증하면서 선·만 상호간의 체신 우편물의 우송 경로 등을 혁신(革新)할 필요성이 제기되었다. 그

---

499. 「鴨綠江底に海底電話 設置の計劃」, 『朝鮮新聞』 1932년 8월 28일, 3면.

결과 1934년 1월 간도(間島)방면에 조선 북부와 만주국 북부를 연결하는 새로운 우체국을 설치하는 동시에 북부 조선에도 외국우편교환국(外國郵便交換局) 2개소를 신설(新設)할 계획(計劃)이 마련되었다.[500]

더욱이 선·만 식민당국에서는 기존 통신체계의 과부하 문제에 대해서도 개선책을 도모했다. 가령 1935년 8월 신의주(新義州)의 시내전화 가입자 수는 890여 명이었는데, 이들을 100회선의 단식(單式) 교환기(交換機) 13대로 통신 교환하는 것이 버거운 상태였다. 당시 신의주는 국경 대도시로서 통신이 날로 증가하고 있었고, 만주국 측과의 통신 용건도 격증하여 도저히 기존의 교환방식으로는 원활하게 교환 통신할 수가 없는 상태였다. 그래서 조선 측의 체신국에서는 교환방식을 공전식(共電式)으로 변경할 계획을 수립하고 청사의 증축에 착수하여 기초공사에 들어갔다.[501]

만주국 수립 이후 선·만 국경변연지대에서 새롭게 대두된 또 다른 문제는 만주국의 화폐가 조선 내에서 무분별하게 유통되고 있었다는 점이다. 선·만 식민당국에서는 국경변연지대에서의 무분별한 화폐유통에 제동을 걸기 시작했다. 즉 만주국에서는 우선 지방에서 특수한 경제관계를 맺고 있던 안동현(安東縣) 발행 진평은(鎭平銀) 화폐의 유통을 금지했다. 그 결과 안동현 지방의 특산물인 목재(木材), 두박(豆粕), 작잠(柞蠶) 등의 거래도 일시적으로 타격을 받을 수밖에 없었다. 특히 선·만 각지에서 유통되고 있던 진평은(鎭平銀)이 세운 안동거래소(安東去來所)는 필연적으로 큰 타격을 받게 되었다.[502] 그래서 안동의 안동취인인조합(安東取引人組合)에서는 그동안 화폐로서 많이 유통되어왔던 진평은(鎭平銀)의 유

---

500. 「鮮滿連結의 新郵局을 設置 遞信局에서 計劃」, 『每日申報』 1934년 2월 3일, 1면.

501. 「國境都市 新義州の電話加入者激增 滿洲國側との通話も頻頻愈愈 共電式交換機」, 『朝鮮新聞』 1935년 8월 13일, 3면.

502. 「安東名物の鎭平銀廢止の運命 一時的にも取引所には大打擊 國境財界への影響」, 『京城日報』 1933년 4월 16일.

통기한을 5년 연장한 후 금지해줄 것을 요청하고 있었다.[503] 더욱이 조선의 국경도시 신의주나 남양(南陽), 상삼봉(上三峰), 회녕(會寧)지방에서는 만주국 화폐의 유입이 현저하게 증가하여 이들 지역의 상점에서는 공공연히 만주국 화폐가 통용되고 있었고,[504] 선·만 국경변연지대의 경제계에서는 만주국 화폐유통에 대한 통제문제가 제기되고 있었다.[505]

1937년 만포선(滿浦線)이 강계(江界)까지 완전 개통된 이후 강계(江界)와 그 대안(對岸)인 집안현(輯安縣) 사이의 상품거래가 현저하게 활황(活況)을 띠게 되었는데, 만주국 화폐가 압록강을 건너 강계군(江界郡) 내에 유통되고 있어서 이 지방민들의 물자 거래 과정에 조선과 만주국의 화폐가 같이 거래되어 일만불가분(日滿不可分)의 모습을 보여주고 있었다. 당시 만주국 화폐는 민간의 일상 매매과정에서 이용되고 있었지만, 국경변연지대에는 외환거래소가 없었고, 일반은행, 금융조합, 우편국에서도 만주국 화폐의 인수를 거절하고 있었기 때문에, 국경변연지대의 지방민은 만주국 화폐를 조선은행권(國圓)으로 바꾸어 송금하려고 해도 할 수가 없는 상태였다.[506] 더욱이 조선 당국에 의해 정식으로 인정되지 않은 만주국 화폐가 선·만 국경변연지대의 일부 조선 지역에서 많이 유통되자, 조선의 국경변연지대 우편국소(郵便局所)에서는 일상사무에 적지 않은 지장을 받고 있었고, 일반대중의 생활도 직·간접으로 영향을 받고 있었다. 이것은 1939년 6월의 만주국 화폐 유통량에서도 잘 드러나고 있었다. 즉 조선 식민당국의 국책에 따라 우편저금, 채권장려 간이보험 가입 등에 불입

---

503. 「鎭平銀の安東流通を 五箇年延長後禁止せよ 內,鮮,滿取引人の總意を以て 安取取引人組合 各要路に要望す」, 『國境每日新聞』 1933년 11월 29일.

504. 「滿洲國貨幣の夥しい鮮內流入 國境奧地帶で公然と通用 兌換機關の要望起る」, 『京城日報』 1937년 3월 30일.

505. 「貨幣の日滿一如に崇る鮮銀の後退 夥しい滿洲國幣の進出を國境經濟界は如何に裁く」, 『京城日報』 1936년 11월 25일.

506. 「滿洲貨幣國境街で日常の賣買に流通」, 『平壤每日新聞』 1939년 1월 28일.

된 만주국 화폐의 1개월 간 사용량을 보면, 우편저금에 23만 1천여 원, 간이보험 불입에 3만 2천여 원, 기타 국채와 저축채권에 1만 9천 원이 사용되었다. 이 액수는 당시에 엄청난 양으로 평가되고 있었다.[507]

결국 함경도 지방을 중심으로 국경지역에서 만주국 화폐가 굉장히 많이 유통되자, 1939년 11월 조선총독부에서는 만주국과 협의한 후 총독부령으로서 만주국 화폐의 조선 내 유통을 금지함과 동시에 종래에 유통된 만주국 화폐를 국경의 금융기관에서 교환케 했다. 그리고 현재 만주국 돈을 가지고 있는 사람들에게 한 달 간의 환전 기간을 주고 전부 조선 돈으로 바꾸도록 했다. 또한 30여 개소의 국경지방 금융기관에서 약간의 수수료를 받고 무조건 만주국 화폐를 조선 화폐로 바꾸어 주도록 했다. 조선은행에서는 이번 환전에 사용될 돈 6백만 원을 국경변연지대로 보내기로 했다. 조선은행의 서술이 퍼런 새 지전(紙錢)이 국경변연지대로 엄청나게 나가기는 아마 이번이 처음이었다고 한다.[508]

조선 식민당국의 만주국 화폐의 조선 내 통용 금지를 결정했지만, 1940년대에 들어서 조선 국경변연지대에서 통용되던 만주국 화폐의 유통량은 더욱 늘어나 조선 식민당국의 화폐정책이나 물가 통제정책에도 악영향을 미치고 있었다. 더욱이 그것도 일시적인 현상에 불과했으며, 그 후 국경변연지대에서 만주국 화폐는 여전히 빈번하게 유통되어 신의주(新義州)로부터 정주(定州)에 이르는 지역과 남양(南陽)에서 북선(北鮮) 3항(港)(나진, 웅기, 청진)에 이르는 일대에서 왕성하게 유통되고 있었다.[509]

이처럼 선·만 국경변연지대에서 통용 금지조치에도 불구하고 만주국

507. 「滿洲國 돈 汎濫으로 國境地方一帶의 한걱정 本府서도 具體的方法 講究中」, 『每日申報』 1939년 6월 22일, 3면.
508. 「國境地帶로 旅行가는 六百萬圓의 새 紙幣 滿洲國 돈과 박구는대 쓰고저」, 『每日申報』 1939년 11월 30일, 2면.
509. 「國境의 滿洲國幣 依然히 流通狀態」, 『每日申報』 1940년 8월 28일, 6면.

의 화폐가 왕성하게 유통되고 있던 원인은 선·만 양 지역 간의 물가 차이나 물자 수급상의 불균형에서 비롯된 측면이 강했다. 즉 압록강을 사이에두고 만주국의 안동에서는 물건 값이 비싼 까닭에 전부 안동으로 물건이흘러나가서 신의주는 물자가 부족한 형편에 있었다. 게다가 조선의 신의주에서는 물건 값이 싸니까 안동에서는 신의주로만 물건을 사러오고 있었기 때문에 신의주뿐만 아니라 삭주(朔州), 강계(江界) 같은 곳에서는 물건이 부족해서 골머리를 앓고 있는 처지였다. 당시로서는 만주국의 화폐가 흘러들어오는 것을 전혀 막을 수가 없는 상황이었다. 게다가 만주 돈을가지고 금융기관에서 조선 돈으로 바꾸려면 2부의 수수료를 내야 했기 때문에 만주국의 화폐가 그대로 유통되고 있었다. 당시 만주의 돈이 조선으로 흘러들어오는 것은 물가통제와 통제경제를 문란케 하고 국경도시에서의 조선은행의 영향력을 후퇴시키고 있었다. 그 때문에 조선 측에서는 이문제를 매우 우려하고 있었다.[510] 결국 조선 내에서 유통되고 있던 만주국화폐를 단속하는 문제는 선만(鮮滿) 양자 간에 화폐정책을 근본적으로 재건(再建)하는 길 외에는 없다는 인식이 확산되고 있었다.[511]

선·만 국경변연지대의 또 다른 고민거리는 전염병의 유입방지 및 확산저지의 문제였다. 1930년대 초·중반 항일무장투쟁이 진행 중이던 만주국 일대에서는 콜레라(虎列刺)가 퍼져 2중 3중으로 신의주의 조선인과 '만주국민'을 괴롭게 만들었다. 더욱이 만주사변부터 만주국 수립 초기에는 항일무장세력의 저항으로 치안이 확립되지 못했는데, 평소에 조선인을 '일본의 앞잡이'로 여기고 불만을 품고 있던 국민당 계열 항일무장세력(兵匪)이 조선인을 탄압하자, 수만 명의 조선인들은 봉천, 장춘 등 만철 연

---

510. 「國境의 頭痛거리 흘너오는 滿洲國幣 時急한 對策이 必要」, 『每日申報』 1941년 7월 16일, 2면.
511. 「國境의 滿洲國幣 依然히 流通狀態」, 『每日申報』 1940년 8월 28일, 6면.

선(沿線)으로 피난한 채 자신들의 안위(安危)를 걱정하고 있었다. 당시 그들은 대개 옷 한 벌에 몸을 감추고 유랑하다시피 하면서 목숨을 간신히 이어가는 참상을 겪고 있었다. 장마기를 앞에 둔 채 매우 열악한 생활을 하고 있던 조선인 피난민들은 언제 콜레라의 침습(侵襲)을 받을지 예측하기 어려웠고 당국의 구호 손길도 그들에게 제대로 미치지 못하고 있었다. 게다가 만주국 건국 초기에는 의료기관이 적었고 많은 피난민이 만철 연선으로 일시에 몰린 까닭에 위생상태도 불완전해서 봉천(奉天), 장춘(長春), 영구(營口), 대련(大連) 등지에서 콜레라 환자가 발생하자, 만철 연선으로 피난한 조선인들은 가장 위험한 상태에 놓여 있었다.[512]

게다가 선·만 당국의 관할권이 확고하게 미치지 못하고 있던 선·만 국경변연지대에서는 전염병이 발병할 때마다 초긴장 상태가 초래되었다. 그러한 사례들을 들면, 1932년 8월 콜레라가 평안북도 용암포(龍岩浦)의 대안(對岸)까지 침습(侵襲)하여 조선이 위협을 받게 되었다. 이에 따라 조선총독부의 위생과장이 경성역발 열차로 급거 안동현(安東縣)으로 가 만주국 경찰기관과 대책을 강구하기도 하였다. 이때 조선에서는 매일 6, 7천 척의 배가 정박하고 있던 압록강 하류에 발동선을 출동시켜 이 잡듯이 배를 뒤져 검역과 예방주사를 놓았으며, 신의주를 중심으로 선·만 국경을 넘나드는 열차 승객들에 대해서도 질병감염 여부를 검사하기도 했다.[513] 또한 1933년 7월 조선의 삼도랑두방역처(三道浪頭防役處)에서는 만주국에서 발병한 콜레라가 안동(安東)에서 전염되는 것을 방비(防備)하기 위해 만주국 정부로부터 의학사 3인을 검역원으로 취임시키고 수상경찰서(水上警察署)의 용원(傭員)으로 출입하는 대소(大小)의 선박(船舶)에 대

---

512. 「匪賊과 함께 國境을 威脅하는 滿洲의 虎列剌 漸益蔓延 二중三중으로 밧는 만주 재주 동포의 고통 衛生施設不備 同胞安危念慮」, 『每日申報』 1932년 7월 21일, 2면.
513. 「滿洲의 虎列剌軍 마츰내 國境을 侵襲 龍岩浦 對岸에 眞症患者 三名 만주국당국과 방역대책을 협의코저 西龜衛生課長急行」, 『每日申報』 1932년 8월 2일, 2면.

해서도 검역을 개시하기도 했다.[514] 1935년 10월에는 만주국 각지에 흑사병(黑死病)이 창궐하자, 조선 국경지방의 경찰은 이에 대한 방역에 힘썼고 조선총독부 경무당국(警務當局)에서도 조선의 각도(各道) 당국에 통첩을 발해 방역에 한층 힘쓰도록 주의를 주었다.[515] 1939년 1월에는 사람의 흑사병과 같다는 牛疫이 만주국에서 발생하여 소 3천여 마리가 병들어 죽자, 조선총독부에서는 평안남도와 함경남북도에 대해 강안(江岸) 일대를 엄중 경계하도록 독려했다.[516] 1943년 4월 함경남도 대안(對岸)인 통화성(通化省) 일대의 장백현(長白縣), 임강현(臨江縣)에서 출혈열(出血熱)이라는 풍토병(風土病)이 만연되자, 함경남도 국경지방에서는 그 방역에 힘을 쏟았다.[517] 이처럼 조선총독부에서는 만주국에서 전염병이 발발하면 만주국 당국의 협력을 구했고 자체적으로 국경변연지대에서 조선으로 전염병이 유입되는 것을 방지하기 위해 노력을 기울이고 있었다.

2. 선·만 식민당국의 국경 통제·협력

전술한 것처럼 선·만 국경변연지대의 통행량이 급증하면서 이에 대한 단속의 필요성이 제기되기 시작했다. 당시 만주국에서는 조선 거주 중국인의 국적이 중화민국인지 만주제국(滿洲帝國)인지가 불명확해서 그들에 대한 보호·단속이 불철저한 상황이었다. 따라서 1934년 6월 만주국 민정부(民政部) 경무사(警務司)의 관계자가 조선의 경성에 들어와 조선총독부 경무국 등지에서 조선 거주 중화민국인(中華民國人), 만주인(滿洲

---

514. 「國境의 虎列刺 徹底的으로 檢疫 크고 적은 배를 전부 뒤저 水上署의 應援으로」, 『朝鮮中央日報』1933년 7월 26일, 5면.
515. 「滿洲에 黑死病猖獗 十月中死者六十 : 朝鮮內에도 蔓延될 念慮잇서 國境地方에 防疫陣」, 『朝鮮中央日報』1935년 11월 8일, 2면.
516. 「國境沿岸을 警戒 : 滿洲에 牛疫禍 再燃」, 『每日申報』1939년 1월 24일, 3면.
517. 「滿洲國에 怪風土病 國境地方서 防疫에 全力」, 『每日申報』1943년 4월 4일, 4면.

人)에 대한 조사에 착수했다. 만주국과 조선에서는 이번 조사를 통해 조선 거주 중국인의 국적(國籍)이 점차 명료해질 것으로 기대하고 있었다.[518]

선·만 간의 국경경비 문제의 귀결은 관련 법률의 제정으로 이어졌다. 즉 1936년 12월 만주국 정부는 국방치안유지(國防治安維持)의 견지에서 패스포트(여권) 제도를 채용하여 일반주민이나 여행자를 단속하고 '不逞分子'의 침입을 방지하기 위해 「국경지대법(國境地帶法)」을 제정(制定)·공포(公布)하였다.[519] 1939년 3월 일본에서는 장기전에 대비하여 방첩진(防諜陳)을 더욱 철저히 하고자 북선(北鮮)지방과 사할린(樺太) 등지에 대한 「국경취체법안(國境取締法案)」이 의회에 제출되었다. 조선총독부에서도 이 법안이 실시될 것을 예상하고 실시할 준비를 하고 있었다. 이법에 따라 단속을 받게 되는 조선과 소련의 국경지역은 두만강 상류의 경흥군(慶興郡) 경흥교(慶興橋) 밑에서부터 두만강 어구까지 약 12km 구간이었다. 만일 이 법이 통과된다면 이곳을 출입하는 사람은 출입증명서를 가지고 있어야 했고 만주국의 특별지대와 똑같은 단속을 받아야 했다. 이와 관련해 조선총독부에서는 처음에는 해상에도 적용할 작정으로 단속 경찰관 약 1백 명의 증원을 요구하였지만, 어업 관계로 인해 이것을 취소하고 이 법을 육지에만 한정해서 적용하기로 했다. 하여튼 이 법이 실시된다면 단속을 받는 지대의 주민은 물론이고 일반 출입자도 증명서가 없이는 거주와 여행을 할 수 없게 되는 셈이다.[520]

1939년 압록강의 입해구(入海口)(河口)에 안동성安東省) 대동항(大東港)이 개항된 이후 압록강 하류 江上의 단속권 문제가 제기되기 시작했

---

518. 「滿國人?, 民國人?, 國籍を明かにする, 滿洲國警務司の調査」, 『朝鮮新聞』 1934년 6월 23일, 2면.
519. 「國境地帶法 滿洲國公布」, 『每日申報』 1936년 12월 25일, 2면.
520. 「出入證明制度實施: 증명서 업는 사람은 만주국 특별지대와 가티 출입을 금지 鮮蘇國境線取締를 强化」, 『每日申報』 1939년 3월 11일, 3면.

다. 게다가 1941년 압록강 수풍(水豊) 수력 발전댐이 완공되어 댐의 상류에 광대한 저수지가 생기게 되자, 압록강 수몰지역의 국경선과 그 단속권에 대해, 만주국과 조선이 단속권역을 명확히 하지 않으면 장래의 단속과정에서 여러 가지 문제가 야기될 우려가 있었다. 따라서 이 문제를 협의하기 위해 1941년 2월 선(鮮)·만(滿)의 중앙당국을 비롯해 평안북도와 안동의 두 지방당국 간에도 현지교섭이 진행되었다.[521]

이처럼 선·만 국경에 대한 단속·통제의 필요성이 점점 고조되자, 1942년 10월 만주국에서는 시국하(時局下) 방첩(防諜)의 완벽(完璧)을 기하기 위하여「군기보호법(軍機保護法)」을 일부 개정하고 새로「국경취체법(國境取締法)」을 제정·공포·실시하였다. 새로 제정된 만주국의「국경취체법(國境取締法)」은 종래의「군기보호법(軍機保護法)」에 포함되어 있던 '군사기밀구역(軍事機密地域)'에서의 거주(居住) 및 여행(旅行)에 관한 규정'이 분리되어 독립적인 법률로서의 위상을 지니게 되었으며, '만소국경출입(滿蘇國境出入)에 관한 제한(制限)규정'도 신설되었다. 이 법은 국경(國境) 및 국경(國境)에 접양(接壤)한 지역에서의 국방치안의 확보에 만전을 기하려는 만주국의 의도에서 제정되었다.[522] 만주국에서의 이러한 법률제정으로 인해, 종래에 국경관념이 희박했던 선·만 사이에는 법적으로 국경에 대한 단속근거가 마련되었고 국경통행에 관한 법적인 절차와 근거들도 갖추어졌던 것이다.

사람들의 국경통행에 관한 법적인 절차와 단속근거들과 마찬가지로, 선·만 당국에서는 국경을 통과하는 물자유통에 대한 관세부과와 통관절차 및 단속 등에 관한 제도도 마련할 필요성을 인식하게 되었다. 이와 동

521.「國境線과 取締權 滿洲國과 交涉을 어찌하리까? 平北道, 本府에 問議」,『每日申報』1941년 2월 23일 4면.
522.「滿洲國國境取締法制定」,『每日申報』1942년 10월 22일, 1면.

시에 관세부과 및 세관설치문제는 선·만 사이에 갈등을 초래하고 있었다. 특히 만주국의 관세 증징(增徵)문제는 조선 내 관련 무역업자들의 우려와 반발을 초래하고 있었다. 그러한 사례로 1932년 6월 선·만 국경변연지대를 통과하는 물품에 대한 만주국의 관세(關稅) 증징문제(增徵問題)가 일본의회에 제출되어 관세율이 더 높게 책정될 예정이었다. 즉 대두(大豆)의 관세는 1.54에서 2.07(34%)로, 속(粟)은 1.22에서 1.64(34%)로, 소두(小豆)는 1.35에서 1.82(35%)로, 채두(菜豆)는 1.20에서 1.62(35%)로, 제재(製材)는 4.55에서 6.14(35%)로, 원목(原木)은 2.70에서 3.64(35%)로 증징(增徵)될 예정이었다. 관세율 증가가 34~35%로 매우 높은 편이었다. 당시 조선과 만주국 사이의 국경무역에서 두드러진 역할을 하던 조선 북부지방에서는 이 문제의 추이에 관심을 가지고 있었다. 특히 증징(增徵)된 관세를 적용을 받게 될 곡물업자나 목재업자들은 타격을 받게 될 것을 우려하여 그 대책을 협의 중이었다. 당시 속(粟)은 조선농민의 일상적인 주식이었고 대두는 공업원료품으로 어느 것이나 만주에서 구하지 않으면 안 되는 것이었다. 이처럼 중요한 무역물품에 대해 관세장벽을 높이는 것은 재만(在滿) 조선농민을 궁지에 빠뜨리고 국내적으로는 가격상승을 야기할 수 있었다. 조선의 입장에서 목재도 만주국에서 수입하지 않으면 안 되는 것이었는데, 재만 일본인 목재업자의 보호라는 관점에서 봐도 특별한 고려가 필요하다는 의견이 제기되고 있었다. 따라서 조선 내 관련 단체에서는 만주 산지(産地)증명이 있는 것에 대해서는 구(舊)관세율을 적용하는 특례(特例)가 필요하다는 의견을 제시하고 있었다. 특히 선·만 무역에서 중요한 위상을 차지하고 있던 청진상공회의소(淸津商工會議所)에서는 만주국의 관세 증징(增徵)문제가 일본의회에서 가결되기 전에 조선총독부가 선처해줄 것을 요망(要望)하는 동시에 각 요로(要路)에 진정(陳

情)하고 있었다.[523] 이 시기 목재업 관련 자본가들에 의해 주도되던 신의주 상공회의소(新義州商工會議所)에서도 만주국의 관세를 일본 본국과 같이 개정해 줄 것을 청원하였다.[524]

하여튼 선·만 국경무역이 활발해지고 밀무역도 성행하면서 만주국에서는 국경변연지대의 요소에 세관(稅關)설치 계획을 구체화하고 있었다. 만주국 재정부에서는 전만(全滿)의 세관망(稅關網)을 충실히 하고 만선(滿鮮) 및 관동주(關東州)와의 국경변연지대에 엄밀한 통관(通關)시스템을 갖추고 밀수도 방지하기 위해, 1933년 4월 해빙기 이후에 압록강안(鴨綠江岸)의 장백(長白), 임강(臨江), 집안(輯安), 차구문(岔溝門), 장전강구(長甸江口) 등 5개소와 발해(渤海) 연안의 대고산(大孤山), 장하(莊河), 청퇴자(靑推子) 등 3개소에 세관(稅關) 분관(分關)을 설립하기로 했다. 또한 북만(北滿)과 북선(北鮮)을 연결하는 국경역인 회막동(灰幕洞)에도 세관을 신설할 계획을 수립했다.[525] 조선 측에서도 만주국의 세관제도가 하루 빨리 수립되기를 바라고 있었다. 그렇지만 건국 초기 만주국에서는 같은 일본제국 내의 만주국과 조선의 국경변연지대에 대한 세관설립과 통관절차 확립문제가 러시아 및 중국 국경변연지대에서의 그 문제보다 긴급성이 떨어져서 후순위로 밀려 있었다. 게다가 만주국에서 세관을 설비하는 데는 많은 경비가 필요한 실정이어서 세관설치문제가 미루어지고 있었다. 따라서 조선 내에서는 이를 촉진하기 위한 방편으로 국경무역에 관련된 선·만의 荷主들이 그 경비의 일부를 부담해서라도 세관설비를

---

523. 「關稅增徵に國境當業者の悲鳴 滿洲品に特例をと淸津商議から要望」, 『京城日報』 1932년 6월 12일.

524. 이미경, 2016, 「일제하 新義州 木材業界의 변동과 木材商組合의 활동(1910~1936)」, 서울대 사회교육과 석사학위논문, 국문 초록.

525. 「滿洲國에서는 稅關網 充實計劃 朝鮮滿洲國境에 稅關을 新設 密輸도 自然防止」, 『每日申報』 1933년 2월 8일, 8면.

촉진할 필요가 있다는 제안도 나오고 있는 실정이었다.[526]

게다가 신의주상공회의소(新義州商工會議所)에서는 1934년 9월 만주국 안동세관(安東稅關)의 부당한 수입석유 검사에 대해 만주국 재정부대신(財政部大臣) 앞으로 장문의 진정서를 제출하기도 했다. 즉 일본에서는 석유의 등유(燈油)와 경유(輕油)를 비중으로 구별하는데, 만주국에서는 촉광(燭光)에 의해 구별했다는 것이다. 더욱이 안동세관에서는 광도계(光度計) 설비가 없기 때문에 그것을 감정(鑑定)할 수가 없어서 일일이 대련(大連)으로 보내 검사를 받지 않으면 안 되었기 때문에, 신의주, 경성, 평양 등의 석유업자들은 상기(商機)를 놓쳐 다대한 타격을 입고 있었다는 것이다. 신의주를 거쳐 일본에 수출된 석유는 1년에 4만 箱 이상에 달했는데, 그 석유를 모두 대련으로 보내야 해서 대(對)만주국 무역에 커다란 악영향을 주고 있었고 안동에서의 석유부족을 초래해 배급부족을 초래하고 있었다는 것이다. 따라서 신의주상공회의소에서는 안동세관의 설비충실이 긴급히 요망된다는 의견을 제시하고 있었다.[527]

1935년 1월 당시 나진(羅津)을 종단항(終端港)으로 한 경도선(京圖線)(新京-圖們)이 건설되면서 선·만 양국의 무역은 활기를 띠고 있었고 조선 북부의 각 항만을 경유해서 수송되고 있던 화물량도 격증하고 있었다. 이에 따라 양국 세관당국에서는 이들 화물에 대한 공동검사의 필요성을 인식하고 있었다. 특히 만주국 측에서는 검사와 징세업무의 편의를 통감하여 조선에 세관원을 파견해서 조선총독부 당국과 교섭을 벌였다. 그리고 동년 2월 5, 6일경 선·만 양국의 세관공동검사(稅關共同檢査)에 관한 세목협정

---

526. 「輸送의 合理化와 對滿保稅輸送 滿洲國은 露支國境에 注力狀態 日滿關係는 輕視」, 『每日申報』 1934년 3월 28일, 8면.
527. 「平安北道, 滿洲國安東稅關の不當なる石油檢査, 新義州商工會議所財政部大臣に陳情」, 『朝鮮新聞』 1934년 9월 8일, 3면.

협의회(細目協定協議會)를 조선총독부에서 개최하기로 결정했다.[528]

1935년 5월 발표된 만주국과 조선의 국경통관 세관협정규정을 살펴보면 다음과 같았다. "一. 조선의 세관 관리는 도문(圖們)에, 만주국의 세관 관리는 나진(羅津), 웅기(雄基), 청진(淸津), 상삼봉(上三峰)에 파견·주재시킨다. 二. 세관사무의 처리방법: 나진, 청진, 웅기에서는 이곳을 경유해 만주국으로 수입되거나 만주국에서 수출되는 화물에 대해 선·만의 세관원이 공동으로 통관사무를 처리한다. 상삼봉 및 도문에서는 선·만 국경을 출입하는 열차승객의 휴대품과 나진, 웅기, 청진을 경유하는 수출입 화물에 대해 선·만 세관 관리가 공동으로 통관사무를 처리한다. 三. 범법사건 등의 처리방법: 상대국에 파견된 세관 관리가 상대국 내에서 밀수출입품을 발견했을 때나 수출입화물에 대한 관세지불을 거절했을 때는 해당 화물을 본국으로 송치(送致)해서 처분한다. 四. 사무 처리상의 경합(競合)에 관한 해결방법: 선·만 세관 관리의 사무 처리상에 경합이 생길 경우, 모두 수출국 세관 관리의 처리를 우선으로 한다."[529]

또한 1935년 5월 조선총독과 만주국 재정부 대신은 공동으로 만주국 수도 신경(新京)에서 두만강 국경을 통과하는 열차의 직통(直通)운전 및 세관수속의 간편화에 관한 협정에도 서명하였다. 이 협정에는 만주국(圖們驛)과 조선(上三峰, 雄基, 羅津, 靑津) 사이에 운항하는 열차 내의 화물 및 보세운송(保稅運送)에 관한 구체적인 단속과 검사절차 등에 관해 내용이 들어 있다.[530] 선·만 식민당국에서는 1935년 7월 1일을 기해 만주국 세관을 조선 북부의 나진(羅津), 웅기(雄基), 상삼봉(上三峰)에 설치하기

---

528. 「北鮮國境稅關の共同檢査實施 近く細目協定協議會を開催 滿洲國代表も參加」, 1935년 1월 30일.

529. 「國境通關手續簡捷協定の細則案」, 『滿洲日報』 1935년 5월 24일.

530. 「朝鮮總督府 告示 第324號」, 『朝鮮總督府官報』 第2510號. 1935년 5월 28일.

로 합의했으며, 그 통할기구는 '도문세관판공처(圖們稅關辦公處)'라 칭하기로 했고 위임관(委任官) 이상의 세관원을 나진에 22명, 웅기에 12명, 상삼봉에 7명 두기로 확정했다. 그리고 동년 내로 세관청사(廳舍) 및 기타 공사비로 40만 원이 계상(計上)되었다.[531] 이처럼 선·만 식민당국에서는 국경을 통관하는 화물에 대한 단속과 검사, 징세 등에 관해 긴밀한 협조체제를 구축해나갔던 셈이다.

---

531. 「北鮮 三個所에 滿洲國 稅關進出 7월1일부터 始業」, 『每日申報』 1935년 6월 26일, 6면.

Ⅳ. 맺음말

　전통 시기 조선과 청조를 자연 지리적으로 갈라놓았던 압록강과 두만
강 그리고 그 주변의 변연지대(邊緣地帶)는 목가적인 변방지대였다. 이
시기 압록강 하구에 위치한 安東이나 그 맞은편에 위치한 신의주 역시 농
산물이 집산되는 어촌에 불과했다. 그렇지만 근대 시기의 개항과 철교가
설, 철도개통 등을 계기로, 이 두 곳은 조선과 만주를 잇는 교통로의 거점
으로서 각종 특산물, 목재, 일본제품 등을 중계 무역하는 항구도시로 성장
하기 시작했다. 특히 만주국이 수립된 후 조선과 만주국 사이에 압록강과
두만강을 넘나드는 통행량과 교역량이 격증하자, 만주국의 안동과 조선의
신의주는 수출입 교역 항구도시로 급성장했다.

　이처럼 鮮·滿 국경변연지대에서의 인적·물적 교류가 활발해지자, 선·
만 당국에서는 상호간의 긴밀한 협조 하에 두 권역 사이의 연결 장소 등을
조사·확정하고 경비를 각자 조달하는 등 장기적인 계획에 따라 1930년대
부터 철도, 교량, 국경도로 등을 부설해 선·만의 두 식민권역(植民圈域)을
연결해나가기 시작했다. 또한 선·만 상호간 물자유통의 효율성을 높이기
위해 화물의 운송과 접수 등에 관한 제도로서 혼합보관제도(混合保管制
度)를 실시했다. 이리하여 선·만 두 권역에서는 물류 운송이 효율성을 지

니면서 물동량이 급증하기 시작했다.

　교역 형식과 관련해 압록강 유역의 대표적 도시인 안동과 신의주에서만 1930년대 초 밀수업 종사자가 2만 명 정도에 달할 것이라고 추산될 정도로, 이 지역에서는 거주민들 다수의 주요 생활양식으로서 밀무역이 번창하고 있었다. 선·만 국경변연지대에서의 밀수가 성행하게 된 배경과 원인은 주로 당시 조선과 만주국 사이의 물자수급 여부나 세금 차이에 따른 두 권역 간의 물가 차액으로 인한 수익성과 거주민들의 궁핍함에 있었다. 전문적인 밀수업자들을 비롯해서 가난에 시달리던 수많은 사람들은 두 권역 사이의 물가 차액을 얻기 위해 압록강과 두만강을 건너다니면서 밀수업에 종사하고 있었다. 밀수업자들은 백두산 밀림지대를 우회하거나 배를 이용해서 밀무역을 하고 있었다. 당시 선·만 국경변연지대에서의 밀무역은 두 권역의 물가 경제에도 악영향을 미치고 있었다. 그 때문에 선·만 식민당국에서는 밀수단속을 강화해 나갔으며, 상호 협조체계를 구축해 나갔다. 이 과정에서 밀수와 단속을 둘러싸고 밀수단과 관헌(官憲) 사이에 무력충돌이 자주 발생하곤 했다. 또한 만주국 관헌의 밀수단속이 잘못되거나 지나쳐서 조선 식민당국의 불만과 갈등을 야기하기도 했다.

　한편 선·만 국경변연지대에서의 인적 통행과 물자유통이 활발해지고 경제관계가 나날이 긴밀해지면서 양 지역 간의 통신문제가 급선무로 대두되기 시작하자, 신의주와 안동 사이의 압록강 바닥에 해저전신(海底電信)이 설치되었고 국제우편체계도 갖추어지기 시작했다. 또한 두 권역 사이의 전화 통화량이 급증하면서 교환방식도 다수가 활용할 수 있는 공전식(共電式)으로 변경되었고 체신국의 증설도 이루어졌다.

　선·만 국경변연지대에서는 상대국(주로 만주국)의 화폐가 상호 유통되면서 선만불가분(鮮滿不可分)의 화폐유통 현상을 나타나고 있었다. 조선 당국에 의해 정식으로 인정되지 않은 만주국 화폐가 선·만 국경변연지대의 일부 조선 지역에서 많이 유통되자, 조선의 국경변연지대 우편국소(郵便局所)에서는 일상 사무에 적지 않은 지장을 받고 있었고, 일반대중의 생활도 직·간접으로 영향을 받고 있었다. 그 때문에 1939년 조선총독부에서는 만주국과의 협의를 거쳐 총독부령으로 만주국 화폐의 조선 내 유통을 금지시키고 종래에 유통된 만주국 화폐를 국경의 금융기관에서 교환케 했다. 그리고 만주국 돈을 가지고 있는 사람들에게 환전 기간을 주고 전부 조선 돈으로 바꾸도록 강제했다. 그렇지만 1940년대에 들어서 조선 국경변연지대에서 통용되던 만주국 화폐의 유통량은 더욱 늘어나 만주국 화폐유통 금지령을 무력화해갔으며, 조선 식민당국의 화폐정책이나 물가 통제정책에도 악영향을 미치고 있었고 국경도시에서의 조선은행의 영향력도 후퇴시키고 있었다.

선·만 국경변연지대의 또 다른 고민거리는 전염병의 유입방지 및 확산 저지의 문제였다. 당시 이 지대에서는 전염병이 자주 발생하고 있었다. 특히 항일무장세력, 특히 평소에 조선인을 '일본의 앞잡이'로 여기고 불만을 품고 있던 국민당 계열 항일무장세력(兵匪)이 조선인을 탄압하자, 수만 명의 조선인들은 갑작스럽게 피난을 다녔는데, 이들은 위생이나 추위, 내병성 등에서 열악한 환경에 놓여 있었기 때문에 전염병 감염에 매우 취약한 상태에 있었으며, 선·만 국경변연지대에서의 전염병 확산에 악영향을 미치고 있었다. 이 때문에 선·만 식민당국에서는 긴밀한 협조 하에 전염병의 상호 유입방지에 노력을 기울이고 있었다.

이와 아울러 선·만 국경변연지대에서의 통행에 대한 단속이나 국방치안 확보를 위한 조치들도 점차 강화되기 시작했다. 이것의 일환으로 여권 제도가 채용되었고 「국경지대법(國境地帶法)」, 「국경취체법안(國境取締法案)」, 「군기보호법(軍機保護法)」 등이 제정되었으며 단속 경찰관 수도 증원되었다. 또한 국경을 통과하는 물자유통에 대한 관세부과와 통관절차 및 단속 등에 관한 제도나 세관설치, 국경통관 규정이나 세관협정, 선·만 세관의 통관화물 공동검사 제도, 징세규정 등도 마련되었다.

요컨대 만주국이 수립된 이후 선·만 국경변연지대에서는 인적·물적 교류의 급증과 그에 따른 철도·교량·도로 등의 加·增設, 전신·전화 통화량의 급증, 밀무역의 성행, 국경을 넘나드는 상대국 화폐의 유통 급증 등의 각종 현상이 표출하자, 선·만 식민당국에서는 여행자나 통관 물자에 대한 단속을 강화하고 그 효율성을 제고하기 위해 상호 협조체제를 강화시켜 나갔던 것이다. 이 과정에서 압록강과 두만강 국경변연지대에 대한 선·만 식민당국의 단속 관할권도 분명해지게 되었고 인적·물적 통제력도 강화되어 갔다. 이로 인해 식민통치 상의 주요 관심 밖에 놓였던 선·만 국경변연지대는 선·만 두 권역을 매개하고 상호 발전을 촉진하는 촉매지대로 바뀌어갔다. 그리고 일본제국 내의 두 식민권역(植民圈域)인 선·만 식민당국 사이에서도 선·만 국경변연지대에 대한 단속·통제·협조과정을 거치면서 점차 '선만일여(鮮滿一如)', '일(日)선(鮮)만(滿) 불가분관계(不可分關係)' 의식이 공고해졌고 선·만 국경변연지대에 대한 일제의 식민통치 체제도 확립되어 갔다.

중국의 동해 진출 노력과 두만강

윤휘탁

Ⅰ. 머리말

　　중국에서는 '두만강을 통한 동해로의 出海', 즉 중국의 군함이나 상선 등이 두만강을 통해 동해로 나가는 통로를 확보함으로써 동북아시아에서 중국의 국제적·전략적·경제적·군사적 위상과 역량을 강화시킬 수 있기를 열망한다. 이것은 2008년 10월 길림성 교통청(交通廳)에서 '두만강 출해복항공정(圖們江出海復航工程)'을 개시하고 관련 회의를 개최한 점[532], 2009년 중국 국무원에서 비준한 '중국두만강구역합작개발규획강요-이장길도위개발개방선도구(中國圖們江區域合作開發規劃綱要--以長吉圖爲開發開放先導區)',[533] 소위 '장춘-길림-두만강개방개발선도구전략(長(春)-吉(林)-圖(們江)開放開發先導區戰略)' 사업의 핵심이 두만강 출해권을 회복하고 중국과 몽골을 잇는 아이산(阿爾山)-교파산(喬巴山)철로를 개통해서 동북아지역의 신속한 국제물류운송 통로를 마련하는 '개

＊ 이 논문은 2016년 대한민국 교육부와 한국학중앙연구원(한국학진흥사업단)의 한국학 분야 토대연구지원사업의 지원을 받아 수행된 연구임(AKS-2016-KFR-1230006).
「圖們江出海復航工程啓動」,『延邊日報』2008년 10월 13일.

533. 이 계획은 2009년부터 2020년까지를 기간으로 장춘시, 길림시, 연변조선족자치주의 두만강 유역을 대상으로 '동북진흥전략'과 연계되어 시행되고 있는 중국의 국가발전사업이다. 상세한 내용은 「中國圖們江區域合作開發規劃綱要(全文)」(http://news.sohu.com/20091117/n268265390.shtml)를 비롯해 여필순·김광익, 2011, 「두만강개발계획과 중국의 '장지투(長吉圖)' 개발개방 先導區」,『국제학논총』제16집; 유아군, 2011, 「長吉圖開發開放先導區産業發展戰略研究」,『서석사회과학논총』제4권 제2호; 유아군, 2009, 「중국 길림성 "장지투 개발개방 선도구"와 관광업 발전」,『동북아연구』제24권 제2호; 김성남, 2011, 「중국 장길도 개발개방전략과 향후 북한 대외개방의 과제」,『KDI북한경제리뷰』제13권 제12호 등을 참조.

변통해전략(開邊通海戰略)'이라는 점[534], 2012년 설립된 '두만강구역(琿春) 국제합작시범구역' 개발사업에서 두만강 출해 문제를 중국의 국가전략 차원의 문제로 격상시킨 점[535] 등에서도 짐작할 수 있다.

특히 중국에서는 '장길도개방개발선도구역전략(長吉圖開放開發先導區戰略, 혹은 '장길도개방합작구역전략)' 사업을 발전시키기 위해서는 북한 및 러시아와의 국제합작이 필요하고 이것을 담보할 수 있는 중요한 방안이 두만강을 통한 동해로의 출해 문제의 해결이라고 인식한다.[536] 따라서 길림성에서는 '장길도개방합작구역전략'과 '두만강출해복항공정'의 추진이 길림성의 경제발전에 매우 중대한 의미를 지니고 있음을 중시해 구체적인 사업항목으로 '두만강구역(琿春) 국제합작시범구역'의 개발을 가속화하고 있다. 이와 아울러 '두만강출해복항공작'의 가능성을 과학적으로 연구·논증하고 관련 자료를 체계적으로 파악해서 이 공작에 필요한 과학적 근거를 마련하는 작업을 벌이고 있다.[537]

중국이 두만강을 통해 동해로 나갈 수 있느냐의 여부는 단순히 북·중·러 3국의 국경·무역·교류 등의 차원을 넘어서 동북아시아에서 다양한 이해관계를 지닌 남북한과 미·중·일·러의 국제관계 및 각국의 위상·역량·전략·국제물류·경제발전·관광산업 등에 커다란 변화를 초래할 수 있는 복잡다기한 지정학적(地政學的)·지경학적(地經學的)인 문제라고 할 수 있다. 따라서 이 글에서 다루고자 하는 주제는 길림성 동부 변강(邊疆)의 역사적 변천과 추이, 그에 따른 중국의 두만강 출해권 상실, 회복의 역사적 변천과 再상실, 再회복을 위한 노력 그리고 그 과정에 대한 중국의 입장이

534. 梁振民·陳才, 2013, 「吉林省"開邊通海戰略"實現路徑研究」, 『經濟縱橫』, 第12期, 80쪽.
535. 葛正英, 2015, 「圖們江中國出海口困局及出路」, 『樂山師範學院學報』 第30卷第5期, 114쪽.
536. 李海楠, 「圖們江區域國際合作 打開經濟發展出海口」, 『中國經濟時報』 2009年 12月 2日.
537. 王田田·趙福臣, 「吉林推進圖們江出海復航工程前期工作」, 『中國交通報』 2008年 10月 8日; 앞의 글, 「吉林省"開邊通海戰略"實現路徑研究」, 82쪽.

나 인식, 거시적인 전략 등을 엿볼 수 있는 계기를 마련해줄 수 있다. 이와 동시에 이 주제는 '녹둔도(鹿屯島)'[538] 문제의 파생 배경과 러시아 영토로 의 귀속 배경·과정 등에 관해서도 시사점을 제공해줄 수 있다. 더욱이 이 글의 주제는 만주강역(疆域) 및 두만강 유역의 역사적 변천에 대한 우리 의 인식을 비롯해 통일정책, 남북관계, 통일 이후 한반도의 대중(對中)·대 (對)러 관계 및 동북아전략 등의 수립에도 기초자료로서 활용될 수 있을 것이다.

'중국의 두만강 출해' 문제를 다룬 국내의 선행연구로는 노영돈·이현미 [539], 우양호·정문수·김상구[540]의 두 공동연구가 있다. 그런데 전자에서는 사 회과학적 관점에서 중국의 '동북진흥전략(東北振興戰略)'[541] 및 '장길도개 방합작구역전략'과 두만강 출해 문제가 어떠한 상관성을 지니고 있고 그 전략적 의미가 무엇인지만을 다루고 있다. 그 결과 이 연구에서는 역사적 으로 중국이 길림성 동부 변강(邊疆)지역을 상실하게 된 배경과 두만강을 통한 동해 출해권 사이의 상관성, 두만강 출해권의 상실과 회복, 재(再)상 실의 역사적 배경·원인·추이, 이와 관련된 중국인의 입장과 인식, 중국의 두만강 출해권 회복 전략과 노력, 의미 등이 간과되어 있다. 후자에서도

---

538. 조선시대 두만강 하구에 있던 섬으로, 북한의 함경북도 先鋒郡 造山里에서 남쪽으로 약 4km 떨어져 있었고 둘레가 8km 남짓 되었으며 면적은 약 4㎢(여의도 면적의 약 1.5배)였던 것으로 추정 된다. 녹둔도는 1430년대 세종이 6진을 개척한 이후부터 1860년 「북경조약」 체결 전까지 조선이 영 유하고 있었고 조선 사람들이 거기에 거주하고 있었다. 그런데 녹둔도는 두만강의 퇴적작용으로 18 세기에 강 동쪽의 연해주에 붙어 육지가 된 이후, 「북경조약」을 계기로 연해주를 획득한 러시아에 의해 점령되었다. 북한은 소련과 국경협정(1985년) 및 국경설정의정서(1990년)를 체결하는 과정에 서 녹둔도 문제를 제기했으나 받아들여지지 않자 소련의 영토로 승인했고, 결국 녹둔도는 소련을 거 쳐 러시아 영토로 되었다.(http://terms.naver.com/entry.nhn?docId=1077434&cid=40942&c ategoryId=33284) 대표적인 연구성과로는 양태진, 1980, 「한러 국경선상의 녹둔도」, 『한국학보』 제19집; 양태진, 1981, 「한러 국경 형성의 배경과 녹둔도 상실」, 『백산학보』 제26집 등이 있다.

539. 노영돈·이현미, 2011, 「중국의 두만강지역개발 및 출해권에 관한 연구」, 『白山學報』 제89호, 197-225쪽.

540. 우양호·정문수·김상구, 2016, 「동해(東海)의 출구'를 둘러싼 다국적 경쟁과 협력의 구조: 중국 과 북한의 '두만강 초국경 지역개발' 사례」, 한국지방정부학회 편, 『지방정부연구』 제20권 제1호, 109-133쪽.

541. 윤휘탁, 2005, 「中國의 東北邊疆政策-'東北振興戰略'을 중심으로-」, 『중국근현대사연구』 제 27집; 김재기, 2013, 「중국의 동북진흥전략(東北振興戰略)과 북,중 경제협력」, 『한국동북아논총』 제66집.

부제(副題)에서 짐작할 수 있듯이, 사회과학적 관점에서 중국과 북한의 접경지역인 '장길도개발개방선도구(長吉圖開發開放先導區)'와 '나진·선봉특구' 사이의 초(超)국경 연계개발을 사례로 하여 최근까지의 경과와 주변국들의 입장을 살펴보고, 동북아시아에서 지방정부와 지역 간 超국경 개발이 갖는 현대적 중요성과 그 의미를 다루고 있다. 그 결과 후자에서도 전자와 마찬가지로 중국의 두만강 출해와 관련된 역사적 접근과 시각이 결여되어 있다. 상술한 것처럼 두 공동연구가 현재적이고 사회과학적인 관점에서만 중국의 두만강 출해 문제를 다루고 있다 보니, 이들 연구에서 중국의 두만강 출해권이 길림성 동부 변강지역의 역사적 변화와 어떠한 상관성 속에서 변해왔는지, 그에 따른 청(중국)과 러시아(소련) 사이의 인식과 갈등이 무엇이었고, 이 문제들이 동북아시아의 지정학적 정세나 국제관계, 한반도의 국제적 위상 등에 어떠한 영향을 미쳤는지 등 거시적이고 통시적(通時的)인 변화와 특성 등을 유추해내기는 곤란한 실정이다. 그밖에 장고봉사건(張鼓峰事件)[542] 자체와 두만강을 '국경하천'이라는 관점에서 다룬 연구[543]가 있다. 전자에서는 단순히 장고봉을 둘러싼 일(日)·소(蘇) 간의 국경분쟁 배경과 군사적 충돌, 정전협정 등 전쟁 자체만을 다루고 있고, 후자에서는 두만강의 자연지리환경, 유물 유적의 분포현황, 여진족과의 관련성 등을 다루고 있을 뿐, 이 글의 주제와 관련된 길림성 동부 변강의 역사적 변천 및 그것과 맞물린 두만강 출해 문제 등은 다루어지지 않고 있다. 이처럼 선행연구들이 이 글의 주제와 직접적인 관련성이 없고 주목하지 못하고 있다는 점은 이 글의 집필 필요성을 더해주는 요인이기도 하다.

---

542. 金炅春, 1986, 「豆滿江下流域에 있어서의 國境紛爭」, 『동국사학』 제20호, 421-484쪽.
543. 梁泰鎭, 1983, 「豆滿江 國境河川攷」, 『군사』 제6집, 262-295쪽.

Ⅱ. 청대 길림성 동부 변강(邊疆)의 상실과 두만강 출해권(出海權) 회복 노력

중국의 길림성 동부(吉東) 변강 및 두만강 출해(出海)상황의 변화는 오랜 기간 청조(중국)의 대외관계 변천을 거치면서 이루어졌다. 우선 청대 길림성 동부 변강의 상실 배경과 관련된 중국의 인식은 다음과 같다. 1679년(강희 28년) 청조는 러시아와 「네르친스크(尼布楚)조약」(Treaty of Nerchinsk)을 체결해 어르군하(額爾古納河, Ergun River)--겔베지하(格爾必齊河, Gelbzi River)--외흥안령(外興安嶺)에서 바다로 이어지는 선을 청·러 양국의 동단(東段)국경으로 정하고 그 선의 남쪽 영토는 청조에, 그 선의 북쪽 영토는 러시아에 귀속시켰는데,[544] 중국에서는 이 조약을 대등한 입장에서 러시아와 국경·영토를 획정한 것으로 평가한다.

그런데 근대 시기 제정 러시아의 무력적 위협 속에서 상대적으로 국력이 약했던 청조는 1858년(咸豊 8년) 러시아와 「아이훈(璦琿)條約」(Treaty of Aigun)을 체결해 흑룡강을 청·러의 국경하천(界河)으로 인정함으로써 흑룡강 이북의 60여 만㎢의 영토를 상실했고, 우수리(烏蘇里)강 이동(以東)의 연해주 40만㎢의 영토를 청·러의 공동관할지역으로 규정함으로써 연해주 상실의 위기를 맞이했다. 더욱이 1860년 제2

---

544. 于達春, 2014, 「吳大澂恢復中國圖們江出海權再探討」, 『東北史地』第6期, 4쪽; "失去的圖們江出海口"(2015.11.10)(http://blog.sina.com.cn/s/blog_6d2906f40102w672.html).

차 아편전쟁의 일환으로 영국과 프랑스에 의해 천진이 점령되고 북경이 위기에 처한 상황에서, 중재의 대가로 러시아와 「북경조약(北京條約)」(Convention of Peking)을 체결하고 우수리강 이동의 연해주를 러시아에게 넘겨줌으로써, 청조는 우수리강과 두만강 유역의 광대한 영토를 상실한 반면에, 러시아는 위의 두 조약으로 흑룡강 이북과 우수리강 이동의 광대한 영토와 두 강에서의 항행권을 획득했다.[545]

길림성 동부 변강 및 두만강 출해권(出海權)의 역사적 변천에 관한 중국 측 설명에 의하면, 「북경조약」 체결 때까지는 두만강 입구와 동해 연안 일대가 여전히 중국영토에 속해 있었다는 것이다. 그러한 인식의 근거로 중국에서는 ① 「북경조약」 제1조에 "중·러 동단변계(東段邊界)의 동남단(東南段)은 백릉하(白棱河) 입구에서 산골짜기를 따라 후부투(瑚布圖)河口에 이르고 다시 후부투하구에서 훈춘(琿春)河 및 바다(동해) 중간의 봉우리를 따라 두만강 입구까지 흐르는데, 그 선의 동쪽은 모두 러시아에 속하고 그 선의 서쪽은 모두 중국에 속한다. 양국의 교계(交界)와 두만강이 만나는 곳 및 두만강 입구까지의 거리는 20화리(華里)에 미치지 못한다."고 규정되어 있던 점[546], ② 청·러 양국이 「천진조약」 제9조를 논의하면서 그린 지도상에 붉은 색으로 交界의 땅을 나누고 국경선상에 러시아어 자모(字母)로 아(阿), 파(巴), 와(瓦), 갈(噶), 달(达), 야(耶), 열(热), 개(皆), 이(伊), 역(亦), 객(喀), 라(拉), 마(玛), 나(那), 위(倭), 백(怕), 라(啦), 살(萨), 토(土), 오(烏) 등 20개의 러시아 자모를 써서 청·러의 교계를 상세하게 표시한 점[547], ③ 중국 대표 성기(成琦)와 러시아 대표 카사크히프(卡

545. 李正·甘静·曹洪華, 2013, 「圖們江國際通航的合作困局及其應對策略」, 『世界地理研究』 第22卷 第1期. 40쪽; 위의 글, 「吳大澂恢復中國圖們江出海權再探討」, 5쪽.

546. 위의 글, "失去的圖們江出海口"(2015.11.10).

547. 步平 等編, 1987, 『東北國際約章匯釋』(1698-1919年). 哈爾濱: 黑龍江人民出版社. 66쪽; "收復圖們江出海口戰略"(2015.12.30)(http://blog.sina.com.cn/s/blog_bdd24b5a0102xe0h. html); "圖們江江面主權與出海權問題"(2016.1.10)(http://www.360doc.com/content/16/0110/20/10429244_5269 35380.shtml).

扎克维赤) 사이에 체
결된 「자우수리지해
적변계지도(自鳥蘇
里至海的邊界地圖)」
에 야(耶), 토(土), 오
(鳥) 등 12개의 러시
아 자모로 표기된 경
계표지(界標)가 명시
되어 있고, 그 중 '오
(鳥)'字 경계비(境界
碑)(界牌)가 두만강
에서 바다로 흘러들

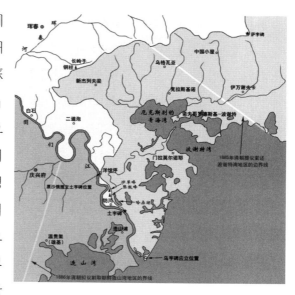

[그림-1] 두만강 출해구와 '土'字 경계비 위치 이동 그림

어가는 강 입구의 동안(東岸)과 동해변(東海邊)에 설치되었던 점, ④ 중문
(中文) 분계(分界)지도에서 두만강 입구에 '계패오(界牌鳥)'라는 세 글자
가 표시되어 있던 점, ⑤ 두만강 하류에서 동해로 흘러들어가는 부분(罕
琦海岸), 즉 혼춘하에서 두만강으로 흘러들어가는 곳에서 동해 중간의 산
봉우리(嶺)까지 이어지는 천(線)의 이서(以西)(南)는 중국에 속했고 이동
(以東)(北)은 러시아에 속했다는 점 등이다. 더욱이 청·러는 1861년 흥개
호(興凱湖)에서 열린 국경담판을 통해 「북경조약」의 보충문건으로서 「중
아감분동계약기(中俄勘分東界約記)」를 체결하고, 「우수리강지해교계기
문(鳥蘇里江至海交界記文)」(별칭 「중아동단교계도로기문(中俄東段交
界道路記文)」)을 만들어 청·러 변계에 설치해야 할 경계비의 수목(數目)
과 위치를 규정했다는 것이다.[548]

---

548. 앞의 글, 「吳大澂恢復中國圖們江出海權再探討」, 4-5쪽.

청·러 변계(邊界)의 경계비 위치와 관련해 청조와 러시아는 「북경조약」에서 양국의 交界를 표시하기 위해 국경선에 20개의 경계비를 세우기로 규정했을 뿐만 아니라, 양국이 「중아동단감계약기(中俄東段勘界約記)」를 체결할 때 바다와의 거리가 20화리(華里)되는 두만강 좌안(左岸)에 러시아 자모(字母)로 'T'('土')자와 한자로 '토(土)'자를 쓴 '토(土)'字 경계비를 세우고, 두만강에서 바다로 들어가는 입구(두만강 入海口) 부근에 또 하나의 '烏'자 경계비를 세운다는 규정을 두었다는 것이 중국의 주장이다. 그리고 「북경조약」에서 세우기로 한 20개의 경계비 가운데 청·러 국경의 종착점을 결정해주고 두만강을 통해 바다로 나가는 목구멍(咽喉) 기능을 할 위치를 표시하는 데 가장 중요한 기능을 할 수 있는 경계비는 마지막 뒤에 세워야 할 '토(土)'字 경계비와 '오(烏)'字 경계비였다는 것이다.[549]

그런데 1861년 흥개호(興凱湖)에서 열린 국경담판 때 양국 대표가 우수리강구(烏蘇里江口)에서 만나 공동으로 국경선을 조사하고 경계비를 세우기로 했지만, 청조의 흠차대신(欽差大臣)이자 감계사신(勘界使臣)이었던 성기(成琦)와 청조 관리들은 국경조사에 대한 책임감이 없었고 '오'자 경계비 세우러 가는 길이 험하고 산을 오르고 고개를 넘는 것을 귀찮게 여겨 감계 일을 대충 끝내고 싶어서 국경조사와 경계비 세우는 일의 전권(全權)을 러시아 대표에게 넘겼다고 한다.[550] 러시아 대표는 이 기회를 이용해 일방적으로 交界지도를 만들고 지도상에서 임의로 두만강 입구와 동해 연안의 한기(罕琦) 해안지역을 붉은 선 밖(러시아 영토)에 놓이게 했다고 한다. 1862년 러시아는 「우수리강지해교계기문(烏蘇里江至海交界記文)」을 만들어 청조와 서명·교환했는데, 이 문서의 러시아문 조약에는

---

549. "中國痛失圖們江出海口"(2017.4.20)(http://blog.sina.com.cn/s/blog_5ce1af980102wsy9.html).
550. 위의 글, "中国痛失图们江出海口"(2017.4.20 16:03:07).

8개의 경계비 설치만을 규정했고 나머지는 누락시켰다고 한다.[551] 그 결과 러시아는 설치하기로 규정된 20개의 경계비 가운데 8개만을 임의대로 세우고 '오'자 경계비 등 나머지는 누락시켰다는 것이다. 더욱이 러시아 대표는 조약규정에 따라 '토'자 경계비를 두만강 입해구(入海口)와 20화리(華里) 떨어진 곳에 세웠어야 하는데, 혼춘하의 남안(南岸) 쪽, 바다와의 거리가 45화리(華里) 떨어진 양관평(洋館坪) 부근에 세웠다고 한다. 이처럼 '토'자 경계비가 두만강의 바다 쪽 입구(海口)에서 25화리(華里) 정도 더 내륙 쪽으로 들어와 세워졌기 때문에, 중국영토는 그만큼 줄어들었고 두만강 쪽 영토의 종착점도 두만강 해구에서 더 멀어졌다는 것이다. 게다가 1887년에 열린 조·청 간의 제2차 감계(勘界) 때 "강의 흐름에 관해 쌍방은 무산(茂山) 이동(以東)에서 입해구(入海口)까지의 두만강의 폭·수심·경계가 분명해서 다시 조사할 필요가 없다."고 하여, 이 지역에 대해 국경을 조사하지도 않고 쌍방이 모두 두만강을 계하(界河)로 승인함으로써 두만강 입해구(入海口) 이서(以西)지역은 조선의 영토가 되었다는 것이 중국의 일반적인 인식이다.[552] 그 결과 청조는 두만강 좌안(左岸)의 출해구(出海口)를 상실하게 되었지만 중국인의 통상적인 어업활동은 허용되고 있었다는 것이다.[553]

그렇지만 중국에서는 러시아가 길림성 동부 변계지역을 침범했을 때, 오대징(吳大澄)이 중국의 영토를 수복하고 변방의 방어력을 강화시켰으며 두만강 출해권을 회복시켰다고 평가한다.[554] 즉 중국 측 설명에 따르면,

551. 琿春市地方志編纂委員會 編, 2009, 『琿春市志』(1988~2005), 長春:吉林人民出版社, 429쪽; 何强·崔艷芳, 2016, 「張鼓峰事件對中蘇邊界影響摭論」, 『蘭台世界』第8期, 76쪽.
552. "失去的圖們江出海口"(2015.11.10)(http://blog.sina.com.cn/s/blog_6d2906f40102w672.html).
553. 李正·甘静·曹洪華, 2013, 「图们江国际通航的合作困局及其应对策略」, 『世界地理研究』第22卷 第1期, 40쪽.
554. 張志冲, 1996, 「吳大微評價問題淺議」, 『遼寧大學學報』第4期(总第140期), 10쪽.

1880년(光緒6년) 오대징은 길림으로 가서 길림장군(吉林將軍) 명안(銘安)을 도와 변경업무를 처리하다 훈춘(琿春)의 흑정자(黑頂子)(烏爾渾山)지방이 오래 전에 러시아인들에게 침점(侵占)당했다는 사실을 알게 되었다.[555] 이에 오대징은 만약 이 땅을 돌려받지 못하면 두만강 일대가 러시아 수중에 떨어질 위험이 있다고 여겨[556], 사람을 훈춘으로 파견해 러시아 관리를 만나 변계지역을 조사한 뒤, 옛날 지도에서 정한 붉은 선을 따라 연해(沿海)의 교계(交界)지역을 분명히 나누고 변방군의 설립·증원이 긴요하다는 상주문을 청 조정에 올렸다는 것이다.[557]

그 결과 오대징은 청조로부터 길림성 동부 변강인 삼성(三姓)·영고탑(寧古塔)·훈춘(琿春) 등지의 '방판(幫辦)'으로서 변방건설과 변계(邊界)담판에 임하라는 명을 받아[558] 다음과 같은 역할을 했다고 한다. 즉 오대징은 1880년 길림에 변방군(邊防軍)을 설립했고, 산동(山東)과 북부 조선 등지에서 중국인과 조선인을 초모(招募)해 훈춘과 두만강 연안, 수분하(綏芬河), 목릉하(穆棱河), 삼차구(三岔口, 지금의 흑룡강성 영안현寧安縣) 지역을 중심으로 시판둔전(試辦屯田), 주군둔간(駐軍屯墾)과 이민실변(移民實邊)을 실시했다. 1881년에는 훈춘에 초간총국(招墾總局)을, 남강(南岡, 지금의 연길시)과 오도하(五道河)에 초간분국(招墾分局)을, 화룡욕(和龍峪)에 통상총국(通商總局)을 설치했고, 삼성과 훈춘에 포대를 설치했으며, 1883년에는 지금의 길림시에 군수공장(吉林機器局)과 화약공장을 설립했다. 또한 길림(吉林)-영고탑(寧古塔)-동녕(東寧), 영고탑-삼차구(三岔口) 등의 도로도 수축했다. 또한 오대징은 1861년 청·러 홍개

---

555. 王彦威, 1987, 『淸季外交史料』(北京: 書目文獻出版社, 8쪽.
556. 步平 等 編著, 1987, 『東北國際約章匯釋』, 哈爾濱: 黑龍江人民出版社, 91쪽.
557. 吳大澂, 1986, 『皇華紀程』(長白叢書本), 長春:吉林文史出版社, 320쪽.
558. 「吏部爲河南河北道 吳大澂着賞給三品卿銜前赴吉林隨同銘安帮辦一切事給吉林將軍咨文」, 第一歷史檔案館藏 "吳大澂檔案", '光緒六年正月二十九日條', 檔案號: J001-06-0164.

호 담판 때 러시아 대표 바라노프(И.Г.Баранов)와 담판을 벌였는데, 러시아가 '토'자 경계비를 두만강 입구와 45화리(華里) 떨어진 곳에 세움으로써 중국이 많은 땅을 상실했음을 상기시키고, '토'자 경계비의 위치가 「북경조약」 때 규정한 "양국의 교계(交界)는 두만강이 만나는 곳이고 두만강의 동해 쪽 입구와의 거리가 20화리(華里)에 미치지 못한다."는 규정과 맞지 않는다는 점을 강조해 '토'자 경계비의 위치를 바로잡을 것을 요구했다. 담판 결과 오대징은 러시아와 「중아감분동계약기(中俄勘分東界約記)」를 체결하여 "(청·러 국경선이) 바이링(白棱)河口에서 산봉우리를 따라 후부투(瑚布圖)하구에 이르고……다시 후부투하구에서 혼춘하 및 바다 중간의 봉우리를 따라 두만강 입구까지로 이어지는데, 그 동쪽은 모두 러시아 영토에 속하고, 그 서쪽은 모두 중국에 속한다. 양국의 交界지도에 붉은색으로 칠해진 곳은 두만강과 만나는 곳으로 두만강 입구와의 거리가 20리에 미치지 못한다.……두만강 좌변에는 바다와의 거리가 20리가 못 되는 곳에 경계비를 세우고 경계비에 러시아어로 '토(土)'자를 쓰고 한문으로도 쓴다."고 규정함으로써 중·러 분계선 및 경계비의 위치를 새로 정하고 변계를 명확히 했다.[559]

결국 중국에서는 1866년 오대징이 1861년 러시아와 체결한 「중아감분동계약기(中俄勘分東界約記)」의 규정에 입각해서 종래에 러시아 측이 두만강 입구에서 45리 떨어진 곳(洋館坪 부근)에 세웠던 '토'자 경계비를 두만강 입구에서 30리 떨어진 곳(하싼호 이남의 방천防川 끝자리)으로 옮겨 새로 세움으로써[560], 중국이 두만강 쪽으로 10여 리의 땅을 수복할 수 있게 되었다고 여기는 셈이다. 또한 이를 계기로 두만강은 훈춘시의

559. 傅朗云, 1994, 「吳大澄與圖們江」, 『文史知識』 第6期, 80쪽; 江淮, 2009, 「圖們江――我國北面的出海口」, 『世界知識』 第19期, 67쪽.

560. 吳大澂, 『皇華紀程』, 李興盛·全保燕 主編, 2005, 『秋笳餘韵』, 哈爾濱:黑龍江人民出版社, 718쪽.

'토'자 경계비 부근에서 중국 국경을 벗어나 북·러의 界河로 흘러가는 형세를 이루게 되었고,[561] '토'자 경계비는 중국의 두만강 쪽 동단이 되었으며, 오대징이 새로 세운 '토'자 경계비 위치만큼 중국 영토가 두만강 해구쪽으로 더 뻗어나가게 되었다는 것이다. 이때 오대징은 이 합의사항을 확고히 하기 위해 러시아 감계(勘界)대표 바라노프와 함께 과거에 훈춘에서 러시아 경내(境內)의 암저하(岩杵河)로 통하는 요로(要路)인데도 변계 표시가 없던 장령자구(長嶺子口)의 중아교계(中俄交界) 제 8기호 옆에 구리 기둥(銅柱)을 추가로 세웠다고 한다.[562] 그뿐만 아니라 오대징은 1886년 6월부터 10월까지 청·러 변계에 위치한 암저하(岩杵河) 담판 때 파라노프와 함께 흥개호에서 두만강 입구(海口)까지의 청·러 변계를 새로 조사하면서,[563] 「북경조약」에서 중국영토로 규정되었던 흑정자(黑頂子)지역에 사람이 거주하지 않는 것을 알고 러시아가 1873년 전후로 이 지역에 군대를 보내 점령한 것은 불법이라는 점을 주장했으며, 마침내 이 주장을 관철시켜 러시아와 「중아훈춘동계약(中俄琿春東界約)」과 「중아사감양국교계도로기(中俄查勘兩國交界道路記)」를 체결하고 흑정자지역을 수복했다고 한다.[564]

특히 암저하 담판에서 오대징은 "원래 두만강 출해구가 청·러 양국의 공공해구(公共海口)였다"[565]고 하여, 「북경조약」 체결 후 상실한 두만강 출해구 문제를 제기했다고 한다. 중국 측 설명에 따르면, 그는 "두만강의

561. 劉秀云, 1995, 「圖們江地區開發的前景及其制約因素」, 『東歐中亞研究』第6期, 22쪽.

562. 徐宗偉 纂修, 1960, 『琿春鄕土志』卷1「國界」, 吉林省圖書館, 油印本: 初叢雪, 1999, 「吳大微 "吉林塌界"叙論」, 『白城師範高等專科學校學報』第3期, 25쪽; 앞의 글, 「吳大微評價問題淺議」, 11쪽. 참고로 추총쉐(初叢雪)에 의하면, 1900년 러시아가 훈춘을 침략했을 때 러시아 군인들이 이 구리 기둥을 훔쳐 갔고, 이것은 현재 러시아 하바로프스크(伯力) 박물관에 수장되어 있다고 한다.

563. "「中俄琿春東界約」和「中俄查勘兩國交界道路記」"(2009-02-22)(http://blog.sina.com.cn/s/blog_3 ecee7dc0100cnb3.html).

564. 王彦威, 『淸季外交史料』, 「光緖朝」卷57(北京: 書目文獻出版社, 1987), 7쪽; 앞의 글, 「吳大微 "吉林塌界"叙論」, 25쪽; 董丹, 1996, 「圖們江地區國際交沙的歷史回顧」, 『龍江社會科學』第3期(總第6期), 76쪽.

565. 위의 글, 『皇華紀程』, 715쪽.

'토'자 경계비 以南에서 두만강 해구까지의 30리 지역은 러시아 관할 경내에 속하지만, 강의 동쪽은 러시아의 국경이고 강의 서쪽은 조선의 국경이며, 강물은 모두 중국 경내로 흐른다. 중국의 배가 해구를 출입한다면, 러시아 한 나라만이 저지할 수 있는 것은 아니다."[566]라고 주장했다는 것이다. 이를 계기로 「중아훈춘동계약(中俄琿春東界約)」제4조에 "중국 선박이 (출해구를) 출입한다면 러시아와 상의해야 하며 이를 저지해서는 안 된다."는 규정을 넣었으며,[567] 청조는 러시아 외교부로부터 "중국 선박이 두만강을 통해 바다로 왕래할 수 있다."는 회신을 받았고, 러시아 지방당국으로부터 「중아훈춘동계약(中俄琿春東界約)」의 부속문건 형태로 「아국관우중국선지출입도문강구사적조회(俄國關于中國船只出入圖們江口事的照會)」를 교부받고 중국 선박들의 두만강 출해에 대한 러시아 측의 동의를 얻어냈다고 한다.[568]

이처럼 오대징의 노력으로 청조는 두만강 출해권을 회복시켰다고 하지만, 청조의 선박이 곧바로 두만강을 통해 동해를 자유롭게 출입한 것은 아니었다. 이 문제는 1910년 5월 훈춘부도통(琿春副都統) 천쟈오상(陳昭常)의 노력으로 두만강에서 동해로 나가는 정식 항로가 개통되고 훈춘 항구도 개설된 이후에야 비로소 실현되었다. 이때부터 중국 선박은 두만강을 거쳐 동해로 진입해서 조선의 웅기와 청진, 러시아의 블라디보스토크로 직접 통할 수가 있게 되었던 것이다. 당시 훈춘현성(琿春縣城)에는 부두나 해운공사(海運公司)가 있었고 내하(內河)에서 근해(近海)로 나가는

566.「中俄勘界大臣吳大澄等奏與俄勘界員會商圖們江及寧古塔界牌片」, 王彦威, 1987,『淸季外交史料』卷67, 北京:书目文献出版社; 앞의 글,「吳大澄與圖們江」, 81-82쪽.
567. 王鐵崖, 1957,『中外舊約章匯編』第一册, 北京: 三聯書店, 489쪽; 江淮, 2009,「圖們江――我國北面的出海口」,『世界知識』第19期, 67쪽.
568. 王彦威, 1987,『淸季外交史料』「光緒朝」卷69, 北京:书目文献出版社, 15쪽; 앞의 사료집,『琿春市志』(1988~2005), 429쪽; 앞의 글,「吳大澂恢復中國圖們江出海權再探討」, 8쪽; 앞의 글,「吳大微"吉林堪界"叙論」, 26쪽; 何强·崔艷芳, 2016,「張鼓峰事件對中蘇邊界影響摭論」,『蘭台世界』第8期, 76쪽.

국제항로가 열려서 화륜(火輪)이나 윤선(輪船)이 항상 두만강을 거쳐 동해로 나가 동해 연안의 원산, 블라디보스토크, 부산, 니가타, 나가사키, 상해 등을 왕래하면서 활발하게 무역활동을 벌였다.[569]

569. 賈紹鳳·劉俊, 2014, 『大國水情--中國水問題報告』, 武漢: 華中科技大學出版社, 218쪽; 江淮, 2009, 「圖們江--我國北面的出海口」, 『世界知識』第19期, 67쪽. 훈춘 부두를 출입한 선박들의 통계를 보면, 1929년 1,500척에 총톤수 2.5만 톤, 1931년 1,383척에 2.5만 톤, 1933년 1,395척에 총톤수 2만 5,123톤에 달했다.["中国痛失圖們江出海口"(2017.4.20)(http://blog.sina.com.cn/s/blog_5ce1af98 0102wsy9.html); 延邊朝鮮自治州地方志編纂委員會 編, 1996, 『延邊朝鮮自治州志』, 北京: 中華書局, 1068쪽; 陳才, 1999, 「圖們江流域的區域國際合作開發模式」, 『地理学报』第54卷, 41쪽; 江淮, 2009, 「圖們江--我國北面的出海口」, 『世界知識』第19期, 67쪽]

Ⅲ. '만주국' 시기 '장고봉사건(張鼓峰事件)'과 두만강 출해권의 상실

그런데 중국에서는 오대징 등의 노력으로 회복되었던 중국의 동해 출해권이, 1938년 '만주국' 시기 일본과 소련 간에 벌어진 중국명 '장고봉(張鼓峰, 소련명 Заозёрная 高地)사건'[570] 혹은 '하싼호(Озеро Хасан, 哈桑湖)사건'에서 일본이 소련에 패하면서 다시 상실되었다고 탄식한다. 장고봉은 원래 조선의 장고(長鼓)처럼 생겼다 하여 '장고봉'으로 불렸는데[571], 두만강의 바다 쪽 입구(海口)에서 20㎞ 떨어진 두만강 동안(東岸)에 위치해 있는 해발 155미터의 산봉우리이다. 지금은 중국 길림성 연변(延邊)조선족자치주 훈춘시(琿春市) 경신향(敬信鄉) 방천촌(防川村) 이북 약 1.5㎞의 중·러 국경선에 위치해 있고 두만강의 바다 쪽 입구에서 약 20km에 위치한 산이다. 이 산의 동쪽이 러시아의 하싼호(Озеро Хасан, 중국명 哈桑湖, Lake Hassan)이다. 산의 남쪽은 중국의 방천(防川)으로서 동남방 약 2.5km가 북·중·러 3국의 국경이 만나는 곳이다. 장고봉의 서쪽은 두만강을 사이에 두고 북한과 서로 접해 있고 철도로 러시아와 북한의 청진, 나진, 웅기가 연결되어 있어서 교통이 편리하다. 장고봉의 북

---

570. 상세한 내용은 崔艷芳, 2016, 「張鼓峰事件及影響研究」, 齊齊哈爾大學 碩士學位論文; 趙聰, 2016, 「張鼓峰事件研究」, 吉林大學 歷史學博士學位論文; 郭莹莹, 2007, 「日蘇張鼓峰事件」, 延邊大學 碩士學位論文을 참조.

571. 郭莹莹, 2007, 「日蘇張鼓峰事件」, 延邊大學 碩士學位論文, 22쪽.

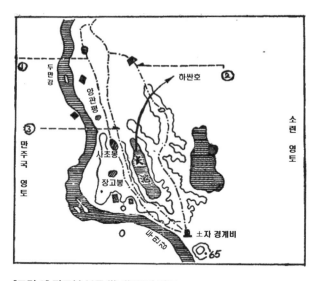

쪽은 포시에트 평원으로 서북쪽으로는 사초봉(沙草峰)과 이어져 있다. 장고봉의 동쪽은 소련의 포시에트만(灣)과 30km 떨어져 있고 이 만(灣)은 당시 소련이 블라디보스토크에 부대

[그림 2] 장고봉 부근 滿·蘇 국경 약도

를 집결시켜 조선과 '만주국'으로 진공하는 데 반드시 거쳐야 하는 곳이었다. 만일 일본이 장고봉을 점령하면 직접 포시에트만을 통제하고 블라디보스토크를 위협할 수 있었다. 당시 장고봉과 사초봉은 '만주국'과 소련 국경의 구릉지대에 위치한 2개의 고지로서 여기에서는 소련의 연해주(沿海州), 포시에트와 블라디보스토크 부근을 굽어볼 수 있기[572] 때문에, 소련 원동(遠東)지구 수호를 위한 문호(門戶)와 같은 위상을 지니고 있다.[573]

그렇다면 중국에서는 두만강 출해의 상실과 장고봉사건의 연관성을 어떻게 인식하고 있을까? 중국 측 설명에 따르면, 1938년 장고봉사건이 발생하기 전 일제 하의 '만주국'과 소련에서는 각각 中文 조약문과 러시아文 조약문에 근거하다 보니 「훈춘조약(琿春條約)」에 대한 해석을 달리하고 있었다는 것이다. 즉 소련 측에서는 소련과 '만주국'의 국경이 하싼호

572. 金大植, 1991, 「張鼓峰事件探討」, 『東疆学學刊』(哲學社會科學版) 第3期. 56쪽; 위의 글. 「張鼓峰事件對中蘇邊界影響摭論」, 76쪽; 위의 논문. 「日蘇張鼓峰事件」, 23쪽.
573. 위의 논문. 「張鼓峰事件及影響研究」, 22쪽.

(哈桑湖, 중국명 長池)의 서쪽에 위치해야 하므로 장고봉은 소련영토라고 주장한 반면에, 일본 측에서는 과거의 청조(중국) 측 입장에 기초해 장고봉 모두가 '만주국' 영토에 속하므로 국경이 장고봉의 동변을 지나야 한다고 주장했다는 것이다.[574]

당시 일본 측이 청조(중국) 측 입장에 기초해 장고봉과 사초봉을 '만주국'의 영토라고 주장한 논리적 근거들은 ① 1886년 「훈춘조약(琿春界約)」에서 중·러 변경선이 장고봉 동쪽 산록을 통과했다는 점[575], ② 1909년 훈준변무처원(琿春邊務處員)이 양관평(洋館坪)에 주둔한 중국군대와 함께 제작한 지도에서도 중·러 변경선이 남쪽에서 북쪽 방향으로 장고봉 동쪽의 하싼호(哈桑湖=長池) 이동(以東)지역으로 그어졌다는 점, ③ 1911년 러시아 참모부가 조사해서 만든 8만 4천 분의 1 지도에서도 중·러 변경선이 1909년 중국에서 제작한 지도에서 표시한 변경선과 완전히 일치했다는 점, ④ 1915~1920년 동삼성(東三省) 육군측량국(陸軍測量局)이 발행한 지도에서도 변경선이 「훈춘계약」 당시의 변경선과 비교해 약간 동쪽으로 치우친 곳으로 통과했다는 점, ⑤ 1938년 8월 14일 신보관(申報館)에서 출판한 『중국분성지도(中國分省地圖)』에서 길림성 훈춘현 동부와 소련의 변경선이 하싼호 동안(東岸)을 따라 획정되었다는 점, ⑥ 러시아과학원 원동(遠東)연구소의 우소프(Усов, 烏索夫)가 러시아에서 비밀 해제된 문서를 바탕으로 편찬한 『하싼호(哈桑湖)사건의 새로운 재료』에서, 당시 소련 홍기원동방면군사령관(紅旗遠東方面軍司令官)이자 장

574. 吳雪雪, 2014, 「對日蘇張鼓峰事件的重新認識--讀重光葵《日本侵華內幕》心得」, 『教師通訊』 第7期, 96쪽.

575. 「琿春界約」에서는 '土'字 경계비(界牌)를 세운 곳이 장고봉 산록이 다 끝나는 江岸으로 규정되어 있고, 이 조약에서 附記한 '道路記'에는 "'土'字 경계비 서북쪽에서 고개를 넘어 하싼호 서쪽을 거쳐 沙崗子 북쪽에 이르는 곳에 第1記號를 세웠다."라는 기록이 있으며, 이 조약의 附圖에서 획정한 홍색의 경계표시도 하싼호의 서쪽을 따라 고개를 넘어 서북쪽의 사강자까지 그어져 있으므로, 장고봉은 원래부터 중국영토였다는 것이다.[郭莹莹, 2007, 「日蘇張鼓峰事件」, 延邊大學 碩士學位論文, 22쪽]

고봉전투를 총지휘한 사람도 이 전투의 직접적 원인이 소련군의 월경(越境)에서 비롯되었다는 것을 인정했다고 기록된 점,[576] ⑦ 그리고 이러한 근거들을 바탕으로 '만주국'에서는 장고봉과 사초봉을 자신들의 영토라고 인식해 두 곳을 훈춘현 관할 영토에 귀속시켰다는 점 등이다. 그런데 중국 측 주장에 따르면, 소련 측은 러시아 참모부가 작성한 지도에 근거하지 않고 오히려 「훈춘계약」에서 규정한 변경선이 하싼호 서쪽을 통과했다는 것을 근거로 장고봉이 소련 영토에 귀속된다고 주장했다는 것이다.[577]

중국에서는 장고봉의 귀속권을 둘러싸고 '만주국'과 소련 사이의 분쟁과 전투상황을 이렇게 설명한다. 1938년 5월 일본군은 조선군 소속의 會寧부대를 장고봉의 자매봉인 장기봉(張其峰)으로 파견해서 보루를 수축(修築)한 뒤 20여 일 후에 철수했다. 1938년 7월 9일에는 10여 명의 소련군 병사들이 갑자기 장고봉에 올라가 산봉우리 서쪽에 진지를 구축했고 7월 11일에는 그 인원이 40명가량에 달했다. 7월 12일 이후에는 소련군이 완충지대로 들어가 참호를 파고 장고봉을 점령했다.[578] 7월 14일 일본군 마츠시마(松島) 伍長과 이토오(伊藤) 군조(軍曹) 등 3인은 조선농민으로 위장해 방천둔(防川屯)에 가서 조선농민들의 안내를 받아 장고봉 부근의 소련군 군사시설을 정탐했다. 이들은 조선농민 두 사람으로 하여금 망을 보게 하고 망원경으로 지형을 관찰한 후 소련군의 군사시설 배치도를 그리다가 소련 변방군(邊防軍)에게 발각되어 마츠시마는 사살되었고 나머지

---

576. 崔艶芳, 2016, 「張鼓峰事件及影響研究」(齊齊哈爾大學 碩士學位論文, 15쪽; 關貴海·栾景河, 2009, 『中俄關係的歷史與現實』第二輯, 北京:社會科學文獻出版社, 319쪽; 앞의 논문, 「日蘇張鼓峰事件」, 22쪽.

577. 『百度百科』의 「張鼓峰事件」 정의(https://baike.baidu.com/item/).

578. 앞의 논문, 「張鼓峰事件及影響研究」, 18쪽. 이때 일본에서는 소련군의 장고봉 점거를 조선과 '만주국' 동북지역을 통제할 수 있는 전략적 요지를 확보한 것으로 인식했으며, 일본군 참모부에서도 일본군의 漢口전투에 편승해 소련군이 그 배후에서 중일전쟁에 무력 개입을 하지 않을까 우려하고 있었다는 것이 중국 측의 설명이다.(張捷, 1988, 「張鼓峰事件是日本北進的試探碼?」, 『中山大學學報』第4期, 43쪽; 앞의 글, 2016, 「張鼓峰事件對中蘇邊界影響摭論」, 『蘭台世界』第8期, 76쪽)

사람들은 도망쳤는데, 이것이 장고봉사건의 도화선이 되었다.[579]

이 사건을 계기로 7월 15일 일본 측은 소련 측에 양자 회담과 장고봉에서의 소련군의 신속한 철수를 요구했지만, 소련 측은 1886년 중·러 간에 체결한 「훈춘계약」과 지도를 제시하고 지도에는 하싼호가 소련 영토 내에 위치하고 있다는 점을 들어 그러한 행동이 소련 영토 내에서의 행위라 하여 일본의 요구를 거절했다.[580] 7월 16일 일본 대본영육군부(大本營陸軍部)는 조선군사령관에게 명령을 내려 조선군 관할부대를 조선과 소련의 변경 부근에 집결시키도록 했다.[581] 이에 조선군사령관은 조선의 나남(羅南)에 주둔하고 있던 조선군 제19사단에게 출동준비 명령을 하달했다. 소련군도 7월 20일 이후 30척의 군수선을 포시에트港으로 진입시켜 해로를 통해 무기·탄약·식량 등 전시물자를 운송했고, 원동군(遠東軍)을 원동방면군(遠東方面軍)으로 개편했으며, 원동의 소련군을 10만여 명으로 증원했다. 7월 29일에는 10여 명의 소련 병사들이 사초봉에 진지를 구축했다. 이에 일본의 조선군 제19사단장 오다까 타메쿠라(尾高龜藏)는 소련군의 사초봉 점령이 불법행위이고 무리한 도전이라고 여겨 사초봉에 주둔한 소련군에 대해 기습공격을 가해 소련군을 격퇴시켰으며,[582] 7월 30일에는 조선 주둔 일본군 제19사단에게 장고봉과 사초봉으로 진격하도록 명령했고 두만강을 건너 방천(防川)으로 병력을 집결시켰다.[583] 7월 31일 밤 일본군은 조선의 홍의리(洪儀里)에서 장고봉으로 포격을 개시하고 장고

579. 金大植, 1991, 「張鼓峰事件探討」, 『東疆學刊』(哲學社會科學版) 第3期, 56쪽; 앞의 논문, 「張鼓峰事件及影響研究」, 18쪽.

580. 郭莹莹, 2007, 「日蘇張鼓峰事件」, 延邊大學 碩士學位論文, 25쪽.

581. 林三郎 著, 吉林省哲學社會科學研究所 日本問題研究室 譯, 1979, 『關東軍和蘇聯遠東軍』, 長春: 吉林人民出版社, 78쪽.

582. 일본이 장고봉사건을 일으킨 의도에 관해서는 앞의 글, 「對日蘇張鼓峰事件的重新認識--讀重光葵《日本侵華內幕》心得」, 96쪽; 安德列·尼古拉耶維奇·波奇·塔列夫 著, 傅國輝 譯, 2005, 「無敵元帥悲劇人生之肇――哈桑湖戰鬪中的布柳赫爾」, 『軍事歷史』第3期, 49쪽 참조.

583. 何强·崔艷芳, 2016, 「張鼓峰事件對中蘇邊界影響摭論」, 『蘭台世界』第8期, 77쪽; 위의 글, 「張鼓峰事件探討」, 57쪽.

봉과 사초봉을 점령했다. 결국 장고봉사건은 일본군의 선제공격으로 시작되었던 것이다.

한편 소련군은 8월 2일부터 소련군은 비행기를 동원해 일본군의 전선부대와 조선의 경흥(慶興)·고읍(古邑) 등지를 폭격했으며, 8월 3일에는 3개 사단 및 기계화 여단, 국경경비대, 항공대 등을 동원해 대대적으로 반격했다.[584] 일본군과 소련군은 이 두 개의 고지를 차지하기 위해 계속 병력을 증원했는데, 일본군은 약 7천 명의 병력과 37문의 대포를 동원했다. 소련군은 8월 5일 전까지 1만 5천 명의 병력과 237문의 대포, 285량의 탱크를 동원했고 별도로 250대의 전투기가 동원되어 소련군의 군사행동을 지원했다.[585] 8월 6~9일까지 일본군과 소련군이 일진일퇴를 거듭하는 가운데 8월 10일 소련군은 일본군보다 수배나 많은 병력과 비행기·탱크·대포 등을 동원해 대대적인 반격을 가해 장고봉과 사초봉을 점령했다. 이 전투에서 일본군은 비행기나 탱크를 동원하지 못했고 무기나 병력이 열세에 있었기 때문에[586], 소련군의 비행기·탱크·보병부대로부터 심각한 타격을 받아 사상자가 1,440명에 달할 정도로 매우 많았다.[587] 게다가 폭우와 홍수까지 겹쳐 만주와 조선을 잇는 대교가 훼손되었고 청진에서 나진항을 연결하는 철로나 도로도 소련군의 폭격으로 운수보급이 끊겼다. 소련군은 수류봉(水流蜂)과 조선으로 통하는 대교를 장악했고, 소련군 태평양함대가 동해에서 두만강 입구를 엄격하게 봉쇄하고 있어서 조선에서 파견된 일본군은 장고봉에서 포위되었고 병력이나 물자도 보급될 수가 없어서 절망상태에 빠졌다. 또한 8월 2~6일까지 '만주국'군과 소련군 사이에

584. 崔艶芳, 2016, 「張鼓峰事件及影響研究」, 齊齊哈爾大學 碩士學位論文, 20쪽.
585. 앞의 논문, 「日蘇張鼓峰事件」, 29쪽.
586. 장고봉전투 때 일본군과 소련군의 참전병력 비교는 앞의 논문, 「張鼓峰事件及影響研究」, 20쪽, 「표 2.1 張鼓峰事件 日蘇雙方參戰兵力」참조.
587. 原田熊雄 述, 1952, 『西園寺公と政局』第7卷, 東京: 岩波書店, 50-51쪽.

도 소규모의 전투가 벌어졌다.[588] 장고봉전투에서 소련은 일본보다 3배나 많은 병력을 투입했고[589] 육·해·공군의 연합작전을 통해 전투의 주도권을 장악한 채 일본군에게 막대한 손실을 입혔다. 반면에 일본군의 병력은 주로 보병과 포병이었고 공군은 참여하지 않았으므로 열세에 놓일 수밖에 없었다.[590]

결국 전세가 불리해진 일본군은 정전을 요청했고, 8월 10일 소련 주재 일본대사 시게미츠 아오이(重光葵)는 모스크바에서 소련인민외교위원 리비노프(Литвинов)를 만나 담판을 벌여 정전협정을 체결했다. 이 협정에 따라 日·蘇 쌍방은 8월 11일 정오를 기해 군사행동을 중지하기로 했으며, 이후 쌍방은 현재의 영토에 대해 현상을 바꾸지 않기로 했다. 일·소 쌍방은 8월 13일 밤 장고봉 동남쪽에서 포로와 시신을 교환했다.[591]

중국 측 평가에 의하면, 장고봉사건을 계기로 일본군은 두만강 서안에서 철퇴했고 원래부터 주장해오던 국경선을 포기했으며, 소련군의 군사력을 실감했고 소련으로 북진하려는 계획을 접었으며 남방정책을 더욱 중시하게 되었다는 것이다. 반면에 소련군은 장고봉과 사초봉에 대한 실질적인 통제권을 장악하게 되었고 장고봉을 소련과 '만주국'의 경계산(界山)으로 확정했다고 한다.[592] 게다가 소련은 장고봉전투에서 일본군보다

588. 張捷, 1988, 「張鼓峰事件是日本北進的試探碼?」, 『中山大學學報』 第4期, 43쪽; 앞의 글, 「對日蘇張鼓峰事件的重新認識--讀重光葵《日本侵華内幕》心得」, 96쪽.

589. 참고로 1936년 12월 당시 '만주국'과 遠東에 주둔한 일·소 양국의 군사력을 비교해보면, 일본 關東軍은 5.5개 사단으로 소련군 19개 사단(약 34만 명)의 28.9%에 불과했고, 비행기 보유대수는 일본군이 180대로 소련군 1,200대의 15%에 불과했다.[日本国際政治学会太平洋戦争原因研究部 編, 1963, 『太平洋戦争への道』 3(日中戦争)(東京: 朝日新聞社, 75쪽]

590. 趙聰, 2016, 「張鼓峰事件研究」, 吉林大學 歷史學博士學位論文, 中文摘要, Ⅰ~Ⅲ; 앞의 글, 「張鼓峰事件對中蘇邊界影響摭論」, 78쪽.

591. 앞의 글, 「張鼓峰事件對中蘇邊界影響摭論」, 77-78쪽; 앞의 글, 「對日蘇張鼓峰事件的重新認識--讀重光葵《日本侵華内幕》心得」, 96쪽; 郭瑩瑩, 2007, 「日蘇張鼓峰事件」(延邊大學 碩士學位論文, 31쪽. 중국에서는 그러한 일본의 전략적 변화가 중국의 항일전쟁에 혹독한 시련을 안겨주었다고 평가한다.

592. 『百度百科』의 「張鼓峰事件」 정의(https://baike.baidu.com/item/).

더 많은 병력의 손실을 입었지만[593] 일본군을 격퇴하고 장고봉을 점령하고 두만강까지 군사력을 주둔시키게 됨으로써 일본과 '만주국'에게 상당한 군사적 위협을 가하게 되었다는 것이다. 또한 소련은 일본 관동군의 남하를 견제하고 중국의 항전을 지원하는 동시에 일본군의 북진(北進)전략을 좌절시키고 소련 원동(遠東)지역과 태평양함대에 대한 일본의 위협을 감소시키고 안전을 보장받을 수 있었다는 것이다.[594]

그런데 장고봉전투에서의 일본('만주국')의 패배는 결과적으로 중국의 두만강 출해를 불가능하게 만들었다는 것이 중국 측의 인식이다. 즉 이 사건을 계기로 일본은 두만강에서 동해로 나가는 입구를 봉쇄했고 중국 선박의 출해와 항해활동을 금지한 뒤 방천(防川), 사초봉(沙草峰), 양관평(洋館坪), 회사원(會思源) 등지에 거주한 140여 호의 주민을 모두 강제 이주시켰으며 이 지역을 출입금지구역으로 만들었다는 것이다.[595] 또한 일본은 두만강을 통해 바다로 나가는 입구를 봉쇄한 후 '토(土)'字 경계비 이동(以東)의 두만강 안에 나무 울타리를 둘러치고 기뢰(水雷)를 매설했다고 한다. 그 결과 훈춘에서 외부로 나가는 통로는 철저하게 단절될 수밖에 없었다는 것이다.[596] 반면에 소련은 청조와 중화민국 초기에 만들었던 중국 지도와 제정 러시아의 지도에서 중국 훈춘의 관할지역, 즉 중국영토로 표시되었던 장고봉에 대해 실질적인 통제권을 획득하게 되었고, 산 정상에 철근 콘크리트 방어시설을 만들어 장고봉지역을 확고하게 점령했다

---

593. 일본 측 자료에는 일본군 사망자 526명, 부상자 914명, 소련군 사상자 4,500명[林三郎, 1974, 『關東軍和苏联远东军』, 長春: 吉林人民出版社, 84쪽]으로 기록되어 있고, 러시아어 자료에는 소련군 사망자 960명, 부상자 3,279명(安德列·尼古拉耶維奇·波奇·塔列夫 著, 傅國輝 譯, 2005, 「無敵元帥悲劇人生之肇一一哈桑湖戰鬪時的布柳赫爾」, 『軍事歷史』 제3期, 51쪽)으로 기록되어 있다.

594. 앞의 논문, 「張鼓峰事件研究」, 中文摘要, Ⅰ~Ⅲ; 앞의 글, 「張鼓峰事件對中蘇邊界影響摭論」, 77~78쪽; 林三郎 著, 吉林省哲學社會科學硏究所 日本問題硏究室 譯, 1979, 『關東軍和苏聯遠東軍』, 長春: 吉林人民出版社, 85~86쪽. 장고봉사건 전후 소련의 遠東정책 추이는 黃鴻飛, 2001, 「1931-1941年蘇聯的遠東政策鄒議」, 『歷史敎學問題』 제8期 참조.

595. 琿春市地方志編纂委員會 編, 2009, 『琿春市志』(1988~2005), 長春:吉林人民出版社, 429쪽; 石源華, 2014, 「圖們江入海通道的前世今生」, 『中國周邊』 제21期, 27쪽.

596. 何强·崔艷芳, 2016, 「張鼓峰事件對中蘇邊界影響摭論」, 『蘭台世界』 제8期, 78쪽.

는 것이다. 게다가 소련군은 장고봉과 사초봉을 점령한 후 통제구역을 양관평(洋館坪) 일대에서 두만강변까지로 확대하고 방천(防川)으로 통하는 좁은 길만 남겨두고 중국 거류민들이 방천(防川)으로 통하는 좁은 통로에만 머물도록 했으며,[597] 1945년 '만주국'이 붕괴된 이후에도 장고봉을 통제하게 되었다는 것이다. 게다가 1950년 한국전쟁이 발발하자, 소련은 북한에 대한 군사물자를 운송한다는 명분으로 북한과 연결하는 두만강 철로대교(북한명 友誼大橋)를 건설하고 북(北)·소(蘇) 접경의 두만강에 대한 통제권을 강화해나갔다는 것이다. 결국 장고봉사건을 계기로 일본이 두만강 출해구(出海口)를 포기하고 대신에 소련이 두만강 출해구 지역에 대한 통제권을 강화하면서 중국은 두만강 출해구를 상실하게 되었으며, 이제까지 두만강에서의 정식 통항(通航)을 회복하지 못함으로써 중국의 미래 역시 심대한 악영향을 받게 되었다는 것이다.[598]

---

597. 위의 자료, 『琿春市志』, 429쪽; 앞의 논문, 「張鼓峰事件及影響研究」, 29쪽.
598. 李正·甘静·曹洪華, 2013, 「圖們江國際通航的合作困局及其應對策略」, 『世界地理研究』 第22卷 第1期, 41쪽; "收復圖們江出海口戰略"(2015.12.30)(http://blog.sina.com.cn/s/blog_bdd24b5a01 02xe0h.html).

Ⅳ. 현대 중국의 두만강 출해권 회복 노력과 전략

한편 1957년 두만강의 물이 범람해서 훈춘에서 방천으로 통하는 도로가 파손되었는데, 이를 계기로 중국인들은 방천으로 갈려면 소련으로부터 길을 빌려서 방천지역의 일부를 중국의 '비지(飛地)'[599]로 삼아야 한다는 여론이 제기되었는데,[600] 이를 계기로 중국에서는 두만강 출해권 회복의 필요성이 환기되었고 이를 위한 노력이 기울여지기 시작했다.

사회주의 국가인 중국의 특성상 영토·국경분쟁 등 민감한 국제문제를 잘 밝히지 않는 상황에서, 일부 중국 전문가들의 설명에 따르면, 1964년 중·소 국경담판 때 중국정부에서는 정식으로 중국 선박이 두만강을 통해 동해로 항행할 권리(동해 출해권)가 있음을 언급했는데, 소련 측에서는 관련 변계(국경)조약에 중국의 두만강 출해권 규정이 있음을 부인하기 어려워지자, 소련에서는 이해한다는 의사표시를 하면서도 이 문제와 관련된 북한과 더불어 북·중·소 3국의 담판을 해야 한다는 핑계를 내세웠다는 것이다. 이후 중국 외교부에서 북한에 이 문제를 제기하자, 북한에서는 중국 선박이 두만강 하류를 통과하는 것이 전혀 문제되지 않는다고 동의했

---

599. 일정한 행정구역에 속해 있지만 그 행정구역과 붙어 있지 않고 떨어져 있는 땅을 의미한다.
600. 앞의 글, 「張鼓峰事件對中蘇邊界影響摭論」, 78쪽.

다고 한다.[601] 그렇지만 1960년대에 지속된 중·소 이념분쟁과, 1969년 3월 우수리강(烏蘇里江)가의 작은 섬인 진보도(珍寶島, 소련명 다만스키 Про ост о лыжи)의 귀속권을 둘러싸고 중·소 간에 발생한 두 차례의 전투[602] 등으로 양국 관계가 악화되면서 국경담판도 중단되었고 이 문제는 계속 방치되었다고 한다.[603]

그 후 중국의 두만강 출해권 회복 문제는 별 다른 진전이 없었는데, 1985년부터 동북사범대학, 길림성사회과학원 등의 일부 전문가들이 이 문제를 건의하자, 동년 길림성에서는 '동해 출해권(出海口) 문제 해결'을 길림성의 경제사회발전전략에 포함시키고 중국의 두만강 통행 복항권(復 航權) 회복에 관한 과제연구를 시작했다. 1987년에는 중국의 국가해양국 지도자들과 해양정책 전문가들이 길림에 파견되어 두만강 통해권(通海 權) 회복문제에 대해 조사·연구를 했으며, 1987년 5월 14일과 20일에는 길림성정부와 국가해양국이 잇달아 국무원(國務院)에 두만강 출해권 문제를 제기했다. 이를 계기로 중앙의 관련 기관과 지방의 각계 지도자들이 이 문제에 대해 대대적으로 관여하면서 1988년 중국과 소련은 다시 국경 담판을 하게 되었다는 것이 통설이다.[604]

이때 중국에서는 다시 두만강 출해권 문제를 제기했고 외교 경로를 통해 북한에도 이 문제를 제기했는데, 소련에서는 중국 선박이 두만강을 거

---

601. 陳才, 1999, 「圖們江流域的區域國際合作開發模式」, 『地理學報』 第54卷, 41쪽; 江淮, 2009, 「圖們江--我国北面的出海口」, 『世界知識』 第19期, 67쪽; 葛正英, 2015, 「圖們江中國出海口困局及出路」, 『樂山師範學院學報』 第30卷 第5期, 112쪽; 앞의 글, "收復圖們江出海口戰略"(2015.12.30).

602. 1969년 3월 2일 珍寶島 부근에 매복한 300명의 중국 국경수비대가 적은 수의 소련 순찰대를 공격하여 30여 명의 소련군 사상자를 내었고, 3월 15일 소련군이 전차, 장갑차, 야포 등을 동원해 중국 국경 안으로 포격하면서 중국 측 800명, 소련 측 60명의 사상자가 발생했다.(https://blog. naver. com/pzkpfw3485/220373858304)

603. "收復圖們江出海口戰略"(2015.12.30)(http://blog.sina.com.cn/s/blog_bdd24b5a0102xe0h.html).

604. 鄭洪蓮·鄭玉成, 2008, 「圖們江區域國際合作開發的歷史進程及發展前景」, 『延邊党校學報』 第23卷 第4期; 앞의 글, "收復圖們江出海口戰略"(2015.12.30.); 石源華, 2014, 「圖們江入海通道的前世今生」, 『中國周邊』 第21期, 27쪽.

쳐 두만강 입구에서 소련의 통제 하에 항행하는 것에 대해 반대하지 않지만, 반드시 이 문제는 북한의 동의를 받아야 한다고 회답했다고 한다. 그리하여 1988년 11월 북한의 외교부장 김영남이 중국을 방문했을 때 중국의 첸치천(錢其琛) 외교부장이 중국 선박의 두만강 출해 문제를 제기하자, 김영남은 「중아훈춘동계약(中俄琿春東界約)」의 규정에 따라 "중국 선박이 두만강으로 출해하는 것에 대해 러시아가 가로막아서는 안 된다."고 답변했으며, 1989년 1월 북한 외교부는 정식으로 "중국선박이 북·소 사이의 두만강 구역을 항행하는 것에 대해 동의한다. 다만 항행 시 준수해야 할 질서에 대해서는 북·중·소 3국이 구체적으로 논의해야 한다."는 답변을 중국에 보냈다는 것이다.[605]

그러한 배경 속에서 중국 국가해양국과 길림성인민정부가 북한 및 러시아 당국과의 교섭과 동의를 거쳐 1990년 5월과 1991년 6월에 각각 전문가와 조사대원을 오성홍기를 내건 선박에 태워 두만강을 거쳐 동해로 진입함으로써 52년 동안 중단되었던 두만강을 통한 동해 항행 시범이 이루어지게 되었다고 한다.[606] 더욱이 중·소 양국은 동단(東段)의 국경선을 획정하기 위해 몇 년 동안의 담판을 거친 후 '중소련합감계위원회(中蘇聯合勘界委員會)'를 조직하고 이 지역 국경에 대한 실지 조사를 벌여 1991년 5월 모스크바에서 「중소국계동단(中蘇國界東段)에 관한 협정(協定)」에 서명했다고 한다.[607] 이 협정에서 소련은 중국 선박이 두만강을 통해 동해를 왕복 항행하는 것에 대해 동의했고, 구체적인 문제는 양국의 관련 기관에서 협상을 통해 해결하기로 합의했다고 한다. 이 협정은 1992년 2월

605. 石源華, 2014, 「圖們江入海通道的前世今生」, 『中國周邊』 第21期, 27쪽; 앞의 글, "收復圖們江出海口戰略"(2015.12.30).

606. 江淮, 2009, 「圖們江--我國北面的出海口」, 『世界知識』 第19期, 67쪽; 葛正英, 2015, 「圖們江中國出海口困局及出路」, 『樂山師範學院學報』 第30卷 第5期, 112쪽; 위의 글, "收復圖們江出海口戰略"(2015.12.30).

607. 당시 장고봉 지역의 중·소 국경선의 구체적인 획정 위치에 관해서는 中華人民共和國外交部 編, 1995, 『中華人民共和國條約集』(第三十八集), 北京:世界知識出版社, 266-274쪽 참조.

13일과 28일에 각각 러시아의회와 중국전국인민대표대회 상임위원회에서 비준되어 정식으로 효력을 발휘하게 되었는데, 이것은 중국이 두만강을 통한 통해(通海) 항행권(航行權)을 정식으로 회복했음을 의미한다는 것이다.[608] 그리고 소련 붕괴 후 이를 계승한 러시아연방은 동년 3월 중국과「중소국계동단(中蘇國界東段)에 관한 협정(協定)」문서를 교환했는데, 이 협정 체결 때 러시아 측에서는 중·러 국경 조사과정에서 중국 국경선 안에 위치한, 장고봉사건 때 사망한 소련 장병의 공동묘지를 러시아 소유로 귀속시켜야 한다고 주장했고, 중국에서는 사망한 소련 장병에 대한 존중 및 러시아 인민의 민족정서를 감안하여 중·러의 동단 국경선을 획정했다고 한다. 즉 지금의 장고봉 산정을 분수령으로 삼아 국경선으로 획정하고, 그 남쪽은 중국 영토로, 그 북쪽은 러시아 영토로 삼기로 최종 타협했다는 것이다. 이 협정의 타결로 1992년 중국정부에서는 양관평(洋館坪)에 큰 제방을 쌓아 도로 제방의 좌측은 러시아 영토로, 우측의 두만강 쪽은 북한 영토로 귀속시켰고, 중국은 내지(內地)에서 방천지역으로 통하는, 러시아와 북한 사이의 길이 888m, 폭 8m의 강둑 도로만을 소유하게 되었는데, 바로 이 좁은 길이 오늘날 중국에서 가장 좁은 양관평(洋館坪) 지역의 영토가 되었다는 것이다.[609]

그런데 소련 붕괴 후 이를 계승한 러시아연방 내에서의 두만강 출해에 대한 반대 여론의 급등, 자국 이익을 고려한 러시아의 회피, 지연, 미루기 등의 책략, 1992년 한·중 양국의 수교와 북한 핵문제로 인한 북·중 관계의 변화 등으로, 두만강 하류 합작 통항(通航)문제에 관한 북·중·러 3국의 협상이 이루어지지 못했고 3국의 두만강 항행관리제도도 만들어지지 못

608. 陳才, 1999, 「圖們江流域的區域國際合作開發模式」, 『地理學報』 第54卷, 41쪽; "收復圖們江出海口戰略"(2015.12.30); 앞의 글, 「圖們江中國出海口困局及出路」, 112쪽.
609. 何强·崔艷芳, 2016, 「張鼓峰事件對中蘇邊界影響摭論」, 『蘭台世界』 第8期, 78쪽; 崔艷芳, 2016, 「張鼓峰事件及影響研究」, 齊齊哈爾大學 碩士學位論文, 27-28쪽; 위의 글, 「圖們江流域的區域國際合作開發模式」, 41쪽.

해 두만강 국제통항 합작문제도 답보상태에 빠지게 되었으며, 결과적으로 중국은 지금까지도 두만강을 통한 동해 출해 문제를 해결하지 못하고 있다는 것이다.[610]

그러한 상황에서 최근 중국에서는 두만강 출해권을 회복하는 것이 당연하다는 주장을 펼치고 있다. 그 근거로 두만강은 1921년에 체결된 「국제항행수로(國際航行水路)제도의 국제공약과 규약」(International Convention and Statute Concerning the Regime of Na-vigable Waterways of International Concern)에서 규정한 '국제항행수로(國際航行水路)'의 특징을 지녔기 때문에, 국제항행수로의 연안국이자 위 조약 체결의 당사국인 중국도 두만강을 자유롭게 항행할 수 있는 권리를 누릴 수 있다는 것이다. 게다가 중국에서는 「유엔해양법공약(海洋法公約)」 제17조에 규정한 '영해(領海)의 무해통과권(無害通過權)'(right of innocent passage)에 따라 연해국 여부를 떠나 중국을 비롯한 어떠한 국가도 러시아나 북한의 영해에 대해 무해통과권을 누릴 수 있으며, 러시아와 북한은 합당한 이유 없이 중국의 두만강 출해권 행사를 저지해서는 안 되며, 저지한다면 국제공약을 위배하는 것[611]이라는 인식을 갖고 있다. 또한 1962년 유엔에서 통과된 「천연자원의 영구주권에 관한 선언」과 1974년 통과된 「각국의 경제권과 의무(義務)헌장」에서 연안국이 그 경내(境內)의 국제하천에 대해 향유권(享有權)·사용권·처치권(處置權)을 지니고 있고 이 주권들을 자유롭게 행사할 수 있으며, 권리남용 금지원칙에 따라 '절대적인 영토주권론'과 '절대적인 영토 완결론'을 금지하고 각 회원국의 주권 평등을 명시한 점을 내세우고 있다.[612] 따라서 중국에서는 「아이훈조약」과 「북경

610. 葛正英, 2015, 「圖們江中國出海口困局及出路」, 『樂山師範學院學報』 第30卷 第5期, 112쪽.
611. 위의 글, 「圖們江中國出海口困局及出路」, 113-114쪽.
612. 郝少英, 2010, 「跨國水資源和諧開發十大關係法律初探」, 『自然資源學報』 第26卷 第1號, 166-174쪽; 陳才, 1999, 「圖們江流域的區域國際合作開發模式」, 『地理學報』 第54卷42쪽.

조약」은 국가주권이 불평등한 조건에서 체결된 것이므로 당연히 무효이고 국제법의 기본원칙을 위배했으므로 효력을 발휘할 수 없다는 전제 하에, 중국은 두 불평등조약의 폐지를 요구할 수 있는 완전한 이유를 가지고 있으며, 「유엔헌장」에 입각한 국제법의 기본원칙에 따라 러시아에 대해 두 불평등조약의 폐기를 주장할 수 있다고 하면서 두만강 출해권 회복의 당위성을 주장하고 있다. 비록 잃어버린 영토를 완전히 회복시킬 수는 없을지라도 적어도 러시아에 협조를 요청해서 중국이 두만강 출해권을 회복시킬 수는 있다는 것이다. 게다가 1991년 체결된 「중소동단변계협의(中蘇東段邊界協議)」 제9조에서 "소련 측은 중국 국기를 단 중국선박이 본 협정 제2조에서 서술한 제33계점(界點) 이하의 두만강을 따라 바다를 통해 왕복으로 항행하는 데에 동의한다."고 규정했다는 것이다. 비록 그 후에 소련이 해체되었지만 러시아도 소련이 중국과 맺은 조약을 승인했으므로, 중국은 이 협의에 근거해 두만강 출해권을 누릴 수 있다는 것이다.[613]

이처럼 중국에서는 다양한 근거에 입각해 두만강 출해권 회복의 당위성을 내세우고 있지만, 북한과 러시아에서는 별반 반응을 보이지 않고 있는 것이 현실이다. 게다가 중국의 두만강 출해 문제는 두만강을 둘러싼 국제관계뿐만 아니라 기술적인 장애도 놓여 있다. 우선 두만강에 놓여 있는 북·러 철로대교는 강 수면과의 높이가 10m 안팎에 불과해 중국의 대형 선박의 통행을 곤란하게 만들어 동북지역 국제무역의 발전을 지체시키는 요인으로 작용하고 있다. 두만강의 항운(航運) 이용을 중시하고 있는 중국에서는 이 문제를 해결하기 위해 북·러 양국과 수없이 교섭을 하고 있지만, 북한에서는 홍수방지와 관개(灌漑)의 중요성을 내세우고 있고, 두만강을 북·러 사이의 중요한 전략적 통로로 여기는 러시아에서는 중국의

613. 葛正英, 2015, 「圖們江中國出海口困局及出路」, 『樂山師範學院學報』 第30卷 第5期, 113-114쪽.

두만강 출해가 '차도출해(借道出海)', '합작건항(合作建港)'을 추진하는 러시아의 지위와 기득권에 악영향을 줄 것을 우려하여 표면적으로 하싼 지구와 부근의 해양이 러시아의 국가급 보호구역이므로 자신들의 생태이 익을 지켜야 한다는 이유를 들어 출해 문제의 해결에 모두 소극적인 태도를 취하고 있다[614]는 것이다.

비록 중국의 두만강 출해 문제가 완전하게 해결되지 못하고 있지만, 이 문제가 해결되면 두만강의 수원지(水源池)와 강 유역 대부분이 중국영토 내에 있어서 중국이 수계(水系)·자원·에너지·생태에 대한 주도권뿐만 아니라 두만강지역 국제합작개발사업을 통한 동북지구의 경제발전 촉진과 경제적 위상 및 동북아 국제관계에서의 군사적·전략적 위상 제고를 가져올 수 있다고 여긴다.[615] 따라서 중국에서는 두만강 출해를 실현하기 위한 다양한 방안들을 제시하고 있다. 첫째 방안은 '동북진흥전략'과 '장길도개 방선도구개발계획'의 일환이자 다른 나라의 항구를 빌려서 바다로 진출하자는 '차항출해(借港出海)' 전략으로, 북한의 나진항과 러시아의 자루비노(Зарубино, 중국명 扎魯比诺)항, 포시에트(Поузи Fayette, 중국명 波西耶特)항을 빌려서 바다로 진출하자는 것이다. 이들 항구는 천연의 부동항(不凍港)일 뿐만 아니라, 항구의 교통도 비교적 편리해서 상호간의 혜택을 누릴 수 있다는 것이다.[616] 그런데 '차항출해(借港出海)' 전략은 두만강을 통한 동해 출해가 그다지 중요하지 않다는 인식과도 맞닿아 있다. 즉 두만강은 5급 항로이고 수량이 많지 않고 수심도 2m이고 겨울에는 얼어서 운항이 어려울 뿐만 아니라, 300톤의 작은 배만이 다닐 수 있고 준설

614. 巴克拉諾夫·卡拉金, 吳春華 譯, 1994,「圖們江方案 : 設想與現實」,『西伯利亞研究』第21卷 第1號, 15-17쪽. 북·중·러 두만강 연안국이 각각 원하는 이익의 차이에 관해서는 위의 글,「圖們江 流域的區域國際合作開發模式」, 43쪽 참조.
615. 陳才, 1999,「圖們江流域的區域國際合作開發模式」,『地理學報』第54卷, .45쪽.
616. 앞의 글,「圖們江中国出海口困局及出路」, 114쪽.

을 해도 500톤의 소형 배만이 다닐 수 있어서 바다로 나가 고기잡이 하는 것 이외에는 근본적으로 운항 가치가 높지 않다는 것이다. 따라서 동북지역에서 바다로 나갈 수 있는 것은 흑룡강에서 아무르하(阿穆尔河)를 빌리는 것 이외에, 북한·러시아의 항구를 빌려서 출해(出海)하는 것이 현실적인데, 전자에서는 1천 톤의 배가, 후자에서는 1만~10만 톤의 배들이 운항할 수 있다는 것이다. 그래서 최근 중국에서는 북한의 청진항과 러시아의 자루비노항(扎鲁比诺港)을 빌려서, 동북의 화물을 철도를 이용해 항구로 운반한 뒤 바다를 이용한 해운 방법이 가장 현실적인 방안으로 여기고 있다는 것이다.[617] 이것은 최근 중국이 북한과 나진항 부두 건설 계약을 체결한 사실과도 일맥상통한다.

둘째 방안은 흑룡강 유역에서 중·러 간의 영토분쟁에서 해결되지 못하고 있는 흑룡강 동쪽의 강동(江東)64둔(屯)과 탕눠량해(唐努乌梁海, Та н Нуо Лян Хай)를 러시아 영토로 인정하고, 그 대신 마퀘웨이만(摩闊崴湾, 러시아명 Гранд-Бей)과 포시에트항을 중국이 취하자는 것이다. 포시에트항은 부동항으로서 동북아의 발전 가능성이 무궁무진한 충분히 개발되지 못한 항만 중의 하나이기 때문에 전략적으로 매우 중요하다는 것이다. 셋째 방안은 방천 이남의 '토'자비에서 동쪽으로 해안선을 따라 두만강 출해구까지 이르는 땅을 러시아로부터 구매하자는 것이다. 넷째 방안은 북한에서의 핵과 미사일 실험에 대해 중국이 제재를 취소하는 대신에 100억 달러를 주고 북한의 조산만(造山灣)[618] 반도(半島)를 구매하자는 것이다.[619]

---

617. "圖們江出海口是僞命題"(2016.11.13)(http://bbs.tiexue.net/post2_12293852_1.html).
618. 함경북도 나선시에 위치한 灣으로 웅기항이 자리 잡고 있으며 두만강 하류에 있어서 러시아와 연결되는 도로가 있다.(『네이버 지식백과』)
619. 앞의 글. "收復圖們江出海口戰略"(2015.12.30).

첫째 방안, 즉 '차항출해(借港出海)' 전략의 실천 방안으로, 2000년 중국에서는 훈춘시에서 취안허(圈河) 통상구(通商口)까지 48km의 2급 도로를 새로 건설했고, 2008년에는 대련집단훈춘분공사(大連集團琿春分公司)를 설립해 북한의 나진항 1호 부두를 4만 톤급 배가 정박할 수 있도록 개조했으며, 나진항 1호 부두에 대한 중국의 사용권을 10년으로 연장했다. 이와 아울러 중국 해관총서(海關總署)에서는 길림성에서 중국 내화물을 국경 밖으로 운수하는 사업을 비준했고, 중국의 취안허(圈河)에서 북한의 원정리(元汀里)까지 잇는 대교를 수리·개조하는 공정을 완료했다. 2011년에는 북·중 양국은 나진·선봉지구에 대한 기초시설 투자에 관한 협정을 체결했고, 중국은 나진항 제4, 5, 6호 부두의 50년 사용권을 획득했다. 그리고 나진항 부근에 5~10㎢ 공단·관세보호구역을 건설하기로 했다. 또한 중국은 도문에서 나진까지 55km의 철도를 건설하기로 했고, 북·중 양국이 공동으로 훈춘시 권하에서 나진항까지 50.3km의 2급 도로를 건설해 사용하기로 했으며, 2012년에는 훈춘시에서 북한 나진항까지 가는 국제버스노선이 정식으로 개통·운영되고 있다.[620]

러시아와는 2009년 「중국동북지구여원동급동서백리아지구합작규획강요(中國東北地區與遠東及東西伯利亞地區合作規劃綱要)(2009~2018)」를 체결하고 우선적으로 205개의 합작방안을 선정해 에너지 개발, 교통 기반시설 방면에서 합작을 추진하고 있다. 2011년에는 중국의 훈춘시와 러시아 자루비노항을 연결하는 63km의 도로가 건설되어 개통되었고, 훈춘공로구안(琿春公路口岸)(통상구) 맞은편의 러시아 크라스키노 통상구의 통관 검사시설에 대한 개조작업이 완성되어 8개의 입출

---

620. 梁振民·陳才, 「吉林省"開邊通海戰略"實現路徑研究」, 『經濟縱橫』 2013年 第12期, p.80: "북한-중국, 나진항 투자계약서 체결", 『YTN』 2010년 12월 26일(http://www.ytn.co.kr/_ln/0101_20101226 1528039648). 나진항 제3부두는 러시아가 사용권을 갖고 있다.

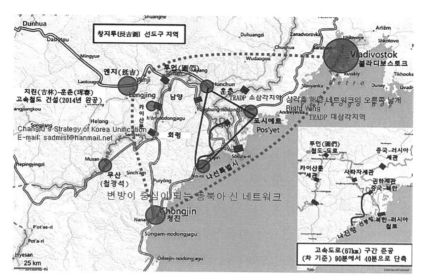

**[그림 3]「長吉圖開放先導區」 지도("변방이 중심이 되는 동북아 신 네트워크",
이창주, 산지니출판사, 2013. 11. 혹은 12.)**

경(入出境) 검사통로가 만들어져 통관 효율을 대대적으로 높였다. 또한 7
년간 운행이 중지되었던 훈춘-마하린노(马哈林诺)철로의 운행을 복원했
다. 2012年에는 중·러 간에 자루비노항 제4호 부두의 5,000㎡ 도로를 수
축했다. 그밖에 길림성에서는 러시아의 항구를 이용해 '차항출해(借港出
海)'를 통한 대외개방전략의 일환으로 훈춘-나진-부산, 훈춘-자루비노-일
본 니가타를 잇는 국제 컨테이너 운송 항로를, 훈춘-자루비노-속초를 잇
는 국제 여객·화물 해운 항로를, 연길-훈춘-우수리스크를 잇는 버스 여객·
화물 운수 노선 등을 잇달아 개통했다.[621]

특히 여러 개의 항구를 지닌 요녕성에 비해 항구가 없어서 발전이 더디
다고 여겨온 길림성에서는 두만강을 통한 동해 출해를 더욱 절실히 바라고
있다.[622] 그래서인지 길림성에서는 2008년 '두만강출해복항공정(出海復航

---

621. 앞의 글, 「吉林省"開邊通海戰略"實現路徑研究」, 80-81쪽.
622. 尹卓, "提案：中國可徹底打通圖們江出海口"(http://tieba.baidu.com/p/4401823541).

325

工程)'을 계획하고 이 공정을 길림성의 중요한 사업으로 확정했다. 이 공정은 항구를 건설하고 선대(船隊)를 조직해 두만강을 거쳐 동해로 나감으로써 내적으로는 동북지역을 대륙과 연계시키고 외적으로는 주변국과의 수상 운수 항로를 접속시키기 위한 것이다. 중국정부 차원에서도 변경지역의 경제규모가 크지 않고 인구 밀집도도 낮고 산업 경쟁력도 강하지 않아서 국제합작 개발을 효과적으로 추진하는 것이 어려운 점을 감안하여, 2009년 8월 중국정부에서는 새로운 두만강구역발전계획을 수립하고 '장길도개발개방선도구전략'의 추진을 제안했다. 2011년 중국과 북한에서는 양국이 공동 개발·관리하는 '나진·선봉경제무역구' 사업을 개시했다. 이러한 배경 속에 2012년 4월 중국 국무원에서는 '국제산업합작구역', '변경(邊境)무역합작구역', '中·朝·琿春경제합작구역', '중·러·훈춘(琿春)경제합작구역' 등 4대 합작구역으로 이루어진 '두만강국제합작시범구역'의 설치를 비준하고 동북아 국가 기업들의 공동 참여를 적극 유도해 두만강지역의 경제발전을 추진하기로 했다.[623] 2014년에는 '두만강항정관리선건조공정(航政管理船建造工程)'과 두만강의 수로·교통·운수보장(保障)에 관한 종합조사사업, 항로(航路)관리사업 등을 완성했다. 또한 2015년 2월에 열린 "길림성 양회(전국인민대표대회, 전국정치협상회의)"에서 길림성 성장 장차오량(蔣超良)는 이 공정을 적극 추진해 새로운 진전을 이루겠다는 정부 보고를 했으며, 두만강이 오랫동안 관리되지 않아 강바닥에 진흙이 싸여 유람선조차도 동행할 수 없는 상황을 고려하여 사업의 중점을 두만강 진흙 준설선(浚渫船) 건조에 두겠다는 것을 밝혔다. 그리고 동년 3월 길림성에서는 북·중 국경 두만강에서의 흡입식 준설선 건조사업을 공모했다. 동년 훈춘시장 진춘산(金春山)도 "길림성에서 자금을 투자해 관광·교통 부분에서

---

623. 張苗, 「圖們江區域開發的新機遇」, 『吉林日報』 2012년 11月 22日.

두만강 정리사업을 벌일 계획"임을 밝혔다.[624]

그렇다면 두만강 출해권 회복에 따른 중국의 전략적 이익은 무엇일까? 이와 관련해 중국에서는 중국이 장기간 두만강을 통한 동해 출해권을 행사하지 못하는 현실이, 중국 동북지역 자체의 발전과 대외무역의 순조로운 발전을 제약하는 중대한 요인으로 작용하고 있다고 인식한다. 중국에서는 만일 두만강 출해 문제가 해결되면, '동북진흥전략'을 촉진시키고 동북아에서 길림성을 국제적 위상으로 제고시키는 데 중요한 전략적 의미를 지니고 있다고 파악한다.[625] 또한 두만강 출해를 통해 최단거리로 일본, 러시아, 북미대륙에 도달할 수 있어서 길림성과 동북아지역의 합작과 더불어 동북아지역과 구미(歐美) 사이의 무역도 촉진시킬 수 있다는 것이다.[626] 또한 중국에서는 두만강을 이용해 동해로 나가는 통로는 중국과 러시아, 북한, 한국, 일본과의 교통운수를 훨씬 편리하게 해줄 뿐만 아니라 동북아 각국의 경제 문화 교류와 합작을 촉진시켜 동북지역의 대외무역에 유리하다고 평가한다.[627] 정치적으로는 중국과 북한, 러시아, 한국, 일본 등 주변 국가들과의 정치적 교류를 촉진시켜 상호 신뢰를 증진하고 정치적인 긴장상태를 어느 정도 완화시킬 수 있다고 인식한다. 군사적으로는 중국 군함이 두만강을 통해 동해와 태평양으로 진입할 수 있어서 미·일의 중국 봉쇄선(第1島鏈線)을 돌파하는 데 유리할 뿐만 아니라, 두만강 출해구에 중국 해군의 동해 분함대(分艦隊)를 만들 수 있어서 중국 잠수함의 돌파·방어능력과 2차 핵 타격 능력을 높일 수 있으므로[628] 중국이 군사적

---

624. "吉林加快推進圖們江出海復航"(2015.3.4), 『中國新聞網』(http://www.chinanews.com/df/2015/03 -04/7099855.shtml).

625. 앞의 글, 「吉林省"開邊通海戰略"實現路徑研究」, 82쪽.

626. 앞의 글, "吉林加快推進圖們江出海復航"(2015.3.4).

627. 앞의 글, 「張鼓峰事件對中蘇邊界影響摭論」, 78쪽.

628. 「中國應恢復圖們江出海權」, 『鐵血論壇』(2015.10.11)(http://bbs.tiexue.net/bbs32-0-1.html).

으로 중요한 우세를 차지할 수 있고 군사전략을 실현하고 국가안전을 보장할 수 있게 될 것으로 본다.[629]

그렇지만 최근 두만강 출해 문제나 그것을 실현하기 위한 우회방안인 '차항출해(借港出海)' 전략은 여전히 순조롭지 못하고 여러 가지 문제점들을 안고 있는 것이 현실이다. 앞에서 살펴본 것처럼 중국에서는 역사적인 조약(條約)들에 비추어 자신들이 두만강 통항권(通航權)(출해권)을 지니고 있지만, 러시아와 북한에서 모두 자국의 이익을 고려하여 두만강 통항이 자연환경에 영향을 준다는 이유로 중국의 두만강 출해 항행에 제한을 가하면서 미온적인 태도를 취하고 있다는 불만을 표출하고 있다. 또한 개방개발의 선봉지역인 훈춘의 경제규모가 작아서 파급효과가 크지 않다는 점은 두만강 출해 문제의 한계를 드러내고 있다. 최근 국제물류체계와 관련해서는 중국의 지방정부와 민간조직의 노력으로 중·러 간의 철도가 복원·개통되었지만 크라스키노 통상구의 통관 건물과 자루비노항의 서비스 시설이 낙후해서 통관 효율이 매우 떨어지고 있다고 한다. 게다가 중국의 취안허(圈河) 통상구에서 북한의 나진항까지의 도로나 철도 사정 역시 열악하고(철도의 운행 속도는 시속 35km에 불과), 이 지역이 정치적으로 민감한 지역이라서 사회 경제적인 발전이 더딜 뿐만 아니라 통관 서비스 시설도 낙후되어 통관 효율이 극히 저조하다는 것이다. 또한 중국에서는 나진항 역시 제대로 수리되지 못하고 기초시설이 매우 낙후되어 있다고 개탄하고 있다. 결국 그러한 요인들이 두만강 출해의 효능과 발전 가능성을 떨어뜨리고 있다는 것이다.[630] 중국의 두만강 출해 문제는 아직도 '진행형'인 셈이다.

---

629. 앞의 글, 「張鼓峰事件對中蘇邊界影響摭論」, 78쪽.
630. 鄭洪董·鄭玉成, 2008, 「圖們江區域國際合作開發的歷史進程及發展前景」, 『延邊党校學報』 第23卷 第4期: 앞의 글, 「吉林省"開邊通海戰略"實現路徑研究」, 81-82쪽.

V. 맺음말

　전술한 것처럼 중국 길림성 동부 변강 및 두만강을 통한 동해로의 出海 문제는 역사적으로 많은 변천을 거쳤다. 1858년 「아이훈조약」 1860년 「북경조약」을 거치면서 중국은 우수리강 이동의 연해주를 상실했다. 이 사건들은 중국의 두만강 출해권 상실의 前兆였지만, 그래도 「북경조약」 때까지 청조는 두만강을 통해 동해로 나갈 수 있었다는 것이 중국의 견해이다. 그리고 전반적으로 중국의 두만강 出海가 곤란해진 가장 큰 원인과 배경은 청조의 영토 상실, 閉關鎖國정책과 더불어 중화인민공화국 건국 이전에 지속되고 있던 전쟁의 영향으로 국가 차원에서 해양 권리에 대해 주목하지 못한 점에 있다는 것이다.

　중국에서 청조 때 두만강 출해가 곤란해진 직접적인 원인으로는 청조 勘界使臣 成琦의 무능과 잘못에 덧붙여 러시아의 영토 침략 야욕이 거론되고 있다. 중국 전문가들에 의하면, 20개의 경계비를 세우기로 규정한 「북경조약」과 달리, 청조 감계대신의 나태함과 무능 속에서 1862년 청·러가 서명·교환한 「烏蘇里江至海交界記文」의 러시아문 조약에 러시아가 8개의 경계비 설치만을 규정하고 '烏'字 등 나머지 경계비를 누락시킴으로써 두만강 出海口 부근 한치(罕奇) 해안지역이 러시아령으로 귀속되었고, 중국은 두만강 출해구 및 그 좌안의 한치 해안지역에 대한 주권을 상실했으며, 이것이 중국의 두만강 출해권 상실로 이어지게 되었다는 것이다. 반면에 러시아는 이를 계기로 두만강 출해구 부근 해안지역을 획득해 두만강을 사이에 두고 한반도와 접할 수 있게 되었고, 중국의 出海 통로를 봉쇄하는 동시에 조선 침략을 위한 교두보를 확보하게 되었다는 것이다.[631]

그런데 오대징이 1886년 열린 岩杵河 담판 때 청조의 두만강 쪽 영토의 종착점을 표시하는 '土'字 경계비가 러시아에 의해 임의로 세워진 사실을 지적하고, 원래의 조약 규정에 따라 '토'자 경계비를 두만강 쪽으로 10리 이상 더 옮겨 새로 세움으로써 중국 영토를 두만강 해구 쪽으로 넓혀갔고 러시아에 의해 불법 점거된 흑정자 지역도 회복시켰다고 인식한다. 게다가 역사적 조약과 근거에 입각해 「中俄琿春東界約」의 부속문건 형태로 러시아로부터 「俄國關于中國船只出入圖們江口事的照會」를 교부받고 중국 선박들의 두만강 출해에 대한 러시아 측의 동의를 얻어냄으로써 중국의 두만강 출해권도 회복되었다는 것이다. 그리고 청·러는 그때부터 1938년 장고봉사건이 발생하기 전까지 52년 동안 공동으로 두만강 출해 항행권을 행사하고 있었다는 것이 중국의 인식이다.

그러나 중국에서는 1938년 일본('만주국')과 소련 사이에 발생한 장고봉사건으로 중국의 두만강 출해권이 다시 상실되었다고 여긴다. 즉 이 사건에서 패배한 일본이 두만강 하구를 봉쇄하고 중국 선박의 두만강을 통한 출해를 금지한데다가, 소련이 조선과 접경한 두만강 지역을 통제함으로써 중국 선박의 두만강 출해는 불가능하게 되었고, 이것은 자연스럽게 중국의 두만강 출해권 상실로 이어졌다는 것이다. 그런데 중국의 두만강

631. "圖們江江面主權與出海權問題"(2016.1.10)(http://www.360doc.com/content/16/0110/20/10429 244_526935380.shtml); 于達春, 2014, 「吳大澂恢復中國圖們江出海權再探討」, 『東北史地』2014年 第6期, 4-5쪽.

출해권 상실과 조선의 녹둔도 상실 사이에는 공통점이 발견된다. 즉 일본이 자신들의 영토인 만주를 차지한 뒤 소련과의 전투에 패해 중국의 의사와는 상관없이 결과적으로 두만강 출해가 불가능해진 것과 마찬가지로, 1860년 청·러 간의 「북경조약」 체결로 우수리강 이동의 연해주가 러시아 영토로 귀속될 때 조선의 의사와는 무관하게 녹둔도 역시 일방적으로 러시아 영토로 넘겨졌던 것이다. 이 두 사례는 국력이 미약한 국가들이 강대국들에 의해 영토 주권이 유린된 경우라고 할 수 있다. 즉 중국의 두만강 출해권 상실은 일본('만주국')과 소련에 의해, 조선의 녹둔도 상실은 중국과 러시아에 의해 초래된 것으로서, 해당 국가의 영토 주권이 무시된 강대국 농단의 사례들이다.

한편 중국에서는 만주를 차지한 일본이 소련과의 전투에 패배함으로써 1945년 '만주국'이 붕괴되고 만주가 회복되었는데도, 소련의 두만강 지역 통제권 강화 조치, 1960년대의 중·소 분쟁 등으로 두만강 출해권을 회복하지 못한 점을 통탄하고 있다. 그 후 중국정부에서는 장기간의 노력을 기울여 1991년 소련과 「中蘇國界東段協定」을 맺고 중·소 東段의 국경 문제, 즉 장고봉 지역의 국경선을 획정했으며, 중국 선박의 두만강 출해에 대해 소련의 동의를 얻어냈지만, 소련의 붕괴와 그것을 계승한 러시아연방 내 여론의 급변, 1992년 한·중 수교에 따른 북·중 관계의 악화 등으로 러시아와 북한의 동의를 얻지 못해 여전히 두만강 출해 문제를 해결하지 못하고 있다.

그렇지만 최근 중국에서는 두만강 출해가 '동북진흥전략'과 소위 '長春-吉林-圖們江(두만강)開放合作區域戰略' 그리고 두만강 지역을 관할하고 있는 길림성의 경제발전 전략과 맞물려 2008년부터 '두만강出海復航工程'과 '借港出海' 전략으로 현실화되면서 그 가능성이 커지고 있다. 즉 중국에서는 투 트랙의 두만강 출해 전략, 다시 말해 두만강이라는 수로를 이용해 동해로 나가는 방안과, 중국의 훈춘과 북한의 나진항을 잇는 철도와 도로를 건설하고 나진항의 부두를 임대해서 육로와 해로를 연계해 동해로 나가는 방안을 동시에 추진하고 있다. '두만강出海復航工程'은 강바닥 준설 문제, 대형 선박의 운항 불가, 북·러 철로대교 높이의 한계, 북·중·러의 복잡한 국제관계의 해법 마련 등의 문제점들에 직면하고 있지만, 길림성에서는 이 공정을 통해 관광 유람선 운항을 통한 국경지역 관광산업의 육성, 중소형 선박을 이용한 어업·무역업의 활성화를 통해 경제적 이득을 올리려고 하고 있다. 또한 '차항출해'전략의 일환으로 육로를 통한 대량의 물류운송노선을 만들어 나진항을 이용한 대형 선박의 운송체계를 실현하는 동시에, 군함과 잠수함의 정박 기지를 마련해 동북아에서의 중국의 군사적 역량과 위상을 제고시키고 미국과 일본의 중국 포위전략에 맞서기 위한 거점 확보에 공을 들이고 있다.

만일 중국의 '두만강出海復航工程'과 '차항출해'전략이 실현된다면, 중국은 일본과 바로 교역할 수 있고, 일본 선박이 나진항에 들어와 중국 수출품을 하역하게 될 것이다. 더 나아가 중국 선박들이 제주도 남쪽을 지나 쓰시마해협을 거쳐 북한의 나진항에 접안하게 된다면, 중국의 해안은 동해까지 확장되고 서해는 물론 동해, 남해까지 중국의 內海처럼 기능하게 될 것이다. 게다가 중국이 나진항에 군항을 건설한다면 동해엔 중국 군함과 잠수함들이 출몰할 것이고, 동북아에서의 군사력·경제력 등 역학관계에 변화를 초래하게 될 것이다.

비록 이 글에서 다룬 길림성 동부 변계 및 두만강 출해에 관한 인식은 러시아(소련)의 관점이 반영되지 않은, 중국 일방의 관점이라서 다소 편향적일 수 있고 역사적 객관성을 부분적으로 결여하고 있을 수가 있다. 그렇지만 우리는 중국의 두만강 출해 인식과 전략이 지닌 중대성을 고려해 볼 때, 그것이 향후 동북아의 국제정세, 한반도의 통일 추세, 우리의 통일·영토정책과 경제발전 전략, 남북관계, 한중관계 등과 어떠한 연관성과 영향력을 지닐 것인지를 면밀히 검토할 필요가 있다. 어쩌면 우리가 만주 및 한반도에 대한 중국의 의중을 알아야 우리의 미래를 제대로 들여다볼 수 있는 것인지도 모른다!

북한과
중국의 국경 관리 실태

윤휘탁

I. 머리말

　우리 사회 일각에서는 남북통일이 우리 민족의 중차대한 사명이자 민족 도약의 획기적인 기회라고 여긴다. 또한 수많은 북한사람들의 탈북현상이 보여주듯이, 체제상의 불안정성을 드러내고 있는 북한 문제는 최근의 핵·미사일 문제와 겹쳐져 우리 사회의 초미의 관심사로 부각되고 있다. 그런데 우리 사회에서는 통일의 필요성을 제기하면서도 통일 과정에서 필연적으로 인지해야 할 북·중 접경지역 내의 한반도 영토가 어디까지인지[632], 통일 후 우리가 관할해야 할 북·중 국경과 하천(압록강과 두만강)이 어떻게 관리·이용·통제되고 있는지를 거의 알지 못하고 있다. 북·중의 국경 관리·이용·통제 실태를 파악하는 작업은 통일과정이나 통일 후 중국과의 대립·충돌을 사전에 방지하고 중국의 협조를 이끌어내어 원활하게 국경을 관할해서 중국과 새로운 관계를 설정하려고 할 때 숙지하고 있어야 할 과제이다. 또한 그 작업은 탈북문제를 포괄적으로 이해하고 북한 이탈 주민들을 보호할 수 있는 방안 도출과도 직결되어 있다. 그런데 우리 사회에는 북·중 국경의 획정 및 국경 하천의 관리·이용·통제 실태에 관한

＊ 이 논문은 2016년 대한민국 교육부와 한국학중앙연구원(한국학진흥사업단)의 한국학분야 토대연구지원사업의 지원을 받아 수행된 연구임(AKS-2016-KFR-1230006).
　우리나라 헌법 제3조에서는 "대한민국의 영토는 한반도와 그 부속도서로 한다."로 규정하고 있지만, 이 조항에는 '한반도'의 범위가 구체적으로 명시되어 있지 않고, 법적으로도 확정된 적이 없다.

정보나 자료를 수집·파악하고 있는 곳이 어디에도 없다.

　그렇게 된 것은 통일에 관한 우리 사회의 미시적이고 실체적인 접근인식의 결여뿐만 아니라, 북한과 중국에서 국경(邊界) 관련 자료를 공개하지 않거나 지나치게 통제하고 있기 때문이다. 북한을 자유롭게 왕래할 수 없는 상황에서 북·중 국경에 관한 자료나 정보를 북한에서 구하기가 어려운 것은 당연하지만, 자유롭게 왕래할 수 있는 중국에서도 다른 나라와의 국경 실태와는 달리, 북한과 관련된 국경 자료나 정보를 획득하는 것은 매우 어렵다. 그 배경에는 한·중 간의 잠재적인 영토분쟁의 표출 가능성에 대한 중국 당국(전문가)의 예민한 인식이 작용하고 있다.[633] 즉 중국 당국이나 중국의 전문가들은 통일 한반도에서 한·중 간 영토분쟁을 제기할 가능성에 주목하면서 대비책을 수립할 필요성을 제기하고 있는 셈이다.

　그렇다면 북·중 양국은 상호 간의 관계 설정이 제대로 안 되어 있거나 미숙했던 건국 초기, 주로 1950~1960년대에 어떻게 상호 협조하면서 국경을 넘나드는 사람들이나 선박 등을 통제하고 하천(界河)을 관리·이용하고 있었을까? 그런데 이 문제를 분석한 선행연구는 없다. 국경 관련 선

---

633. 잠재적인 한·중 간 영토분쟁에 관해 중국 전문가들의 일부 의견을 소개하면 다음과 같다. "한반도에는 역사상 한·중 邊界(국경)에 관한 잘못된 관점과 인식이 퍼져 있는데, 이러한 관점과 인식은 모두 역사적 사실에 기초한 것이 아니라 학술적 연구의 범주를 벗어나 있다. 우려할 만한 것은 이러한 잘못된 관점과 인식이 국가의 여론 기구를 통해 한반도에서 '북방 영토 의식', '우리 조상의 故土를 수복해야 한다.' '중국인이 만주에 들어온 지 2백 년도 안 되었다.' 등의 기괴한 논리들이 선전되고 있다. 이러한 기괴한 논리들은 어느 때 매우 큰 위해를 초래할 것이다. 어느 날 조선이 통일되면 새로운 외래의 위협이 있을 것이며, 외래 세력의 지지 하에 그러한 구실로 우리에게 영토를 요구할 것이고 우리에게는 매우 불리할 것이다. 그런데 한국전쟁이 끝난 후 조선민족의 감정을 고려하다보니, 우리나라에서는 조선이 이 방면에서 딴 마음을 가지고 있다는 연구를 방임하거나 국내학자들이 그것을 연구하는 것을 제한하거나 봉쇄해왔다."[姜維公·李鳳蓮, 2003, 「關于處理歷史時期中朝邊界問題的幾點建議」, 『長春師範學院學報』 第22卷 第1期, 33쪽] "(만주를 한국의 故土로 여기는--인용자) 사상과 행동은 한·중 간의 우호에 상처를 낼 것이므로, 그것을 막지 않으면 그것을 구실로 조선이 영토를 탈취하려고 하면서 혼란을 야기할 것이다."[顧頡剛, 1999, 「給中華書局負責人的一封信」, 『東北民族與疆域研究動態』, 1999, 1쪽)

행연구들[634]은 북·중 국경조약의 국제법적 의미[635], 북·중의 국경획정 내용, 북·중 국경조약의 승계여부, 한국전쟁 이후 북한난민 및 조선족의 북한 이동에 대한 중국정부의 정책만을 다루고 있을 뿐이다. 따라서 이 글은 바로 건국 초기인 1950~1960년대를 중심으로 북·중 국경연구의 공백을 메우려고 한다. 다행히 그동안 기밀문건(機密文件)으로 취급되어 오던 중국의 조약 자료집(「中朝, 中蘇, 中蒙有關條約, 協定, 議定書滙編」(1974.6))[636]이 비공식적으로 국내에 입수되었고, 중국에서도 건국 초기의 외교부 당안(檔案)이 공개되면서 건국 초기의 북·중 간 국경의 획정·관리·이용·통제에 따른 협조실태를 파악하는 것이 가능하게 되었다.

---

634. 선행연구로는 이현조, 2007, 「조중국경조약체제에 관한 국제법적 고찰」, 『국제법학 논총』 제52권 제3호: 노영돈, 2008, 「북한-중국의 국경획정 상황의 고찰」, 『백산학보』 제82호: 이근관, 2010, 「통일 이후 한중국경문제에 대한 국제법적 고찰」, 『국제법학논총』 제55권 제4호: 한명섭, 2011, 『朝中國境條約의 承繼에 관한 研究』, 경희대학교 대학원 박사학위논문: 이장희, 2011, 「통일 후 조중국경조약의 국가승계문제」, 『백산학보』 제90호; 송병진, 2014, 「북중국경조약과 해양경계획정협정의 승계문제」, 『외법논집』 제38권 제4호; 손춘일, 2015, 「한국전쟁 발발 후 북한난민에 대한 중국정부의 정책」, 『국가전략』 제21권 제3호: 沈志華, 2011, 「東北朝鮮族居民跨境流動: 新中國政府的對策及其結果(1950~1962)」, 『史學月刊』 第11期 등이 있다.

635. '북·중 국경조약'의 승계여부 문제는 북한을 국제법상 조약체결의 주체, 즉 주권국가로 인정할 것인가와 맞물려 통일한국이 동 조약의 적법성을 인정해 승계할 것인지와 관련되어 있다. '북·중 국경조약'에 대해, 이장희는 "통일한국은 남북한을 모두 아우르는 대한제국(1897)의 법통 승계자인데, 부분국가인 북한이 국경선과 같은 전체 한반도문제에 관한 중요한 주권성 문제에 대해 대한민국과 상의 없이 단독으로 제3국과 체결한 것이므로, 통일한국과 중국은 이 문제에 대해 매우 특별한 협의와 합의를 거쳐야 한다."고 주장한다.[「통일후 조중국경조약의 국가승계문제」, 『백산학보』 제90호(2011.12), 247쪽] 반면에 이현조는 "국내법상 위법성론에 근거하여 북한의 국제법적 주체성을 부인하면서 북·중 국경조약체제를 무효라고 하는 것은 국제법적으로 근거가 없다."고 주장한다.[李鉉祚, 2007, 「조중국경조약체제에 관한 국제법적 고찰」, 『국제법학회논총』 제52권 제3호]

636. 이것은 1974년 6월 중국 吉林省革命委員會 外事辦公室에 의해 내부용 기밀문건으로 작성된 것인데, 2007년 동북아역사재단에 의해 내부용으로 비공식 번역되었다.

II. 국경 지역의 통행과
국가의 안전·질서 유지

1. 북·중 주민의 국경 통행과 불법 월경(越境) 처리

1940년대 후반의 국공내전 기간 중국공산당은 동북지역(만주)을 장악하는 과정에서 다리나 도로, 철길이 끊어지고 국민당의 공격과 저지를 받고 있었기 때문에, 각종 인원과 물자를 원활하게 동북지역으로 이동시킬 수가 없었다. 이때 중국공산당은 북한정부의 전폭적인 지원 하에 만주의 끊어진 다리와 도로, 철길 대신에 북한 땅을 우회하여 각종 병력과 전쟁물자를 신속하게 이동시켜 동북지역에서의 국공내전을 유리하게 이끌어갈 수 있었다.[637] 이러한 협력은 건국 초기 북·중 간의 우호를 다지는 계기가 되었고, 양국의 국경 하천인 압록강·두만강의 이용·관리 및 유동 인원의 통제를 원활하게 때로는 관대하게 만든 요인이기도 했다.

1948년 북한 정권이 등장한 후, 중국에서는 조선인이 자신의 특수한 민족전통을 지니고 있고 오랫동안 혁명투쟁의 역사를 지니고 있으며, 북한과 중국이 지리적으로 수백 리에 걸쳐 국경을 맞댄 인접국이므로, 중국 경내 거주 조선인의 원래 조국은 북한이라는 점을 인정해야 한다는 주장이

---

637. 상세한 내용은 이종석, 2000, 『북한-중국 관계 1945~2000』 중심; 손춘일, 「한국전쟁 발발 후 북한난민에 대한 중국정부의 정책」, 『국가전략』 2015년 제21권 제3호, 167-169쪽 참조.

제기되고 있었다. 따라서 조선인의 조국이 침략을 당하거나 위협을 받을 때, 중국 경내의 조선인은 북한으로 가서 조국을 보위해야 한다는 책임감을 가지고 있다고 여겼다.[638] 이것은 동북지역의 조선인이 이중국적을 가지고 있음으로, 중국의 공민(公民)으로서 해방전쟁에 참여할 수 있고, 또한 수시로 조선의 공민으로서 조선으로 돌아가 혁명투쟁에 참가할 수도 있다는 논리였다.[639]

그렇지만 중국 공산당 정부에서는 조선인의 귀환 문제가 현지의 사회적 안정과 북한과의 관계에 부정적인 영향을 미칠 것을 우려해 특별한 이유 없이 귀환을 허락하지 않았고, 천거(遷居)증명을 발급할 때 그 자격을 엄격히 제한했다.[640] 그런데도 1948년 북한 건국이 가까워지면서 조선인의 귀환 신청이 급증하자, 동북행정위원회(東北行政委員會)[641]는 8월 5일 「조선인청구귀국잠행판법(朝鮮人請求歸國暫行辦法)」을 공포해 각 성(省)·시(市)·현(縣)정부에서 조선인 귀환처리의 지침으로 삼도록 했다. 이 지침에서는 조선인이 귀환을 신청하는 경우, 반드시 사전에 현급(縣級) 이상 지방정부의 비준을 받도록 했고 반드시 귀국 신청서를 작성하도록 했다.[642]

중화인민공화국 성립 초기, 특히 한국전쟁 기간에는 동북지역 조선인

638. 劉俊秀, 「關于民族政策中的幾個問題」(草案)(1948.12.9), 『中共延邊吉東吉敦地委延邊專署重要文件滙編』第1集, 392쪽.

639. 沈志華, 2011, 「東北朝鮮族居民跨境流動: 新中國政府的對策及其結果(1950~1962)」, 『史學月刊』第11期, 72쪽.

640. 호주(戶主)가 북한에서 취직했거나 노동능력을 상실해 현지 생활이 어려운 조선인의 귀국만 허락하고 귀국 이유가 불명확하거나 노동능력을 보유한 조선인에게는 천거 증명을 발급하지 않았다.[金春善, 「광복후 중국 동북지역 한인들의 정착과 국내귀환」, 『한국근현대사연구』 제28집(2004), pp.208-212]

641. 1945년 이후 공산당 정부의 동북지역 접수 및 관리기구로 중앙당 직속인 中共中央東北局(1945년 9월 15일 설립)과 정부 직속인 동북행위원회(1946년 8월 7일 설립)가 있었다.

642. 金春善, 2004, 「광복후 중국 동북지역 한인들의 정착과 국내귀환」, 『한국근현대사연구』 제28집, 208-212쪽.

의 유동 상황[643]이 더욱 복잡해졌고, 중국정부에서도 그들의 국적문제를 처리하는 일이 더욱 곤란해졌다. 전쟁 당시 중국에서 북한으로 간 사람들은 주로 중국인민해방군 제4야전군[644] 중의 조선인 부대[645]와, 중국의 지방정부가 북한을 돕기 위해 조직한 간부·의사·운전수 등이었다. 한국전쟁 초기에는 조선인이 중국에서 북한으로 들어가 참전했지만, 연합군이 인천에 상륙한 이후 전황이 역전되자 북한에서 중국으로 철퇴하거나 피난하였고, 정전 후에는 다시 일부가 북한으로 돌아갔다. 한국전쟁이 끝난 후 이들 가운데 일부는 북한에 남았고, 일부는 중국으로 돌아왔다. 북한에서 중국으로 온 사람들은, 길림에서 휴식·정돈한 뒤 다시 조직된 인민군 부대 이외에, 대부분 동북지역으로 분산해서 들어온 북한 간부 및 그 가족들과 대다수 난민들이었다. 이처럼 동북지역과 북한이 강을 사이에 두고 양쪽 인민이 빈번하게 왕래하는 복잡한 상황 때문에 당시 북한 교민(僑民)과 중국 거주 조선인을 구분하는 일은 더욱 어려워졌다.[646]

따라서 중국 입장에서는 동북지역 거주 조선인의 국적문제를 해결하는 것이 시급한 과제로 부각되지 않을 수 없었다. 1953년 4월 중공 동북국(東北局)에서는 동북지역 거주 조선인의 국적 처리와 관련하여, 1949년 10월 1일 중화인민공화국의 건국일을 기준으로 삼아, 그 이전에 동북에 거주하면서 가업(家業)을 이룬 자는 중국의 소수민족(조선족)으로 간주하되, 본인이 교민이 되기를 원하는 자에 대해서는 그의 뜻에 따른다는 원칙을 정하였다. 이에 따라 한국전쟁 이후 동북지역으로 온 자는 모두 북한

---

643. 1953년 3월 동북행정위원회가 중국중앙정무원에 올린 보고문에 의하면, 한국전쟁 발발 후 1만 1천여 명의 조선인들이 조선에서 연변지역으로 넘어갔다.[「東北行政委員會給政務院的報告: 請示朝鮮僑民中若干問題」(1953.3.23), 中國外交部檔案館藏, 檔案號 118-00175-01, 1쪽]

644. 이 부대의 전신은 1946년 1월 동북인민자치군에서 개칭된 東北民主聯軍이다. 이 부대는 1948년 1월 동북인민해방군으로, 1949년 3월 동북인민해방군 제4야전군으로 다시 개칭되었다.

645. 당시 110만 명 정도로 추산된 조선인 중 6만 5천 명이 參戰했고, 12만 명이 민병대에 지원한 것으로 기록되어 있다.["중국조선족역사발자취" 편집위원회 편, 『승리』(北京: 민족출판사, 1992).400쪽].

646. 沈志華, 「東北朝鮮族居民跨境流動: 新中國政府的對策及其結果(1950~1962)」, 72-73쪽.

교민으로 간주하기로 했다. 1953년 8월 중공중앙은 그러한 원칙을 승인하여, 1949년 10월 1일을 조선족과 북한 교민을 구분하는 날짜로 정하였다.[647] 이러한 방침은 1956년 8월에 제정된 「국적 식별 및 화교와 중국국적 조선족의 귀국 등의 내부 문제 처리에 관한 공작 시행법(關于識別國籍及處理華僑和中國籍朝鮮族人回國等內部問題工作暫行辦法)」에 반영되면서, 동북지역 거주 조선인의 국적문제에 대한 법률적 정리는 일단락되었다.[648]

그렇지만 당시 동북지역에 거주하고 있던 조선인들 중에는 이러한 국적 부여 원칙에 대해 불만을 표출하거나 승복하지 않고 있었다.[649] 중화인민공화국 건국 초기, 특히 한국전쟁이 발발하면서 매우 많은 조선인이 북·중 경계를 넘나들며 살고 있었고, 중국에 대한 귀속의식도 제대로 형성되지 않아서 在中 조선인들은 국적법에 대해 흔쾌하게 인정하지 않는 상황이었다. 게다가 중국정부 입장에서도 만주와 북한에 각각 떨어져 살고 있는 조선인들의 혈연관계를 갈라놓을 수도 없었고, 조선족들의 북한에 대한 정서도 고려하지 않을 수 없었다.[650] 이에 따라 1950년대 초까지 북·중 변경 주민들의 합법적인 왕래와 유동에 대한 북·중 양국의 관리 역시 비교적 느슨했다. 1950년대 초까지 북·중의 양국 사람이 동북지역과 북한을 통행할 때는 여권이나 비자가 면제되어 있어서 중국에 거주하는 사람이 각 省·市의 公安기관에서 출국 여행증을 발급받아 자유롭게 북·

---

647. 「中共中央指示」(1953.7.18), 中國外交部檔案館藏, 檔案號 108-00018-02, 13-15쪽.

648. 「關于識別國籍及處理華僑和中國籍朝鮮族人回國等內部問題工作暫行辦法」(1956.8.1), 中國外交部檔案館藏, 檔案號 118-00671-08, 97-98쪽.

649. 이러한 조선인의 민족정서는 1957년 5월 말 중공길림성위원회가 延吉市에서 개최한 민족공작 좌담회에서 표출되었다. 상세한 내용은 新華社 編, 『內部參考』 第2233期(1957.6.18.), 34-35쪽 참조.

650. 손춘일, 2015, 「한국전쟁 발발 후 북한난민에 대한 중국정부의 정책」, 『국가전략』 제21권 3호 (2015), 181쪽.

중 양국을 왕래할 수 있었다.[651]

1953년 7월 북·중 양국이 「중·조 변경 양 국민의 국경 통행법(中朝邊境兩國居民過境通行辦法)」에 조인함으로서, 양국의 변경 주민 가운데 18세 이상의 공민으로서 친척이나 친구 방문, 학교 진학, 질병 치료, 혼례나 조문 등의 정당한 이유로 북한을 방문하려는 사람들은, 모두 소재지 공안기관에 통행증을 신청해서 받은 뒤 북한으로 갈 수가 있었다. 1954년 2월 동북 공안부가 제정한 「중·조 변경지구 주민의 국경 통행증 발급법 보충 규정(中朝邊境地區居民過境通行證發放辦法補充規定)」에서는, 원래 1개월 기한으로 횟수에 제한 없이 북한을 수시로 방문할 수 있었던 통행증 발급법규를 1회만 통행할 수 있는 것으로 제한했다.[652] 북·중 양국은 1955년 7월 1일부터 새로운 통행제도를 만들어 出入境 관리를 강화했다. 즉 변경지역에 거주하는 조선족이나 북한 교민, 관련 공작원 이외에는, 모두 여권과 비자를 받아야 통행할 수 있는 것으로 통행법을 강화했다. 그렇지만 종래에 통행 장소를 흑룡강, 길림, 요녕의 3성과 대련시(大連市) 등으로 제한했던 것을, 안동(安東)·장전(長甸)·하구(河口)·길안(吉安)·임강(臨江)·도문(圖們)·개산둔(開山屯)·삼합촌(三合村)·남평(南坪) 등으로 확대했다. 특히 북한의 통행 수요를 고려하여 조선족과 북한 교민이 북한에 가서 건설에 참여한다는 증명서만 있으면 개정 이전의 통행법에 따라 1회에 한해 임시 통행증을 발급했다.[653]

북·중은 통행법을 강화하는 대신에, 1955년 6월 통행증의 발급 수속을 간편화하여 북한 교민의 경우 국외교민거류증(外僑居留證)과 국외 교민

---

651. 「國務院關于中朝之間通行制度問題的指示」(1955.3.27), 大連市 檔案館, 2-2-794, 26쪽.
652. 韓哲石 主編, 1993, 『長白朝鮮族自治縣志』, 北京: 中華書局, 302쪽; 安龍禎 主編, 1996, 『延邊朝鮮族自治州志』, 北京: 中華書局, 545쪽.
653. 「國務院關于中朝之間通行制度問題的指示」(1955.3.27), 大連市 檔案館, 2-2-794, 25-27쪽.

주관 부서의 소개장을 지니고 있으면, 소재지 공안 파출소나 변경공작참 (邊境工作站)에 가서 증빙서류를 신청해 발급받을 수 있게 했다. 만일 파출소나 변경공작참이 설치되어 있지 않은 곳에서는 특파원이 대신 증빙서류를 발급하도록 했다. 조선족의 경우는 북한 쪽 친척의 서신이나 중국 기관의 소개장을 가지고 있으면 증빙 서류를 신청해 발급받을 수 있게 했다.[654] 북한 공민이 중국의 친척을 방문하거나 장기간 거류할 경우, 신청 수속을 더욱 간편화해서, 중국의 공사(公社)나 일급(一級) 정권기관이 중국 친척의 증빙 서류에 도장을 찍기만 하면, 북한에서 이것을 믿고 입경에 관련된 증명 서류를 발급할 수 있게 했다.[655]

그렇지만 실제로 이러한 원칙이 철저하게 집행되었던 것은 아니었다. 왜냐하면 북한 쪽에서는 불법 월경자 본인이 중국으로 돌아가려고 하지 않는데 억지로 돌려보내면 좋지 않은 영향을 미칠 것이므로, 이러한 사람들의 북한 체류에 대해 중국정부가 동의해주기를 희망한다는 입장을 피력했기 때문이다. 이에 따라 중국에서는 1955년 6월에 협의한 지침을 엄격하게 집행할 경우 북한과의 관계를 악화시킬 것이고, 북한 쪽 의견에 동의하면 불법 월경을 조장하는 결과를 낳을 것이라는 점을 고민하지 않을 수 없었다. 결국 1957년 12월 중국 외교부, 공안부, 교무위원회(僑務委員會)에서는 원칙적으로는 북·중 간 협의에 따라 처리하지만 불법 월경자 개인의 의견을 고려한다는 어정쩡한 입장을 취했다. 그리고 불법 월경(越境) 현상을 감소시키기 위해 북한 쪽의 요구를 적당히 들어주는 동시에 북한에 가려고 신청한 조선족에 대해 관대하게 허락해주는 쪽으로 정했

---

654. 「吉林省公安廳致公安部三局, 外交部領事司函」(1963.9.10), 中國外交部檔案館藏, 檔案號 118-01342-04, 50~56쪽.
655. 「駐朝使館致外交部領事司電」(1959.2.16), 中國外交部檔案館藏, 檔案號 118-00806-03, 69~70쪽.

다.[656] 불법 월경자(越境者)를 관대하게 처리한 배경에는 국공내전과 한국전쟁 시기 북·중 양국의 전략적 협조와 그에 따른 양국의 우호적 정서가 작용하고 있었다고 볼 수 있다.

그런데 북·중 국경의 출입(出入)절차가 간소해지다 보니, 자연스럽게 변경주민의 출입경(出入境)을 효과적으로 관리하기가 매우 어려워졌다. 그래서인지 북·중 변경 주민들의 불법 월경 현상은 해마다 증가 추세에 있었다. 가령 1953년 7월 정전협정이 체결된 뒤부터 1957년 9월까지 4년여 간 불법으로 강을 넘어 북한으로 간 사람들은 모두 296명(그 중 한족 11명)이었고, 다른 통계에서는 300호로 추산하고 있었다.[657] 또한 1959년 1년 간 연변(延邊)지역에서 불법 월경해서 북한으로 간 사람들은 357명이었고, 친지 방문을 위해 불법으로 월경해서 중국에 들어온 사람들은 534명이었다.[658] 1959년 한 해 동안의 불법 월경자 수가 1953~57년까지 4년 동안의 불법 월경자 수보다 훨씬 많았던 셈이다. 이처럼 이 시기 중국에서 불법 월경해 북한으로 들어간 사람들이 많았던 배경에는, 1956~1957년 북한 농업의 풍작으로 1인당 식량 배급량이 중국보다 많았던 점, 북한정부가 조선족에 대해 북한 국적으로 변경을 장려하는 동시에, 북한 공민증 소지자에 대해 취업과 학교 입학의 편의를 제공한 점, 1957~1958년까지 진행된 반우파투쟁(反右派鬪爭)의 여파로 소수민족이 우파로 매도되어 탄압을 받게 된 점[659], 중국에서의 인민공사화운동(人民公社化運動)에 대해 조선족이 불만을 갖고 있었고 집단노동 참가에 대해 불안감을 느낀 점,

---

656. 「外交部,公安部,中僑委關于中國東北地區朝鮮族居民非法越境去朝問題的處理意見」 (1957.12.17), 中國外交部檔案館藏, 檔案號 118-01026-01, 1-2쪽.
657. 「關于偸渡去朝鮮的中國朝鮮族人及華僑問題(會議記錄)」(1957.12.5), 中國外交部檔案館藏, 檔案號 118-01026 -01, pp.12-20.
658. 安龍楨 主編, 1996, 『延邊朝鮮族自治州志』, 北京: 中華書局, 548쪽.
659. 이 운동의 일환으로 '정풍운동'이 시작되면서 소수민족의 간부가 숙청당했고, 지방 민족주의를 반대하는 정책이 실시되었으며, 일부 소수민족 지역에서는 민족자치지역을 취소하거나 축소하는 현상도 생겨났다.[공봉진, 「중국의 조선족에 대한 정책변화가 조선족 정체성에 미친 영향」(「비교문화연구」 제18집, 2006.6) 참조]

북·중 양국의 화폐 및 물가 차이에 따른 이윤을 획득하려고 했던 점 등과 관련이 있었다.[660]

게다가 1958년부터 1960년까지 추진된 중국의 대약진운동과 인민공사화운동 등에 의해 아사(餓死) 등 비자연적으로 사망한 자가 2,158만 명[661]에 이를 정도로, 중국은 경제적인 대재난을 겪고 있었다. 그로 인해 중국 주민들의 생활수준은 떨어졌고 식량 배급도 줄어들어 충분히 먹지 못하고 있었다. 그런데 북한에 가면 생활하기가 좋고 식량도 많으며 편안하게 직업을 얻을 수도 있다는 소문이 동북지역에 퍼졌다. 그러자 많은 조선족들이 가족을 데리고 월경해서 북한으로 들어갔다. 중국의 지방정부에서는 반우파투쟁의 여파 속에서 조선족의 민족 특성이나 풍습, 습관들을 무시하고 조선족의 문예(文體)활동을 취소하고 한어(漢語)교육을 강화하는 등 소수민족을 탄압하고 있었다. 반면에 북한 정부에서는 불법 월경자들을 중국으로 이관시키기보다는 월경자 가족 모두를 농업사(農業社)에 배치하고 노동자 1인당 40원의 안가비(安家費)와 식량을 제공하는 등 북한에 안착시키는 조치를 취하고 있었다.[662] 중국의 대약진운동으로 촉발된 식량난[663]과 생활환경이 악화되는 상황에서, 1959년 한 해에만 5만 2,014명(북한 교민 1,084명 포함)이 북한으로 이주했다.[664] 그 후에도 중국에서 북한으로의 불법 월경 현상은 더욱 격화되어 1961년 1월부터 1962년 3월까지 요녕성, 길림성의 변계(邊界)지역에서 불법으로 월경한

660. 「黑龍江省朝鮮族基本情況」(1962.4.29), 中國外交部檔案館藏, 檔案號 118-01028-03, 30-37쪽.

661. 「大躍進」, 「百度百科」(http://baike.baidu.com).

662. 「高世坤關于朝鮮族越境外流問題的滙報提要」(1962.5.10), 中國外交部檔案館藏, 檔案號 118-01028-04, 58-63쪽, 76-85쪽; 「外交部,公安部關于朝鮮族居民越境去朝問題的報告」(1961.5.9,10), 中國外交部檔案館藏, 檔案號 118-01026-03, 74-75쪽, 69-70쪽.

663. 이상숙·宋文志, 2012, 「1950~1960년대 조선족의 북한 이주와 북·중 협력」, 「북한연구학회보」 제16권 제1호, 373쪽.

664. 中國外交部檔案館藏, 檔案號 118-00777-01, 43-48쪽.

자가 3만 8,590명에 이르렀다. 그 가운데 설득을 당해 중국으로 돌아온 자가 9,205명이었고, 강을 건너다 익사한 사람이 252명이었으며, 그 나머지 2만 9,133명이 월경에 성공해 북한으로 들어갔다.[665] 또한 1962년 5월까지 불법으로 월경한 자는 7만 천여 명에 이르렀으며, 월경에 성공해 북한으로 들어간 자도 5만 5천여 명에 이르렀다. 그밖에 발견되지 않은 월경자도 많이 있었다.[666] 1950년대 후반부터 1960년대 초까지 북한은 중국보다 경제적으로 풍요로웠고 식품이나 생활용품도 풍부했기에 조선족의 북한으로의 '역이주(逆移住)' 현상이 나타났다고 볼 수 있다.[667] 하여튼 조선족의 대규모 불법 월경 문제와 관련해, 중국에서는 "외교적 조치를 취할 필요는 없고 북한 쪽에 교섭을 제의할 필요도 없다."는 입장을 견지했다.[668]

2. 변경의 안전과 사회질서 유지

그런데 건국 초기의 사회체계가 제대로 확립되지 못한데다가 한국전쟁을 겪으면서 대규모 조선족의 북한 월경현상이 심화되고 있었다. 이러한 상황에서 조선족에 대한 북한의 적극적인 '수용'과 불법 월경자에 대한 중국의 묵인은 결국 부작용을 드러내기 시작했다. 북·중 변경지역의 국가 안전과 사회질서 확립문제가 대두되기 시작했던 것이다. 이에 따라 1955년 6월 북·중 양국은 국가안전 및 사회질서 유지 차원에서 적의 特務, 간첩, 기타 반혁명분자의 파괴활동을 엄격히 방지하고 변경의 안전을 공고

---

665. 「外交部,公安部關于朝鮮族人越境問題的請示」(1962.3.23), 中國外交部檔案館藏, 檔案號 118-01025-02, 1-3쪽.
666. 「高世坤關于朝鮮族越境外流問題的滙報提要」(1962.5.10), 中國外交部檔案館藏, 檔案號 118-01028-04, 76-85쪽.
667. 權香淑, 2011, 「朝鮮族の移動と東北アジアの地域的ダイナミズム-エスニック·アイデンティティの逆說-」, 『北東アジア研究』第20號, 37쪽.
668. 「駐朝使館給外交部領事司的報告」(1961.7.24), 中國外交部檔案館藏, 檔案號 118-01026-07, 112-115쪽.

히 하기 위해 북·중 접경지역 주민의 국경 통행법(「中朝兩國接壤邊境地區的居民過境通行辦法」)을 제정했다.[669] 동년 6월에는 북한의 내무부와 중국의 공안부가 연석회의를 열고 불법 월경행위에 대한 처리 지침을 정했다. 즉 불법 월경자에게 범죄 의도나 행위가 없을 때는 그를 상대국에게 넘겨 처리하도록 했다. 이것이 불편하거나 초범일 경우에는 상대국으로 추방하기로 했다. 범죄 의도나 행위가 있을 때는 체포한 국가가 본국의 법률에 따라 처리하되, 필요할 때는 상대국에게 넘겨 처리할 수 있게 했다.[670] 또한 1960년 4월 북·중은 공공 재산, 주민의 생명과 재산을 유지하고 양국의 원활한 교류를 위해 중국의 길림성과 북한의 함경북도·양강도(兩江道)·자강도(慈江道) 사이에 「지방 차원의 연락체계를 만드는 문제에 관한 의정서(關于建立地方性聯系問題的議定書)」를 체결하고 양국 중앙정부의 비준을 받았다.[671]

1962년 3월에는 북한 외무상 박성철이 중국적 조선족의 대규모 월경이 정치적으로 좋지 않은 영향을 미치고 있고 북한의 사회질서를 어지럽히고 있으므로, 양국 정부가 협상을 통해 조선족이 합법적으로 왕래할 수 있도록 하기를 희망한다는 의견을 피력했다.[672] 중국 쪽에서도 1959년 이후부터 기존의 경제정책이 조정되면서 대약진운동의 악영향과 그 여파가 어느 정도 진정되어 가고 있었다.[673] 1964년 5~6월경 북·중 양국에서는 국경의 안전과 사회질서 유지에 중점을 두기 시작했다. 즉 양국은 압록강과

---

669. 「中朝兩國邊境居民過境通行證發放和管理辦法」(1956.3.1), 吉林省革命委員會外事辦公室, 『中朝,中蘇,中蒙有關條約,協定,議定書滙編』(機密文件)(이하에서는 『條約滙編』이라 약칭)(1974.6), 156쪽.

670. 中華人民共和國外交部條約法律司 編, 2004, 『中華人民共和國邊界事務條約集』 中朝卷, 北京: 世界知識出版社, 66-67쪽.

671. 「吉林省人民委員會關于吉林省同朝鮮民主主義人民共和國咸鏡北道,兩江道,慈江道之間關于建立地方性聯系問題的議定書的通知」(吉外介字第187號)(1960.4.1.), 『條約滙編』, 165-166쪽.

672. 「外交部,公安部關于朝鮮族人越境問題的請示」(1962.3.23), 中國外交部檔案館藏, 檔案號 118-01025-02, 1-3쪽.

673. 「大躍進」, 『Baidu大百科』https://baike.baidu.com/item/%E5%A4%A7%E8%B7%83%E8%BF%9B/228533? fr=aladdin.

두만강 변경지구를 '공동의 경계·방위지역(警衛區域)'으로 설정하고, 각자 맡은 부분을 책임지면서 필요한 정황을 수시로 상대국에게 통보했다. 또한 양국은 변경의 통행질서를 확립·유지하기 위해 통행검사기관과 조직을 만들고 여권, 변경주민 국경통행증, 변경 공무(公務)통행증, 쌍방이 협의·규정한 기타 증명서에 의거해 변경 통행인원이 증명서에서 지정한 지점을 통해서만 국경을 통과하도록 했다.[674]

당시 중국 쪽에 거주하는 자로서 국경 통행증을 발급받을 수 있는 대상자는 중국 변경지구의 시(市)·현(縣)에 거주하는 공민권 소지자, 합법적인 거류권(居留權)을 가지고 변경지구에 거주한 조선 교민(僑民), 공무가 아닌 이유로 월경하려는 1급 촌(村)(鄕)의 공무원, 광공업 기업체의 노동자, 혼자 통행할 수 없는 미성년자로서 북한 거주 지인의 병문안, 친구 방문, 질병 치료, 채무재산 처리, 지인의 결혼 참석, 상조사(喪弔事) 등 정당한 이유로 북한 변경지구로 가야 하는 자 등이었다. 당시 국경 통행증 소지자는 중국의 요녕성(遼寧省) 육도구(六道溝), 마시대(馬市臺), 장전하구(長甸河口), 백채지(白菜地), 석주자(石柱子), 길림성(吉林省)의 해관촌(海關村), 집안(輯安), 양민전자(良民甸子), 임강(臨江), 위사하(葦沙河), 육도구, 팔도구(八道溝), 십삼도구(十三道溝), 장백(長白), 도문시(圖們市), 개산둔(開山屯), 삼합촌(三合村), 대소(大蘇), 석건평(石建坪), 남평(南坪), 고성리(古城里), 부암(富岩), 사타자(沙坨子), 권하(圈河), 양수천자(凉水泉子), 백금(白金) 등의 도강(渡江) 장소(口岸)를 통해 국경을 통행할 수 있었다.[675]

이때 친척방문을 원하는 변경 거주민에게는 1개월 기한의 통행증을, 변

---

674. 「中華人民共和國公安部和朝鮮民主主義人民共和國社會安全省關于在邊境地區維護國家安全和社會秩序的工作中相互合作的議定書」(1964.6.9), 『條約滙編』, 108-109쪽.
675. 「中朝兩國邊境居民過境通行證發放和管理辦法」(1956.3.1), 『條約滙編』, 156-158쪽.

경지구의 일을 처리하기 위해 왕래하는 공무원에게는 1년 기한의 공무통행증을 발급하였다. 주민들의 불법 월경을 방지하기 위해 합법적인 증명서를 소지하지 않았거나 증명서에서 지정한 통행지점이나 검사기관을 거치지 않고 국경을 통과한 자는 불법 월경자로 처리했다. 불법 월경자에 대해서는 관련자 명단과 정황에 관한 일체의 자료를 상대국에게 넘겨야 했다. 다만 월경 후 범죄행위를 저지른 자에 대해서는 해당 국가의 법률에 따라 처리하고 상대국에게 그 정황을 통보했다. 일반적으로 국경 통과시간은 4~9월까지는 평양 시간으로 오전 9시부터 오후 6시까지로 제한했고, 10월~익년 3월까지는 평양 시간으로 오전 10시부터 오후 5시까지로 제한했다. 통행 시간 이외에는 모든 인원이나 교통운수 수단의 국경 통과를 금지했다.[676]

북·중 쌍방은 1965년 9월 중국 단동과 북한 신의주를 연결하는 압록강 철교의 경우, 경비요원과 교량 관리보수요원 이외에는 교량에서 보행할 수 없도록 했고, 공공버스나 화물차 등이 교량을 통과할 때, 변경 하천 통행검사기관이 출발시각을 상대국에게 전화로 통지하도록 했다. 중국의 라구(拉古)초소부터 북한 쪽 水豊댐까지의 경비는 북한 쪽이 담당하고 중국 쪽이 협조하도록 했으며, 야간에 댐 경비임무를 수행하는 중국 쪽 육지의 초병과 북한 쪽 댐 위의 초병 사이에 오해가 발생하는 것을 방지하기 위해 북·중 쌍방의 공안안전 대표가 반년마다 만나 비밀연락신호를 제정하고 교환했다.[677]

1965년 북·중 쌍방은 간첩, 특무(特務), 파괴·음해분자, 일반 범죄자가

---

676. 「中華人民共和國公安部和朝鮮民主主義人民共和國社會安全省關于在邊境地區維護國家安全和社會秩序的工作中相互合作的議定書」(1964.6.9). 『條約滙編』, 109-110쪽.

677. 「中華人民共和國中朝邊境地區公安總代表和朝鮮民主主義人民共和國中朝邊境地區安全總代表關于在邊境地區維護國家安全和社會秩序的工作中相互合作的會議記錄」(1965.9.26.), 『條約滙編』, 123-124쪽.

상대국 국경 안으로 도망칠 위험이 있을 경우, 상대국에게 통지하고 통지를 받은 국가에서는 필요한 조치를 취해 협조하기로 했다. 만일 어느 일국에서 범죄를 저지른 후 상대국으로 넘어온 범죄자와 그것에 관한 자료는 모두 해당 국가에게 이첩하고, 그들에 대한 조사와 체포는 상대국에게 위탁할 수 있도록 했다. 도망쳐 들어온 국가에서 더 큰 범죄를 저지른 자에 대해서는 쌍방의 협상을 거쳐 범인을 상대국에게 인도하지 않고 처리할 수 있었으며, 양국 모두에 관련된 범죄행위에 대해서는 각자 조사를 하고 상호 연락과 정보 교환을 강화하는 등 적극 협조하기로 했다. 적대적인 계급분자나 범죄 위험분자가 상대국으로 이주할 때는 그와 관련된 자료를 상대국에게 제공하도록 의무화했다. 중국 공안부(公安部)와 북한 사회안전성(社會安全省) 및 쌍방의 각급 변경지구 공안·안전대표는 전화·서신·인원파견 방식으로 직접 연계했고, 필요할 때는 외교경로를 통해 총(總)대표나 부(副)대표의 임면, 정치범의 인도사무 등을 통지할 수 있도록 했다.[678]

다음해인 1965년 9월 신의주에서 개최된 회의에서는 불법 월경자에 대한 처리규정을 더욱 세분화하였다. 즉 불법 월경자로서 범죄를 기도한 자, 월경 전 범죄행위를 저지른 자는 명단과 관련 서류, 증거 등을 변경통행장소(口岸)에서 상대국에게 이첩하기로 했다. 불법 월경자로서 범죄행위가 있는 자에 대해서는 체포한 해당국이 본국의 법률에 따라 처리하고 상대국에게 통지하도록 의무화했다. 또한 불법 월경자 처리과정에서 월경 전의 범죄행위를 발견했을 경우, 쌍방의 협상을 통해 어느 쪽이 처리하는 것이 쌍방의 공동이익에 더 유리한지를 판단하여 처리한 뒤 처리 상황을 상대국에게 통지하도록 했다. 불법 월경자와의 교류와 인도는 서면을 통해 진행하되, 북·중 쌍방은 중국 요녕성 관전현(寬甸縣) 동강(東江)과 북한

---

678. 「中華人民共和國公安部和朝鮮民主主義人民共和國社會安全省關于在邊境地區維護國家安全和社會秩序的工作中相互合作的議定書」(1965.9.26), 『條約滙編』, 108-115쪽.

평북 벽동군(碧潼郡) 동주리(東主里)를 불법 월경자의 인도장소(渡口)로 삼았다. 불법 월경자를 인도할 경우, 사전에 단동변경공작총참(丹東邊境工作總站)의 공안대표와 북한 신의주시 사회안전부 안전대표가 상호 인도시간, 인도자 수, 압송인원을 통지하고, 동강 주둔 중국 공안부와 동주리 주둔 북한 사회안전원 사이에 인도하도록 했다. 범죄사건 처리과정에서 일본이나 일본 괴뢰당국(만주국), 국민당 기관에서 헌병, 경찰, 밀정, 특무, 토벌대, 행정기관의 고위 책임자 등의 직책을 맡았거나 극악한 범죄활동을 벌인 사람들, 현재 조사 중이거나 직접적인 증인이 없어서 처리할 방법이 없는 사람들, 기타 적대적인 사건과 관련된 자, 상대국의 밀수 등 일반 범죄와 관련된 자에 관한 자료조사는 상대국에게 위탁할 수 있도록 했다. 또한 어느 한 나라의 적대적인 계급분자, 범죄자, 위험분자 들이 상대국의 국경 내로 이주할 경우 관련 자료를 상대국에게 송부하도록 했다.[679]

게다가 북·중 양국은 변경지역에서의 관련 사항들을 신속하고 원활하게 처리하기 위해 연락체계를 갖추고 있었다. 가령 북·중 양국이 접한 시(市)·현(縣)·군(郡), 즉 중국 쪽의 4개시, 9개현[680]과 북한 쪽의 2개시, 26개군[681]에서 행정구획 조정이나 변경이 있을 시 상대국에게 통지하도록 했다. 이것의 일환으로 북·중 양국은 변경지구의 공안안전대표 사이에 원활하게 연락을 취하고 협조를 돈독히 하기 위해 중국 쪽의 공안(公安)중심대표 2인, 공안대표 22인, 북한 쪽의 안전(安全)중심대표 2인, 안전대표 22인으로 구성된 연락조직을 갖추었는데, 중국 쪽의 공안(公安)중심대표는

---

679. 「中華人民共和國中朝邊境地區公安總代表和朝鮮民主主義人民共和國朝中邊境地區安全總代表關于在邊境地區維護國家安全和社會秩序的工作中相互合作的會議記錄」(1965.9.26.), 『條約滙編』, 131~136쪽.

680. 요녕성 동구현, 단동시, 관전현, 길림성 집안현, 혼강시, 장백현, 안도현, 화룡현, 연길현, 연길시, 도문시, 왕청현, 혼춘현이 해당함.

681. 평북 용천군, 신의주시, 의주현, 淸城郡, 朔州郡, 昌城郡, 碧潼郡, 자강도 雪時郡, 渭源郡, 楚山郡, 滿浦郡, 慈城郡, 中江郡, 양강도의 厚昌郡, 新坡郡, 三水郡, 혜산시, 普天郡, 三池淵郡, 함북의 延社郡, 무산군, 游仙郡, 회령군, 종성군, 온성군, 경원군, 경흥군, 웅기군이 해당함.

요녕성공안총대사령부변방처(遼寧省公安總隊司令部邊防處) 처장(處長)과 길림성공안총대사령부변방처(吉林省公安總隊司令部邊防處) 처장(處長)이었고, 북한 쪽의 안전(安全)중심대표는 평안북도사회안전국외사과(平安北道社會安全局外事科) 과장(科長)과 함경북도 사회안전국 외사과 과장이었다. 이때 요녕성 공안중심대표는 평안북도 안전중심대표를 파트너로 삼아 상호간에 연락을 취했고, 길림성 공안중심대표는 북한 자강도, 양강도, 함경북도의 변경사무에 관해 함경북도 안전중심대표와 연락을 취했다. 이들 간에는 전화, 서신 등의 방법으로 상호간에 연락을 취해 변경지역에서의 관련 업무를 처리했다. 또한 중·북 쌍방의 공안안전대표 사이 및 초소 간의 연계를 보장하기 위해 단동시 공안대표—신의주시 안전대표, 임강변방검사참—중강도강검열소(臨江邊防檢查站--中江渡江檢閱所), 장백(長白)변경검사참—혜산(惠山)도강검열소, 삼합(三合)변방검사참—회녕(會寧)도강검열소, 쌍목봉변경공작참(雙目峰邊境工作站)--백두산경비대 사이에 유선전화를 가설하였고, 접촉할 때는 관련 지구의 공안안전대표 사이에 혹은 초소 사이의 협상을 거쳤다. 특히 국경선이 명확하게 그어지지 않은 북한 쪽 백두산경비대와 중국 쪽 쌍목봉변경공작참 사이에는 연락을 위해 서로 왕래하는 인원에게 변경공무통행증을 발급했고 반드시 경위(警衛)초소를 거쳐 통과하도록 했다.[682]

1990년대 이후에는 북한주민들의 불법 월경자(탈북자) 수가 급증하자, 2003년 11월 북·중 양국은 「중국과 북한의 민사·형사·사법적 협조에 관한 조약(中華人民共和國和朝鮮民主主義人民共和國關于民事和刑事司法協助的條約)」을 체결함으로써, 탈북자의 송환·관리 처리를 비롯해

---

682. 「中華人民共和國中朝邊境地區公安總隊代表和朝鮮民主主義人民共和國朝中邊境地區安全總代表關于在邊境地區維護國家安全和社會秩序的工作中相互合作的會議記錄」(1965.9.26), 『條約滙編』, 137-149쪽.

서, 불법적으로 월경해 중국에 취업·거류하고 있는 북한 사람들을 단속하기 위한 법률적 근거를 마련하고[683] 탈북자에 대한 단속을 강화하고 있다.

3. 재해 예방과 사고 처리

불법 월경문제, 변경지역의 국가안전과 사회질서 문제가 어느 정도 가닥을 잡아가자, 북한과 중국은 각종 재해예방과 사고 및 재해 처리문제 등에도 관심을 기울이게 되었다. 1964년 5~6월 북·중 양국은 회의를 열고 재해예방과 사고처리를 위한 의정서(議定書)를 체결했다. 즉 북·중 쌍방은 이 의정서에 어느 일방에 재해나 사고가 발생했을 때 상대국 국경 내로 들어가 거주민을 구호해야 하고, 상대국에서 유실된 선박·가축·가금(家禽) 및 기타 물자 재산 등을 습득했을 때 보관하고 상대국에게 3일 내로 선박의 모양, 번호 등을 통보하도록 의무규정을 마련했다.[684] 1965년 9월 신의주에서 열린 회의에서는 전년도 의정서에서 협의하지 않은 구체적인 내용이나 절차 등에 대해서도 합의했다. 즉 북·중 쌍방은 상대국 국경 내에서 화재가 발생한 사실을 발견했을 때 신속하게 화재진압을 돕고 소방인원과 소방차 등의 국경 통과문제는 전화로 협의하고 가장 편리한 지점을 택해 통과하기로 합의했다. 또한 태풍피해나 화재를 만난 상대국 인원이나 선박을 발견했을 때도 적극 구조하고 필요한 조치를 취하기로 했다. 이와 아울러 자연적·인위적인 재해로 인해 어쩔 수 없이 월경한 상대국 주민에 대해서는 구조하도록 의무화했다. 구조된 선원에게는 공안(公安)안전대표 명의로 2년 기한의 선원증을 발급하고 상대국 강변에서 배를 예인하도록 했다.[685]

683. 李琦, 2011, 「吉林中朝邊境地區境外邊民"三非"問題研究」, 『河南警察學院學報』 第20卷 第2期, 61쪽.
684. 「中華人民共和國公安部和朝鮮民主主義人民共和國社會安全省關于在邊境地區維護國家安全和社會秩序的工作中相互合作的議定書」(1964.6.9), 『條約滙編』, 106-107쪽.
685. 「中華人民共和國中朝邊境地區公安總代表和朝鮮民主主義人民共和國朝中邊境地區安全總代

또한 어느 한 나라에서 전염병이나 병충해가 발생해 상대국에게 전염될 위험이 있을 때는 즉시 통보하고 필요시 쌍방의 협상을 통해 방역검사를 하고 전염병 발생지역 주민과 그곳을 방문하려는 주민에 대해 국경통행증 발급과 국경통행을 일시 중지할 수 있도록 했다. 그리고 상대국의 사회와 주민의 생명·재산에 위해를 가할 수 있는 작업(예를 들면 도로 개보수 공사, 관개공사, 제방공사, 뗏목 통로 준설 공사, 폭파작업 등)을 할 때도 사전에 상대국과 협상을 통해 안전조치를 취하도록 했으며, 작업항목, 시간, 지점, 규모, 방법, 인원, 기구, 폭파시간, 신호규정, 상대국에 대한 협조사항 등을 상대국에게 통지하고 협상을 통해 진행하도록 했다. 또한 시체가 발견되었을 때 상대국에게 이송하되, 상대국의 범죄사건에 연루되었거나 국적이 불명확하고 부패되어 판명이 불가능하거나 어떠한 원인으로 인도할 수가 없는 시체의 경우, 쌍방이 공동으로 검안하고 협상을 통해 관련 자료를 작성하고 사진을 찍은 뒤 매장하도록 했다. 게다가 체포를 거부하고 도망치다가 변경 경비요원에게 사살된 범죄분자나 불법 월경자의 시체가 상대국 주민일 경우, 즉각 상대국에게 통지하고 공동으로 현장을 조사한 후 처리할 수 있도록 했다.[686]

이와 아울러 북·중 국경지역에서는 식물에 유해(有害)한 생물의 유입·확산을 방지하고 예방검역을 강화하기 위해 중국 요녕성 농업검역기관에서는 북한과 공동으로 변경지역의 위험한 유해생물에 대해 연합조사와 방역통제에 대한 연구를 진행해 유해생물의 확산과 피해를 서로 방지하기로 했다.[687]

表關於在邊境地區維護國家安全和社會秩序的工作中相互合作的會議記錄」(1965.9.26.), 『條約滙編』, 117-120쪽.

686. 「中華人民共和國公安部和朝鮮民主主義人民共和國社會安全省關於在邊境地區維護國家安全和社會秩序的工作中相互合作的議定書」, 『條約滙編』, 106-107쪽; 「中華人民共和國中朝邊境地區公安總代表和朝鮮民主主義人民共和國朝中邊境地區安全總代表關於在邊境地區維護國家安全和社會秩序的工作中相互合作的會議記錄」, 『條約滙編』, 117-123쪽.

687. 蔡明, 2012, 「遼寧省中朝邊境地區農業植物疫情發生形勢與防控對策」, 『植物檢疫』第2期, 82쪽.

III. 국경 하천[界河]의 이용과 관리

1. 국경 하천의 선박 운항 관리

한편 북한과 중국에서는 압록강과 두만강의 소유·관리·이용 등에 관한 명확한 협정이 마련되지 않은 상황에서, 1960년 5월 이 강들에 대한 공동 관리와 이용을 원활하게 하기 위해 「조중국경하류선박항행규칙(朝中國境河流船舶航行規則)」(이하 「航行規則」)을 제정했다. 이 규정에 따라 북·중 양국에 등록된 선박들은 상대국이 무역의 필요에 따라 지정한 항구와 장소에 정박하거나 진출할 수 있었다. 그렇지만 지정된 항구와 장소에서는 해당국가의 법과 명령을 따라야 했고, 배 안에서의 질서는 선박 소속국가의 법과 명령을 따랐다. 어느 일방의 선박이 상대국의 항구에 진입했을 때 배 안에서 선원이나 탑승객에게 제공하기 위한 물품이나 선박의 관리·유지에 필요한 비품을 운반하는 것에 대해서는 면세를 적용했다. 선원이나 항로(航路) 공작원들은 신분증명서를 휴대해야 했고 상대국의 항구에 정박해 있는 동안에는 항구도시를 자유롭게 왕래할 수 있었다. 선박에 사고가 발생했거나 기타 원인으로 계속 항행할 수 없어서 탑승객들이 상륙해야 할 때는 선장이 해당 지역의 관련 기관에 통지해야 했다. 이 「항행규칙」을 준수하고 항행을 관리·감독하기 위해 북·중 양국은 각각 3명씩

대표로 '조중압록강두만강항운합작위원회(朝中鴨綠江豆滿江航運合作委員會)(이하에서는 '항운합작위원회'로 약칭)'를 조직했다.[688]

　동년 5월 항운합작위원회에서는 양국이 공동으로 항로를 측량하고 측량자료에 의거해 항로 설정, 항로표시, 부표 등을 설치한 뒤 준설공사를 했다. 공사비용은 북·중 쌍방이 분담했다.[689] 선박의 운행은 「부속문건 1」을 정해 국제해상 파난(避難)규칙과 국제통용 신호규정에 따라 처리하고 있었다. 주간에 운항하는 선박은 소속국기를 게양하도록 했고 양 뱃전에는 배의 이름을, 선미에는 선적 항구를 표시하도록 했다.[690]

　손해사고 처리 및 구조와 관련해서, 북·중 쌍방은 1960년 5월 「부속문건 2」를 작성해 선박과 뗏목에 손해사고가 발생하면 최대한 신속한 방법으로 선박과 뗏목의 소속국가의 주관 기관에게 서면 또는 구두로 사고를 보고하도록 했다. 다른 선박이나 뗏목, 사람이 수상에서 조난한 것을 발견했을 때 최대한 구조하도록 명시했다. 선박과 뗏목의 충돌사고 시, 쌍방은 즉시 운행을 중지하고 공동으로 조사하여 기록하되, 쌍방의 의견이 다를 경우 각자의 기록물 부본(副本)을 교환한 후 공동의 기록물, 쌍방의 기록물 부본 각 1부, 손해 보고서 등을 해당 선박과 뗏목의 소속국가의 주관기관에 보냈다. 손해사고에 대해서는 쌍방 소속국가의 주관기관이 공동으로 작성한 조사보고서에 따라 배상 처리했다.[691]

　그런데 압록강과 두만강에서의 선박 「항행규칙」은 1981년 항운합작위원회 제21차 회의에서 새로 만들어져서 1982년 9월 1일부터 현재까지 실

---

688. 「中華人民共和國和朝鮮民主主義人民共和國關于國境下流航運合作的協定」(1960.5.23),『條約滙編』, 216-219쪽.
689. 「附件: 中朝雙方關于國境河流鴨綠江,圖們江航道航標建設與管理的規定」(1960.5.23),『條約滙編』, 221-224쪽.
690. 「附件: 中朝國境河流船舶航行規則」(1960.5.23),『條約滙編』, 225-251쪽.
691. 「附件: 中朝國境河流船舶航行規則 第四章 海損事故處理和海難救護」(1960.5.23),『條約滙編』, 240-243쪽.

행되고 있다. 이 규칙은 중국의 「내하피팽규칙(內河避碰規則)」과 「1969년 국제신호규칙(國際信號規則)」, 「1972년 국제해상피팽규칙(國際海上避碰規則)」을 기본으로 작성되었다. 그리고 북·중 양국의 항운·해사(海事)·항행 표지를 관리하는 부서에서는 매년 압록강 수역의 항행표지 공작 실태에 대해 합동으로 검사를 하고 항행표지 설치와 관리상의 문제점들을 해결하고 조정해오고 있다.[692]

최근 압록강 중하류에서의 선박 통항실태를 살펴보면, 혼강(渾江)하구에서 수풍(水豊)댐까지의 146km 수역인 수풍댐 저수지 구역(拉古哨庫區)에는 육지의 표지 위주로 도하(渡河)표지와 접안(接岸)표지 30개가 설치되어 있고 4개의 접안소(接岸所)가 있다. 이곳에서는 농민들이 12마력 이하의 보트를 가지고 농산물이나 건설자재 등을 운반하거나 어로(漁撈)작업을 하고 있다. 수풍댐부터 태평만(太平灣)댐까지의 30.4km 수역인 태평만댐 저수지 구역에는 19개의 표지가 있다. 수풍댐과 마찬가지로 태평만댐 위에도 도로가 만들어져 북한과 중국이 서로 왕래할 수 있지만 화물운송은 거의 정체되어 있는 상황이다. 태평만댐부터 중국 단동(북한 신의주)의 중조우의교(中朝友誼橋)까지의 40.6km 수역에도 15개의 각종 표지와 고루자(古樓子)·황구(荒溝)·마시(馬市) 등에는 소형 선박의 접안소가 설치되어 있다. 중조우의교 지역은 유명한 관광지로 변모해 있다. 중조우의교부터 압록강 하류의 강과 하천이 만나는 지점까지의 60여km는 겨울에는 얼고 하류의 모래톱이 많고 항로가 자주 바뀌어서 매년 겨울에는 항로표지를 철거했다가 봄에 다시 설치하고 있다. 압록강이나 두만강에서의 항행, 어업, 하수 사용 등에 대해서는 북·중 양국이 공동으로 관리·이용하고 있다. 유초도(柳草島)·황금평(黃金坪)·비단섬(綢緞島) 등

---

692. 高科·李波, 2008, 「中朝船舶航行規則與鴨綠江中下流通航現狀」, 『海事研究』, 52쪽.

큰 섬들은 대부분 북한 소유로 되어 있고 중국 쪽에 가깝게 위치해 있다. 그런데 바다 쪽에서 압록강 혹은 랑두항(浪頭港)으로 진입하는 항로는 동수도(東水道)·중수도(中水道)·서수도(西水道)·노서수도(老西水道) 등 4개가 있지만, 노서수도만이 유일한 중국 쪽 변경을 통해 서해로 나가는 통로 역할을 하고 있다. 랑두항에는 중소형 선박이 정박할 수 있다.[693]

국경 하천의 관리·이용과 관련해서는 선박의 운항 못지않게 배를 이용한 사람들의 통행문제도 중요했다. 압록강에서의 통행문제는 1902년 안동(安東, 지금의 단동)에 변경 하천 통행 장소(口岸海關)가 설치되고, 1929년 길림성 화룡현(和龍縣) 고성리(古城里)와 남평(南坪) 등에 변경 통행 장소가 설치되면서 공식화되었다.[694] 중화인민공화국이 성립된 이후 중국과 북한에서 양국 국경 통행·관리의 필요성이 대두되면서, 1964년 5월 평양에서 압록강과 두만강으로 이루어진 북·중 국경 하천의 공동 이용과 관리를 위해, 북·중 양국의 수석대표 1명씩과 대표 4명씩으로 '조중계하공동이용위원회(朝中界河共同利用委員會)'를 조직하기로 했다. 또한 동위원회의 쌍방 수석대표 사이의 연락·통보·업무의 신속한 처리를 보장하기 위해, 중국은 안동에, 북한은 신의주에 연락소를 설치하고 연락 책임자를 파견해 상주하도록 했다.[695]

1965년 9월에는 북·중 쌍방은 14곳[696]을 변경 하천 통행장소(口岸)로 삼

693. 中華人民共和國交通部安全監督局, 1997, 『航行法規標準滙編』, 北京: 人民交通出版社; 高科·李波, 2008, 「中朝船舶航行規則與鴨綠江中下流通航現狀」, 『海事研究』, 52-54쪽.

694. 李玉潭·吳亞軍, 2007, 「東北地區邊境口岸體系的建設及存在的問題」, 『東北亞論壇』第16卷 第6期, 3쪽.

695. 「中華人民共和國政府和朝鮮民主主義人民共和國政府關于共同利用和管理中朝界河的互助合作協定」(1964.5.5), 吉林省革命委員會外事辦公室編印, 『條約滙編』, 102-105쪽.

696. 중국 요녕성 단동시와 북한 평안북도 신의주시, 요녕성 寬甸縣 長甸河口와 평북 淸城郡 청성읍, 길림성 集安縣 海關과 慈江道 楚山郡 延豊里, 집안현 集安鎭과 자강도 滿浦郡 만포읍, 길림성 渾江市 臨江과 자강도 中江郡 중강음, 길림성 長白縣 八道溝와 兩江道 厚昌郡 堡三里, 장백현 장백진과 양강도 혜산시 혜산읍, 길림성 和龍縣 古城里와 함북 延社郡 三長里, 和龍縣 南坪과 함북 茂山郡 七星里, 길림성 延吉縣 三合과 함북 회령군 회령읍, 연길현 開山屯과 함북 鐘城郡 三峰里, 길림성 圖們市와 함북 穩城郡 온성읍(南陽), 길림성 琿春縣 沙坨子와 함북 경원군 경원읍, 혼춘현 圈河와 함북 慶興郡 元汀里 사이이다.

고 변경 하천 통행검사기관을 설치하기로 했다. 교량이 없는 변경 하천 통행 장소에서 강물의 결빙, 해빙, 홍수 등의 원인으로 통행할 수 없을 경우, 쌍방의 공안 안전대표가 협상해서 도강 장소와 가까운 곳에서 통행하는 것을 허락했으며, 나룻배를 이용하여 渡江 장소에서 주민이 국경을 통과할 경우에는, 쌍방이 붉은 깃발로 나룻배의 도선 연락신호를 보내기로 했다.[697]

개혁개방 이후인 2001년 11월 24일 북·중 양국은 「중화인민공화국정부화조선민주주의인민공화국정부관우변경구안급그관리제도적협정(中華人民共和國政府和朝鮮民主主義人民共和國政府關于邊境口岸及其管理制度的協定)」을 체결하고 변경 통행 장소의 범위를 명확하게 규정하는 동시에, 북·중 국경지역의 단동, 도문(圖們) 등 15개 지역에 통행 장소(口岸)를 설치했다.[698] 또한 "제10차 5개년 계획" 기간(2001~2005) 중국의 중앙정부, 성(省), 주(州), 시(市)에서는 잇달아 8억 1천만 위안을 투자해 낡은 통행시설을 수리하는 동시에 기초시설을 새로 갖추었다. 게다가 이 기간에 훈춘(琿春), 권하(圈河), 남평(南坪), 노호초(老虎哨), 임강(臨江), 장백(長白)에 공로(公路) 통행 장소(口岸)에 1억 2,200만 위안을 투자해 검사기관 건물, 공로(公路) 국경다리, 변방 판공실 건물, 해관 판공실 건물, 검역소 검물, 검사통로, 부두 등을 새로 마련했다.[699]

2. 수문·댐의 설치·운영 및 전력(電力)·어족(魚族) 자원의 분배

---

697. 「中華人民共和國中朝邊境地區公安總代表和朝鮮民主主義人民共和國朝中邊境地區安全總代表關于在邊境地區維護國家安全和社會秩序的工作中相互合作的會議記錄」(1965.9.26.), 『條約滙編』, 124~127쪽.
698. 「東北地區邊境口岸體系的建設及存在的問題」, 3~4쪽.
699. 「東北地區邊境口岸體系的建設及存在的問題」, 4쪽.

북·중 양국은 1956년 1월 압록강과 두만강에서의 목재운송과 관련해 의정서를 체결했는데[700], 북한 쪽의 뗏목 형태 목재 운송량이 증가되면서 압록강과 두만강에 수문(水閘)의 설치와 이용에 관한 협의의 필요성이 제기되었다. 이에 따라 북·중 양국은 1957년 수문 관련 업무 해결을 위해 협정을 체결했고, 1960년 이전까지 유량(流量) 측량소 6곳과 강우량(降雨量) 측량소 6곳을 증·개설했다.[701] 1964년 7월에는 북한 측의 제의에 따라 압록강과 두만강에 6개의 수문 건설과 표류목 인양 문제에 관한 협의서를 체결했다. 이 협의에서는 뗏목 형태의 목재 운송량이 압도적으로 많았던 북한 쪽에서 수문의 설계·시공을 비롯해 목조 수문의 건설에 소요되는 목재·노동력·건설비용 등을 부담하고 수문의 관리도 북한 측에서 담당하기로 했다. 다만 콘크리트 구조 수문에 대한 투자액과 대형 수리에 소요되는 비용은 뗏목 운송량의 비율(중국 측은 2,000㎥, 북한 측은 50,000㎥)에 따라, 중국 측은 4%, 북한 측은 96%를 각각 부담하기로 했다. 또한 표류목의 신속한 인양을 보장하기 위해 북·중 쌍방은 의정서 제8조에 규정한 증명서를 소지한 모든 인원이 압록강과 두만강 유역의 상대방 경내에서 표류목 인양작업을 할 수 있도록 규정했다.[702]

북·중 양국은 변경지역에서의 수력발전소 건설·운영·관리와 그에 따른 전력의 분배문제에 대해서도 협력을 했다. 최초의 사례로서 1955년 북·중 양국은 정부 간 합작협정에 조인하고 '압록강수풍수력발전공사(鴨綠江水豊水力發電公司)'를 설립했다.[703] 원래 수풍수력발전소[704]는 일본

700. 「關于在鴨綠江和圖們江中運送木材議定書」(1956.1.14) 제1, 3, 12, 13조, 『條約滙編』, 252-258쪽.
701. 「中華人民共和國水利部和朝鮮民主主義人民共和國中央氣象臺關于水文工作合作的協定」(1957.12.31), 제2, 3, 5, 7, 11, 15조, 『條約滙編』, 354-361쪽.
702. 「關于在鴨綠江和圖們江中運送木材議定書的補充議定書」(1961.11.24) 제1, 2조, 『條約滙編』, 260-263쪽.
703. 李岩, 1998, 「中朝水力發電公司關于鴨綠江界河電站的合作與管理」, 『大壩與安全』 第3期, 9쪽.
704. 중국 요녕성 寬甸縣과 북한 平安北道 朔州郡 境內에 소재.

식민지 시기 만주국 대표와 조선총독부가 공동으로 합작조약에 서명한 뒤 1937년부터 건설이 시작되어 1941년에 처음으로 발전기가 투입되어 발전이 시작되었고, 1945년에 토목공사가 기본적으로 완공되어 6기의 발전기가 설치되면서 완성되었다. 1954년 한국전쟁이 끝난 후 북한에서는 원래부터 수풍발전소에 설계되어 있던 발전능력을 회복시키기 위해, 소련 정부에 설계공작과 시공지도에 참가해줄 것을 요청했다. 1955년 4월 북·중 양국은 우호합작, 평등호혜, 영토주권의 상호존중의 원칙에 따라 압록강의 수력자원을 개발·이용하고 국민경제를 발전시키기 위해 「압록강수풍발전소에 관한 협의서」에 서명했다. 이 협의서를 통해 양국은 '중조압록강수풍수력발전공사(中朝鴨綠江水豊水力發電公司)'(1958년 '중조압록강수력발전공사(中朝鴨綠江水力發電公司)'로 개칭)를 공동으로 설립하고 수풍발전소를 공동으로 운영하는 데 동의했다. 그리고 평등한 권리의 원칙에 입각해 각각 사람을 파견하여 공사의 이사회와 감사회를 조직해 양국 정부를 대표해 수풍수력발전공사의 지도와 감찰을 수행하기로 했다. 1955~1958년까지 북·중 양국은 수풍수력발전소의 복구·개조 공사를 완성했다. 수풍발전소의 모든 자산은 북·중 양국의 공동소유로 했고 중조압록강수풍수력발전공사(中朝鴨綠江水豊水力發電公司)의 직원 배치와 일상 업무관리는 양국의 동의를 거쳐 북한 측에서 책임지기로 했다. 수풍발전소에서 생산된 전력은 원칙적으로 북·중 양국이 절반씩 분배하기로 했고 통일적인 가격으로 계산해서 이윤 역시 양국이 평균해서 분배하기로 했다.[705]

1958년 2월에는 북한을 방문한 중국의 저우언라이(周恩來)가 김일성에게 북·중이 합작으로 운봉(雲峰)수력발전소를 건설하자고 제안한 동

705. 李岩, 「中朝水力發電公司關于鴨綠江界河電站的合作與管理」, 9쪽.

시에 중국이 우선적으로 북한에 투자할 수 있다는 말을 전하면서[706] 북·중 간의 수력발전 협력은 다시 확대되기 시작했다. 원래 운봉수력발전소[707]는 1942년 8월 일본이 공사를 개시했다가 1945년 8월 패망하면서 중지되었다. 이 상황에서 저우언라이의 제안으로 1959년 2월 중국 수리전력부(水利電力部) 동북감측설계원(東北院)과 북한 전기성(電氣省) 중앙설계연구소(中央設計研究所)의 공동설계를 거쳐 발전소 공사가 다시 시작되었다. 이때 댐 공사는 북한 측이 맡았고, 발전소 건물 공사와 물을 끌어들이는 시스템 및 설비의 제조는 중국 측에서 담당했다. 이 발전소가 건설된 뒤에는 중국 측에서 사람을 파견해 운영·관리하고 북·중 쌍방으로 송전하도록 했다. 운봉발전소는 1965년 9월 1기의 발전설비가 투입되어 발전을 시작했고 1967년에 모든 시설이 완공되었는데, 건설비용으로 3억 2,300만 위안이 투입되었고 연인원 2만 2,500명이 동원되었다.[708] 이 발전소 건설비용과 관련해 중국은 북한에 차관을 제공했고 북한은 1963년부터 10년 간 현물로 상환했다.[709]

그런데 북·중 양국이 국경 하천을 공동으로 소유·관리·이용하다보니 수력발전소의 설치·운용과정에서도 협의와 협조가 필요했다. 1963년 3월 중국 측에서는 개산둔(開山屯) 제지공장의 공업용수를 확보하기 위해 두만강에 건설된 공업용수 확보용 댐의 유지·보수 문제와 관련해 북한 측과 협상을 벌여, 제지공장의 공업용수 확보문제를 해결했다. 이와 동시에 중국 측에서는 북한 측 강둑의 충격을 방지하기 위해 3~4개의 물 흐름 분산용 제방(挑水壩)을 수축하고 호안(湖岸)시설도 만들었으며, 북한 측은 중

---

706. 中國外交部檔案館藏, 檔案號 203-00111-04, 84-86쪽; 沈志華·董洁, 2011, 「朝鮮戰後重建與中國的經濟援助(1954-1960)」, 『中共黨史研究』 第3期, 55쪽.
707. 중국 길림성 集安市와 북한 자강도 滿浦郡 소재.
708. 李岩, 「中朝水力發電公司關于鴨綠江界河電站的合作與管理」, 10쪽; 「雲峰水電站」, 『百度百科』(http://www.baidu.com).
709. 中國外交部檔案館藏, 檔案號 204-00315-04, 57-67쪽, 69-71쪽; 『人民日報』 1958.9.28.

국 측의 시공 편의를 위해 시공 장소를 제공했다.[710]

　1974년 1월 북·중 양국은 전력의 상호 송수전(送受電) 문제에 대해서
도 협의서를 체결해, 전력수급이 불균형한 지역에는 남아도는 전력을 상
대국에게 제공함으로써 이 문제를 해결하고 있었다. 다음의 <표-1>과 <
표-2>에서 알 수 있듯이, 당시 북한 측에서는 13곳에서 중국 쪽으로 전력
을, 중국 측에서는 10곳에서 북한 쪽으로 전력을 공급하고 있었다. 그런데
요녕성 관전현(寬甸縣) 장전성(長甸城)에 6만V 송변전 설비가 완공되어
이 부근의 전력 수급상황이 호전된 후에는 북한의 평안북도 청성군(淸城
郡) 청성(淸城)에서 중국의 요녕성 관전현 장전하구(長甸河口)로, 평안북
도 삭주군(朔州郡) 수풍구(水豊區)에서 관전현 랍고초(拉古哨)로, 함경
북도 무산군(茂山郡) 양영리(梁永里)에서 길림성 화룡현(和龍縣) 용연대
대(龍淵大隊)로, 무산군 칠성리(七星里)에서 화룡현 남평(南坪)으로, 무
산군 독소리(篤所里)에서 화룡현 노과공사(蘆果公社)로, 평안북도 의주
군(義州郡) 의주(義州)에서 관전현 호산(虎山)으로 각각 송전하던 것이
중단되었다.

線路名	북한측 送電지점	중국측 受電지점	受電단자 전압(천V)	周波	최대전력 (W)	비고
元敬線	함북 慶興郡 元汀里	吉林省 琿春縣 敬信公社	3.0	60	250	
訓琿線	함북 慶沅郡 訓戎里	길림성 혼춘현 琿春鎭	60.0	60	1,700	
南圖線	함북 溫城郡 南陽邑	길림성 圖們市	60.0	60	4,000	
豆防線	함북 雄基郡 豆滿江里	혼춘현 防川大隊	3.0	60	60	
城大線	함북 遊仙郡 城北里	길림성 延吉縣 大蘇五隊	3.0	60	100	
惠長線	兩江道 惠山市	길림성 長白縣 長白鎭	3.0	60	500	

710. 「中華人民共和國吉林省和朝鮮民主主義人民共和國咸鏡北道關于開山屯造紙廠維修圖們江引
水攔河壩問題的協議書」(1963.3.1.),『條約滙編』, 278-279쪽.

淸長線	평북 淸城郡 淸城	遼寧省 寬甸縣 長甸城	60.0	60	4,000	旬 6V 변설완후 長城만송전비공 송전
淸長線	淸城郡 淸城	관전현 長甸河口	3.0	60	400	旬 6V 변설완후 長城만송전비공 단전
水拉線	평북 朔州郡 水豊區	관전현 拉古哨	3.0	60	1,000	" 1974년에 소단 취(전)
梁龍線	함북 茂山郡 梁永里	길림성 和龍縣 龍淵大隊	3.0	60	90	
七南線	무산군 七星里	화룡현 南坪	3.0	60	180	
篤蘆線	무산군 篤所里	화룡현 蘆果公社	3.0	60	170	"
義虎線	평북 義州郡 義州	요녕성 관전현 虎山	3.0	60	110	"
						"

<표1> 북한에서 중국으로의 송전 현황

<출처> 「中華人民共和國水利電力部東北電力局和 朝鮮民主主義人民共和國電氣煤炭工業部 送變電指導處關于兩國邊境地區相互供受電力協議書」(1974.1.20), 『條約滙編』, pp.287-288.

<표2> 중국에서 북한으로의 송전 현황

線路名	중국측 送電지점	북한측 受電지점	受電단자 전압(천 V)	周波	최대전력 (W)	비고
前新線	요녕성 東溝縣 前陽	평북 龍川郡 新西里	20.0	50	1,000	
前緞線	길림성 東溝縣 前陽	용천군 비단섬	20.0	50	2,500	
臨中線	길림성 渾江市 臨江鎭	慈江道 中江郡 中江	3.0	50	1,300	
大湖線	渾江市 大栗子鎭	中江郡 湖下里	3.0	50	800	
靑松線	길림성 集安縣 靑石鎭	자강도 滿浦市 松三	6.0	50	50	
六富線	渾江市 六道溝	兩江道 厚昌郡 富田里	3.0	50	150	
白溪線	길림성 延吉縣 白金	함북 遊仙郡 溪上里	3.0	50	300	
大松線	연길현 大蘇七隊	遊仙郡 松鶴里	3.0	60	70	
興南線	길림성 화룡현 興南大隊	함북 무산군 南村里	3.0	60	70	중국 측 송전선로를 거쳐 전력 공급
楠芝線	화룡현 楠田大隊	무산군 芝草里	3.0	60	50	중국 측 송전선로를 거쳐 전력 공급

<출처> 「中華人民共和國水利電力部東北電力局和朝鮮民主主義人民共和國電氣煤炭工業部送變電指導處關于兩國邊境地區相互供受電力協議書」(1974.1.20), 『條約滙編』, 288-289쪽.

북·중은 상호 수급한 전력을 계량할 때 송전 장치에 설치된 전기 계량기에 근거해 계산하되, 송전 장치에 계량기가 없을 때는 수전 장치의 계량기에 근거해 계산했다. 전기 계량기의 검사와 작성은 6개월에 1회씩 실시했고 쌍방은 각각 2~4명을 파견하여 1월과 7월에 상호 왕래하여 검사했다. 계량기 검사서는 계량한 곳이나 중국 단동시--북한 신의주시, 중국 집안현--북한 만포시, 중국 장백현--북한 혜산시, 중국 도문시--북한 온성시

에서 각각 작성했다.[711]

운봉발전소 건설에 이어, 북·중 양국은 절반씩 자금을 투자하고 북한 측에서 시공·건설·운영·관리하는 위원(渭原)수력발전소[712] 건설에도 합의했다. 이에 따라 1978년 공사가 개시되어 10년간의 공사를 거쳐 1988년 6기의 발전기가 갖추어져 발전을 시작했다.[713] 위원수력발전소가 북한 측에 의해 시공·건설·운영·관리되고 있는 경우라면, 태평만(太平灣)수력발전소는 중국 측에서 책임지고 시공·건설·운영·관리하고 있는 경우이다. 태평만수력발전소는 1980년 시공되어 1985년 말 발전기 1대가 설치되어 발전을 하였고 1986년에 4대의 발전기가 갖추어져 완공되었다. 1985년 5월 '북·중 수력발전사업 합작 30주년'에 즈음하여, 양국은 압록강과 두만강의 수력자원을 빨리 개발·건설하자는 데 합의하여 종전의 '압록강수력발전공사'를 '중조수력발전공사(中朝水力發電公司)'로 개칭하여 이 회사의 업무 범위를 두만강까지로 확대했다.[714]

그런데 '중조수력발전공사'는 북·중 양국이 출자하여 합작·운영하는 다국적 회사로서 양국정부가 파견한 사람들로 구성된 이사회의 지도와 감독을 받고 있고 이사회도 회의 형식으로 운영되고 있다. 그 결과 이 회사에는 실제 기구가 없고, 관할하고 있는 발전소도 각각 어느 한쪽에게 책임과 관리를 위탁하고 있는 실정이다. 그 결과 북·중 이사회에서 토론을 거쳐 결정한 문제와 결의 등은, 실제로 위탁받은 국가의 국내정책, 체제, 법률제도의 제약과 제한을 받고 있기 때문에 온전하게 관철·집행되기 어려운 상황에 있다. 몇 십 년 동안 이 회사나 발전소에 대한 이사회의 지도

---

711. 「中華人民共和國水利電力部東北電力局和朝鮮民主主義人民共和國電氣煤炭工業部送變電指導處關于兩國邊境地區相互供受電力協議書」(1974.1.20.), 『條約滙編』, 282-285쪽.

712. 중국 吉林省 集安시 老虎哨村과 북한 慈江道 渭源郡 渭源邑 소재.

713. 李岩, 「中朝水力發電公司關于鴨綠江界河電站的合作與管理」, 10쪽.

714. 李岩, 「中朝水力發電公司關于鴨綠江界河電站的合作與管理」, 10쪽.

감독권, 관리와 정책 결정권은 강화되지 못하고 점차 약화되고 있어서 어느 일국의 통제를 받는 현상이 점점 많아지고 대용량의 발전기를 장악한 어느 일방의 간섭도 점점 심해지고 있는 실정이다. 이러한 현상은 이 회사의 이익이나 양국의 이익분배 및 합작에 대한 대등한 원칙에도 영향을 미치고 있었다.[715]

게다가 북·중 양국이 압록강과 두만강에 설치한 4기의 수력발전소 가운데 2기는 북한 쪽에서, 다른 2기는 중국 쪽에서 위탁·관리·운영하고 있는데, 발전기의 발전 용량과 발전 주파수에 차이가 있고, 양국 화폐가치의 변화에 따라 새롭게 늘어난 고정자산의 투자비율이나 변화된 주식의 차액도 공평하지 못하다는 비판을 받고 있다. 더욱이 오랫동안 상호간의 통신이 발전하지 못하고 수단도 뒤떨어져 북·중 양국에서 발전기의 시동과 정지, 부하(負荷)의 변환을 보증할 수도 없는 실정이다. 또한 이 합작회사의 발전소 설비의 유지·검사·수리·개조와 관련해서도 통일적인 규정이 없이 모두 어느 일국이 국내 관리법에 따라 행하고 있다. 이처럼 양국의 관리체제, 기술수준, 개조능력의 차이로 인해 발전소 관리에 따른 문제점은 더욱 커지고 있고 발전설비의 효율도 떨어지고 있다. 특히 중국 쪽에서 운영하는 운봉수력발전소나 태평만수력발전소의 경우 정상적으로 작동하고 있지만, 북한 쪽에서 운영하는 수풍발전소의 설비는 너무 낡고 부품이 결핍되고 토목공정이 노후해서 새로 개조할 수가 없는 실정이다. 북한 쪽의 책임 하에 건설된 위원수력발전소 역시 발전기 및 보조설비가 정상적으로 작동되지 않아 정상적인 부하(負荷)의 증감, 발전·송전·변전 설비도 정상적으로 운영될 수 없는 실정이다. 그 결과 중국 쪽에서 투자한 자본이나 차관 이자도 상환 받을 수 없는 실정이다.[716]

---

715. 李岩, 「中朝水力發電公司關于鴨綠江界河電站的合作與管理」, 12쪽.
716. 李岩, 「中朝水力發電公司關于鴨綠江界河電站的合作與管理」, 12-13쪽.

더 나아가 북·중은 1973년 1월 "양국 인민의 전투로 맺어진 우의와 혁명을 위한 단결을 증진시키는 동시에 수풍댐의 어족(魚族)자원을 번식·보호하여 공동으로 어업을 발전시키기 위해"[717] 어족자원의 공동 번식·보호·이용에 관해서도 협정을 맺었다. 이 협정에 의하면, 중국 요녕성과 길림성에서는 매년 수풍댐 안에 인공어초를 각각 2만 개, 1만 개씩을 설치하고 어선은 각각 6척, 4척을 초과하지 못하도록 했다. 그리고 치어 방류는 요녕성에서 담당하기로 하였으며, 중국에서는 1973년부터 매년 농촌 인민공사 지원용 지출 가운데 요녕성에 70만 원, 길림성에 10만 원씩을 각각 지급하여 지원했다.[718] 또한 합리적인 어로활동과 어류자원의 증식과 이용을 위해, 소형 목선은 1972년 이전의 수량을 유지하여 어선의 증가를 제한했다. 그리고 정치망 어업과 유동성 어업을 할 때는 선박과 어망 등의 어구를 손상하지 않도록 했으며, 부서진 뗏목이 어업생산에 손해를 끼치지 않도록 만전을 기하도록 했다.[719]

---

717. 「國務院關于執行中朝兩國共同繁殖保護和利用水豊水庫魚類資源協定的通知」(1973.1.15)(國發[1973]4號), 『條約滙編』, 312쪽.
718. 國務院關于執行中朝兩國共同繁殖保護和利用水豊水庫魚類資源協定的通知」(1973.1.15), 313쪽.
719. 「中華人民共和國政府和朝鮮民主主義人民共和國政府關于共同繁殖保護和利用水豊水庫魚類資源的協定」(1972.12.19), 제5, 6조, 『條約滙編』, 317쪽.

Ⅳ. 맺음말

결국 건국 초기인 1950~1960년대까지 북한과 중국은 양국의 국경을 이룬 압록강과 두만강을 사이에 두고 양국 변경지역에서의 주민들의 통행과 불법 越境문제, 국가의 안전·질서 유지, 각종 재해예방과 사고처리, 국경 하천(界河)에서의 선박운항과 뗏목 형태의 목재운송, 배를 이용한 주민의 하천 통행, 그리고 수문·댐의 설치·운영 및 電力·魚族자원의 분배문제를 공정하고 합리적으로 처리하기 위해 상호간에 세밀한 협약들을 맺고 긴밀한 협조 하에 국경 하천인 압록강과 두만강을 관리하고 있었다.

그런데 건국 초기 중국에서는 在中 조선인의 국적 부여 기준이 정해지지 못했고 1956년에 그 기준이 정해졌지만, 재중 조선인들의 이중국적 의식이나 북한 내 친척과의 혈연의식이나 북한에 대한 강한 민족적 정서를 가지고 있었다. 더욱이 1962년 10월 '朝中邊界條約'과 1964년 3월 '朝中邊界議定書'[720]가 공식 체결되기 전까지 북·중 양국에서는 국경의 관리·이용·통제에 관한 구체적인 지침이나 체계도 잡혀있지 않은 상태에서 발발한 한국전쟁으로 대규모의 북한난민이 중국으로 몰려들었고, 중국에서는 조선족을 중심으로 대규모의 전투인원이 북한으로 들어가 참전하

---

720. 이 의정서에서는 '조중변계조약'을 바탕으로 북·중 양국의 국경에 대한 실지조사, 푯말설치, 국경 하천인 압록강과 두만강에 있는 섬과 모래섬의 귀속 등을 확정해서 국경을 명확히 했다.

는 등 압록강과 두만강을 사이에 두고 북·중 주민들의 상호 월경이 빈발했다. 특히 중국의 反右派鬪爭으로 소수민족들이 탄압을 받게 되고, 大躍進運動과 人民公社化運動으로 토지가 집단화되고 생활환경이 악화되면서 수많은 조선족들이 불법적으로 월경해서 상대적으로 생활조건이 양호했던 북한으로 넘어갔다. 그렇지만 북·중 양국은 국공내전 기간 북한의 전폭적인 지원과 한국전쟁 기간 중국의 참전으로 혈맹관계를 맺고 있었기 때문에 쌍방 주민들의 이동이나 불법 월경을 심각하게 여기지 않았다. 게다가 북한정부의 요청을 받은 중국정부에서도 조선족들의 대규모 북한으로의 월경문제를 관대하게 처리하고 있었다.

그런데 북·중 간 불법 월경 현상이 심각해지고 그에 따른 국가안전과 사회질서 확립문제가 대두되면서 북·중 양국은 1955년부터 관련 국경 통행법 등을 강화해 쌍방 주민들의 통행을 통제하기 시작했다. 그리고 한국전쟁과 반우파투쟁, 대약진운동의 여파가 가라앉으면서 상대적인 안정을 찾은 북·중 양국에서는 1962년에 '조중변계조약'이 체결되어 북·중 쌍방 간에 국경의 안전과 사회질서 유지, 국경 하천에서의 선박의 운항과 주민의 통행, 각종 재해나 사고처리 문제 등을 둘러싼 양국의 기본적인 협의가 이루어져 국경의 관리·이용·통제에 관한 기본적인 지침이 정해졌다. 이를 계기로 양국은 비교적 안정적으로 국경을 관리·이용·통제할 수 있게 되었다. 1960년대 중반부터는 불법 월경자 처리에 대한 구체적인 지침을 정하고 상호간 연락체계를 더욱 긴밀히 갖추고 불법 월경에 대한 단속을 한층 강화해나갔다. 이즈음 북·중 양국은 변경지역에서의 각종 재해예방과 사고처리를 위한 議定書를 체결하고 그것을 구체화해서 긴밀한 협조체제를 구축해 나갔다. 또한 북·중 양국은 각종 전염병과 병충해 예방, 魚族자원의 획득·보호 문제에서도 일정한 협조체제를 유지하고 있었다.

이밖에 북·중 양국은 수력발전 문제를 해결하기 위해 1955~1958년까지 수풍수력발전소의 복구·개조 공사를 완성해 북·중이 공동 관리한 이후(현재는 북한 측이 운영), 1959년부터 운봉수력발전소(중국 측이 운영), 태평만수력발전소(중국 측이 운영), 위원수력발전소(북한 측이 운영) 등을 잇달아 건설해 운영하면서 생산된 전력을 공동으로 분배·소비하고 있다. 그렇지만 양국의 관리체제, 기술수준, 개조능력의 차이와 설비부족, 낙후된 운영방식 등으로 인해 발전소 관리에 따른 문제점은 더욱 커지고 있고 발전설비의 효율도 떨어지고 있다.

상술한 북·중 양국의 국경을 둘러싼 긴밀한 협조체제 구축에도 불구하고, 북한체제의 모순이 격화되면서 1990년대부터 북한주민의 이탈 현상이 심화되고 있다. 이 와중에 북·중 국경지역에서는 인권 유린, 약탈과 범죄, 밀수, 총격사건 등이 빈발하고 있다. 이것은 중국의 개혁개방 이전인 1970년대까지 비교적 안정적이었던 북·중의 국경 관리·이용·통제체제가 흔들리면서 북·중 관계에 부정적인 영향을 미치고 있음을 말해준다. 동시에 그것은 통일과정에서 혹은 통일 후 국경을 접하게 될 중국과 국경분쟁을 회피하고 긴밀한 협조 하에 공동번영을 추구하려면, 우리 사회가 북·중의 국경관리 실태를 명확히 파악하고 탈북자 문제에도 더 많은 관심을 가져야 한다는 역설이기도 하다. 이러한 의미에서 북·중의 국경관리 실태 파악은 한반도 통일을 원활하게 만들기 위한 학문적인 출발점이라고 할 수 있다.

참고문헌

1. 자료

「高世坤關于朝鮮族越境外流問題的滙報提要」(1962.5.10), 中國外交部 檔案館藏, 檔案號 118-01028-04.

「關于識別國籍及處理華僑和中國籍朝鮮族人回國等內部問題工作暫 行辦法」(1956.8.1.), 中國外交部檔案館藏, 檔案號 118- 00671-08.

「關于在鴨綠江和圖們江中運送木材議定書」(1956.1.14) 제1, 3, 12, 13조, 『條約滙編』.

「關于在鴨綠江和圖們江中運送木材議定書的補充議定書」(1961.11.24.) 제1, 2조,『條約滙編』.

「關于偸渡去朝鮮的中國朝鮮族人及華僑問題(會議記錄)」(1957.12.5), 中 國外交部檔案館藏, 檔案號 118-01026-01.

「國務院關于中朝之間通行制度問題的指示」(1955.3.27), 大連市檔案館, 2-2-794.

「國務院關于執行中朝兩國共同繁殖保護和利用水豊水庫魚類資源協定 的通知」(1973.1.15)(國發[1973]4號),『條約滙編』.

「國務院關于執行中朝兩國共同繁殖保護和利用水豊水庫魚類資源協定 的通知」(1973.1.15)(國發[1973]4號),『條約滙編』.

「吉林省公安廳致公安部三局, 外交部領事司函」(1963.9.10), 中國外交部檔案館藏, 檔案號 118-01342-04.

「吉林省人民委員會關于吉林省同朝鮮民主主義人民共和國咸鏡北道, 兩江道,慈江道之間關于建立地方性聯系問題的議定書的通知」(吉外介字第187號)(1960.4.1),『條約滙編』.

「大躍進」,『百度百科』(http://baike.baidu.com).

「東北行政委員會給政務院的報告；請示朝鮮僑民中若干問題」(1953.3.23), 中國外交部檔案館藏, 檔案號 118-00175-01.

「附件: 中朝國境河流船舶航行規則 第四章 海損事故處理和海難救護」(1960.5.23),『條約滙編』.

「附件: 中朝國境河流船舶航行規則」(1960.5.23),『條約滙編』.

「附件: 中朝雙方關于國境河流鴨綠江,圖們江航道航標建設與管理的規定」(1960.5.23),『條約滙編』.

「外交部,公安部,中僑委關于中國東北地區朝鮮族居民非法越境去朝問題的處理意見」(1957.12.17), 中國外交部檔案館藏, 檔案號 118-01026-01.

「外交部,公安部關于朝鮮族居民越境去朝問題的報告」(1961.5.9,10), 中國外交部檔案館藏, 檔案號 118-01026-03.

「外交部,公安部關于朝鮮族人越境問題的請示」(1962.3.23), 中國外交部檔案館藏, 檔案號 118-01025-02.

「駐朝使館給外交部領事司的報告」(1961.7.24), 中國外交部檔案館藏, 檔案號 118-01026-07.

「駐朝使館致外交部領事司電」(1959.2.16), 中國外交部檔案館藏, 檔案號 118-00806-03.

「中共中央指示」(1953.7.18), 中國外交部檔案館藏, 檔案號 108-00018-02.

「中朝兩國邊境居民過境通行證發放和管理辦法」(1956.3.1),『條約滙編』

「中華人民共和國公安部和朝鮮民主主義人民共和國社會安全省關于在邊境地區維護國家安全和社會秩序的工作中相互合作的議定書」(1965.9.26),『條約滙編』.

「中華人民共和國吉林省和朝鮮民主主義人民共和國咸鏡北道關于開山屯造紙廠維修圖們江引水攔河壩問題的協議書」(1963.3.1),『條約滙編』.

「中華人民共和國水利部和朝鮮民主主義人民共和國中央氣象臺關于水文工作合作的協定」(1957.12.31), 제2, 3, 5, 7, 11, 15조,『條約滙編』.

「中華人民共和國水利電力部東北電力局和朝鮮民主主義人民共和國電氣煤炭工業部送變電指導處關于兩國邊境地區相互供受電力協議書」(1974.1.20),『條約滙編』.

「中華人民共和國政府和朝鮮民主主義人民共和國政府關于共同繁殖保護和利用水豊水庫魚類資源的協定」(1972.12.19), 제5, 6조,『條約滙編』.

「中華人民共和國政府和朝鮮民主主義人民共和國政府關于共同利用和管理中朝界河的互助合作協定」(1964.5.5), 吉林省革命委員會外事辦公室編印,『條約滙編』.

「中華人民共和國中朝邊境地區公安總代表和朝鮮民主主義人民共和國朝中邊境地區安全總代表關于在邊境地區維護國家安全和社會秩序

的工作中相互合作的會議記錄」(1965.9.26),『條約滙編』.

「中華人民共和國和朝鮮民主主義人民共和國關于國境下流航運合作的協定」(1960.5.23),『條約滙編』.

「黑龍江省朝鮮族基本情況」(1962.4.29), 中國外交部檔案館藏, 檔案號 118-01028-03.

『居留民団法施行規則參考書(昭和10年 1月)』

『국경부근 도서사주에 관한 조사』(국가기록원 reference code. CJA0002277)

『국경청국관계서』(CJA0002290)

南滿洲鐵道株式會社, 1912,『南滿洲鐵道案內』, 滿洲日日新聞社

南滿洲鐵道株式會社, 1917,『南滿鐵道旅行案內』, 滿洲日日新聞社

南滿洲鐵道株式會社 編, 1928,『南滿洲鐵道株式會社第二次十年史』, 南滿洲鐵道株式會社

『南滿洲行政統一問題一件』第一卷(이상 아시아역사자료센터 소장)

『圖們江漁業ニ關スル日淸協約締結一件』(B07080113100)

『民國安東縣志』, 中國地方志集成, 遼寧府縣志輯編, 2006

『北京圖書館藏家譜叢刊‧民族卷』第37冊, 2003, 北京圖書館出版社

滿洲國治安局警務司, 1938,『主要都市市街地戶口統計表』, 滿洲國治安局警務司

『明治三十七八年戰役 滿洲軍政史』(復刊) 第1卷(軍政總覽), ゆまに書房,1999

『明治三十七八年戰役 滿洲軍政史』(復刊) 第2卷 上①,(安東縣軍政史), ゆまに書房,1999

『盛京通志』, 京都大學圖書館所藏, 康熙二十三年刻本

『압록강소상도관계』(CJA0002285)

『鴨綠江水電公司』(B12083494900)

『鴨綠江日支劃界問題一件 (附 渡船場問題, 島嶼問題)』(아시아역사자료센터 JACAR Reference code. B03041227800-8500)

『日露戦役二依ル占領地施政一件/安東県, 大道溝ノ部』

『安東施政関係雑纂』第二巻

『戰前期外務省記録』

『增修登州府志』, 2008,『中國地方誌集成 · 山東府縣誌輯48』, 南京:鳳凰出版社

『청국국경관계』(CJA0002276)

『청국국경부근관계사건철 경찰보고제외(1911.10-1912.8)』(CJA0002284)

『清聖祖實錄』

『清世祖實錄』

『清太祖實錄』

『八旗滿洲氏族通譜』, 1989, 沈陽:遼沈書社

加納萬里 編, 1929,「豆滿江節」,『朝鮮情緒』, 京城:朝鮮視察遊覽會

關嘉祿·佟永功 역, 1987,『天聰九年檔』(天聰9年(1635)十月庚寅), 天津古籍出版社

國境文化協會,『新義州案內』, 1930.

丹東市政辦學習文史委員會 編, 2001,『丹東百年史迹 1840-1949』, 丹東市委機關印刷廠

丹東市志地方辦公室 編, 1993,『丹東市志』1(總述.大事記.行政建置.區縣.自然環境), 遼寧省科學出版社

丹東市志地方辦公室 編, 1996,『丹東市志 1876-1985』2(城市建設·交通運輸·郵政電信), 遼寧財政專科學校印刷廠

檔號:02-01-02-1829-003, 為招民赴遼東開墾事, 吏部尚書朱馬喇, 順治十年九月十七日, 中國第一歷史檔案館

檔號:02-02-006-000399-0042, 題為遼東田地肥沃請派官民耕種事, 戶部尚書 車克, 順治十年九月初三日, 中國第一歷史檔案館

檔號:03-0171-0224-003, 奏報鑲藍旗滿洲旗佐領阿納泰之家譜折, 寧古塔將軍吉黨阿, 乾隆五年三月七日, 中國第一歷史檔案館

檔號:04-02-002-000191-0031, 無題, 蒙古正藍旗都統 莽鵠立, 雍正朝, 中國第一歷史檔案館

山田久太郎, 1927,『滿蒙都邑全誌』, 日刊支那事情社務司

西澤泰彦, 1996,『圖說「滿洲」都市物語 : ハルビン.大連.瀋陽.長春』, 河出書房新社

成海應,『研經齋全集』46,「北邊雜議」, 白頭山記

植田群治, 1929,『國境二百里』, 京城:國境二百里發行所

新義州府,『新義州產業要覽』, 1934.

新義州商工會議所 編,『新義州商工案內』(1940), 景仁文化社 영인, 1989.

新義州商工會議所 編,『新義州商工要覽』, 1942、

新義州商工會議所 編,『新義州商工會議所月報』, 1928.

新義州稅關 編, 新義州港一斑 ,『日本大分高等商業學校圖書分類目錄』, 商事調查部

新義州稅關 編,『新義州港貿易統計概覽』, 1927.

新義州電氣株式會社 編,『新義州電氣株式會社二十五年史』, 新義州: 新義州電氣株式會社, 1936.

新華社 編,『內部參考』第2233期, 1957.6.18.

安東居留民團法實施十週年紀念會 編, 1919,『安東居留民團十年史』, 朝鮮印刷株式會社

安東縣商業會議所 編, 1920,『安東誌』, 安東縣商業會議所

安東商工會議所,『安東商工業案內』, 安東商工會議所, 1929.

安龍禎 主編,『延邊朝鮮族自治州志』, 北京: 中華書局, 1996.

鴨綠江採木公司 編,『鴨綠江林業誌』, 1919.

劉俊秀,「關于民族政策中的幾個問題」(草案)(1948.12.9),『中共延邊吉東吉敦地委延邊專署重要文件滙編』第1集.

張晟杙,『新義州大觀』, 新義州, 1931.

長田曉二 編,「鴨綠江節」,『戰爭が遺した歌—歌が明かす戰爭の背景』, 東京:全音樂譜出版社,2015

前田求恭,『滿鐵四十年史』, 吉川弘文館, 2007.

丁若鏞,『大東水經』

佐藤正二郎,『安東縣及新義州』(『韓國地理風俗誌叢書』75, 1917), 景仁文化社, 1989.

朝鮮山林會 編,『朝鮮林業逸誌』, 朝鮮山林會, 1933.

朝鮮總督府 編,『新義州市街地計劃決定理由書:區域·街路網·土地區劃整理地區』, 1937.

朝鮮總督府, 1915,『國境地方視察復命書』

朝鮮總督府殖産局, 1921,『朝鮮ノ林業』

朝鮮總督府營林廠, 1912,『朝鮮總督府營林廠事業要覽』

朝鮮總督府營林廠, 1919,『營林廠案內』

朝鮮總督府鐵道局, 1929,『朝鮮鐵道史』

朝鮮總督府遞信局, 1918,『發電水力調查書』

朝鮮總督府遞信局, 1926,『發電水力調查概況』

中國外交部檔案館藏, 檔案號 118-00777-01.

中國外交部檔案館藏, 檔案號 203-00111-04.

中國外交部檔案館藏, 檔案號 204-00315-04.

中華人民共和國交通部安全監督局,『航行法規標準滙編』, 北京: 人民交通出版社, 1997.

中華人民共和國外交部條約法律司 編,『中華人民共和國邊界事務條約集』中朝卷, 北京: 世界知識出版社, 2004.

萩野敏雄·裵在洙 編譯,『韓國近代林政史』, 한국목재신문사, 2001.

湯朝竹山人, 1924,「鴨綠江節の調查」,『小唄夜話』, 東京:新作社

何曉芳主編, 2016,『清代滿族家谱選輯』上 · 下冊 , 國家清史編纂委員會 · 文獻叢刊, 遼寧民族出版社

韓哲石 主編,『長白朝鮮族自治縣志』, 北京: 中華書局, 1993.

洪良浩,『北塞記略』,「白頭山考」

和田孝志,『新義州史』, 島田叢文館, 1921.

『平壤之現在及將來 ; 安東縣及新義州 ; 平安北 道鄉土誌』(韓國地理風俗誌叢書 75), 景仁文化社, 1989.

2. 신문

「國境通關手續簡捷協定の細則案」, 『滿洲日報』 1935년 5월 24일.

「(けふ鮮滿國道會議 國境警備と産業開發の鍵)朝鮮側十四線に生命を吹き込む」, 『京城日報』 1934년 5월 11일.

「(朗らかな國境の春)更生の新義州港貿易一躍千萬圓の激增」, 『京城日報』 1934년 1월 8일.

「各地의 檢擧狀況 新義州, 慶源等이 最多 警備充實處에서 多數發見 途中 遺棄도 不少」, 『朝鮮中央日報』 1933년 11월 4일, 2면.

「關稅增徵に國境當業者の悲鳴 滿洲品に特例をと淸津商議から要望」, 『京城日報』 1932년 6월 12일.

「國境の町 圖們をみる交通路の要衝點」, 『大阪朝日新聞』 1933년 6월 30일.

「國境都市 新義州の電話加入者激增 滿洲國側との通話も頻頻愈愈 共電式交換機」, 『朝鮮新聞』 1935년 8월 13일, 3면.

「國境都市로 橫行튼 强盜團 最高懲役五年言渡」, 『每日申報』 1934년 3월 28일, 5면.

「國境密貿易の實相と滿鮮經濟への影響 朝鮮側には利益が多い」, 『滿洲日報』 1934년 10월 1일.

「國境線과 取締權 滿洲國과 交涉을 어찌하리까? 平北道, 本府에 問議」, 『每日申報』 1941년 2월 23일 4면.

「國境에서 頻發하는 滿洲官吏의 暴行 良民을 密輸者라고 亂打重傷 被害者는 告訴提起」, 『朝鮮中央日報』 1935년 5월 15일.

「國境沿岸을 警戒 : 滿洲에 牛疫禍 再燃」, 『每日申報』 1939년 1월 24일, 3면.

「國境을넘는密輸金塊 勿驚年額二千萬圓 日滿經濟統制上障碍不少 滿洲富局對策講究」, 『每日申報』 1933년 11월 25일, 2면.

「國境의 頭痛꺼리 흘너오는 滿洲國幣 時急한 對策이 必要」, 『每日申報』 1941년 7월 16일, 2면.

「國境의 滿洲國幣 依然히 流通狀態」, 『每日申報』 1940년 8월 28일, 6면.

「國境의 虎列刺 徹底的으로 檢疫 크고 적은 배를 전부 뒤저 水上署의 應援으로」, 『朝鮮中央日報』 1933년 7월 26일, 5면.

「國境地帶로 旅行가는 六百萬圓의 새 紙幣 滿洲國 돈과 박구는대 쓰고저」, 『每日申報』 1939년 11월 30일, 2면.

「國境地帶法 滿洲國公布」, 『每日申報』 1936년 12월 25일, 2면.

「金價의 差額을 틈타서 密輸業者再次暗躍 : 朝鮮보다 滿洲市勢가 쏘빗싸 國境警察警戒着手」, 『每日申報』 1936년 11월 11일, 2면

「金塊密輸事件 不日間 送局 금을 장신구로 만들어 밀수」, 『每日申報』 1935년 6월 26일, 5면.

「林檎 상자 속에 소곰(鹽)이 가득 진남포에서 만주로 보내다가 國境에서 密輸暴露」,『每日申報』1935년 3월 28일, 5면.

「滿國人?, 民國人?, 國籍を明かにする, 滿洲國警務司の調查」,『朝鮮新聞』1934년 6월 23일, 2면.

「滿洲國 警官이 密輸團에 放銃 一名은 생명이 위독」,『朝鮮中央日報』1933년 7월 26일, 5면.

「鮮人密輸業者 農業移民へ」,『滿洲日報』1933년 10월 29일.

「滿洲國 돈 汎濫으로 國境地方一帶의 한걱정 本府서도 具體的方法 講究中」,『每日申報』1939년 6월 22일, 3면.

「滿洲國과 咸北間 橋梁4個所 架設 國境의 交通網 完成」,『每日申報』1935년 1월 16일, 5면.

「滿洲國國境取締法制定」,『每日申報』1942년 10월 22일, 1면.

「滿洲國에 怪風土病 國境地方서 防疫에 全力」,『每日申報』1943년 4월 4일, 4면.

「滿洲國에서는 稅關網 充實計劃 朝鮮滿洲國境에 稅關을 新設 密輸도 自然防止」,『每日申報』1933년 2월 8일, 8면.

「滿洲國貨幣の夥しい鮮內流入 國境奧地帶て公然と通用 兌換機關の要望起る」,『京城日報』1937년 3월 30일.

「滿洲에 黑死病猖獗 十月中死者六十 : 朝鮮內에도 蔓延될 念慮잇서 國境地方에 防疫陣」,『朝鮮中央日報』1935년 11월 8일, 2면.

「滿洲에서 朝鮮으로 燒酒와 穀物密輸: 밀수가 한풀이 썩기이자 國境都市에 珍風景」, 『每日申報』1935년 12월 17일, 2면.

「滿洲의 虎列刺軍 마츰내 國境을 侵襲 靈岩浦 對岸에 眞症患者 三名 만주국당국과 방역대책을 협의코저 西龜衛生課長急行」, 『每日申報』1932년 8월 2일, 2면.

「滿洲貨幣國境街で日常の賣買に流通」, 『平壤每日新聞』1939년 1월 28일.

「密輸團棍棒에 稅關吏七名負傷 면포를 강행적으로 밀수 鴨綠江岸에서」, 『朝鮮中央日報』1933년 7월 26일, 5면.

「密輸入의 目的은 主食物 燕麥買入 豆滿江岸은 6倍 鴨綠江은 7倍 犯罪激增의 比率」, 『朝鮮中央日報』1933년 11월 4일, 2면.

「繁忙を極めた 七年度の安東驛 押寄せる貨物の洪水 どしどし奥地へ排出」, 『國境每日新聞』1933년 6월 8일.

「北鮮 三個所에 滿洲國 稅關進出 7월1일부터 始業」, 『每日申報』1935년 6월 26일, 6면.

「北鮮國境稅關の共同檢査實施 近く細目協定協議會を開催 滿洲國代表も參加」, 1935년 1월 30일.

「匪賊과 함께 國境을 威脅하는 滿洲의 虎列刺 漸益蔓延 二중三중으로 밧는 만주 재주 동포의 고통 衛生施設不備 同胞安危念慮」, 『每日申報』1932년 7월 21일, 2면.

「鮮滿國境地帶의 不正業者를 一掃 만주국측으로부터 협력요구 잇서 總督府서도 嚴達!」, 『每日申報』1937년 5월 12일, 2면.

「鮮滿連結의 新郵局을 設置 遞信局에서 計劃」, 『每日申報』1934년 2월 3일, 1면.

「鮮滿을 連結할 國境架橋豫定地 本府技師와 滿洲國技師가 出張 江中 昌城 兩地選擇」, 『每日申報』1936년 4월 8일, 5면.

「鮮人密輸業者 農業移民へ」, 『滿洲日報』1933년 10월 29일.

「輸送의 合理化와 對滿保稅輸送 滿洲國은 露支國境에 注力狀態 日滿 關係는 輕視」, 『每日申報』1934년 3월 28일, 8면.

「新義州國境通過者 一千二百餘萬名 만주사변 전에 비하면 大激增 昨 年中 稅關의 統計」, 『每日申報』1936년 4월 4일, 2면.

「深刻한 生活難으로 密輸犯 逐年激增 國境兩長江森林地帶住民 食糧 乏絶과 飢寒切迫으로 冒險的 犯行 五年前보다 六培增加」, 『조선중앙일 보』1933년 11월 4일, 2면.

「安東名物の鎭平銀廢止の運命 一時的にも取引所には大打擊 國境財 界への影響」, 『京城日報』1933년 4월 16일.

「安東署で密輸の大擊退陣 徹底的取締を斷行」, 『朝鮮新聞』1932년 9 월 14일, 3면.

「暗雲低迷한 鴨綠江 明朗化는 依然難期 朝鮮,滿洲 兩當局 努力水泡 武裝까지하는 昨今密輸와 數千生靈」, 『每日申報』1936년 8월 27일 2면.

「鴨綠江底に海底電話 設置の計劃」, 『朝鮮新聞』1932년 8월 28일, 3면.

「鴨綠江鐵橋 開閉를 廢止」, 『每日申報』1934년 2월 3일, 1면.

「雄基稅關の混合保管制度實施 準備工作着着進陟 國際港として面目を發揮」,『朝鮮新聞』1932년 4월 15일, 4면.

「銀塊密輸者の群れ 朝鮮側も防止協力 安東ては怪しいのは兩替拒絶」,『滿洲日報』1935년 5월 7일.

「日滿政府 合同으로 總十四個橋 架設 豆滿江岸 六個, 鴨綠江岸 八個 重要架設場所 決定」,『朝鮮中央日報』1935년 11월 2일, 3면.

「朝鮮總督府 告示 第324號」,『朝鮮總督府官報』第2510號, 1935년 5월 28일.

「鎭平銀の安東流通を 五箇年延長後禁止せよ 內,鮮,滿取引人の總意を以て 安取取引人組合各要路に要望す」,『國境每日新聞』1933년 11월 29일.

「千古의 密林속으로 冒險的犯罪行進 猛獸는 橫行하고 銃聲은 殷殷 그들의 情狀도 可矜」,『朝鮮中央日報』1933년 11월 4일, 2면.

「出入證明制度實施: 증명서 업는 사람은 만주국 특별지대와 가티 출입을 금지 鮮蘇國境線取締를 强化」,『每日申報』1939년 3월 11일, 3면.

「平安北道, 滿洲國が鴨綠江岸に遊動警察隊を配置嚴重に密輸を取締る, 平北でも援助を承認」,『朝鮮新聞』1932년 6월 24일.

「平安北道, 滿洲國安東稅關の不當なる石油檢査, 新義州商工會議所財政部大臣に陳情」,『朝鮮新聞』1934년 9월 8일, 3면.

「貨幣の日滿一如に崇る鮮銀の後退 夥しい滿洲國幣の進出を國境經濟界は如何に裁く」,『京城日報』1936년 11월 25일.

「黄金은 더러웁다! 肛門속에 千五百圓 금괴를 밀수하야 가지고 오든 돈 新義州서 逮捕嚴調」, 『每日申報』1936년 4월 29일.

尾關路文, 「滿洲物價高と朝鮮經濟への影響 國境都市の物資移動狀況」, 『京城日報』1940년 2월 28일.

3. 지도

《감여도》 중 〈천하도〉, 서울역사박물관

《대청일통천하도》, 성신여대박물관

《동국여지도》 중 〈천하도〉, 서울대규장각한국학연구원

《조선지도 병 팔도천하지도》 중 〈천하총도〉, 중앙도서관

《조선팔도지도》 중 〈천하지도〉, 서울대규장각한국학연구원

《지도》 중 〈천하도〉, 서울역사박물관

《지도》 중 〈천하도〉, 서울역사박물관

《지도》 중 〈천하도〉, 서울역사박물관

《지도》 중 〈함경도〉, 서울역사박물관

《지도서》 중 〈천하도〉, 서울역사박물관

《천하도》 중 〈천하도〉, 성신여자대학교박물관

《천하도》중〈천하도〉, 영남대학교박물관

《천하제국》, 국립중앙박물관

《천하지도》중〈천하도〉, 서울역사박물관

《축벽도》중〈천하도〉, 성신여자대학교박물관

4. 사이트

국사편찬위원회

규장각한국학연구원(https://kyu.snu.ac.kr/)

네이버지도(map.naver.com/)

우리역사넷(http://contents.history.go.kr/)

한국민족문화대백과사전(http://encykorea.aks.ac.kr/)

5. 저서

가와무라 구니미쓰(川村邦光), 송완범·신현승·전성곤 역, 2009, 『성전(聖戰)의 아이코노그래피—천황과 병사, 그리고 전사자의 초상과 표상』, 제이앤씨

강상중, 이경덕 · 임성모 역, 1997, 『오리엔탈리즘을 넘어서』

강태웅 외 편, 2015, 『싸우는 미술—아시아 · 태평양전쟁과 일본미술』, 아연출판부

고마고메 다케시(駒込武), 오성철 · 이명실 · 권경희 역, 2008, 『식민지제국 일본의 문화통합』, 역사비평사

曲曉范, 2001, 『近代東北城市的歷史變遷』, 東北師範大學出版社

邱源媛, 『找尋京郊旗人社會-口述文獻雙重視角下的城市邊緣群體』, 北京出版社, 2014.

국방군사연구소, 1999, 『국토개척사』, 국방군사연구소

국사편찬위원회, 1973, 『한국사』9, 국사편찬위원회

국사편찬위원회, 1994, 『한국사』22, 국사편찬위원회

권혁희, 2005, 『조선에서 온 사진엽서』, 민음사

貴志俊彦, 2010, 『滿洲國のビジュアル · メディア—ポスター · 絵はがき · 切手』, 東京:吉川弘文館

김백영, 2014, 「철도제국주의와 관광식민주의: 제국 일본의 식민지 철도관광에 대한 이론적 검토」, 『사회와역사』102, 한국사회사학회

나카미 다사오(中見立夫), 박선영, 역, 2013, 『만주란 무엇이었는가』, 소명출판

杜家驥, 2015, 『淸代八旗官制与行政』, 中国社会科学出版社

盧偉 · 張克, 2014, 「也說滿族起源問題」, 『黑龍江民族叢刊』142

瀨野馬熊, 1923, 「朝鮮廢四郡考」上, 『東洋學報』13-1

瀨野馬熊, 1923, 「朝鮮廢四郡考」中, 『東洋學報』13-3

瀨野馬熊, 1924, 「朝鮮廢四郡考」下, 『東洋學報』13-4

劉大誌, 2007, 「滿族族源神話與"滿洲"族稱」, 『黑龍江民族叢刊』96

劉小萌, 1987, 「關於淸代'新滿洲'的幾個問題」, 『滿族硏究』3

류재춘, 2006, 「15세기 前後 朝鮮의 北邊 兩江地帶 인식과 영토 문제」, 『조선시대사학보』39

李林·湯建中編, 1990, 『北鎮滿族史』, 沈陽: 遼沈書社

미리엄 실버버그, 강진석 외 역, 2014, 『에로틱 그로테스크 넌센스근대 일본의 대중문화』, 현실문화

박정민, 2015, 『조선시대 여진인 내조연구』, 경인문화사

박종기, 2016, 『고려사 지리지 역주』, 한국학중앙연구원

박진수 편, 2013, 『근대 일본의 '조선 붐'』, 역락

방동인, 1994, 「朝鮮初期의 北方 領土開拓; 鴨綠江 方面을 中心으로」, 『관동사학』5·6

範立君, 2007, 『近代關內移民與中國東北社會變遷(1860～1931)』, 人民出版社

배개화, 2020, 「여성화된 만주와 조선 남성 엘리트의 개척자 이미지」, 『한국현대문학연구』60, 한국현대문학회

生田美智子 編, 2015, 『女たちの滿洲多民族空間を生きて』, 大阪:大阪大學出版會

孫明, 2018, 「康熙時期新滿洲駐防佐領編立新探」, 『社會科學戰線』2

수전 손택, 이재원 역, 2005, 『사진에 관하여』, 이후

시노하라 쇼조(篠原昌三) 편저, 김재홍 역, 2006, 『JODK 조선방송협회 회상기』, 커뮤니케이션북스

시미즈 마사오(清水勳), 한일비교문화연구센터 역, 2008, 『메이지 일본의 알몸을 훔쳐보다』1~2, 어문학사

植民地文化學會 編, 2014, 『近代日本と「滿洲國」』, 不二出版

신시아 인로, 김엘리 · 오미영 역, 2015, 『군사주의는 어떻게 패션이 되었을까』, 바다

아리야마 테루오(有山輝雄), 조성운 · 강효숙 · 서태정 · 송미경 · 이승원 역, 2014, 『시선의 확장—일본 근대 해외관관여행의 탄생』, 선인

야마무로 신이치(山室信一), 윤대석 역, 2009, 『키메라—만주국의 초상』, 소명출판

楊永旭, 2009, 「以滿族家譜為例探討滿族重要組成部分—漢軍旗人」, 『吉林省教育學院學報』12

에드워드 사이드, 김성곤 · 정정호 역, 1995, 『문화와 제국주의』, 도서출판 창

오종록, 1994 , 「조선초기의 국방정책 – 양계의 국방을 중심으로」, 『역사와 현실』13

오종록, 2001, 「세종시대 북방 영토 개척」, 『세종문화사대계』 3, 세종대왕기념사업회

오종록, 2014, 『조선초기 양계의 군사제도와 국방』, 국학자료원

와카바야시 미키오(若林幹夫), 정선태 역, 2006, 『지도의 상상력』, 산처럼.

와카쿠와 미도리(若桑みどり), 손지연 역, 2011, 『전쟁이 만들어낸 여성상』, 소명출판

汪亭存, 2009, 「滿族長白山崇拜論析」, 『民族文學研究』 4

王鐘翰, 1987, 「關於滿族形成中的幾個問題」, 『社會科學戰線』 1

윤경진, 2015, 「고려후기 東北面의 지방제도 변화」, 『한국문화』 72

윤경진, 2019, 「고려말 東北面 영토개척과 영토의식: 公嶮鎭 두만강북설의 출현 배경」, 『한국문화』 88

윤훈표, 2005, 「朝鮮前期 北方開拓과 領土意識」, 『한국사연구』 129

윤휘탁, 2007, 「中國의 東北 文化疆域 認識 考察—"長白山文化論"을 중심으로」, 『중국학보』 55

윤휘탁, 2013, 『만주국: 식민지적 상상이 잉태한 '복합민족국가'』, 혜안

윤휘탁, 2015, 「중국의 '백두산의 중국화' 전략」, 『동북아역사논총』 48

윤휘탁, 2018, 「중국의 '백두산공정'-'長白山文化建設工程'에 관한 試論」, 『중국근현대사연구』 78

이경민, 2005, 『기생은 어떻게 만들어졌는가』, 아카이브북스

이규철, 2013,『조선초기의 대외정벌과 대명의식』, 가톨릭대학교 박사학위논문

이인영, 1954,『한국만주관계사의 연구』, 을유문화사

이재원, 2017,『제국의 시선, 문화의 기억』, 서강대출판부

이종석,『북한-중국 관계 1945~2000』, 중심, 2000.

이훈, 2014,「청 초기 장백산 탐사와 황제권」,『東洋史學研究』126

임성모 외, 2004,『동아시아 민족이산과 도시-20세기 전반 만주의 조선인』, 역사비평사

張佳生, 2019,「論滿族與長白山」,『滿語研究』69

張杰.張丹卉, 2005,『清代東北邊疆的滿族』, 遼寧民族出版社

張傑, 2006,「滿族先民與長白山的早期開發」,『滿族研究』3

長山, 2011,「論滿語gurun」,『滿語研究』2

定宜莊, 2016,「清末民初的'滿洲','旗族'和'滿族'」,『清華大學學報』2

제임스 라이언, 이광수 역, 2015,『제국을 사진 찍다—대영제국의 사진과 시각화』, 그린비

조성운, 2019,『관광의 모더니즘—식민지조선의 근대관광과 수학여행』, 민속원

조지 모스, 오윤성 역, 2015,『전사자 숭배—국가라는 종교의 희생제물』, 문학동네

趙誌強, 2019, 「滿洲族稱源自部落名稱——基於「滿文原檔」的考察」, 『紀念鄭天挺先生誕辰120周年暨第五屆明清史國際學術討論會會議』, 南開大學

陳鵬, 2017, 「清代'新滿洲'融入'滿洲共同體'途徑探研」, 『西南民族大學學報』10

津田左右吉, 1913, 『朝鮮歷史地理』2, 南滿洲鐵道株式會社

채숙향 편역, 2016, 『국경기행 외—1920년대 백두산과 그 일대 국경』, 역락

최현식, 2016, 「백두산절·오족협화·대동아공영론—그림엽서 〈백두산절〉의 경우」, 『민족문학사연구』61호, 민족문학사학회

최현식, 2018, 「압록강절·제국 노동요·식민지 유행가 - 그림엽서와 유행가 「압록강절」을 중심으로」, 『현대문학의연구』65집, 한국문학연구학회

피터 버크, 박광식 역, 2005, 『이미지의 문화사역사는 미술과 어떻게 만나는가』, 심산

郝慶雲, 2003, 「肅慎族系長白山觀念透析」, 『中國邊疆史地研究』4

한민주, 2013, 『권력의 도상학—식민지 시기 파시즘과 시각 문화』, 소명출판

한석정, 2016, 『만주 모던—60년대 한국 개발 체제의 기원』, 문학과지성사

한성주, 2011, 『조선시대 수직여진인 연구』, 경인문화사

한성주, 2018, 『조선시대 번호 연구』, 경인문화사

호미 바바, 나병철 역, 2002, 『문화의 위치—탈식민주의 문화이론』, 소명출판

6. 논문

『梅山國學散稿』, 1972, 崇田大學校 博物館.

Gari Ledyard, 1996, 「천하도의 유래에 대하여」, 『문화역사지리』 (7)

Omar Abubakar Bakhashab, 1996, "The Legal Concept of International Boundary", JKAU: Econ. & Adm., Vol 9

賈小壯, 「開埠通商與安東小商埠城市社會變遷硏究(1906-1931)」, 吉林大學 博士學位論文, 2015.

姜麗, 「鴨綠江流域森林資源與安東縣木材中心市場的形成(1876—1928)」, 東北師範大學 碩士學位論文, 2007.

姜英心, 「일제 영림창의 삼림수탈에 관한 연구」, 이화사학연구소, 『이화사학연구』 22, 1995.

姜英心, 「日帝시기 戰時(1937년~1945년) 林政하에서의 삼림수탈」, 한국사연구회, 『한국사연구』 102, 1998.

姜英心, 「일제의 한국삼림수탈과 한국인의 저항」, 이화여자대학교 박사학위논문, 1998.

姜維公·李鳳蓮, 「關于處理歷史時期中朝邊界問題的幾點建議」, 『長春師範學院學報』 第22卷 第1期(2003.3).

강정원, 2019, 「1910년대 일제의 국유림 구분조사 과정과 법률적 성격」, 『한국사연구』 187

江沛·程斯宇, 「安奉鐵路與近代安東城市興起(1904—1931)」, 『社會科學輯刊』2014년 제5기.

高科·李波, 「中朝船舶航行規則與鴨綠江中下流通航現狀」, 『海事研究』2008年 12月.

顧頡剛, 「給中華書局負責人的一封信」, 『東北民族與疆域研究動態』, 1999.

공봉진, 「중국의 조선족에 대한 정책변화가 조선족 정체성에 미친 영향」, 『비교문화연구』제18집, 2006.6.

郭孟秀 胡秀杰 来源, 2021,「商周时期肃慎考古学文化考论」, 『中国边疆史地研究』2021(2)

菅野直樹, 「鴨綠江採木公司と日本の満州進出--森林資源をめぐる対外関係の変遷」, 『國史學』제172호.

권경선, 「근대 해항도시 안둥의 산업구조」, 『해양도시문화교섭학』제16집 (2017.4.

權香淑, 「朝鮮族の移動と東北アジアの地域的ダイナミズム-エスニック·アイデンテイテイの逆說-」, 『北東アジア研究』第20號, 2011.

綦鋒, 「近代安東海關研究(1907-1932)」, 遼寧大學 석사학위논문, 2014.

김광년, 2017, 「조선 후기 문인들의 『山海經』認識과 受容」, 『日本學研究』52

金良善, 1967, 「韓國古地圖研究抄」, 『崇實大學 論文集』(1)

김승욱, 「20세기 전반 한반도에서 일제의 渡航 관리정책 - 중국인 노동자를 중심으로」, 윤해동 엮음, 『트랜스내셔널 노동이주와 한국』, 소명출판, 2017.

김주용, 「만주지역 도시화와 한인이주 실태-봉천과 안동을 중심으로-」, 『한국사학보』 제35집, 2009.

김준영, 2020, 「清代 滿洲 多種族 공동체의 형성과 정체성: 만주 족보의 族源기록을 중심으로」, 『역사와담론』 96

김지환, 「安奉鐵道 부설과 중국동북지역 신유통망의 형성」, 『中國史硏究』 제87집, 2013.

김지환, 2013, 「안봉철도 개축과 중일협상」, 『중국근현대사연구』 59

金春善, 「광복후 중국 동북지역 한인들의 정착과 국내귀환」, 『한국근현대사연구』 제28집, 2004.

김태현, 「'신의주·安東'간 密輸出 성격과 조선총독부 團束의 양면성 (1929-1932)」, 고려대 한국사학과 석사학위논문, 2017.

김형종, 2013, 「오대징과 1880년대 청·러 동부국경감계」, 『중국근현대사연구』 60

노영돈, 「북한-중국의 국경획정 상황의 고찰」, 『백산학보』 제82호, 2008.

羅越, 「近代安東地區蠶絲産業硏究」, 東北師範大學 碩士學位論文, 2011.

大山梓, 1969, 「日露戰爭と軍政撤廢」, 『政經論叢』 37,

李蕾萌,「近代丹東城市規劃的歷史硏究與啓示」, 大連理工大學 석사학위논문, 2010.

李燦, 1989,「朝鮮時代의 地圖冊」,『한국측지학회지』7(2)

문명기,「식민지시대 대만인과 조선인의 역외이주 패턴과 그 함의」,『동양사학연구』제147집, 2019.6.

문상명, 2012,「고지도에 나타난 백두산 및 백두산 동북부 하천」, 성신여대박사학위논문

費馳, 2007,『清代東北商埠與社會變遷硏究』, 東北師範大學 博士學位論文

배우성, 2000,「서구식 세계지도의 조선적 해석〈천하도〉」,『한국과학사학회지』22(1)

배재수,「식민지기 조선의 목재수급 추이 및 특성」,『경제사학』제38집, 2005.

배재수, 2000,「임적조사사업(1910)에 관한 연구」,『한국임학회지』89-2

山本進, 1965,「關東總督府'軍政實施要領'」,『國際政治』28

손승회,「근대 한중관계사상의 교통로와 거점: 만철과 안동을 중심으로」,『한중관계사상의 교통로와 거점』, 동북아역사재단, 2011.

손춘일,「한국전쟁 발발 후 북한난민에 대한 중국정부의 정책」,『국가전략』2015년 제21권 제3호.

송병진, 「북중국경조약과 해양경계획정협정의 승계 문제」, 『외법논집』 제38권 제4호, 2014.

송병진, 「북중국경조약과 해양경계획정협정의 승계문제」, 『외법논집』 제38권 제4호, 2014.11.

沈志華, 「東北朝鮮族居民跨境流動: 新中國政府的對策及其結果(1950~1962)」, 『史學月刊』 2011年 第11期.

양보경, 2009, 「상징경관으로서의 고지도 연구」, 『문화역사지리』 21(1)

楊義申, 2011, 「1945年以前に於ける中國東北部の都市開發—植民都市の觀點から—」, 『廣島經濟大學經濟研究論集』 4-3

閻光亮, 2006, 「淸代鴨綠江流域實行封禁的原因」, 『東北史地』 2

葉宗恩, 「安東鐵路附屬地發展槪述」, 『檔案春秋』 2017년 제3기.

永井リサ, 「日本帝國主義下における辺境開發: 安東の柞蠶製糸業を例として」, 『史學雜誌』 제108권 제12호, 1999.

오강원, 2011, 「歷史와 考古學的 측면에서 본 『山海經』 [海內西經] 貊國의 實體」, 『동아시아문화연구』 49

오병한, 2018, 「1910-20년대 일본과 중국의 압록강 국경문제 인식과 대응」, 『한국근현대사연구』 84

魏琳娜, 「自開商埠與丹東城市近代化研究(1903—1931)」, 東北師範大學 碩士學位論文, 2007.

윤명철, 1988,「壇君神話에 對한 構造的 分析: 神話素 分析을 中心으로」,『한국사상사학』

윤휘탁,「중국과 북한의 국경관리실태: 1950~1960년대를 중심으로」,『중국사연구 제110집, 2017.10.

윤휘탁,「중국의 '백두산공정'--중국의 '長白山文化建設工程'에 관한 試論」,『중국근현대사연구』제78집, 2018.6.

윤휘탁,「中國의 吉林省 東部邊疆 및 두만강 出海認識과 戰略」,『中國史研究』제113집, 2018.4.

이강원, 2010,「白頭山, 天池地名에 대한 일고찰: 韓,中 지명표기를 중심으로」,『지리학연구』44(2)

이경미,「일제하 新義州 木材業界의 변동과 木材商組合의 활동(1910~1936)」, 서울대 대학원 社會教育科 歷史專攻 석사논문, 2016

李琦,「吉林中朝邊境地區境外邊民"三非"問題研究」,『河南警察學院學報』第20卷 第2期, 2011.4.

이상숙·宋文志,「1950~1960년대 조선족의 북한 이주와 북·중 협력」,『북한연구학회보』제16권 제1호, 2012.

李岩,「中朝水力發電公司關于鴨綠江界河電站的合作與管理」,『大壩與安全』1998年 第3期.

李玉潭·吳亞軍,「東北地區邊境口岸體系的建設及存在的問題」,『東北亞論壇』第16卷 第6期, 2007.6.

이은자, 「중일전쟁 이전 시기 중국의 국경도시 安東의 이주민-교류와 갈등의 이중주」, 『중국근현대사연구』 제62집, 2014.

이은자·오미일, 「1920~1930년대 국경도시 신의주의 華工과 사회적 공간」, 『史叢』 제79집, 高麗大學校 歷史硏究所, 2013.

이장희, 「통일 후 조중국경조약의 국가승계문제」, 『백산학보』 제90호, 2011.12.

이장희, 「통일후 조중국경조약의 국가승계문제」, 『白山學報』 제91집, 2011.

이정하, 2018, 「학의행(郝懿行)의 『산해경전소(山海經箋疏)』연구」, 이화여자대학교 대학원

李蕾萌, 2010, 「近代丹東城市規劃的歷史的研究與啓示」, 大連理工大學 碩士學位論文

이현조, 「조중국경조약체제에 관한 국제법적 고찰」, 『국제법학 논총』 제52권 제3호, 2007.

임성모, 「만주농업이민정책을 둘러싼 관동군·조선총독부의 대립과 그 귀결」, 『일본역사연구』 제29집, 2009.

魏琳娜, 2007, 『自開商埠與丹東市近代化研究(1903-1931)』, 東北師範大學 碩士學位論文

張亮, 2005, 「安東與近現代朝鮮地緣政治的關係研究」, 『世界地理研究』 14-4

張碧波, 2002, 「长白山与太伯山考论」, 『满语研究』

張玉清, 「論丹東絲綢在東方絲路交往中的曆史地位和作用」, 延邊大學 碩士學位論文, 2010.

張志勇, 「安東港的興盛及其原因探析」, 遼寧大學 석사학위논문, 2014.

정안기, 「만주국기 조선인의 만주 이민과 鮮滿拓殖株式會社」, 『동북아역사논총』 제31집, 2011.

정안기, 2017, 「20세기 초엽 황초평의 영토분쟁사 연구」, 『영토해양연구』 13

조법종, 2010, 『백두산과 장백산, 그리고 만주, 백두산 현재와 미래를 말한다』

朝鮮鐵道協會, 「朝鮮より觀たる日滿交通統制」, 『朝鮮鐵道協會會誌』 제12권 제1호, 1933.1.

조정우, 2018, 「지역조사와 식민지의 경계지대-1919년 전후 동척과 조선은행의 간도조사-」, 『만주연구』 26

蔡明, 「遼寧省中朝邊境地區農業植物疫情發生形勢與防控對策」, 『植物檢疫』 2012年 第2期, 第26卷 第2號.

塚瀬進, 「日中合弁鴨綠江採木公司の分析─中國東北地域における日本資本による林業支配の特質」, 『アジア経済』31?108.

최종현, 2013, 『나무와 풍경으로 본 옛 건축 정신』, 현실문화

최희재, 1997, 『光緖初(1875~1885) 體制整備의 硏究』, 서울대학교 박사학위논문

한명섭,『朝中國境條約의 承繼에 관한 硏究』, 경희대학교 대학원 박사학위논문, 2011.

韓鎭杰·王慧玲·田雪梅,「在中朝邊境地區判別朝鮮人屍體的體會」,『刑事技術』1999年 第5期.

海野一降, 1981,「李朝朝鮮にぉける地圖と道敎」,『東方宗敎』(57)

백두산 변경사회의 삶과 인식

1판 1쇄 인쇄 2022년 5월 9일
1판 1쇄 발행 2022년 5월 16일

엮은이 윤휘탁, 배성준, 최현식, 오병한, 박정민, 문상명, 김준영
펴낸이 유필남
디자인 당아
펴낸곳 도서출판 역사路
등 록 553-93-01280 (03900)
e-mail. historyroad@naver.com
인 쇄 삼아인쇄사

ISBN: 979-11-97500-44-2(93910)

가격 25,000원